我不知道的那些事情

Things I Didn't Know

我不知道的那些事情
Things I Didn't Know

Robert Hughes

［澳］罗伯特·休斯 著　欧阳昱 译

南京大学出版社

图书在版编目(CIP)数据

我不知道的那些事情:一部回忆录/(澳)休斯
(Hughes,R.)著;欧阳昱译. —南京:南京大学出版
社,2013.3
(精典文库)
ISBN 978-7-305-10564-7

Ⅰ.①我… Ⅱ.①休…②欧… Ⅲ.①休斯,
R.—回忆录 Ⅳ.①K836.115.4

中国版本图书馆 CIP 数据核字(2012)第 206966 号

Things I Didn't Know:A Memoir
By Robert Hughes
Copyright © 2006 by Robert Hughes
Published by Vintage,2007.
Simplified Chinese edition copyright published in 2013 by NJUP
Through Bardon—Chinese Media Agency,Taiwan
All rights reserved including the rights of reproduction in whole or in part in form.

江苏省版权局著作权合同登记 图字:10-2010-350 号

出版发行	南京大学出版社
社　　址	南京市汉口路 22 号　　邮　编　210093
网　　址	http://www.NjupCo.com
出版人	左　健

丛　书　名	精典文库
书　　　名	我不知道的那些事情:一部回忆录
著　　者	[澳]罗伯特·休斯
译　　者	欧阳昱
责任编辑	芮逸敏
照　　排	南京紫藤制版印务中心
印　　刷	江苏凤凰扬州鑫华印刷有限公司
开　　本	880×1230mm　印张 16.375　字数 396 千
版　　次	2013 年 3 月第 1 版　2013 年 3 月第 1 次印刷
ISBN	978-7-305-10564-7
定　　价	42.00 元

发行热线　025-83594756
电子邮箱　Press@NjupCo.com
　　　　　Sales@NjupCo.com(市场部)

* 版权所有,侵权必究
* 凡购买南大版图书,如有印装质量问题,请与所购
  图书销售部门联系调换

满怀挚爱与感激之心
献给露西、黛西、亚历克斯和马尔考姆

目 录

第一章　我靠:是个"澳侨"＿＿＿＿＿ 1

第二章　父亲:我几乎不认识你＿＿＿＿＿ 39

第三章　悉尼童年＿＿＿＿＿ 91

第四章　置身于基督的学员之中＿＿＿＿＿ 144

第五章　大学前后＿＿＿＿＿ 204

第六章　意识到自己不行＿＿＿＿＿ 280

第七章　倾情恋爱之乐＿＿＿＿＿ 350

第八章　涉水佛罗伦萨＿＿＿＿＿ 414

第九章　去美国＿＿＿＿＿ 466

第一章

我靠:是个"澳侨"

1999年5月30日,就要过61岁生日时,我的生活突然像晴天霹雳一样,发生了一次极端得不能再极端的变化。

当时我人在西澳,一直在拍一部关于我出生之地的电视连续剧。我休息了两天,跟一个专业向导,朋友丹尼·奥苏里凡一起,在一个名叫回音海滩的度假地海边,专门把这两天空出来钓鱼。我俩乘坐敞篷"斯基夫"摩托快艇,拿着飞蝇竿,到近海钓小金枪鱼。这天天气很棒:到处有鱼破海而出,一上钩就是一番恶战,结果留下了一条——是条蓝鳍——晚些时候准备到布鲁姆去,跟船员们一起吃。

此时,午睡之后,我开车上路,准备返回北方高速道,该道与一块巨型饼干状的海岸线适成平行,沙漠就是在海岸线这儿中断,进入印度洋的。

开车约十公里后,回音海滩的红土路终止在一座畜牧场的大门边。我在门前停下,下了车,把拴门链取下,就把门抢开了。回到车里,开了过去,又停下车,走出车来,再把门在我身后关上,然后再单足跨入车内,开车上了大北方高速道的沥青混凝路,在明亮的、几乎成水平的暮光中,小心地往两边看了一看。没有公路列车向我奔驰而来:除了空无还是空无。左拐之后,我就北行,朝布鲁姆而去,车行路左,就像澳大利亚的人自1815年以来一直所做的那样,那时,澳大利亚的殖民地总督是一位名叫拉合兰·麦夸里的专横霸道的苏格兰领主,他下令澳大利亚人从现在起,骑马也好,开车也好,都必须像他家乡苏格兰的人一样也走左边。

这时天尚未黑,但已擦黑。我打开了车灯。

没有"哗啦"的碰撞声,没有相撞的冲击,也没有疼痛的感觉。整个就像啥也没发生一样,我只不过是从世界的边缘开了出去,什么感觉都没有。

直到现在我都不知道,当时我开得有多快。

我并不是个喜欢开快车的人,从任何方面来说胆子都不大。开车从来都不是我的第二天性。一在方向盘后坐下,我就像个精明的老处女。可是,我却头对头地与另一辆车相撞。那是一辆霍顿舰长车,前有两人,后有一人。时值黄昏,大约6点半。这是我有生以来的第一次车祸。关于这场车祸,我现在完全没有一点记忆。再怎么回忆,也想不起一点东西,就连恐惧都回忆不起来。大脑好像一块记事石板,已用湿抹布擦拭得干干净净。

我也许超过了黄线——尽管没有超过得太远,到了路的另一边,错误的一边(也就是右边)。我说"也许",是因为一年后,地方法官在对我进行的庭审上,没有找到足够的证据,在进行合理的怀疑之后,还能证明我超过黄线很远。霍顿舰长车迎头而来,速度达每小时90英里,可能还要快。我与之接近的速度约为每小时50英里。当两车相接综合速度超过每小时130英里时,事情的发生就无比迅速。只需一秒钟,两车就能互相接近七十英尺,无论怎么使劲踩刹车也无济于事。

我们像犁铧一样直接犁入对方。车牌号为7EX 954的霍顿舰长车一头扎进了车牌号为9YR 650的日产脉冲星:沙漠里两辆红车,司机座对司机座,右大灯对右大灯。对此,我一点记忆都没有。从两车相撞的那一刻起,接下去的数周内,对任何东西我连短期记忆都没有。直到过了大约一年后,我才在布鲁姆一家废车场看到我那辆租车的残骸,可关于实际发生的撞车事件,我唯一记得的都是别人告诉我的。

另一辆车骨碌碌地下了高速道,顺着一面土质缓坡滑下去,半藏半露地停在了低矮的沙漠灌丛中。车上坐的三人都受了伤,有两位是轻伤。开车的人叫达伦·威廉·克利,三十二岁,他刚在一艘渔船上工作了一段时间,现在不干了,此时正驾车去黑德兰港找工作,有啥就做啥。他胫骨断了。前座的另一人是柯林·克瑞格·鲍伊,三十六岁,是给建筑商打工的,他脚踝断了。达林·乔治·本奈特二十四岁,一直跟克利一起,在"纯蓝"号船上当甲板水手。克利和鲍伊两人是好友,相知已有两年,但两人和本奈特不认识。本奈特听说他们南行去黑德兰港,就问是否能让他搭便车。他是个二十四五岁的青年流动工,主要的手艺是砌砖。

他们与写作界的遭遇反而增加了他们的不幸。这三人都吸毒,其中至少两人也捎带贩毒。撞车之际,坐后座的本奈特正在卷一只"锥形"大麻烟,俗称"炯特"①。在这段准备走一千公里的南行旅途中,这也许是抽的第一支烟,但也许不是。

无论怎样,他们都有一些共同之处。他们都坐过牢。他们都是年轻的工人阶级男性,一会儿生活在法律的这一边,一会儿又生活在法律的那一边:时而狂放不羁,时而茫然无措,几乎从来都不知道下个月会给他们带来什么,更不用说下次生日了。

本奈特从撞车的伤势中恢复不久,就在酒吧试图用一只破瓶子,

---

① "炯特",即英文 joint。——译注

把仇人的脸给扒下来。鲍伊的伤势一痊愈,就因武装抢劫未遂而被逮捕,审判后被判十年徒刑。

三人中,本奈特伤势最重。尽管有安全带抵挡,但冲击力如此之大,还是把他向前甩了出去,使他腹部洞穿,但颅骨并未受损。霍顿舰长车没有翻车,因此三人都能从残骸中挣扎而出。这一挣扎,用劲太大,本奈特痛得受不了,就倒在路边,痛得肠子流了一地。

如果霍顿舰长车撞得一塌糊涂,那我的日产脉冲星就成了一大块残缺不全的红色金属和碎玻璃片,原来有个车样,撞车后简直难以辨认。十一个月后,在审判我的前夕,我在布鲁姆看见那车时,我无法想象,撞成这样的残骸,连蟑螂都别想逃生,更不用说人了。

车撞后车身缩短了。驾驶座冲到前面,把我贴在了方向盘上,由于我肉体的冲击,方向盘绞扭变形,方向驾驶杆差点把我戳穿。日产脉冲星车身的驾驶座大部撕裂,不是由于初始冲击,就是因为后来救火队员和救护车人员花了很久,费劲地把我从残骸中拖出来时,使用了液压工具的原因。车身看起来只有原来的一半,就好像《巨蟒》平面插图中,上帝伸出肥胖的巨脚,踩在上面,碾呀磨的,一直把它踩进混凝土中去了。后来,我怨声载道,骂我开的车是"那辆日本垃圾车"。当然,这就是我的不是了。正因为这种破坏,才救了我一命:日产脉冲星车身逐渐崩塌和缩短,以千分之一秒的时间压缩,其所吸收和发散的冲击能量,大大超过了刚性更大的车身框架所能做到的那样。

此时,这车就像粗糙的日本折纸,把我叠在了里面,我连一根指头都动不了。我陷在车内,一会儿清醒,一会儿失去知觉,处于深度休克状态,浑身血淋淋的样子,比莎士比亚《麦克白》中的班柯还可怕,对我发生的事情,只有极为模糊的感觉。无论这是发生的什么情况,它都远远超出了我的经验。我无法识别我的伤情,根本不知道伤势有多么严重。结果表明，伤势已经到了足够严重的程度。在极度冲击下，骨头可能会不规整地断裂，可能炸裂成碎片，就像用铁锤砸曲奇饼，我有几根骨头情况就是这样。

后来发现，创伤的目录还有很长的内容，其中大部分都集中在我身体的右边——也就是在撞车中首当其冲的那一边。随着日产脉冲星车的前端崩溃垮塌，我的右脚被穿透汽车地板的力量一推，就在我的身子底下折成了两半。几小时后，来抢救我的人才终于能够部分地看清我的脚，还以为我的整只脚在脚踝处被切断了。我右膝下的几块主要腿骨，也就是胫骨和腓骨，已经碎成了五小块。膝盖结构多少还算完整，但我的右股骨，又称腿节，却断了两次，把它与我臀部相连的关节损坏了，身体右边的四块肋骨断碎，其尖利的端部穿透了我的肺部组织，把肺部组织撕裂，造成气胸，使肺部放气，导致空气危险地逸入胸腔。我的右锁骨和胸骨都折断了。我的胸部原来还很结实，现在却晃荡不定，没有了完整的结构，就像被压垮的鸟笼。我的右膀子全坏掉了——肘关节直接承受了一部分冲击，肘部的骨头结果成了一片碎骨拼接的马赛克，但因我是个左撇子，左臂情况较好，除了左手之外，该手（用医生富有表现力的技术术语来说）"脱掉了手套"，皮肤和拇指周围的大部分肌肉结构都被掀掉了。

不过，我还算幸运，因为几乎所有的破坏都集中在颅骨。身体内部的软组织，肝、脾、心脏等，都未受损，最糟也不过是被擦伤或遭冲击而已。我的大脑完好无损——但当时功能并不正常——我最重要的骨骼结构即脊椎则丝毫未碰。

这几乎是一场奇迹。脊椎骨一般很容易出问题，哪怕上面出现一条细如发丝的裂缝，也会把一个身体健康、体育能力还不错的人，变成四肢瘫痪的残废：可怜的前超人克里斯托弗·里夫从马上摔下来后，情况就是这样，结果还因此送命。一想到专家医生简短称作

"高位瘫痪"的那种病——从脖子以下瘫痪，就连把猎枪枪膛装满子弹，把枪口插进自己嘴巴，书写自己的结局都办不到——我就总是毛骨悚然。

但是，当时我的思绪并没有清楚到对此产生恐惧心理。我当时害怕，而且害怕到极点的是，我会被烧死。有些人害怕爬高，还有些人害怕老鼠或疯狗，或被淹死，我特别怕火。此时，我意识到，鼻孔里满是平淡乏味的汽油味。日产脉冲星车有根油管破了。我动弹不得，只能干等。祈祷好像并无多大意义。反正没有任何实体能让我相信到对之祈祷的地步。塞缪尔·约翰逊曾说，人若面临被绞死的前景，精力就会无比集中。在汽油火球中死亡的前景，当时一直持续了若干小时，也让我产生了同感，它消解了你比较庸常的一些烦心事——诸如钱呀，离婚呀，写作的难度呀，等等——而向你展示，你能把生命真正地用来做些什么。

在某一点上，我看到了死亡。他坐在桌边，就像一个银行家。他没做手势，但他张开了嘴巴，我就顺着他的喉咙往下看，喉管膨胀，成了一条隧道：也就是古老的基督教艺术中的地狱之口①。他指望我屈服、进入。这使我心中充满厌恶，充满对不复存在的憎恨，倒不完全是恐惧：更像一种强烈的厌恶。在那一刻，我意识到，我们拥有的生命之外一无所有，"生命的意义"不过就是生命本身，它倔强地自我伸张，抵抗着空虚和虚无。生命力如此之强大，要求如此之高，我就是脑震荡，就是处于谵妄状态，就算我身体的各个系统都要关闭，我对生命的要求也如此强烈。无论这是怎么回事，它都不像宗教作家，特别是那些具有美国式原教旨倾向的作家喜欢滔滔不绝，大谈特谈

---

① "地狱之口"，原文为意大利语：bocca d'inferno。——译注

的那种引人向上、十分美好的几近死亡的经历。一个简单的真理也许是,你在接近死亡时,对你在生命中至为专注的事情,会产生幻视和幻觉。我是个怀疑论者,对我来说,认为有一个仁慈的上帝创造了我们,并往下界注视着我们,这种观点是介乎神话故事和糟糕玩笑之间的某种东西。然而,有宗教倾向的人在这种情况下,很容易看见几近死亡的那种熟悉的俗物——一条闪耀着白光的隧道,耶稣就在隧道的另一端,如一批美国K玛百货神秘主义者所写,激励人心向上的描述中表现的那样。我的终极时刻到来之时,耶稣一定在忙着办他们的事:他没有显灵。要我讲,另一边绝对空无一物。

我就这样陷在那儿,动弹不得,一会儿苏醒,一会儿昏迷。后来,克利举证说,尽管他腿部受伤,他还是能够走到我的车旁,问我出了什么事。他还说,我问了他同样的问题,并说:"对不起,伙计,非常对不起,我不大清楚是否睡着了。"我的习惯一向都是先道歉,然后再问问题。马特·透纳警长是布鲁姆的一名警官,第一个到达现场,他后来描述说,救援者试图把我从废车中拔出来时,我几乎彬彬有礼到了愚蠢的地步,一遍又一遍地向他和其他人道歉,表示不该给他们带来不便。

这些救援者抵达撞车现场花了几个小时。启动救援机器的人已先于他们抵达。他是一个中年土著人,名叫乔·费希胡克(即"鱼钩"),倒是挺恰切的一个名字。他和家人住在附近,在一个土著人拓居点,离回声海滩不远,名叫比得雅当嘎。费希胡克当时正带着老婆安吉·威尔里吉和女儿露丝,还有他们大家庭的几名成员,开着卡车南行,这时,霍顿舰长车超车,越过他们,据他猜测,速度约为每小时100英里。(后来,撞车现场的一名警察观察员看了看霍顿舰长车的速度计,看见指针在撞车的冲击下,卡在了150公里/小时处,约为每小时90英里。)

不久,费希胡克就碰巧发现了汽车残骸,看见我的日产脉冲星的剩余部分横跨高速路的中线。他停车,下车,试图把我从残车中扯出来,但没有成功。我已经被挤到车子里面去了,就像用铁锤敲瘪之后,铁罐头里的沙丁鱼。费希胡克战战兢兢地检查了一下,看我是否还有活气,但他没法找到我的任何身份证件。他在日产脉冲星的后面——掀背门至少还开着——查了一下,并往冷箱里看了一眼,发现了那条小金枪鱼。有什么东西立刻引起了他的注意。那条鱼还很新鲜,是刚刚钓起来的,但车里没有渔具。这么说来,我一定是用别人的渔具钓鱼了,也就是说我使用了一个专业向导。在这条海岸线上,能有多少专业向导呢?费希胡克只认识一个人——丹尼·奥苏里凡,在几公里远的回声海滩,最近的电话也在那儿。

费希胡克做出这番精彩的推断之后,就把老婆和女儿留在汽车残骸处,做了一个 180 度的大转弯,把车开回到回声海滩的那条岔道。二十分钟后,他一路把红沙砾开得烧着火一般,在度假地的酒吧找到了丹尼。他是不是有个客户要把一条蓝鳍带回布鲁姆的家?是呀,丹尼说:那是我的伙伴鲍勃·休斯。啊,乔·费希胡克平静地说,你最好赶快上路:他在高速公路上出了事,你的伙伴麻烦大了。

丹尼给布鲁姆警察局挂了个电话,又给布鲁姆医院挂了个电话。他一个箭步冲到楼下,乔·费希胡克紧跟在后面。两个男人开着车就走了,陪同丹尼的还有一个前救护官员,他当时在回声海滩度假地工作,名叫洛瑞恩·李。情况紧急时,丹尼踩在油门上的脚比河马的还重,几乎没花什么时间就到达了撞车现场,时间是晚上 6 点 45 分。他检查了我一下。我白得像肮脏的脱脂牛奶,呼吸微弱,正滑入昏厥状态。"鲍勃,鲍勃伙计,来呀,婊子养的,醒过来呀。"我能听见他的声音,但他好像在很远的地方,好像我们在一幢发出回声的大房中,相隔遥远的两间房里一样。

洛瑞恩·李拿来几条毛巾,止住了我头上和左手流出的血。我极力想听清丹尼在说啥,但因锁骨的一阵阵如海浪般的疼痛而使努力受挫。丹尼手劲很大,能把鳄鱼扼死。我从前跟他钓鱼时,曾亲见他以闪电的速度,把手伸进一小条破水线中,一把抓住一条正游过的铲鲨尾巴,就从水里扯出来,一脸生猛的喜悦笑容。很不幸,此时他正用老虎钳子般的手抓住我的肩膀,其实他本意是同志式的,想让我感到宽慰,但他却拿捏我那块折断的骨头。"没事,伙计,"他鼓励说。我全身都痛得不行了。"哎呀,丹尼,"我哀号起来。"好痛呀,太痛了。真的很糟糕,快替我把痛止住吧。"他不停地拿捏我那块断掉的骨头,引得我周身一阵阵新痛。"没事,老友,"他说。"不会有事的。千万别泄气。"他一拿捏,我就怪叫。花了好几分钟,才把因果关系搞清楚。

这时,一件本来不会发生的事情,在我们之间发生了,直到现在我都不清楚是怎么回事。我不停地晕过去,又不停糊里糊涂地醒过来,只要清醒过来,我就能闻到汽油味儿,那种令人恶心的味儿越蓄越浓,只要一粒火星,就能结果我的性命。我根本不想死,而且我最不想这样死。我想起来,丹尼有一杆点38口径手枪,就求他说,要是车子爆炸了,就一枪把我结果掉。"干掉我吧,"我不停地说,或者说我想我是在这么说。"把我拖出来,一枪崩了算了,你知道该怎么办。"他呢,我想,当时发誓说他就要这么干。但是,我现在并不知道,而是在回首那件事情时才意识到,我在要求我朋友做一件道德上不可能做的事,因此,我实际上也许从没提出过这种要求。我不知道,从一个很深刻的层面讲,我始终很不确定,而且也害怕问。但是,在我烧着之前死掉的愿望真是非常强烈。

这种荒诞无稽的状态让我恶心。我想,要是死了,我就再也见不到我的甜心桃丽丝,再也触摸不到她那丝绸般的皮肤,耳朵里再也听不到她那温柔的声音了。相反,只会出现天堂的对立面。我倒不是害怕这样死去,而是害怕在一场火烈烈的爆炸中丧生,肺部的气息都被吸了出去,在柱子一样腾空而起、让人无法忍受的热浪中,被火焰扼杀而死:耶稣会会士曾跟我讲过地狱之火噼啪作响,永远恐怖的那种情景,这一切穿越五十年的鸿沟,现在全都回来了。这我都能想象出来。那情景肯定很像林堡兄弟为《德·贝里伯爵最美时祷书》①一书所绘的插图——画面上,撒旦被绑缚在一张烈火熊熊的格子网上,把孤苦无助、烧得枯焦的小小灵魂,呈螺旋形地吐入空中。

火灾到底还是没有发生,消防队没来,警察没来,救护车也没来。有几辆过路车停了下来,其中有辆半挂牵引车。我的日产脉冲星的北面和南面,已经开始集结了相当长的一排车辆,其中有些是小轿车和四轮驱动的"皮卡"车(在澳大利亚叫"功车",即"功能车"的简称),开车的都是土著人。这天晚上是星期五晚上,比得雅当嘎拓居点本来有场舞会。于是,一组好奇的土著人便三三两两地开始在汽车残骸边聚拢过来。

由于他们都在我身后,我看不见他们。不过,我听得见他们讲话的声音:那是一种细细的吟诵声,合着击掌的节奏,但我从中听不出任何意思来。后来,人家告诉我,土著人当时在我的车后围成了一个半圆形,正试图通过吟唱方式,让我恢复生命。当时他们想必不大可能成功,但有一人坚信他们会成功,此人就是乔伊·费希胡克十来岁的女儿。她后来说,她当时执拗地认为,她亲眼看见了一个幽灵,离我的日产脉冲星不远,颜色不是特别清楚。那幽灵从各方面看都像

---

① 《德·贝里伯爵最美时祷书》,原文为法语:*Très Riches Heures du Duc de Berry*。——译注

人,只是一声不响地在丛林中走动,带着某种难以捉摸的光线。

这种东西,也可说是实体,在土著人那儿叫做"羽足",究竟"羽足"是什么,又是干什么的,这很难说清楚。它绝对不是动物精灵,在土著人那儿,它相当于希腊神话中,赫耳墨斯作为冥王哈德斯的使者而显灵,其所行使的就是赫耳墨斯·塞科波姆波斯,即"引灵者"的功能。它既不友好,也不带敌意:它只在人可能要死或快死的时候才在现场出现,对灵魂及灵魂在进一步的投胎转世过程中前景如何进行评判。我当然看不见它,就算它当时已经出场,我的视线也太模糊,看不见动得很快的东西。再说,我的头也动不了,但我喜欢抱有这样一种看法,即它也许是一只羽足,也许并不觉得我是完全不可接受的。

无论比得雅当嘎拓居点是否真有羽足,它还是有自己的护士的,这是一位菲律宾的天主教修女,名叫朱莉安娜·卡斯托蒂奥。她在比得雅当嘎一听见车祸的传闻,就开车来到现场,想看看是否帮得上忙,结果却不大帮得上忙。据警察报告说,她发现我"陷在车内,人还醒着,正在谈话,问他的鱼怎么样了,痛得直骂人,骂过之后又道歉。朱莉安娜说,'他真是个绅士!'她亲眼看见,他臀部和胸部的骨头都错位了……他浑身流汗又发冷,但他的心跳和脉动都十分强劲有力,他的血压也很正常"。

朱莉安娜修女尽她所能,把一根生理盐水静脉注射管插入了我的一根静脉,但我的静脉都已崩溃。她把血流得最糟糕的地方擦净,就对我头部伤口进行了一定的包扎。我不停地堕入失去知觉的状态,她则费力地把我一遍遍唤醒,她没用药,只是跟我聊天而已。我们之间进行的谈话不可能使我集中注意力,因为我老走神,很快就放弃了谈话,开始大声数数,这是后来人家告诉我的,从100起倒着数,吐字含混不清,一个个地倒着往下数:"forry-five, forry-four, forry-three……"①跟着就说不清楚了,又得从 100 开始。我觉得我是在试图保持清醒,朱莉安娜修女却认为,我是在计算我最后的时刻。旁观者都亲眼看见这个忠诚善良的女子流下了怜悯和灰心的泪水。也许我俩都是对的。后来,她请比得雅当嘎的天主教神父帕特里克·达·西尔瓦为恢复我的健康而做弥撒。"在他逗留期间,朱莉安娜给珀斯的医院打了几次电话,"警察报告的结论说,"而且一直很关心他的进展。她总说:'他真是个绅士!'"

与此同时,一场海雾从印度洋滚滚而来,使本来稀稀朗朗的交通速度慢若爬行。这时距撞车大约已过了两个小时,差不多是晚上九点。终于,布鲁姆消防队的一支自愿救生队来到了现场。该队人员在门边又是扯又是扭的,但车门几乎纹丝不动。最后,他们对撞瘪的车身采取了果断的解决方案,把所谓的"生命之颚"拿了出来,也就是那对力大无比的液压剪。这个工具大声嚼食日产脉冲星时,我只有很模糊的感觉。随着它的刀片在金属上发出呻吟,我虽然害怕,但却很奇怪地漠然置之。剪刀会往下滑,把我的腿给锯掉吗?我并不太在乎。我只想脱离火焰的危险,逃离汽油味儿。我只是模模糊糊地感觉到,一双双技术娴熟的手正蠕动着搬弄我双腿的下部,使之摆脱险境。我不是听见,而是感到,在我身体框架的深处,发出一种嘎吱嘎吱的回响,就在我骨骼的某个层面,那地方以前从未受过惊扰,就像一颗被拔出的牙齿,正在挣脱牙巴骨,而发出的深邃的吧嚓声。这时,剪刀已将方向盘的连杆剪断,其轮缘已压进我的胸腔。方向盘被取了出来,一个救火员把它扔进车后座。我后来过了快一年,才在那

---

① 正确的发音应该是"forty-five, forty-four, forty-three",即"四十五、四十四、四十三"。——译注

儿找到它。去掉了压力,我的整个胸腔感到一阵轻松,空落落的。令人吃惊的是,几乎没有什么疼痛之感:当然,那是因为休克而造成的。我的周围是一张张关心的脸。"很对不起,"我喋喋不休地说,"给你们添了这么多麻烦,真不好意思。""没事,伙计,"一个救火员不停地说。"两秒钟就能让你出来。"我也的确两秒钟就出来了,真是让我感激不尽。我从车里被"提"出来时,感到轻松无比,兴奋欲狂。他们把一张担架塞在我身子底下,我感觉脑袋肿大,脖子软弱无力,像一根茎秆,头晃晃荡荡,像只甜瓜。我脖子折断了吗?我没办法把这个问题组织成文字。至少,我还知道,我能看见,也有感觉,而且还活着。周围到处都是光:闪闪烁烁、结结巴巴的光,有红色的,有橘红色的,不断被镁光灯的闪光打断,烧成一个个光轮,把海雾穿透。在这些光线一刻不停的闪耀下,我看见丹尼·奥苏里凡的脸正俯身在我之上。他的嘴巴很丑陋地翻转过来——不,原来看倒了,他一定是在微笑。

"你这混蛋绝对是我认识的最坚强的人,伙计,"他鼓励我说。

没有啊,丹尼。我本想这样说。你知道,成打的人都比我厉害。亲爱的上帝,我又老又胖,可能熬不到头了。"不,不,胡扯,"我好容易才说出来。

丹尼想了想。"好吧,"他让步了。"反正你就是最坚强的艺术评论家吧。"

这还行,我想,跟着就晕过去了,就像小说中某个穿衬裙的弗吉尼亚的女人。担架上了救护车,锁准轨道,从上面"哐当"一声就滑了过去,门"砰"的一声关上了,医护人员在我上面俯下身来。接下去一连几周,我都没有苏醒过来。

第一个来自布鲁姆、抵达我身边的医生,就是芭芭拉·贾拉德。那天晚上她出勤,去了布鲁姆的土著医疗服务处。她乘车跟警察一起出发,提到该车时,她哈哈大笑着说,那是辆"高速追击车"——其实慢得像爬行,因为有雾,速度仅为每小时60公里(每小时40英里)。她通过警察无线电,与朱莉安娜修女通话,后者说,她很难把针管扎进身体,给我输液。我的静脉很弱,也很隐蔽,在我处于休克状态时,他们几乎找不到我的静脉,老是在针头下面滚动,就是扎不进去。在救护车中,贾拉德大夫把生理盐水针头扎进了我的膀子,但还没到布鲁姆,它在路上早就停止工作了。他们没把我很好地固定起来,因此我身体的滚动和汽车的颠簸,导致针管老从静脉中拔出来。我不停地讲话,但讲得很不清楚。我把我的名字和其他一些细节告诉医生,但却跟她说,我是1995年出生的。正常的程序是,如有可能,应让创伤病人不停地讲话,这样你就能很容易地看出,他是否晕了过去。在医院,医务主任托尼·富兰克林大夫在我另一只膀子上,又给我打生物盐水。贾拉德大夫则在我完整无损的左边踝骨,做了一个她称之为"切开"的小手术,用一把解剖刀切开皮肉,露出一段静脉,这种手术可不是最容易的,因为像我这样的手术对象身体超重,又肥又胖。

这时,时间已过午夜,离撞车已经过差不多六小时了。布鲁姆医院一直在通过无线电联系飞行医生服务处。他们可以飞行1000多英里,把我送到西澳首府珀斯,该地医院比布鲁姆的大,有一个特护病房。

我所需要的正是特别护理。珀斯的医生把我往手术台上一搁就是十三个小时,过了很久才告诉我,他们有好几次差点把我丢了。他们的工作无比非凡。我估计,一切都对我的生存不利。没有这些医生,没他们工作忠心耿耿的态度和娴熟的医术,我就不可能活下来。结果,我处于半稳定状态,身上进进出出的都是管子,还用了一个呼吸机来帮助我呼吸。

我在特护病房住了五周,处于一种半清醒、半昏迷的谵妄状态,与此同时,珀斯皇家医院的医护人员殚精竭虑,一个细节一个细节地把我拼接起来,让我重返生命。我不知道,我是否会向不了解情况的外国人推荐,应该到西澳去生活,但我知道,如果谁要是很不幸,遭遇一场近乎致命的撞车事件,那西澳——特别是珀斯皇家医院——就是一个值得一去的上佳去处。

"跟着,他就什么也不知道了。"我儿童时代的书里,一段表现动作的段落,往往就爱用这种标准话来做结尾:斗牛犬德拉蒙后脑勺上挨了一记警棍,英雄X从活门中掉了下去,壮汉Y意识到,他在恶棍的上海客厅中啜饮的一小口茶里,有一种烈性药物,但已经太迟。房间天旋地转,顷刻丧失知觉。我们苏醒过来(如果幸运的话),却什么也记不起来了。这不是抹去,因为如果抹去,还可以辨清早先的某种图案,无论它有多么模糊,这是一种用白色涂改液涂抹的过程。

如果能活转来的话。

如果可把我的经验作为一种指南,"昏迷"一词所覆盖的就是一大片状态,这些状态难以预测地互相滑入对方。

如果"昏迷"意味着意识或内在知觉——即那个黑洞,那堵空茫的墙壁——终止,那我在皇家珀斯医院加强护理病房的五个半周就不算昏迷。

恰恰相反:我度过的其中一部分时间里,我的幻象(可以毫不夸张地说)至少达到了某种强烈的程度,大脑渗透了叙事的幻觉,极为清晰,无法摆脱,像达利的画一样栩栩如生,但我却无法将这些幻觉与外界交流,也无法与外界的任何人交流,包括医生、护士和我那些忧心忡忡、迷惑不解的朋友。我好像被封闭起来,幻象在大脑沸腾不止。

现在我已不记得,当时是否因此而感到灰心丧气:从某方面讲,我知道,即便我当时能够描述那些状态和故事情节,我那些亲人也并不一定能理解其中的奥妙。要解释清楚就太花时间了。你也许会说,那是因为我失去知觉的大脑在玩巧,正尽量节约精力。要想解释细节,要想证明这些细节如何通过蜿蜒曲折、隐喻丛生的小道,引回到性质就连我都不太清楚的核心经历,那就完全是件毫无希望的工作了。我躺在这堆叙事中间,颇像一个已把盘绕的围栏铁丝剪断,却又因其摆脱禁锢时无法无天,七弹八跳,又把人缠住不放的人一样。那些梦有很强的黏附力。一般来说,我做梦都带点儿情节,但很容易把情节之间的联系弄丢。在昏厥过程中,我产生了一种可怕的感觉,仿佛失落在某种无比生动、生动到疯狂地步的平行生活中,这种平行生活跟我自己的生活有着某种互联关系,但又无法将其撂到一边——后来我才意识到,那是因为我已接近死亡,无法把握任何现实,从幻觉之中脱身而出。我并没有意识到,我不是孤身一人:我的种种幻象里密密麻麻,到处是人,无法接纳近在身边的那些真正的人。

然而,有些人就在那儿,尽管我并没有意识到这一点。第一人就是桃丽丝。事件发生的那个周末,她在我位于谢尔特岛房子的花园里,正与她的小儿子和他们的黑猎鹬犬"布"在一起休息。电话响了,是我在澳大利亚的外甥女露西·腾布尔打来的。她解释说,我出了车祸,目前在珀斯医院的加强护理病房,是否能够渡过难关尚不清楚。桃丽丝一听消息就吓坏了,但她没有犹豫。她从我们在华盛顿特区的朋友,时任澳大利亚驻美大使安德鲁·皮科克那儿得到了很大的帮助,才在先飞悉尼,再转珀斯的美国航空公司班机上,拿到一个最后一分钟的座位。桃丽丝很有办法,一旦出现无法解决的问题,她就会进入超速运转状态。这一次,这些问题几乎都通过她给解决了。她横跨两座大陆,越过世界上最大的大洋,以及一大片时区,在珀斯跌跌撞撞地走下飞机,坐车前往皇家珀斯医院时,所期望的是不仅能够见到我，而且还能跟我谈话。可惜运气没这么好。我大多数时间都失去知觉，尽管没有完全丧失说话能力，但却语无伦次。露西和马尔考姆·腾布尔当时都已到达，他们的生活内容虽然拥挤不堪，却立刻放下手边一切，前往珀斯。他们安慰她，帮助她理解医生说的意思。我好像已经说服自己相信，负责我病例的主治医生其实是个罗马天主教的神父，我以为他会给我举行临终涂油仪式——即给临终者所做的临终圣礼。我不停地称他为"神父"，到了最后，他已经厌倦，不想再纠正我了："你的叔叔，"他对露西说，"是个极有说服力的人。"我现在已不记得当时是否与桃丽丝聊过天，但我清楚地记得，她当时在场。我一把抓住她的手后就不肯放了。一觉得她可能要离开房间，我就满脸恐惧，最后，她还是离开了——因喷气机时差综合征和情绪起伏而筋疲力尽，亟需在珀斯的饭店睡几个小时——我竟歇斯底里地恳求护士请她回来。那段时间真恐怖，其间，由于我尽吃镇静药物，毫无疑问受罪最少。桃丽丝和露西发现，有一件事特别令人惊讶，就是当她们守在我床边时，我一言不发，心醉神迷地不停指着天花板，或许是指着天空。她们觉得我这么做的意思是说，她们认为我的灵魂就要升天了。我现在记不起来当时是否那样想过。

我记得，我一直在做梦，梦见的都是我怎么失去力量，不能控制我的生活了。这些内容都是仰人鼻息的噩梦（梦中经常有某种带有敌意的机构，又因我在寄宿学校接受耶稣会纪律训练而毫无疑问扩大化了），由于加强护理制度而被重新唤醒，通过某种专制的治疗学方法，瓦解了病人的意志。

很多时间里（无论在那种情况下，"时间"意味着什么），我都十分害怕。露西和马尔考姆走后不久，我亲爱的朋友作家凯西·兰比到珀斯的加强护理病房来看我时，发现我处于一种恐怖状态，几乎到了说不出话来的歇斯底里程度，仿佛囚犯被隔音玻璃围裹起来，嘴在动着说话。"显而易见,你没法说话,"她后来写信给我说,"因为你插了管子。不过,你还是在试图讲话——事实上,我跟你在一起的四天中,你花去成堆的时间试图说话,其实谁都听不清你在讲啥,但不清楚你是否明白这一点。"接着,她说:

很快,事情就变得很清楚了,原来你被某种吓人的幻象攫住了……你发狂地做手势,要电话,对我用嘴含混不清地说"露西"起来,还说"帮帮我,请帮帮我"。我在电话上接通了露西,把耳机放在你耳边——你不停地跟她"讲话",但她什么也听不见。她道别之后,你极为激动,试图下床,拔出管子,这支管子此时正直接往你气管输氧。【护士给你打了一针镇静剂,但跟着】你醒来,脸上是一副绝对恐怖的表情,一看见我,就示意让我过去……然后相当清晰地动着嘴说出来:"请一枪把我崩了吧",跟着就动起手来,试图把各种各样的管子拔断,正是这些管子保持着让你身体处于稳定状态……我越来越清楚地感到,你觉得你自己成了医生和护士的囚徒,认为他们是在折磨你,也许甚至在慢慢地杀死你。我时不时地观察着,你举起一只毁坏的膀子,惊讶不止,恐怖异常,瞪眼瞧着上面冒出来的点点针头。你先看一看,跟着就转向我,带着一种乞求的神情。我当时真的产生了一种感觉,仿佛你认为那种玩意儿是某种精密复杂的中世纪装置。那种陷入绝境的感觉——以及你不断重复"请一枪把我崩了吧"的可怕要求——当然是一种可怕的回声,回响着你在车中度过的那段辰光。

不过,在这场冷酷无情、旷日持久的剧情中,还是有一个光明的时刻。凯西报告说,有一次,我乱发信号,模仿写作的动作,结果给我拿来一支铅笔和一张纸,于是,我颤抖着手,好不容易才用西班牙文写了一句话——无论凯西还是任何一个医生或护士,都不懂这个语言。最后找来一个菲律宾的病房看护人。"我不满意这儿的住宿条件,"我的便条说,口气相当正式。"请叫一辆出租车来,把我送到一家好饭店去。"

我昏厥期间做的一些梦像地狱般可怕。

有一个梦特别嗜血,萦绕不去。

我在托勒斯海峡一条采珠小帆船上当水手(别问我这个幻想为什么会像结结实实的真实记忆一样冒出来。我一生从未踏足采珠船,不过,我有个现已故去的朋友,名叫唐纳德·弗伦德的澳大利亚画家,他20世纪40年代在托勒斯海峡生活期间,曾经常乘坐采珠船,所以,他的故事给我留下的印象一定比我能够意识到的还要深),被海盗活捉,然后被人五花大绑,用链子拴起来,像木块一样码起来,堆在一条中国舢板贩奴船的底舱,那样子就跟——我从上面往下看着自己,好像在一幅技术平面图中——18世纪运奴船的简图一模一样,多年前,我为《致命的海滩》一书做调研时,曾研究过这种简图。我的右臂上固定了一种很奇怪的东西,被钉进肉里,令我动弹不得。我(在梦里)意识到,那东西是两个恶魔般的中国医生通过外科手术植入的,他们不仅是贩奴分子,而且是毛派间谍。他们名叫王医生和方医生。他们(在梦中)的玩意儿是一个广播装置。事实上——我的手臂上就有这么个玩意儿,通过两根不锈钢杆固定起来,一根用螺丝旋进肱骨,另一根旋进尺骨——那是一个"外部固定器",由一个不那么恶魔,当然也不属毛派分子的爱尔兰医生加以应用,其目的是"固定"住我的右臂,或使之不得动弹,右肘部因撞车而碎裂,成了马赛克般的碎骨,一旦固定,金属板、金属丝和金属杆在皮下组成一个列阵,不会因肌肉的运动而打乱阵脚。很自然,我因服药而茫然不知所措,对这种骨科手术又丝毫不了解,就把这种安排看成是一种恐怖的限制,一种折磨的工具。

就这样,我来到那艘贩奴船的底舱,在想象的方医生和并不存在的王医生无所不见的四目盯视之下——一共八只眼睛,如果加上他们闪闪发光的眼镜镜片的话。我所属的那堆人滑溜溜的,尽是他们自己身上流失的血液——我想,应该是我车祸中大量流血转移过来的——我好不容易才蠕动着身子,摆脱那堆人体,越过船舷,掉进海里。我的脚镣掉了下来,脱离我身,沉入垂直的蓝色海水中,那艘舢板继续前行:于是,就在我的眼前,出现了供我逃跑的方式,也就是那架妙不可言的飞机,它常在我孩童时代的好梦中给我带来救助和救赎,这架飞机及其姊妹机总是在玫瑰湾着陆和起飞,就在我家房子下面。

这是一架二次大战的飞船:是那种机翼高耸,有双引擎的PBY卡特琳娜牌飞机,上面绘有骨状的装饰艺术线条,机身有固定的双枪枪座——对我来说,这是设计得最为雅致的一种机型,它就在那儿,旁边还有超级马林喷火战斗机和洛克希德P-38闪电战斗机。我就在这架飞机上,仿佛有一只看不见的手,把我从盐堆里拔了出来,这时我才意识到,飞机里面是空的,在深水涌起的波涛上不停摇摆,但这架飞机不是我孩童时代的卡特琳娜,她残破不堪,乌眉皂眼,肤色消退,遍体都是晒干的鱼肠子。它的构造已遭破坏,机身绘制了奇形怪状的图案和形象:几块石头,一条鱼,一个正在降落的跳伞员,一张椅背像梯子的椅子。这是谁干的?还活着的艺术家中,除了我最佩服的那位,还有谁呢——我那位交往已达二十五年,待人宽厚的亲爱的好友鲍勃·劳森伯格。

在里面,卡特琳娜——其内部空间任意延长,形成隧道,又任意加宽,变成厅堂,我则在其间战战兢兢地探索——是一座劳森伯格博物馆，里面装满了合成画，卡纸板拼合，废弃的卡车轮胎，甚至还有一头塞制的山羊，那是鲍勃1955年制作伟大签名式杰作的象征动物《字母组合》的表弟。我逐渐清楚地意识到，我的任务就是驾驶卡特琳娜，载着机上装载的东西，绕着太平洋，从一座岛屿飞到另一座岛屿。这是一次回顾展，要在泻湖着陆，要在摇摇晃晃的凸式码头停泊，要把20世纪下半叶美国艺术的信息，像打旗语一般，传达给那些对之没有任何理由要感兴趣的人。我，一个半痴不呆的人，一个在逃的、很会戏仿的文化传教士，会来到这儿——这对国际新闻杂志《时代周刊》的艺术评论来说，也许不是个很糟糕的角色，但对毛利人，特洛布雷昂群岛岛民，斐济人，新几内亚沿海的人来说，又意味着什么呢？在我的梦中，他们平静勿扰的部落生活比现在至少要"原始"、要后退一个多世纪。可是，我又为中国贩奴商而担忧起来，着急怎么逃离他们。

我准备驾机载着博物馆，飞到他们鞭长莫及的地方去。我在飞行员座舱稳稳坐下，就啪嗒啪嗒按起开关来。在我头顶和脑后，卡特琳娜的普莱特和惠特尼双引擎（我觉得就是普莱特和惠特尼美国艺术博物馆）咳嗽一声，冒出一股黑烟，就开始吼叫起来。我带着一种既恐怖又开心的混合情绪，来回摇动了一下控制轭，卡特琳娜就逐渐加速，在波峰浪谷间上下颠簸，跟着就停止了颠动，我和飞机飞了起来。飞得并不太高——我们在水面和潜藏的珊瑚礁上的高度不超过十英尺。无论我把节流控杆推到多远，我都没法使这架比我年龄还大，已经六十五岁的飞机再爬高了——但已达到足够的高度，让我们感到放心，已经逃出了那艘舢板的掌控范围。

有些梦更直接地接近意志力受限和投降的体验，这种体验是加强护理病房疗法的核心。其中一个梦中又有一个艺术家：戈雅。几年来，我一直在徒劳地试图写一部我还没想清楚，却觉得是弗朗西斯科·德·戈雅-卢西恩特斯,这位可被视为现代艺术第一人,堪称典范的黑暗天才的政治传记。戈雅的自画像中,帽檐围了一圈蜡烛,把自己描绘成一个 majo,即马德里的一个颓废、强横的年轻人。他这么做并非开玩笑:他就是这么看自己的,一个爱炫耀的人,一个机警的男孩,一个本能的波希米亚人。

我怕他,他也不太喜欢我。他的朋友,那帮神秘兮兮的安达卢西亚街头流氓也不太喜欢我。不知何故,这个梦使我俩在塞维尔,而不是马德里相会。地点在一座飞机场。我正试图逃脱某种无可名状的威胁,手上没票。我以为从栅栏下面爬过去,爬过跑道,把腿子在身后拽着,腿子已肿大感染,缠着苍蝇弄脏的破布,活像戈雅笔下的一个乞丐,就可以上飞机(伊比利亚航空公司的国内航班)。戈雅突然从有福米卡贴面的销售柜台后面冒出来说:不可能让你这样上飞机的。你是个可恶的英国人[①]。最好跟我来一下。我和我的朋友会把你修理一番。于是他们就把我修理了一番。他们发出一阵阵不讲情面,也很不体面的大笑——我觉得不体面至极,还不要说不感激了,因为发出笑声的是一个我崇拜得五体投地的艺术家——接着就把我腿上的绷带拿掉,把我的腿夹在一个鸟笼子样的东西里,一座用铁丝和铁叉做成的桎梏,奇形怪状,累赘拖累,铁叉扎进我的肉里,夹住我腿下部的骨头,即胫骨和腓骨。

在医院,在梦外,医生一直在我腿上安装一个装置。那是一排坚硬的同心胶木环,扣住我的小腿、胫和踝骨。环上有金属尖刺向内插入,其顶尖用螺丝旋入我裂成碎片的胫骨和腓骨中,相互之间很不灵活地按正确的解剖学方式排列起来,以便最后如有足够的耐心和运

[①] "可恶的英国人",原文为西班牙语:inglés asqueroso。——译注

气,这些碎骨能够痊愈。这种貌似中世纪制作的玩意儿实际上是由19世纪后期的俄国骨科医生发明,也是以他命名的:艾西科夫支架。它在我腿上一待就是几个月,是一种痛苦不堪的沉重负荷。这倒不是说手钻在骨头上钻的洞很痛:我根本感觉不出来。麻烦在于,随着穿透性的伤口试图愈合,尖刺扎入皮肤的地方,肉就紧紧贴住尖刺长了起来。每隔两天就得往下按,以便把肉松开:护士做这件工作时尽量轻手轻脚,但是很不舒服。不过,那几块骨头最后还是长拢了。若不是因为有艾西科夫医生的这项发明,几块骨头要想愈合希望是很渺茫的。

接下来,我在澳大利亚和纽约几家医院度过了七个月,做的手术多得我都数不过来,然后是逐渐的恢复,这持续了五年,直到现在都尚未恢复。在悉尼,圣文森医院的医生在已故迈克尔·尼尔的领导下,给我开刀,把我"用铁棍支了起来"——在我被打碎而中空的右腿股骨里,装了一根长长的钛金属杆,从臀部一直到膝盖,就这样加固了被破坏的骨头。手术做完后,根据X光显示,我的肉体内部成了一座看上去就像军用废品堆放场一样的东西——一大堆金属板、七弯八拐的铁丝、铁栓、螺钉、螺栓、夹子,以及其他样子神秘的小物件,各个将我固定到位。

我不可能无限期地在医院待下去,但我还没有好到能回纽约的地步。这时,露西和马尔考姆·腾布尔"插足"进来——直到现在我都觉得,他们的那种善心和耐心不仅堪为楷模,而且近乎难以想象——以便解决这个问题。露西时任悉尼市长职位,马尔考姆则正领导澳大利亚成为共和国的运动,欲将英国女王拿掉,代之以民选的澳大利亚国家元首。腾布尔一家人本来就忙得不亦乐乎,但他们毫不迟疑,就在他们的工作重负中又加上了我,要我在他们那儿疗养。他们的房子在吹风笛人岬,这是一座很小的"头地",伸进与玫瑰海湾相邻的海港,我就是在那儿长大的,楼上有几间房,他们提议把房子打通,凑成一间通风透气的大房,有自己的阳台,能看到海港的蓝色海水和渡船穿梭的风景。然后这件事就办成了:真是一种令人惊异而又慷慨大度的表示,在很大程度上拯救了我,让我恢复了健全的心智,把我与儿时记忆中令人欣慰的理想化海景,这片海景中的水上飞机,过往的游艇,以及一群群白色斜帆连接起来,这一切就在我的窗户下面。

如果我夸口说,我是最好打交道的客人,或问题最少的那种病人,那我就没说实话。从一开始,我就对某些东西特别上瘾。我最喜欢的外孙女名叫黛西·腾布尔,当时十五六岁,她对我消耗的大量冰激凌深感不安,这种食品我从前并不那么疯魔。黛西是那种你没法违拗的意志刚强的女孩。她一旦要搞"运动"了,你就只能侥幸希望躲过她(而且很难幸免)。她坚信,我要把冰激凌吃下去,就会肥得像头猪,特别是我因腿的问题而无法锻炼,这种情况就会更糟。因此,她处心积虑,想方设法禁止冰激凌进入房里,而我呢,也同样采取极端措施,连哄带劝,连求情带骚扰,才说服腾布尔夫妇雇用的几个爱尔兰自由职业护士,让她们偷偷溜出去,给我偷运回成桶的冰激凌来。

头几周,由于我上下楼都十分疼痛——还别说尚有从楼上摔下来的危险——马尔考姆想出一个主意,做了一个能把我搬上搬下的装置,起名叫汉尼拔·莱克特吊运车。这是专业搬运人士用来搬运又大又重的冰箱的装置,下面有轮子,这样,从理论上讲,就能在上下楼梯的同时,承载重物,保持其处于不动状态。但那东西又大又不灵便,可怕之极,下楼摔跤我可能受伤,如果摔跤后身上还压着汉尼拔·莱克特吊运车这个重物,那我肯定完蛋。直到今天,这东西还躺在腾布尔家车库,从来都没用过。

我被宣布无事,可以回美国后,所有这些煞费苦心的医疗工作,所有那几周的疗养几乎都作废了。我虽然还是不能走路,但我能拄着拐杖移来动去,再说,我非回纽约不可了——首先,因为我急不可待地要与桃丽丝团聚,其次,因为我有好几个月没干活了,再次,因为我现在的前妻维多利亚在基本上未经任何抗辩的情况下,被判获得赡养费(这真令人吃惊,我们这些前天主教徒在负疚心理驱使下,就会放弃这个东西),其条款必须逐月执行,直到我活到七十五岁。不过,我至少还可以到处走动,只是时间不能太久。一个寒冷刺骨的冬日,我拄着两根拐杖,战战兢兢,择路而行,到苏荷区王子大街的街角杂货店买点牛奶和鸡蛋。手里攥着袋子,我倒退着从旋转门里往外走,就听"哎哟"一声喊,紧接着是让人痛得麻木的一击。我身体飞也似的扑倒在冰上,从马路上抬起半晕半眩的脑袋,刚好看见一个黑人青年骑着自行车,在拐角处消失了,车走的仍然是人行道。好心的陌生人扶我站起身来,可我双脚立刻在下面打滑。我的右腿好像挂在绳子上晃晃荡荡的。

终于,我回到了顶楼,在大把大把鸦片剂——氢可酮和唯寇锭等——的帮助下,疼痛"撤退"了。但是,几周后,疼痛仍然张牙舞爪,潜伏等待。幸运的是,我亲爱的朋友,长期以来的钓鱼伙伴,乐队指挥彼得·达秦发现我处于困境后,便给我推荐了一位大夫,戴维·赫尔菲特,他主持特别外科医院的工作。我拄着拐杖,东倒西歪地走进赫尔菲特大夫的诊所,拍了一个 X 光片。跟着,好像打了一个榧子之后,就把我脏兮兮的牛仔裤和鼹鼠皮衬衣塞进一个铁制衣柜里,我进了手术室,我那千疮百孔的手臂就又插了一根导管。那辆自行车的冲击,导致我股骨金属杆错位,出现大面积金黄色酿脓葡萄球菌[①]感

[①] "金黄色酿脓葡萄球菌",原文为拉丁语:Staphylococcus aureus。——译注

染,也就是出现了特让人害怕的金黄色葡萄球菌。后来,赫尔菲特大夫告诉我,再拖几天不治疗,我就没命了。伤处脓血污物实在太多,他都可以用汤匙一勺勺往外舀。

接下去几周,我躺在特别外科医院的床上,头晕目眩,穿过鸦片剂形成的一片浓雾,看着西边高速公路上来往流动的车辆,成加仑的抗生素缓缓渗进我的手臂,穿过我全身之时,西澳司法制度的司法力量可没有停止运作。

后来有人告诉我,曾考虑过不以危险驾驶罪名起诉我。但是,有一点的真实性是毋庸置疑的,即我那辆报废的车被人发现就在道路错误的一边,另一辆车后座乘客本奈特的伤势相当严重,尽管我受伤最重——他的伤势严重程度使他够格称作 GBH,即"grievous bodily harm"(严重人体伤害)。公诉局局长罗伯特·科克本来可以酌情处理,不对本案提起公诉,但他决意告我危险驾驶,造成严重人体伤害。"人体伤害"和"严重人体伤害"之间的差别有些微妙。实际上,人体伤害就是"严重的",如果在不治疗的情况下造成死亡的话。这是个有些主观的标准——毕竟,有很多伤情和感染都有可能致人死命,如果不及时进行处理的话。然而,达林·本奈特腹部受的伤是因胃部顶在安全带发生冲击而造成的,幸而他当时戴了安全带,据此认为这一点符合这个标准。

我对事故什么都不记得了。那块石板好像用一块湿抹布擦抹得一干二净。我并没有负罪感或清白感,当时如此,现在依然如此。但我莫名其妙:我的车怎么会跑到路的另一边去了呢?

一个解释是,我当时睡着了。可是,撞车的几分钟前,我还从车里出来,打开一道大门,开车穿过去,又下车把门关上,返身回到车里,开车上路。这之后我立刻就睡着了,这似乎是极不可能的事,特别是我午饭后还午睡了一会,而且那餐饭什么都没喝,只喝了一罐啤酒。

还有一种可能，即我在美国生活了三十多年，习惯了靠右行驶，结果错误地、条件反射式地把车开上了右道，这在澳大利亚就是错道。然而，海滨高速公路是直直的一条——死直死直，一成不变地一开就是几百英里。另一辆车应该是开着大灯的。我一旦看见大灯——我不大可能看不见大灯——我就会回到左道上去。

第三种可能性是执法调查员建议的，我的律师后来派他到撞车现场去了。他注意到，高速公路和路边到处都是巨型道路列车丢弃的胎花，这是当地交通的一个特点（以及危险情况）。假如这种东西有一个进入我大灯范围之内，看上去好像动物似的——也许是沙漠地带满地跑的那种有袋动物——从而造成我猛打方向盘，进入对面来车车道呢？高速公路上并无分道墙，只在混凝土面上画了一道线。这也是有可能的，但无法知道情况是否如此。而且，这绝对不能作为呈堂证据，它不过是一种假定而已。

上述所有推定都不成立，但都不是鼓励我认罪的动因。我因来自一个律师之家，认罪的做法与我天性格格不入。正如马克·吐温在忏悔方面所观察到的那样，认罪让灵魂舒服，但于名誉无益。如果判我有罪，会判处我监禁，这种可能性不大，这种法律用语指的是把我扔进监狱。这对交通事故来说就太过了。

法律规定的最大罚款额度为2500澳元，但从纽约到布鲁姆的机票——赫尔菲特大夫警告说，必须坐头等舱，这样。我的腿就不会在马车级别的座位里，忍受十四小时不间断的折磨和约束——就要12 000多澳元。两者之间似乎太不成比例了，但我别无选择。而且，我也不想让充满敌意的澳大利亚媒体抨击我是个蔑视法律的人。既然我要去了，我就决定，从良心出发我不承认有罪。结果证明，这犯了一个很糟糕的错误。

与此同时,霍顿舰长车前座两名乘客克利和鲍伊,曾因偷盗、贩毒和其他犯罪行为,在警方都有长期纪录,他们通过一个中间调解人,找到我在珀斯的律师,传达了一个信息,他们都听说,我是"悉尼一个有钱的傻子",因此很愿意作伪证,到庭发誓说,我没有违反交通规则——只要我同意给他们每人5万澳币即可。我的律师怀疑地大笑一声之后,这个数字就一下子降到3万澳元。看起来,他们并不怎么会讨价还价。

无论我,还是我的律师,都不相信这场车祸是我粗心大意所致,因此一口回绝付款,正要这么做时,一个比我更精明的律师发现有可能设个圈套。他联系了那个中间人,一个形迹可疑的家伙,告诉他说,我们可以付款,我们律师楼的一个密使会带着第一批钱款,到珀斯机场国内候机厅跟他见面。在指定的时间内,两个人都出现了。我们的人身佩窃听装置,把一包用棕色午餐纸包起来的钱递了过去。中间人急切地点起钱来,就在这时,出现了一个让人想起彼得·塞勒斯演的克劳西奥检察官,有点搞笑的电影场面,几个便衣侦探从机场的盆栽棕榈树和瘤结状编织窗帘的后面一跃而出,把他逮捕了。

到了这时,皇家公诉局完全可以放弃此案,不再追究。他们想证明什么呢?当然,是发生了一场车祸,但我的伤势不足以构成惩罚吗?(从疼痛方面讲,那场车祸本身就是礼物,它不断赐予我疼痛。我没法跑步,也不能在有鳟鱼的河水里涉水,就是现在,已经过了六年多了,在有些日子里,我还站不起来。令人气恼的是,我也不能在博物馆里长时间地步行。在深度疼痛和鸦片剂上瘾之间是有个选择,但那其实不是选择。你得对付疼痛。)再说,谁又能相信另一辆车上人说的话呢?他们已经清楚表明,他们的证词是要卖钱的。

不过,这种现实的考虑不起作用。对我的审判必须进行下去。于是,我回到澳大利亚。随着时间的推移,我坐着轮椅,来到布鲁姆的维多利亚法院外面。那是用铸铁和柚木板制作,一个样子大方的热带预制结构,最初是打算在非洲用于帝国殖民的,但因一系列行政上的错误,最后装箱,以配套形式,运到澳大利亚西北这个遥远地区的印度洋边。

法院的草坪、台阶和阳台上挤满了摄影师和记者,闪光灯的爆燃几乎涂白了温和的热带阳光。我对此完全没有防备,起先还以为有人精心安排了一场恶作剧。要不就是我们把日期搞错了,抵达此地参加的是某个重要的系列杀人犯的审判。作为防御,我把自己的相机掏出来,给他们拍照,打算回去向朋友炫耀一下,看这帮媒体的暴民人数之众,但心里又同时希望,我的这架袖珍的佳能(埃尔夫)相机,有种驱邪的力量,能把他们都赶走。这当然不行。我的爱尔兰护士西奥凡·格朗特决意从悉尼一路飞来照看我(结果成了我最好的伴侣,在这场歇斯底里的媒体大出动里,成了一个幽默而又讽刺的坚实焦点),她把轮椅从人群中推过,帮助我拄着拐杖,"咚"、"咚"、"咚"地走上法院台阶。

地方法官安东·布勒曼很显然不想把这场讼事搞得旷日持久。公诉方不信任本来会成为他们明星证人的克利和鲍伊两人,谢绝要他们在公诉案中出庭。可以理解的是,科克及其律师很担心,布勒曼也许不会接受两个小罪犯的誓词,因为他们都有长期警事纪录。他们有个更大的目标,那就是剥夺我们的机会,让我们无法对两人进行交叉盘讯。不过,他们倒是让达林·本奈特走上证人席,在那儿宣誓作证说,他亲眼看见我亮着大灯,在路的错误一边整整行驶了一英里,才发生撞车。布勒曼好像不相信他这话,我也不相信。这简直说不过去:如果我能看见他们过来,他们也能看见我,我干吗待在路的错误一边不下来呢?他们干吗待在他们路的一边不下来呢?

在诉讼暂停期间,布勒曼回到法院的后面休息,其他人就到外面阳台上透气去了。我在那儿发现摄影记者对我穷追不舍。领头的是一个愁眉苦脸的金发碧眼女子,发根呈鼠色,尼康镜头像加农炮,两天前,我的飞机在布鲁姆一落地,她就一直对我穷追不舍。她不停地把相机照着我脸揉上来,一边咔嚓、咔嚓地按快门。这场庭审结束之时,她拍我的特写镜头肯定有两百张。我此前从未意识到有句话是多么千真万确,那是最伟大的纪实摄影师亨利·卡蒂埃-布列松说的:摄影肖像永远都是入侵,如果未经被摄人许可,那就是亵渎。

不过,我想,我倒是与一位布鲁姆的新闻工作者颇为和颜悦色、彬彬有礼地聊了会儿天,这人我以前从未见过,但数月之后,他对《悉尼晨锋报》的一位记者宣称,我这人"很清醒地保持着一种冷淡态度",让"很多人感到恶心"。他补充道,我认为,"警察,审判员,新闻工作者,等等——我们都是更新世晚期、旧石器时代中期的尼安德特人,是一种较低的生命形式。他还没抵达,我们就给定位了"。当然,我根本没那么想,但显而易见,我当时应该把拐杖抛开,以心醉神迷的伙伴情谊,来迎接这个(我当时)不认识的写字人,把他当做我以前从未见过面的兄弟。但话又说回来,他肯定又会跟他的记者同行说,我很会操纵,专拍媒体马屁。也许,如果你满肚子吃的都是强力鸦片止痛药丸,面对地方法官当庭受审,媒体在你身后张牙舞爪,争先恐后,你的确会感到有点儿冷淡,至少会有点飘飘然的超然物外之感。

庭审很快就结束了,结果是太快了——刚好两天——结果是这种判决,即"不够立案",无须答辩。布勒曼决定,仅凭公诉的立案,法庭不可能在经过合理怀疑之后,还能证明我有罪。因此,我们不必提交我们自己的证据。他尖锐地批评了科克及其律师,责怪其不该以准备得如此糟糕的案子来浪费他的时间——恰如 ABC 广播电台的采访人连姆·巴特勒特翌晨所说:"法律行业中许多人都会认为,这对我们公诉局局长来说,是一件非常令人难为情的事。"没有要求我出庭作证。此案被驳回之后,我的律师立刻要求赔付被告费用,布勒曼立刻就同意了——约为36 000澳元,但我后来一分钱都没拿到,因为公诉方立刻就提出了上诉。

由于我尚未痊愈之骨的疼痛和一直以来我大口吞食维柯丁所产生的效果(在股骨碎片尚未完全愈合的情况下,在法庭的硬椅子上,一天一坐就是六小时,这可不好玩),两者合在一起,就使我可怜巴巴,羸弱不堪,我硬撑着站直身子,谢谢法官做出的所罗门般智慧的裁决,就觉得自己几乎说不出话来,也站不稳。我无助地哭出声来,就在这种低三下四的情况下,我好不容易才从布鲁姆法院出得门来,却面临了一场看上去不太像古希腊方阵,却更像一群北美犎牛的记者,朝我蜂拥而至,手里挥舞着笔记本、相机、麦克风和磁带录音机。休斯先生,你感觉怎样?太可怕了,让开,别碰我。不行,是真的吗?亲爱的同事和作家同行,我感到深深地松了一口气,正义采取了不偏不倚的行动。

另一辆车的人怎么样了呢?

我浅浅地呼吸了一口气,想起了克利和鲍伊,他们炮制了那个天真的计划,只要我给钱,他们就作伪证,但计划最后落空了。

我准确地瞄准好,照自己脚上开了一枪,这只脚已经遭受了过度的亵渎。"他们都是下流胚,"我说。的确如此,但我接着又意识到,这么说就把本奈特也扯进去了,而他并没有参与敲诈案。于是,我又结结巴巴地补充了几句,大意是说,我不是指他,他是清白无辜的——他不过是个于人无害,爱吸毒的小孩子罢了——而且我很遗憾他受了伤。

这一点无人理会。麻烦在于,在此之前,敲诈案和卷入其中者被逮捕一事并未公之于众,更不用说上庭了。该案上庭是在2002年2月。鲍伊被定犯有贪污罪,判处坐牢一年半,与他之前因武装抢劫,而被判在最高防备监狱的十年刑期加在一起,累积起来服刑,日期几乎从我们于高速公路上不舒服的见面之后,他脚踝一恢复健康就开始。因此,集合在一起的媒体所看到的,是一种极为令人满足的景象,也就是那个来自澳大利亚东部,移居外国,非常富有,目空一切的家伙,撞上了这几个年轻的澳大利亚工人,这些每天都在拖网渔船上干苦活,给我们送来冻鱼条(请注意观察,他们可不是为了好玩,拿着五百澳元的鱼竿和七百澳元的钓线,柔弱无力地把用做钓饵的假蝇抛向金枪鱼)的小伙子,却雪上加霜,伤了身体又脏了耳朵,骂他们是"下流胚"。这是多么生动的活教材呀,让人们得以领会什么是恃才傲物,让人憎恨!从这时起,我的命运就被封存起来了。鲍伊及其同犯还被别人叫成什么,澳大利亚报界已不关注这种问题。就是有两个勒索犯,也比有一个精英分子强。

庭审之后,发生了一些恶劣的对吵,于是,我发现公诉局和他的律师要告我诽谤罪。当时我认为,这个公务员热情不减,蓄意对我穷追猛打,要告我危险驾驶,是因为我在西澳人的想象中,是个"众所瞩目"之人,他要枪打出头鸟,捞点政治资本,而且,我当时也是这么说的。当地一个记者——即澳大利亚东部两家大报《悉尼晨锋报》和《墨尔本年代报》的特约记者——还杜撰了一个对我的访谈录,其实从未发生,说我提到那个律师(他是澳大利亚印度移民的后裔)时说,他是"一个咖喱大嘴怪"。这种花里胡哨的词汇,我以前从未听说过,更甭说用这话骂人了。当对该记者提出挑战,要他拿出笔记或录音,以佐证他说我接受了采访的断定,他却什么也拿不出来,连一寸磁带录音、一个记录的字都拿不出来,而且,给他发电子邮件,他也拒不回复。后来,他断言,他因我说的话而"极为震惊",以致没有写下来,但他当然忘不了:那句话永远地铭刻在他对种族敏感的大脑里。《西澳大利亚人报》勇气十足,带头指责我犯有种族主义和精英主义,发表头条新闻,敦促我离开该州,不要再回来,而且还伴以一幅整版漫画,我在画中挥舞着拐杖,像机枪一样扫射那些身份不明的受害者。

到了这时,子虚乌有的那句"咖喱大嘴怪"的话就上了网,令《时代周刊》的工作人员茫然不解,又让我有了更多需要解决的问题,那些工作人员的头头是个义愤填膺的美籍日本人,他觉得他的祖宗遭人非难。于是,本来整个儿就是虚构出来的这场纠葛,不久就大降其格,成了一场绝对的闹剧,墨尔本竟有一家新开张的印度餐馆起名叫"Curry-Muncher"(咖喱大嘴怪)——光就这一点,就能让印度人认为该字眼具有侮辱人的意义之说不攻自破。

还有一个记者,这次这人来自《西澳大利亚人报》,又进一步炮制了耸人听闻的虚构故事,说我曾控告布鲁姆消防部犯有偷盗行为,还说我说他们把金枪鱼从我的车后"偷走"。这种事我当然从未说过,甚至连暗示都没有过。我倒的确说过这句话,即我希望他们已经把鱼拿走,其中有些人可能会在晚餐享用。

当然,这场纷扰之中,我们落入了法律的陷阱。布勒曼关于此案无须答辩之决定,只不过是一项法律裁决,因此可以很容易地上诉推翻。似乎一目了然的是,我们有后见之明,当时本应坚持下去,要求出庭作证。如果这样,布勒曼几乎肯定会当场判我无罪开释,再要上诉就几乎不可能了。被判无罪开释,是不可能进行上诉的,但"此案无须答辩"的裁决却不是被判无罪开释。公诉方依然能够进行上诉。

再说,科克的法律要点滴水不漏。已经发现我的车在路的错误一边,怎么可能会此案无须答辩、完全无案可辨呢?总不可能是天使把车空投到那一边去的吧?

科克本可选择事情到此为止,但媒体对我经常抱有敌意的广泛报道,我自己对他种种动机的反思,以及法庭判决要他支付的费用等,实际上保证了他非向高级法院上诉不可。他也这么做了。(高级法院不是澳大利亚最高法院。最高法院在堪培拉，这一点相当令人糊涂。不过，把交通案打到那儿，直到现在依然是极为罕见，非同寻常的。）

这也无所谓了。澳大利亚记者想写啥就写啥，他们特好这样。现在，这些人就想要大浅盘上作家那颗"怒目瞪视的苍白头颅"，正如弗拉基米尔·纳博科夫曾非常生动地形容的那样。以前持同情到中立态度的澳大利亚媒体，现在却突然决定，终于轮到我了，用那句全国通用的风趣老辣的话来说，就是该我"进桶尝鲜"了。我成了一个丑恶的精英主义者，对抢救我的人毫无感激之心。（澳大利亚传媒流传着一些真正让人感到稀奇古怪的故事，说我以鄙夷的口吻，谈到布鲁姆自愿消防部。这种故事没有一个有半点真实。）全国各地的编辑熬夜不睡，也盼着在水里加点促进循环的血液。小记者们为了捞名声（有几个老记者也这样，因为他们在强制性退休之前，要想出人头地，已经来日苦无多了），紧紧抓住机会不放，对一个作家进行谴责，这个作家犯的罪行，就是在他的故国名声太大，然后又出卖自己，先是卖给英国佬，然后又卖给美国佬。这个过程名叫"削掉最高罂粟花脑袋"，是澳大利亚文化生活中一个经久不衰的惯例。我能这么久地躲开它，也要算我幸运。

说实话，我在评论罗伯特·科克的行为和动机时，出语并不尊重，但是，他是公共官员，在大多数民主国家，为民请命者就应该逆来顺受，听得进老百姓的逆耳"重"言：他们的行为要经得起逆耳的评论，就像任何政府机构一样。看起来，这一点在西澳行不通。在那儿，他们觉得有权享受媒体对他们百依百顺，简直就像对女歌唱家那样。因此，当科克和他的大律师把收音机打开，听见我在庭审后的一次采访中说，他们提起公诉，目的是为了进行哗众取宠的政治表演时，发现机会来了。

他们在民事法庭告我诽谤罪，最后获胜。这个结局过了数年之后才得以抵达，最后，他们拿到手里的钱比律师要求的少得多（根据庭外和解方案，我不能透露款额）。但这肯定是澳大利亚法律中的极少案例之一，即一个公诉员居然能在地方法院就交通案对某人提起公诉；与此同时，还能同时在高级法院，从同一个被告身上，索要个人民事损害赔偿。你大概可以从中看出一点利益冲突的苗头，但在西澳好像并非如此。

神志清醒（某种形式的神志清醒）最后还是占了上风。我了结了那场诽谤罪的案子。当交通案回到地方法院时，我一开始就做了我该做的事：为了了结该案，我承认有罪，得到法庭允准而不用出庭，并付了一笔罚款，总共2520澳元。而且——为了以防万一我突然怀念该州种种悦人之处——我被庄严地禁止，不得申请西澳的驾驶执照，为期多久我也忘了。最后，法律费用和旅行费用加在一起，超过了25万澳元——也许惩罚还不够，但在我这种傻瓜精英分子的指关节上敲打了一下，至少还是恰如其分的。

当然，从文化意义上讲，我是个彻头彻尾的精英分子，但从社会意义上讲则绝对不是。我宁好勿坏，宁要口齿清晰者，不要含混不清者，宁要美学意识发达者，不要浑浑噩噩原始者，宁要思想意识丰满者，不要思想意识残缺者。我就爱看人表演精湛的技艺，无论是技艺高超的园丁在干活，手艺好的木匠在劈鸠尾母榫，还是某人打一个"比迷你"绳结①时，能把绳结打得不打滑，我都爱看。我觉得，跟愚蠢的人和读书不多的人待在一起，就不如跟有见地的人和有文化的人在一起好。我更愿看优秀的网球手打球，而不愿看平庸的球员打

---

① "比迷你"绳结，原文为 Bimini hitch，是一种绳子打结的方法。——译注

球,除非后者是朋友或亲戚。因此,在正常和必要的礼貌和尊重人权的义务框架之外,人类的大多数对我来说都无关紧要。我看不出有何理由要辗转不安,为此道歉。我毕竟是个文化批评家,我的主要工作,就是把好的东西与浸透了当今文化的二流、装模作样、多情善感,以及干瘪无味的东西区别开来,现在这种东西(也许)比任何时候都多。我讨厌大众主义的庸俗艺术,无论老百姓有多喜欢。对我来说,那是人为制造的一种暴政。有些澳大利亚人觉得,我这是在承认反民主的罪恶,但我在艺术领域不是民主人士,因为艺术领域是唯一的领域——除了体育之外——在这个领域中,可以表现人的不平等,也可以赞美人的不平等,而不会造成社会伤害。我从来不鄙视观赏性质的体育比赛,也不鄙视那些从中得到乐趣者——只不过也许是由于我在成长过程中的某种缺陷,我对观看那些比赛一向都不太热心,对哪支球队或哪边赢也不太关心。乘坐巴士长途跋涉,来到内皮尔河两岸,观看校际划船比赛,不得不坐在到处是蚂蚁的草坡上,等待四人一组和八人一组的船只从遥远的地方滑过,那种单调乏味会让我昏厥过去。我厌恶打橄榄球——看那些"在球门口满身泥水的笨汉"——虽然也讨厌看橄榄球,但比打球要好点。我去过一次赛马场,只去过唯一的一次。那是1962年在布里斯班。我在那儿赌了一匹名叫花白的畜生,丢了五澳镑(我的选择很不明智,我只是因为那是一种艺术家颜料的名字才选它的)。随后,我坐巴士回城,对马匹依然不得其解。我曾一度喜欢打高尔夫球,但在电视上看高尔夫球赛,我就会睡着。只有一次,在美国,在那个世纪过了三分之一的时间之时,我去看过一次棒球赛,这种供消遣的球赛规则我只是略有所知。(已故艺术家索尔·斯坦贝克曾对我说,棒球是美国人生活中伟大的道德寓言,但我从未理解他说的意思。)这无疑是我的损失,但我没法产生其他感觉。也许我不是一个"真正的"澳大利亚人,据知,对跐地那些批评我的人的确就这么宣称过。

澳大利亚人一点也不会为难体育中的精英主义。恰恰相反,这种精英主义焕发了他们的想象力,吸干了他们的闲暇时间,他们珍视这种精英主义,因为这是他们为国争光的主要动因,尤其是当他们的政治和经济重要性在世界大多数国家眼中,处于很不公平的无足轻重的地位时,就更其如此了。2004年的大选中,当工党把竞选运动搞得一塌糊涂,使约翰·霍华德的自由党重新执掌大权时,这次盛事仅登在《纽约时报》的第16版,好像再也没有引起进一步的评述或分析。海地发生的事件,版面尺寸和广播时间都是澳大利亚的十倍。以色列发生的事件当然是澳大利亚的100倍。纽约没有澳大利亚院外游说组织,能把政客和媒体老板游说得惭愧不已,慷慨解囊。世界的媒体报道中,澳大利亚也很少出头。说得好听点,澳大利亚对他们来说并不重要。大多数时间里,澳大利亚一点都不重要。

总的来说,如果澳大利亚时事不涉及魔鬼鳄鱼、巨鲨或妮可·基德曼,在美国就无处可去。"杀人鳄鱼吞掉了妮可":这是很好的默多克式头条新闻标题,几乎可与他《纽约邮报》典型的"无上装酒吧的无头身体"头条媲美。

竞争性体育不光是一个例子,它简直就是精英活动的精髓:竞争的性质就是产生一名赢家,其他都是败者。但是,如果无伤大雅的文化精英不是体育精英,而且又很不明智地承认,他对奥运会谁输谁赢都无所谓,那就让他倒霉去吧!此人的性格构成中肯定有某种非澳成分。在对"精英主义"的态度上,没人比普通的澳大利亚记者更虚伪了。

等到这场令人筋疲力尽的欺骗辱骂的节日,以它虚构的种种引语而收场,我对澳大利亚相当天真而又怀旧的热爱,就一失而不可复得,自我离开澳大利亚前去欧洲以来,我的这种热爱几乎保持了四十年。我从未想过要改变我的公民身份，可现在，我已经在开始考虑这个问题了，尽管很不情愿。发表了一大批不实报道；有人撰写专栏文章，猜测我作为居外人士，不愿效忠本国；电台听众回拨秀中众声喧哗，愚蠢谩骂；除了很小一批澳大利亚作家之外，全都不肯为我声援（其实，这"很小一批"不过两人，即作家彼得·克雷文和凯西·兰比）；以及总的来说达到的那种充满仇恨的偏见程度——所有这些都让我怀疑，继续保留"爱国者"身份，事实上是否有任何益处，无论"爱国者"此时意味着什么。我需要付出什么样的苦行代价呢？澳大利亚文化，且不说这个文化中的媒体，还有更进一步的东西向我提供吗？反过来说，我在澳大利亚国外生活了四十多年，只在国内生活了二十六年，我欠澳大利亚什么了？难道因为我在澳大利亚生活长大，我就注定欠它什么？难道我的澳大利亚特征是我最重要的特征？或者不如说，我的澳大利亚特征只是我生命演变过程中的特征之一，可以置诸脑后，而不用任何一方都为此感到怨恨，尽管我的澳大利亚口音仍在桉树枝头回荡，就像柴郡猫脸上的微笑一样？我太需要秋后算账了。

第二章

父亲:我几乎不认识你

我们来到这个世上,都是带着包袱的,但是到了最后,却完全没有回收这种包袱的希望。我包袱中的一个主要什物,就是我父亲杰弗里·埃尔·富勒斯特·休斯(1895—1951)。我做孩子时还有点认识他,成人后就完全不认识他了:我十二岁时他就死了,死后还在我生活中萦绕不去,像是一种威胁,不许我少年犯罪,这可不是个很随和的幽灵。对我的两个哥哥托马斯(1924年生)和杰弗里(1928年生),以及我的姐姐康斯坦斯(1926年生)来说,他是绝对真实的,他们以一种我几乎闻所未闻的方式了解他。我直到现在都回忆不起他说话声音的音色或他眼睛的颜色。他的澳大利亚口音很浓吗?也许因为他受的教育和教养而不浓,但我其实并不知道。他给我留下的最生动的记忆,来自我大约十岁的时候,时间是1947年前后。

在悉尼玫瑰湾克兰布鲁克路26号,我们住房的车库院子里,有一堆木柴。一个暖和的早晨,黎明之后不久,我就在附近电话杆上小鸟"嘎嘎"的叫声下醒了过来。我穿上短裤下楼来,走到木柴堆上。要是能劈一点烧柴,堆在木柴堆上,我想,那该多好呀,做的这点家务事虽小,但能引起注意,讨我父母,特别是父亲的欢心——劈柴这种事在家庭生活中属于"男人"干的活,而帮忙洗衣则属"女人"干的活。我拿出那把斧柄光滑而弯曲的板斧。我按大人教的那样,磨了磨斧刃,在粗粝的暗灰色油石上来回刮了几下,然后把一块木纹呈钩形的尤加利树板平衡地放在砧板上,就挥动起了斧子。不久,就开始积起了一小堆劈碎的柴火。这时,发生了一件相当出乎意料的事情。在熹微的晨光中,一个人影在院中出现,是一个身穿衣角飘动的条子睡衣的男人——原来是我父亲,他阴沉着脸,满脸怒气,很不赞许。我从未看见他穿睡衣——因为从来不让我进父母卧室——我看见他时他总是穿戴齐整,不是穿衬衣和工作短裤,就是空军制服,更经常的则是穿他上班的一套西服。这时他怒气冲冲。他和妈妈都被斧头劈在砧板上的"啪嗒咔嚓"声惊醒,他因此不得不下楼来看看,究竟是怎么回事。他一点都不为我突然迸发的勤劳精神而高兴,却气得满脸铁青。赶快回到床上去,他厉声说。你知道现在是几点钟吗?我一声不响,吓得要死,把斧头竖起来,靠墙放在工具室里,就逃到楼上去了。直到今天,我只要试图在脑海中唤起一幅权威发作的图画,画面中的第一位男性代表穿的不是军服,不是神父服,也不是警服,而是一件维耶勒牌的条纹睡衣。

假如我在成年时认识他,我对他的记忆也许没那么可怕,同时也更亲近。多谢①。现在,当我年已六十六七——比他死的时候还大十岁——我已经接受了这样一个事实,即我永远也不可能安抚那个幽灵了:也就是以我兄弟姐妹的观点来看,我绝不可能成为 G. E. F. 休斯那种人;而且,他形成了一种独掌大权的仲裁庭,其判决尽管现在不可能执行,但却无法上诉推翻。更糟糕的是,由于我不知道他怎么样,我其实并不清楚,我应该按什么标准来生活。我知道我不完美,是个罪人。爸爸有罪吗?也许没有:他死后,我哥哥杰弗里实际

---

① "多谢",原文为拉丁语:Manes Palinuri placandi sunt。——译注

上把他尊为圣徒。爸爸是不可能做错事的。要想指责他做事不当，那是不可能的。不能"只"称他为人，他简直就是超人。我的另一个哥哥汤姆则认为，他是个有点毛病的人。毫无疑问，这一点帮助挽救了我与汤姆的兄弟关系，尽管这种关系时陷困境，但它所具有的甜蜜和友好特征，是我与杰弗里之间很少有的。

我敢肯定，他若在世，会让我做三件事：继续当天主教徒，成为律师，待在澳大利亚。这三件事我一件都没做。我现在意识到，从崇高的深层意义上讲，想逃离这个一贯正确、固执己见的男人，这个并非职业士兵，但却身为勇士者，这个在第一次世界大战中，击落了十一架敌机的战斗英雄，这个凶猛无比的正宗天主教徒，以及这个热情洋溢的爱国者的欲望，决定了我一生的方向和条件。我之所以侨居海外，成为政治怀疑家，泛神主义者，自由主义者，酒色之徒，并在很多方面，都对他生活中所遵循的那种精神气质而感到失望，部分原因就是我对他反感，对他所代表的一切反感。而且，我还成为一个撰写艺术评论的作家，尽管这也许并不比前面那些更值得褒奖。

这倒不是说爸爸瞧不起艺术。他不像他那一代人中的那么多人，绝对不是一个穷凶极恶的市侩。我从来没听他对视觉艺术说过什么，但话又说回来，我那时还是个小孩，他就是不跟我谈视觉艺术，也不是什么很奇怪的事情。事实上，他看过相当多的欧洲艺术，年龄比我会想到要去看画的时间早得多，也就是在伟大的爱德华时代和平时期的最后岁月中，与他哥哥罗杰和父母托马斯爵士和休斯夫人，所做的一次盛大旅行中看的这些画。

1911年，爸爸十六岁，罗杰二十岁，他们坐班轮离开澳大利亚，花了几个月时间，周游了一趟英格兰和欧洲大陆。这对一个澳大利亚少年来说，可谓朝前迈进了一大步，显而易见，很少有人有这种实力。

休斯一家人所耗旅费不薄。(那时候也没有廉价旅行一说,反正能让一个马上就要封爵的市长能够接受,感到舒服的那种旅行是肯定没有的。)他们住的都是上好的饭店,如那不勒斯能看到海湾景色的大都市酒店,威尼斯的丹聂尔利酒店(爸爸想,"的确不错"),以及巴黎、布鲁塞尔和柏林等地的酒店。他们吃得也很好。他们四个几乎每夜在巴黎,都要去维弗尔餐馆全家①聚餐,这家餐馆过去是、现在仍然是所有法国餐馆中最宏大的餐馆之一,让·科克托在二次世界大战之后曾恐惧地预言,其精致的18世纪装饰可能会卖给某个美国人。哎呀,这个后来要当我父亲的青少年,对食物没有足够的兴趣,因此未在他的袖珍日记中,记下他们在那儿品尝了什么,但我几乎不能责怪他没有满足我的好奇心。他并非什么都喜欢。例如,休斯一家在维也纳去看理查德·施特劳斯指挥的歌剧《玫瑰骑士》,出来后却"对歌剧和德国人②的举止极为厌恶"。罗杰的日记(1911年4月10日)稍微阐明了个中原因:里面只有站的地方,而"在中场休息时,有人走掉,我们就占据了前面的位置——在剧院顶层楼座观众后面,还是只有站的地方——但是,这些凶神恶煞的奥地利人回来后,还要回到原位。我们就走到第二排,但别的人又宣称,那也是他们站的地方!——一个无赖抓住母亲的膀子,把她拽开!——我和他之间差点混战起来,但我们还是不得不让座。我敢肯定,他听得懂我的英文,知道我骂他德国猪猡是什么意思。我们很快就走了,对一切都感到恶心,包括所谓的音乐,那音乐真烂"。不过,两位年轻的休斯对所见的大部分艺术,还是留下了深刻印象。

---

① "全家",原文为法语:en famille。——译注
② 原文如此,实际应为奥地利人。——译注

他们在欧洲认识的人很少，但在罗马，由于祖父作为天主教平信徒颇有地位，他认识的一个爱尔兰耶稣教士做出安排，让他们觐见圣比约十世，后者原名朱瑟佩·萨尔托，1903年受其红衣主教同行推选，登上了他的渔人宝座。哪怕以他当年的罗马教皇标准衡量，他也是一个过分保守的人物，不喜欢，也不信任民事政府——休斯一家对此并无所谓。尽管这是一次例行公事的接见，但场景却给人留下极为深刻的印象，特别对悉尼来的两个男孩，就更其如此，因为他们从未见过真正的仪式是啥样的。杰弗里写道："梵蒂冈卫兵一身鲜艳，光耀无比。从我们手中接过外套的男仆也是如此……主教慈祥和蔼，让我们大家坐成半圆，跟我们讲法语。他是个老人，个子不高，头发花白，面容粗放，但目光和善。"杰弗里参观了罗马万神殿，翁贝托国王当时正在那儿参加为他父亲举行的葬礼。"我们看见他驱车离去，没有任何仪式，绝对保持沉默。没人取帽，也没人欢呼。我们站在雨中看了一个小时。这些意大利人太奇怪了！"

他的日记只记了个大概，但他很忠实地每天都记。日记上的每一页纸都给人一种印象，好像他一颗星一颗星地，翻遍了他的旅行指南，把别人推荐，他也看过，以及他应该看的都一一记下来，却没有记下他的个人反应。在梵蒂冈博物馆，"我们穿过的雕塑展馆有几英里长，看了拉奥孔、观景殿的阿波罗、珀尔修斯和阿里亚德妮等雕像，以及其他作品。还看了海克力斯的躯干。米开朗基罗双目失明后，曾伸出指头在躯干上抚摸，去感觉那美妙的形体。"他看了弗拉·安吉利科的作品（即教皇尼古拉斯五世的祈祷室）、拉斐尔的作品（即凉廊和拉斐尔陈列室）、西斯汀教堂（"很棒"），还见缝插针地喝下午茶，然后赶到新耶稣大教堂，去看圣依纳爵的石棺和"圣方济各·沙勿略的那条永垂不朽的膀子"。

就这样一个城市接着一个城市地过去了。在蒂沃利，有个年龄很大的导游接待了他们,他"告诉我们,他有八个孩子①,于是,父亲给他的钱大大超过了他的正常薪水"。在那不勒斯,有跳舞的半人半羊农牧神像,当然也有去庞培古城的电火车。他在车上观看了威第之家、狄俄墨得斯和农牧神的住宅、议会,还看了比多少艺术品都好,无比迷人的石膏制品,它表现的是被灰尘呛死的死者,他们的手臂成八字形伸开,凄凉壮观,颇像澳大利亚森林大火之后,被烧焦的沙袋鼠尸体。在佛罗伦萨,"我所见过的最美的地方",有领主广场,"萨佛纳罗拉就是在那儿被焚烧的,这是一座美丽的广场,周围都是可爱的建筑物"。他参观了多摩大教堂、洗礼堂、圣十字殿、新圣母玛利亚教堂、圣马可广场,那儿有弗拉·安吉利科的湿壁画,以及"古老而崩塌的圣米尼亚托教堂"。他很欣赏圣弥额尔教堂里面的奥卡尼亚神龛,以及外面墙上多纳泰罗雕刻的圣乔治雕像,新圣具室美第奇墓地米开朗基罗雕刻的《黎明和黄昏》和《昼与夜》,以及巴尔杰洛博物馆中詹博洛尼亚的作品《墨丘利》,"只不过我们没有时间,无法尽兴看个够"。在比萨,斜塔给他留下了深刻印象(多年后,我在家里古玩柜中,看到了一座精致的雪花石袖珍斜塔,这几乎就是那次旅行留下的唯一的纪念物,斜塔上的所有微型廊柱都完好无损)。他特喜欢那座洗礼堂,但"里面什么都没有,除了妙不可言的回声之外"。

至于说到比萨圣陵,那地方"令人失望,除了几幅关于地狱的湿壁画很好玩之外"。这颇令人不解:爸爸从来没有错过一次弥撒,他总是在找懂英文的神父的教堂,这样就能听他的忏悔了,他对天主教教义的每一细节都深信不疑,然而,他却觉得比萨圣陵关于永罚地狱的湿壁画——五十年后,我看见这些湿壁画时,设身处地地想到当年

---

① "八个孩子",原文为意大利语:otto Bambini。——译注

那种情况，心里不觉充满恐惧，那些虫豸、火焰、骷髅，等等等等——不仅只是荒诞无稽或疯狂无比，而且还"很好玩"。什么东西那么好玩呢？也许是这种恐怖形象实在太不熟悉了，他在澳大利亚熟悉的郊区里，只有圣母玛利亚奶孩子的形象，完全没有相等同的东西。也许是那场面具有粗俗可怕的肉体性，对照之下，爸爸对地狱原有的想法则更超验，因为他把地狱看成是由被诅咒的灵魂所构成，神学又告诉我们，这些灵魂在最后审判时，体验了亲眼见到上帝的心醉神迷之感后，此后将受到永远的折磨，永远也不可能再重新体验那种感觉了。无论如何，他为何感到好玩，我始终觉得是一个不解之谜。宗教怀疑者可能会说这种话，但十六岁的爸爸绝对不是这种人。

几乎过了一个世纪，当我翻阅着这本文字坚定，但不成熟的笔记本时，我被爸爸少年时的决心打动了。我知道，我十六岁时，是不会有如此耐力，看那么多东西的，但一旦爸爸把精力集中在什么上面，就很难转移他的注意力了。而且，他显然很喜欢浏览艺术，这么做也不仅仅是为了讨父母亲的好。

不过，我还是觉得，他在人类成就的尺度上，不会把撰写艺术这一行放在很高的地位。我们倒从来没有讨论过这个问题。我连想都没想到这个问题，因为我对艺术不感兴趣，对撰写艺术更不感兴趣。我非常确信地知道，我想当一个像他那样，像他两个儿子汤姆和杰弗里那样，像他父亲那样的律师。

休斯一家是爱尔兰人，从根部到枝叶都是。我们来自绿宝石岛那个经济落后，毫不浪漫，文化平庸的地区，即罗斯康芒郡。我们不是盗马贼，不滥烧干草垛，不拦路抢劫，也不跟着民族主义党搞反叛。在澳大利亚，一般人都认为，爱尔兰人都是因为犯了这样那样的罪行，"被从大海那边流放过来"，但我们不是这样的。在我家的"家庭树"上,并没有粗暴的丛林土匪潇洒地栖息在枝头。

恰恰相反:休斯一族若有必要,可以尽可能地追溯回去,它始于迈克尔·帕特里克·休斯,罗斯康芒郡利辛豪斯的商人兼小地主,生于1760年。他1819年娶了英国陆军将军的遗孀为妻,所生的大儿子名叫托马斯·休斯(1801—1863),是罗斯康芒郡德拉姆尚博这座名不见经传的村庄的杂货店老板。他(共生有六子,三男三女)的大儿子是约翰·休斯(1825—1885)。1839年,休斯全家抱着逃脱德拉姆尚博促狭的地平线的希望,乘坐"百人队队长号"客船,作为自由移民,扬帆远航,来到澳大利亚。母亲玛丽娅·科甘扛不住路途的艰辛,船在悉尼入港之后不久便故去。不过,托马斯·休斯和他的一窝孩子倒是兴旺发达起来。他开起了杂货店业,而且很精明,在悉尼的达林赫斯监狱谋了一份管理职位。

即使迟至19世纪40年代,悉尼的殖民小天地中,也已经有了一座规模很大的工业,即犯罪的生产和惩罚,其主要的城市丰碑就是达林赫斯监狱。德拉姆尚博的托马斯·休斯一眼瞧准,这是一架梯子,野心勃勃的人可以顺着爬上去。不久,他无疑也尽量利用了他的爱尔兰关系,在里面为自己赢得了一个监狱主管的职位。开杂货店,当监狱主管,有利条件很多,赚取了大量吃食,对此,他不可能无动于衷,但有一个特别的洞见让他发了大财。

这就是芥末。在还没有冷冻或罐装的时代,对芥末的需求量很大,因它可以掩盖变味的肉类。再说,澳大利亚人都是极端的食肉动物:这是一个土豆加肉、咸牛肉加卷心菜的文化。我的高曾祖父托马斯·休斯,通过与不列颠的主要芥末生产厂家金氏公司小心保持关系,使自己一跃成为悉尼的芥末大王,实际上是澳大利亚的芥末大王。盈利之后,就把钱投进内城地产开发上。这样一来,到了1863年他死的时候,就为他的子女留下了一大笔地产财富,特别是他的大儿子约翰。反过来，约翰·休斯又把家庭财产扩大——甚至买了一座牧羊场，名叫"纳拉迈因"，靠近新南威尔士的达博，于是就加入了澳大利亚土地贵族的行列。

他儿子，也就是我的祖父托马斯·休斯爵士，收藏了大量奖章，除了一枚奖章外，其他所有奖章都是从欧洲经销商那儿买来的。这些奖章从维多利亚十字勋章和蓝色马克斯勋章①一直往下排列，到杂乱无章的一大堆勇敢勋章，都是英国国旗飘扬之处，从贝宁到苏丹，别人在非洲赢得的，还没有忘记波尔战争中的无数荣耀战场。对这些多少有些抽象的英勇象征物，我母亲并无任何感情上的依恋，她于我父亲1951年去世之后，就把它们都放进一只盒子里，未带任何附加条件，悉数送给了堪培拉的澳大利亚战争纪念馆，我相信，这些奖章现在仍在那里。我曾一度很烦这事，因为根据爸爸的遗嘱，这些奖章须由他的四个孩子平分，但到了最后，我们谁都没有提出要求，得到我们应得的这份财产。

"爸帕"是其后代给他起的一个名字，实际上为自己赢得了一枚奖章，就是那枚名不见经传的奖章，名叫"总统自由勋章"，是波兰当局为奖励敢于面对反天主教偏见的精神勇气而授予的。他从未去过波兰，连波兰语的一个音节都不会发。

他而且还像他弟弟约翰·休斯（1857—1912年）一样，也被授予圣格列高里二级爵士勋位——这在授奖锣声比当今更为重要的时代，一般由教皇奖给信仰天主教，乐善好施，又很富有的爱尔兰人。

他并不是悉尼的首任市长，但他是该市的首任爵士市长，尽管二

---

① "蓝色马克斯勋章"，法语为 the Pour le Mérite，是德国的最高荣誉勋章。——译注

者之间的差别至今仍令我难以捉摸。他个子高大,相貌英俊,身材十分匀称,头发往后梳着,胡须是涂了蜡的——是爱德华时代的人所称作的那种"体型好看"的男人。据说,他说话声音洪亮,在还没有麦克风之前,这一向都是政治家的优长。他妻子路易莎·基尔呼利若在世,不大可能被人唤作美人儿——从相片上看,她应该是那种在街上扎扎实实,稳步前行,而不是小巧玲珑,款步而行的人——但她倒的确有个癖好,这在当时悉尼上流社会的贵妇人那儿,一定显得与众不同:她特喜欢做木工活,拥有一套凿子,V形凿、弧度型号不一的各种半圆凿,她把这些东西放在一只铰链带盖的小箱子里。借助这些工具,她打了几件家具,最大的一件是装饰性的大厅沙发,长约六英尺,座位带铰链,靠背有精致的浮雕,图案是迂回盘绕的凯尔特龙,全部用的是泥炭栎木料。最后,这个沙发被发配到阳台,结果,对一个爱玩捉迷藏、身手灵活的小男孩来说,就很方便了。我还记得她打的唯一的另一件家具,是一个哥特式食品橱柜,也是用泥炭栎木料做的,她打这件家具是为了在餐室用的,上面起绒粗呢般,用歪歪扭扭的凯尔特-哥特字母,写着一行警句:"无论你碰巧吃啥,最好欢迎为佳。"这句话也许——说到这儿,儿时的记忆动摇起来——是"爸帕"在斯通尼赫斯特上学时,学来的一句助人上进的口号。我由此推测,无论托马斯爵士,还是休斯夫人(我的祖母,我们叫她"甘妮-甘"),都不是美食家。

有一点相当确定的是,特别是在"爸帕"1930年去世后,休斯夫人不太开心。她一生度过的最后四分之一个世纪,情绪一直怏怏不乐,成了一个半残疾人。我父亲的家庭义务感坚若磐石,通常一天要去看她两次,一次是在上班的路上,一次是在回家的路上。我没见过她,因为她在我出生之前就已经死了,也许这是我的运气吧。

而且,你就是再发挥想象力,也没法在托马斯爵士还活着时,称他为爱尔兰民族主义者。恰恰相反,他是个坚如燧石、不屈不挠的大英帝国主义者。他在第一次世界大战中,完全站在英格兰一边;所以才被授勋。他支持征兵入伍,还为此进行宣传鼓动,因此而招致澳大利亚最具政治倾向的天主教高级教士,即爱尔兰红衣主教丹尼尔·曼尼克斯的敌意。"爸帕"如此保守,以致后来有人指称说,当激进的社会主义 IWW(国际世界工人协会,诨名是"我不理",其美国分部的领导人是个澳侨),在1917年的一次总罢工中,派遣一支代表团来,在他位于伊丽莎白湾的家门口喊口号时,他命令男仆驱散那帮社会主义的乌合之众,竟然拿着一把12膛径的格林纳尔步枪,照他们头上放了一枪。如果真的发生了这场遭遇,我是不相信的——有位著名的斯大林派作家叙述了这件事,他的说法更为渲染。据他称,"爸帕"的仆人那天在门口实际上用枪打死了一个"我不理"——因为我发现,当时各报对此事都未提及。那个斯大林分子很会讲故事,但在有关20世纪早期,澳大利亚天主教上流人物的所作所为方面,并不是一个最不带偏见的资料来源。

然而,他这种贵族领主般不可一世、自我防御的冲动,可能早就在他的基因中埋下了某个神秘的幽灵,又通过基因传到了下一代。1970年,他的长孙,也是我的大哥托马斯·休斯时任澳大利亚司法部长。汤姆是主张打越南的鹰派,尽管后来他对那场既不道德,又很可鄙的战争改变了主意。他公开支持派遣澳大利亚部队参战,支持美国人的政策。因此,他不可避免地成为抗议的众矢之的。曾有一支两百多抗议越战的人组成的示威游行队伍,顺着贝勒伏优路,蜿蜒来到汤姆的家,在短短的车道前摆开阵势,高喊口号,要求见他。汤姆不是那种躲在裙子后面或大树背后瑟瑟发抖的人(更不要说躲在男仆后面了,他那时并无男仆)。他的大儿子小汤姆(时年八岁)后来回忆说,当时,我哥哥正在楼上卧室睡午觉,突然,示威者嘈杂的呐喊声把他吵醒了。

起初他不明白是怎么回事,但他一意识到这件难以置信的事情,即他家门前车道和屋外大街到处都是人,而且都是充满敌意的人时,他就冲他的孩子大声喊道:"武器——快给我拿武器来!"小汤姆蹦蹦跳跳跑下楼,但在走廊的衣橱里,只找到两件可能用做武器的东西:一把斧头和他自己的一把少儿板球拍。他倒很明白事理,否定了在这种时刻给他父亲一把斧头的想法,而是把板球拍给他拿了过去——还拿去一对板球护垫,也就是那种起棱的腿部护甲,所有的板球球员都要穿这种护甲,以保护胫部不受较低的快球打击。司法部长把这劳什子套上后,挥舞了一下球拍,把饭后小睡残存的迷迷糊糊的睡意从脑海中一逐而空,就大步走出前门,与那些惊得目瞪口呆的左派分子对峙。我当时不在,没看见这幅景象,但据人讲,那场面真是给人留下了深刻印象。就算汤姆不拿板球拍,他那钢铁般的怒目瞪视,也会让人畏惧三分,因此,他拿着板球拍的样子,想必相当令人恐怖。这次事件让悉尼报界捞了不少油水。

1915年的半个世纪前,祖父托马斯被授勋时,他请皇家纹章学院为他设计了一枚饰章。关于纹章的一段描述庄严地说:"在一圈五颜六色的花环环绕下,有一头跃立的银白色雄狮,肩上有朵玫瑰花,怀里也抱着一朵玫瑰花,狮爪握着一道红色的雷霆。座右铭:'Fortiter et vigilanter'。"①不幸的是,他的后人却无权佩戴这些纹章,不过,我有时倒是稍微有点遗憾地想,一头腾跃的雄狮,搂着复仇的雷霆(该有的都有,有羽翼,有带刺的闪电,还有"强大而警觉"的座

---

① 拉丁语:勇敢而警觉(boldly and vigilantly),但紧接着的下文中,休斯说"强大而警觉(strongly and vigilantly)",稍有差异。——译注

右铭），对一个文化批评家来说，也许不是一个太糟糕的东西，尽管它嗜杀成性得有点儿过度。20世纪70年代初，有一段较短的时期，我曾想置纹章学院于不顾，把纹章图案在我的摩托车，那辆桀骜不驯、但引擎声和鸣的本田CB750的空气滤清器盖上画下来，当然不会画得太大，但又放弃了这个想法——主要是因为，某个路人可能会错以为，这一定是当时受了拉夫·劳伦，以及其他明显没有资格佩戴纹章的美国人，在其广告战役中的粗俗影响后，仿制的某种纹章图案。

其他澳大利亚人常以为，休斯家族很富有。我们曾一度富有，或者说相当富有，但现在不富了：要说的话就是"不差钱"，但爸爸去世时，他留下了一笔财产，仅有大约三万澳镑（当然，那时的澳镑远比今日的澳元值钱），一幢还算大的房子，里面有五间卧室和仆人生活区，位于悉尼一个时髦的城区，以及一辆墨绿色的1950年产雪佛兰。于是，我们可以过起半富的生活，但他退休时，一直都没能积攒起一笔资本。他是几家资金雄厚、名声很响的董事会的董事（如图海斯酿酒公司和悉尼商业银行公司），但他这么做不为别的，而是出于一种公仆精神。通过即将发生的金融交易，掌握内幕消息而获利，这在当今的澳大利亚金融界司空见惯，但要在当年，这种想法会让他充满道德的厌恶。

父亲是在一家耶稣会士寄宿学校受的教育，即圣伊格内修斯学院，该校位于悉尼海港的一座海湾，远远地深入到雷因湾河中。随着时间的推移，他的三个儿子也到这个学院上学了，即汤姆、杰弗里和我本人。我姐姐康斯坦斯上学的地方在伊丽莎白湾，从前一度是住家的房子，现在则为圣心修女会所拥有，这是一流的滨水场所，当年不值什么，现在却价值连城，难以计量。

圣心修女会是个家族怪种。她们这一团体能在澳大利亚立足，要感谢休斯一家才是，但她们把我们搞得有点穷了。我曾祖父约翰在宗教上有点儿过于热情,他决定把修女从爱尔兰进口,来一表他天主教的虔诚。这些修女一到悉尼,就把家财挥霍一空,这倒颇像兔子进口澳大利亚后,把新南威尔士的大牧场主倒腾一空一样。这些家伙本想表现得像个地主,引进点动物来射猎玩玩,却大惊失色地发现,就是把全澳的弹药拿来,也不够对付泛滥的兔灾。

当年约翰·休斯环视着悉尼一带尚不成熟的社区,为何居然会产生一个念头,觉得它最需要的是一伙修女,现在看来并不神秘:身为极为虔诚的爱尔兰天主教教徒,他就想为少女扩大天主教教育的前景,因此,他名为金科普(这在盖尔语中意思是"马头",当时就觉得前滩上的一块岩石很像马头)的滨水区领地就这样传给了两个女儿。不是她们两人太过虔诚,就是相貌太丑,结果嫁不出去(从现存的照片中也得不出结论),在圣心委员会当了修女。

一旦当了修女,你就嫁给了基督,你所有的财产就归"老公"所有了。就这样,休斯家扔掉了城里拥有的两大地产之一,成了上帝的陪嫁。我经常颇为嫉妒地看着那幢房子的大门,特别是自从20世纪60年代以来,圣心修女将其作为富人的高层公寓住房进行开发,很精明地大发了一笔横财之后,我就更嫉妒了。那些羊齿洞穴和那座小树林早已不复存在,曾祖父休斯曾很乐观地以为,它们的祖先爱在其间徘徊徜徉,沉思默想,对宗教的种种神秘之处进行冥想。

跟着,第二幢大地产,亦即玫瑰湾女修道院目前所在地,也给了圣心修女。那笔遗产中,我作为孩子的所得只是一种义务——上山看望一位叔伯祖母,她的名字我已经忘了,是一位地位很高的修女,穿过一股阳光肥皂的味儿(混合着淡淡的老女人的尿臊气),费劲地克服着到处弥漫的地板蜡的气味,跟她进行呆板做作、毫无意义的谈话。见面后,还要求我吻她,这意味着我要伸长脖子,把嘴唇探进她精心浆洗、叠出皱褶的轮状皱领里,这种衣领蜂巢般的密室无疑是由某个想申请得到修女职位的人,用20世纪20年代最后一次制造的熨斗,用可怜巴巴、捻着念珠的奴隶手指打理好的,其坚硬的亚麻布边缘硬得就像赛璐珞。我在她皮肤呈半透明,形似船头的鼻子上,偷偷地啄一下,她吱嘎地发出一声干巴巴的祝福,于是我就如释重负地逃掉了。我讨厌因探访她而把整个下午都浪费掉,而我估计她可能也讨厌这。

外国人和英国人普遍以为,澳大利亚人不是牧羊大亨,就是别的什么富于异国情调的东西,但这两种人我们都不属于。爸爸是城市的律师——也就是准备卷宗,但不出庭辩护的那种律师,跟做那种工作的大律师决然不同。但这个家族在某种程度上比较显赫,至少从爱尔兰人的家族来看是这样,其背景并不一定都那么深厚。在澳大利亚的殖民时代,曾对爱尔兰人抱有很大偏见。在我祖父时代的悉尼,依然残留着这种偏见的气味,仿佛无人照料的地下室里散发出的一股霉味。在很大的程度上,它都是澳大利亚那臭名昭著的"制度"的余毒,即这座殖民地在1788年创立之后,为接受流放犯而发挥的垃圾堆职能。

英国当局一般都同意,所有流放犯中,最糟糕者、最反叛者、最恶毒也最屡教不改者,就是爱尔兰人。一般英国人(亦即殖民地统治阶级)对澳大利亚爱尔兰流放犯的看法,是由帮助统治了早期殖民地的那位虐待狂的教士,即"鞭子牧师"约翰·马斯登(1764—1838)所提出来的,那种提法之生动,是任何人都想不出来的。对这个脾气暴躁、充满偏见的人,爱尔兰人是"最狂暴、最无知、也最野蛮的种族,居然还能享受文明之光",他们专事"各种各样的恐怖罪行……能冷血地干出最为穷凶极恶的行为……迷信,阴险而狡猾"。就这样,爱尔兰人岂止是哑默无知的"帕迪",他们简直就是缺乏保护的社区中的一块癌症。很多澳大利亚新教徒都持这种看法,结果导致对爱尔兰人的顽固偏见，极为不肯让其后裔在殖民地执掌大权。

这种凶猛的偏见程度后逐渐降低。不过，如果爱尔兰人想在澳大利亚享有权力和地位，哪怕迟至1900年，他也必须满足某些标准。他必须家道殷实，最好富有。他不能是工人阶级出身，因为总是怀疑爱尔兰工人会搞工会主义，甚至会搞一种原始的共和主义：流放犯苦难之烙印深深地烙入了澳大利亚工人的集体记忆中，他们经常会被神话、被多情善感化，但又从未完全缺席。他们钱的来路必须清白——换言之，不能来自诈骗或赌马，后来在新南威尔士放宽了这个政策。他应该在慈善事业上表现杰出，这还不仅仅在对天主教慈善事业的贡献上。超出一切之上的是，他必须亲英，比英国人还英国人，杜绝与爱尔兰民族主义社团的一切关系，放弃这种爱尔兰人的身份。

托马斯·休斯完美无缺地满足了所有这些要求。他哥哥约翰1912年去世之前，就已在悉尼的市政政治中崭露头角，托马斯更扩大了他的角色。他领导了一场公民改革运动，以对付悉尼金融界的腐败现象（1898）。1900年，他又帮助组织了公民治安委员会，以控制一场腺鼠疫的爆发。他1902年担任了悉尼市长职位，在1902年到1903年间，成为悉尼首任市长，又在1907年和1908年间再度担任悉尼市长。他极富公共精神。他负责改善了悉尼的供水情况。作为皇家委员会主席，他做了很多工作，扩大了城市街道，建造了地下电子轨道系统，还建设了大量其他公益设施。很多居心叵测的人都说，他是悉尼最乏味的一个人——不过，考虑到可能的竞争，我对此并不确信。他肯定写过一些很有意思的信件，其中感情充沛，笔迹有力而流畅。

托马斯·休斯在他的政治生涯中，不止一次地假装对"沃所"（爱尔兰语，意谓故土）表示留恋，这一直持续到他于1930年去世为止。

他并不太在乎是否有爱尔兰人投票。他受的完全是英国式教育。他跟哥哥约翰一样，曾在一家主要的英国天主教会学校住宿，即兰开夏郡的斯托尼赫斯特学院。两个男孩都考上了伦敦大学。约翰后来回到澳大利亚，给悉尼的一个律师当徒弟。托马斯遍游欧洲，然后回到悉尼，于1887年与哥哥联手，建立了那家成为家庭律师行的休斯兄弟律师行。约翰娶了悉尼一位医生之女玛丽·罗斯·基尔呼利为妻，托马斯娶了她妹妹路易莎为妻。两兄弟就像一只豆荚中的两颗豆子一样相配，至少在约翰于1912年意外地死于慢性哮喘之前是这样。

爱尔兰人一般只跟爱尔兰人联姻，但托马斯·休斯好像从来没有造访过爱尔兰。他的天主教信仰虽然从不动摇，但却没有投射到任何爱尔兰的民族主义上。他所持有的不是爱尔兰-美国人的那种政治观，而是英国-澳大利亚的那种政治观。他绝对是一个帝国主义者，而且是个彻头彻尾的战争贩子。因此，在第一次世界大战中，他主张报名参军（就像具有高度民族主义觉悟的保守党政治家"比利"·休斯所做的那样，此人并非我家亲戚），敢于置澳大利亚的主要政治人物，即天主教教士，大主教曼尼克斯的反对于不顾。该人不愿意看到，爱尔兰裔澳大利亚人为了参加统治阶级强加的战争那种东西，而被迫流下一点一滴的血，他对战争的这种看法，倒是够正确的。至少在这件事上，休斯市长和曼尼克斯大主教之间的敌意到了完全彻底的地步。而且，谁都没法谴责说，休斯一家不愿把自家的子女贡献给国家利益。玛丽·罗斯·基尔呼利和约翰·休斯所生的六个儿子中，四人在第一次世界大战中在海外服役，一人战死。

我父亲杰弗里是托马斯爵士的两个儿子之一，这两个孩子也都在第一次世界大战中参战。我伯伯罗杰是一位古典学者，之后改行学医去了。他还是个羽翼未丰的医生，就自愿尽医疗义务，于1916

年参军,进入澳大利亚陆军医疗军团第一野战医院军团,当即被派往前线,但在那儿只活了五天。在法国弗乐镇遗址附近,公牛战壕的一个先遣包扎站工作时,他正照料一个伤兵,突然,一颗炸弹直接在那间原始的手术室上空炸开了。病人当场炸死。罗杰双腿被炸成碎片,被送到艾利村附近的36号伤员医疗站。在那儿,战争时有发生的一种恐怖而又近乎神秘的偶然现象发生了。他弟弟杰弗里此前曾随第10骑兵中队派往法国,随队驻扎在贝蒂纳——那是一片地狱风景,围着铁丝网,油腻腻的战壕狭板道,以及臭不可闻的弹坑,里面尽是雨水,动物尸体和人的尸体——附近乔克的一座临时搭建的机场。爸爸从小道消息得知,罗杰被派往法国,至于在哪,他就不得而知了,但他仅凭猜测,在一辆从乔克往南行驶的汽车里找了一个座位,希望找到罗杰的部队,发现有关他的线索。他后来写道:"我离开他实际所在地的中队后,居然浑然不觉,只是碰运气,到访了一下……艾利,期望他部队的所在地,这样以后就可以去看他了,因为我自1916年3月离开澳大利亚以来,就一直没见过他。让人惊讶不止的是,"爸爸很低调地补充道,"我对他的行踪一无所知,也不知道他受伤这件事,却居然抵达了他临终的那个村庄。"

罗杰正人事不省地躺着,就有人把爸爸领到了他的床边。此时天色已暗——从机场开车到艾利的基地医院,路途有六十英里,走了五个多小时,慢如爬行,穿过车辙,绕过弹坑——就像他后来给父母亲写信说的那样,他当时"焦虑欲狂……这整件事太让人震惊了,我绝对惊怵震撼……我向上帝祈祷,请求宽恕罗杰,并感谢上苍把我带到他身边"。爸爸当时肯定好像觉得,有某种更高的意志力,克服了压倒一切的所有难关,让兄弟得以重逢:不是这种意志力,就是某种奇怪的偶然,而他并不是一个相信偶然的人——至少在上帝可能插手的情况下,是不相信偶然的。一到罗杰身边,"我就说:'罗杰,好伙计,怎么样?'他眼睛睁开了一会儿,然后说:'杰弗里,好伙计。'说着就又堕入不省人事的状态,躺在那儿,平静地呼吸。我在他身边跪下来,为他、为你和艾琳向上帝祈祷。我祈求上帝如有可能,一定要饶了他,但我又补充了自我不得不面对死亡以来,已经成为我频繁祈祷时说的那句话——'主啊,成全你的神圣意志,而非我的!'"

爸爸来到外面的夜色中,去找驾车从机场到艾利的那个同志,他就是亚瑟·"澳新军团"·伍德。"他是个好人。我焦急得都快发狂了,他却待我像慈父一样。"但他回到哥哥罗杰床边时发现,就在这很短的一段时间里,哥哥已经死了。"我没想到,亲爱的老伙伴这么快就走了……他跟我一会儿前离开他时一样,仍旧躺在那儿——可是,前后是多么不同啊! 他的脸非常美丽,微笑中有着说不出的幸福。我从来没有见过像他脸上那么美的笑容,灿烂而又幸福。亲爱的父亲母亲,在这种恐怖的忧伤中,上帝给了你们这个巨大的安慰。那天下午,罗杰领了他的最后圣餐,去世的时候也像他活着时一样,是个高贵的天主教徒,通过我们宗教的慰安而变得坚强并得到赐福。我看到他时,便感谢上帝的仁慈。"

就这样,罗杰的死在我父亲的年轻生命中,成了一个主要的决定性时刻,使他对兄弟手足之情、牺牲,以及习惯性地把个人惨烈损失进行合理化,看成是上帝意志等看法一劳永逸地固定下来。罗杰成了他的主要男性美德形象。凌驾于罗杰之上的,就只有圣依纳爵和基督了。

爸爸把真理看得重于一切,但他在努力完成可怕的任务,跟父母亲讲另一个儿子去世的噩耗时,你几乎都可以听到他咬紧牙关的声音。我敢肯定,他为了照顾他们的感情,把有些细节略去不讲。他在去世弟弟脸上看到的那个极乐微笑,可能来自精神的决心,同样也可能借助了吗啡的作用,但即便如此,我也不会感到吃惊。我现在知道了，骨头碎裂的疼痛和大面积组织休克的效果会是什么感觉，因此很自然地希望，照料他的那些医生在使用注射液时不要过于小气。如果爸爸成功地传达出罗杰作为英勇的骑士①的形象，那也主要是由于他坚定地、完全诚挚地超越了他自己的宗教信仰。我能想象自己对亲兄弟之死产生这种反应，甚至还假定，我有一个像爸爸对罗杰那样热爱并理想化的兄弟吗？我能想象从这样一种可恨而又绝对无益的死亡中——一个年轻的非作战人员，正在从事一项勇敢的慈善之举，却被无端地杀死——在某种程度上体会到上帝的仁慈吗？我不这样认为。哪怕我怀着神圣的计划有其神秘之处，或全能的上帝极为关怀其造物这样的想法，也无法聊以自慰。我定会因罗杰之死而诅咒上帝，但就我所知，既然我本不相信天主教徒所定义的那个上帝，我对罗杰之死的感受会使我觉得，它再一次恐怖地证明了这样一个四重结论，该结论通过第一次世界大战的大规模刽子手强加在父亲一代中那么多人的身上，而且我这么想的可能性较前要大得多：一，像塞缪尔·贝克特曾经说过的那样，母亲骑跨在敞开的坟墓上，把我们生了出来：光明短暂地一闪，旋即便是黑暗。二，所有对神之意图的求助就算不是彻头彻尾的谎言，也是徒劳无益，甚至都没有理由抱有任何希望。三，没有任何人和任何物体从上往下注视着我们。四，哪怕最适于生存者，也不一定都能幸存。要是能想成另外一种样子多好哇！父亲能够信教，其幸运之程度可说是难以估量！

罗杰这一支人死绝了。他死后，老婆艾琳生了一个儿子——即彼得·罗杰·休斯，生于1917年。他在第二次世界大战初，也顺理成章地参加了空军，死在了达尔文，当时他的飞机由于机械故障而坠

---

① "英勇的骑士"，原文为法语：preux chevalier。——译注

毁,那是一架名叫"维拉威",样子像风筝的澳大利亚造飞机,速度是臭名昭著的缓慢,力量也很不够。后来,艾琳长途跋涉去北方,造访儿子的坟墓。她在达尔文时,搭了一个卡车司机的便车,卡车在去墓地的路上撞车,结果两人都丧生了。

爸爸在第一次世界大战中幸存下来,但我不清楚他对这次大战的真实想法:空军老兵对十二岁的子女是不会谈论这种事情的。这种事情好像无法交流,恐怖和危险往往就是这样,是无法交流的。老兵只跟自己人交谈。有时候,他们什么都不谈,如果他们是不同战争的老兵的话。

例如,我哥哥汤姆在桑德兰水上飞机当飞行员,在第二次世界大战的北海,进行反潜艇巡逻,服满了一期兵役。然而,他回家后——两年里,他既没看见,也没击沉任何潜艇,幸好,在大片荒漠般波动起伏的灰色水域之上,灵活的德国战斗轰炸机没有发现他那巨大笨重的飞机——从来都没法让父亲跟他放谈四分之一世纪之前,他自己在战时的飞行经验。汤姆并不认为这是排斥他,他即便这么做了,也是可以理解的。他意识到,在某种更深的层面,爸爸觉得,1918年的空战性质,是无法与没有亲身经历的人交流的,哪怕那人是自己的儿子,哪怕这个儿子本人也参战飞行过。

爸爸是英雄,不仅仅对我来说是这样。在今日的新闻世界中,英雄主义很廉价——要想成为英雄,你只要把一个孩子从失控卡车经过的路上拉开,或试图扑灭一场火就行。但是,爸爸1917年二十二岁时,参加了皇家空军团,在此之前,他对飞行的兴趣早就产生了。他从前喜欢趁着名叫哈格雷夫的澳大利亚发明家,乘着巨大的箱形风筝,在太平洋的风中升起时,在沙丘间出没。哈格雷夫差点没打败莱特兄弟,后者后来发明了有人驾驶的重于空气的航空器。他1911年在欧洲时,凡有机会看航空运动会或飞行运动会,从来都不会错过,还把飞行员的姓名记下来。他看见一个名叫威斯的飞行员飞过那不勒斯上空——当年的飞行器实在非同寻常,所以,这位酷爱航空的年轻人从飞机的设计上就能知道那人的姓名。那年5月在巴黎,他去了布伦绿地,在那儿,"我们看见所有的孩子都在放飞航空模型——真是美不胜收"。他乘坐汽船,离开科布伦茨,沿莱茵河溯江而上,很激动地看见一架齐柏林"施瓦本"飞船从头上经过,而在伦敦时,他花了一整个畿尼,在巴塞特-洛克,也就是牛津大街那家玩具模型店,买了一套航模。1911年的5月,他参观了位于亨顿的飞机场,付了一先令,被允许进入飞机库,"在还没有任何飞行之前,就研究了布莱里奥、法尔芒和格雷厄姆·怀特[原文如此]等人设计的不同机型"。他学会了飞行一种极不稳定的教练机,名叫莫里斯·法默·朗洪(这么叫是因为,飞行员由前边伸出的一种柳条制作的悬臂而承载,后面是推杆式引擎,飞行员有时就因为这而送命),后来,这种飞机逐渐发展成为早期航空中更为致命,但(对飞行员来说)不那么危险的经典机型,如索普维斯"幼犬"战斗机,索普维斯"骆驼"战斗机,以及所有之中最厉害的SE5飞机,又称"布里斯托战斗机",还有其接替者SE5A飞机。

他是个极为出色的飞行员,生就的天才。我不是出于孝心而这么说。第一次世界大战中,在法国领空前线驾驶RFC战斗机的飞行员,平均职业寿命非常短暂,平均为两个月,后来都死了,但爸爸没死。飞机空军大队队长G. E. F.休斯获得了军事十字勋章和澳大利亚飞行十字勋章,是62中队不必更换的少有几个飞行员之一。他还是个二十二岁的小伙子,就于1918年春,正式参加了战斗。在无数德国人的射击下,他毫毛未损,真是有着超凡脱俗的运气。人说猫有九条命,他何止九条命,简直就有十二条命,二十条命。他还是个神枪手,在停战之前那个短暂的春天,打下的博世、法尔兹、福克、陶布、以及其他飞机不下十一架，这还不算那些"可能被打下"的。他于1918年5月被授予军事十字勋章，授奖词部分内容如下：

> 因作战勇敢，引人注目，又因忠心耿耿，恪尽职守而特授此奖。他领导编队飞越敌军战线上空时，遭到十二架敌机袭击，但他击落了其中两架。次日，他负责巡逻，对七架敌军三翼飞机发起攻击，逼迫其一失控，又强使另外三架迫降。还有一次，在负责一次巡逻任务时，他遭到一大群敌人侦察机的袭击……他在作战时总是表现出最大的勇气和冷静。

其中有架飞机是福克（博士一号），即飞行马戏团的三翼飞机，62中队与之不止一次地发生空中混战。该机当时由著名红男爵的兄弟洛瑟尔·冯·里希特霍芬驾驶。博士一号是一架很棒的小飞机，但名声不太地道。一共只生产了320架，但胆子更大的德国战斗机飞行员都喜欢博士一号，因为用红男爵的话来说，这种飞机"爬升起来像猴子，调动起来像魔鬼"。不过，他们都信不过这种飞机，因为它太脆弱了，其毛重比SE5A型轻半吨。由于是三翼飞机，其翼展只有二十四英尺，而SE5A型则是三十九英尺，因此在空中转向容易得多。但它的武器装备也较轻（两架7.62毫米的斯班道机枪，以一根同步连杆，与螺旋桨轴相接，通过螺旋桨向前开火）。在没有风撑拉条的情况下，这种飞机一进入作战状态，进行急降和急转弯，就受不了压力，更轻而易举地散裂开来。相比较而言，SE5A型飞机更像长了翅膀的小汽车，有一座坚固的机枪平台穿过空中，不过，该机型与下一代的战斗机相比，似乎也存心做得很娇嫩：除了具有270马力的大功率劳斯莱斯引擎之外，金属很少，而且完全没有装甲防护。

爸爸和后舱枪手休·克雷遭遇了洛瑟尔和他在贾斯塔（战斗机

中队)第11中队的几架僚机,其司令官洛瑟尔刚从曼弗雷德伯爵①那儿接手。1918年春,他们在康布雷的东面巡逻。尽管洛瑟尔不太像他哥哥那样,是个具有原型特征的王牌飞行员,但他是个很凶悍的敌人。曼弗雷德·冯·里希特霍芬击落了八十二架盟军飞机,但洛瑟尔击落了四十架,这种杀伤力还是够大的。爸爸没有杀死这个二十三岁的王牌飞行员,但却在一个名叫奥古斯特斯·欧勒巴,驾驶索普维斯"骆驼"战斗机的飞行员的帮助下,把他击落。洛瑟尔紧急降落。几个月后,他还在医院疗伤,这时他听说了曼弗雷德的死讯。他遭遇我父亲之后幸存下来,继续作战——在停战之前又开了十次杀戒——最后在福尔斯布尔特希洛斯家床上,死于伤势造成的长期影响。②

当年的空战有着侠义之风,后来这种侠义之风不复存在。双方为了宣传目的,当然对此有所夸大,但毫无疑问,对飞机驾驶员的勇气,是要求极高的。他们在空中没有降落伞,其保护除了木头、钢丝和抹以涂料的帆布之外一无所有,因恐惧和寒冷而龇牙咧嘴,面露怪相,眼睛流水,视线模糊,冰冷刺骨的滑流往护目镜和皮肤的所有缝隙中钻。飞行队所发的保护眼睛的护目镜都不地道,还得在伦敦买摩托车护目镜,而这种护目镜并不总是奏效。总有一半的时间,人几乎是瞎着眼在飞行,眼睑因泪水冻结而黏在一起。顶着时速150英里的螺旋桨气流,只有一样东西,能让坐在敞开座舱里的飞行员不致冻死,那就是他为自己提供的一套衣服,裤子也是自己的,最好有皮毛衬里,或至少用绵羊毛制成。伟大的曼弗雷德·冯·里希特霍芬外

---

① "伯爵",原文为德语:Graf。——译注
② 这与历史似有出入。根据维基百科,洛瑟尔1922年在福尔斯布尔特死于飞机坠毁。——译注

面穿着飞行服,里面则穿羊毛睡衣,这至少在早上紧急起飞时比较容易些。

从我父亲给他父母的信中,可看出他对母亲多么感激,因为母亲总是给他寄织好的羊毛袜子——有时候,在寒冬的天气下,他外面穿着飞行皮靴,里面穿的袜子不下六双。恩斯特·乌德特是战争幸存下来,击落敌机数量最高的德国王牌飞行员,后来在希特勒的空军[①]中成了一个大人物,他就非要在起飞前,穿上最好的服装,还要佩戴勋章绶带:他觉得,只有这样,假如他被活捉,他就能当着那些巴黎人的面,更加炫耀一番。飞机驾驶员一般爱围丝织围巾,这倒不是因为他们想看上去很潇洒,而是因为他们脖子老是转动,看后面是否有敌人,因此需要保护而不致被擦伤。围巾还可用来擦净护目镜上的引擎蓖麻油。(在有些引擎的设计,如臭名昭著、很不可靠的法国诺姆-龙飞机公司生产的转缸式发动机上,蓖麻油还事先与燃料混合,喷射出来就成了排放的废气,飞行员一呼吸,很快就不知不觉地发现,他们在自己的一摊液体大便中飞行。)

当然,最糟糕的是,盟军最高指挥官坚决拒绝给飞机驾驶员发放降落伞。官方的口径是,这种安保措施(这种东西本来就存在,观察气球中的火炮侦查员就发放了降落伞)会让飞机驾驶员觉得出路很简单,从而降低斗志。这种惨无人道的冷漠导致很多飞机驾驶员在几千英尺的高空被活活烤死,被击中的飞机无可奈何地打着螺旋,落到地上,冲击气体把他们的座舱变成了鼓风炉。有些飞机驾驶员在没有降落伞的情况下脱险,宁可快点死,也不要忍受那种牺牲的痛苦。能够做到这点的人是比较幸运的。

[①] "空军",原文为德语:Luftwaffe。——译注

许多飞行员都爱随身带着幸运符咒。苏联"王牌之王牌飞行员"A. A. 卡扎科夫不在座舱放一具圣尼古拉斯的偶像，是绝不会起飞的。阿尔伯特·博尔飞行时，带了母亲的一块梅子蛋糕，结果连人带蛋糕被洛瑟尔·冯·里希特霍芬的炮火击落。法国王牌飞行员让·纳瓦尔上天时，总要带一条少女的丝织长筒袜。

就我所知，父亲啥也不带——不过，如果他身上某个地方带了一个十字架或一串念珠，我也不会吃惊——他当然不会带花里胡哨的少女吊袜带。他因飞行技术和日本武士般的勇敢，而获得军事十字勋章。他厌恶"王牌飞行员"这个字眼，谴责这个字的含义——那是美国搞公关的广告宣传公司发明的一个过分炫耀的字，严肃认真的战斗机飞行员是不会屈尊俯就，使用这种字的。尽管我并不知道，但我猜测，他甚至很可能认为，把第一次世界大战浪漫化——就像他的澳大利亚同行埃罗尔·弗林或跟他同姓，但没有亲戚关系的霍华德·休斯导演的那部令人毛骨悚然、荒诞不经的电影《地狱天使》典型反映的那样——是有点恶心的。1940年，在新南威尔士纳兰德拉他领导的飞行学校里，他曾对年轻飞行员毕业班发表了一篇讲话，对前面那种现象表示深恶痛绝：

总的来说，在部队，那种"牛皮大王"很可能成为人们鄙视怀疑的对象……无论在文字还是银幕上，都已经表现得很多，给人一种印象，仿佛部队里的好汉是那种喜欢打硬仗，喝狼酒，不怕鬼也不信邪的人，他们一生虚掷在酗酒无度之中，沉浸在一位作家婉言所称的那种"俯卧称雄"状态，却能定期一跃而出，完成最为大胆的惊人之举。媒体和银幕上把这种人表现得如此惟妙惟肖，很可能年轻的一代中，有些人会真的相信，这是这场游戏中一个不可或缺的部分……上一次战争中，我们的确碰到这种类型的一些人，但我的经验表明，他们鲜有成功，也从来没有为部队增光。

爸爸无疑幸存下来——他那一代的澳大利亚男性，有太多的人被那场战争摧毁，他却熬了过来。很难想象他喜欢战争，然而，战争有时候一定让他充满兴奋，远远超过了平凡生活的限度，这跟蹲在潮湿发臭的战壕，子弹在头上尖啸，周围散发着尸体的腐臭和立德炸药的刺鼻气味，是大相径庭的，那种场面会让飞行员和别人一样也感到毛骨悚然。米基·曼诺克是无所畏惧的爱尔兰战斗机飞行员，总共干掉了七十三架飞机，很喜欢"把德国虫豸发配到地狱之火中去"，他就曾写道，去战壕之旅"令人恶心"——"死人的腿子从战壕两边伸出来，上面还裹着绑腿，穿着靴子——一块块的骨头，以及带着头发的头颅……坟墓的恶臭、死人和血肉模糊的尸体等和合在一起，让我接下去几天都感到反胃。"这是个只有老鼠才洋洋得意的地方，诗人戴维·琼斯——就像战壕里的其他人一样——就曾听见老鼠恶心地宴飨尸体，在夜里掘地打洞：

> 你能听见战壕的沉默：
> 你能听见无人地带的老鼠
> 开槽一般钻入五脏六腑
> 黄鼠狼一样耐心地干活
> 撕喇喇、撕喇喇、撕喇喇
> 狡猾的爪子在地上又抓又扒
> 赎回我们无慈善的时间，消耗它自己
> 水陆两栖天堂的元气。
> 你能听见它的装运大军载着我们的腐肉，窸窸窣窣地穿过

> 黑夜的野草——以它细极的管道争抢精肉
> 眼睛溜圆地飨宴我们，根据其天性的规则，趁夜飨宴
> 我们的碎片。

飞行员至少不用在这种战壕的梦魇中生活、睡觉和吃喝：他们的战争名声很好，是一场更干净的战争，尽管很危险，也有种种恐怖。也许诗人从战争飞行史中获得灵感尚属太早，不像他们从地上的大屠杀、污泥浊水和备受侮辱中得到(可怕的)灵感那样。至于说飞行如何让人感到兴奋，只需看看爸爸写给父母的一些家信就行。尽管爸爸不是诗人，但是，比如说，他就曾试图向他们转述诨名"阿奇"的防空火炮，全部指向飞越战壕防线的皇家空军团时是种什么效果。德国地面炮兵有时候极为精确，以杀伤炸弹的黑色点射，像打括号一样，把小飞机给框了起来。有时候，一架飞机会踉踉跄跄地飞回基地，几乎被二三十颗子母弹的打击撕成了碎布条条，但其中有些飞机只有织物拉伤和破洞，飞弹从帆布中穿过，而未击中任何结构部件，因此只需在帆布上补一补，加点赛璐珞涂料即可。还有一些飞机没那么幸运，它们一去不复返，结局是战线之间泥地中一堆七歪八扭的残骸。每个飞行员都得从头到尾经历这种恐怖的阵势。他于1917年写信给父母说："我的第一次'阿奇'经历让我终生难忘"：

> 速度突然一下子疯狂地加大——赶快逃命。引擎怒吼，空气冲过时，每根翼间支柱和钢丝都发出尖啸，接着是马克辛机枪的"哒哒"声，但最要命的是炮弹的邪恶炸响。那是一个辉煌的时刻……是值得为之生活的事情。我害怕之极，紧张无比，直到第一发炮弹打来，这时，我就觉得没事了，于是把飞机飞了起来，用的是我以前连做梦都没想到过的方式……脱身之后那种欢天

喜地、兴高采烈的感觉，使人觉得整件事情很值得一做。

为了让从来没有坐飞机上天，更不要说参加过空战的人好懂，他找到一个更加到位的比喻，把与"阿奇"的这场较量比作打板球："这很像新投球手上场，你还没做好准备，就要挥棒击球一样。你得等待第一个球过来，自始至终都在想是个什么球。你焦急不安，但球一来，你就知道是怎么回事了。"

"值得为之生活的事情"——对几近死亡的这种描述，除了飞行员之外，还有谁会理解呢？我父亲固守这种精神气质，一点也没有装模作样，扭捏作态，这不是士兵而是勇士的精神气质，如果从该词的古老和崇高的意义上来讲的话。勇士气质不是他生而有之的——休斯家里以前从来没人当过兵，但对他来说却很自然。士兵打仗是因为政府强迫他们。勇士这么做不是出于被迫。他之所以战斗，是因为出于一种地位感，出于他对阶级、家庭和信仰等道德义务的理解。我认为，这类人与直至日本江户时期末，作为日本权威英雄的武士，有着不止一点的共通之处。当然，他们不像日本人那样，能绝对围绕自己塑造出一种精神气质。他们也不像日本武士常做的那样，既做学问又写诗。但在第一次世界大战中，由于战斗总是带有实验，同时又未经检验的性质，又由于空战与战壕战的可恶和卑微状况天差地别，敌我双方的飞机驾驶员都能从中获得一种高度危险的使命感。由于他们在这方面都有相同之处，飞机驾驶员之间的同志情谊就的确非常真实，要比板球场、政界和教堂中的任何体验都更强烈得多。"今日愿与吾浴血奋战者，/皆吾兄弟。尽管斯人从无如此歹毒，/此日亦令其地高位尊：/在圣克利斯品节跟我们并肩作战者，/且听他们发言：高卧东床的英格兰绅士/会因远离战场而自惭形秽，/男子气概尊严扫地。"①哈利国王对部队讲的这番话,对像我父亲这样的飞行员来说,能引起一种特殊的共鸣。他们的战争不光彩,也不可能光彩,他们之中任何人好像从来都没有这样想过——而正是在同志情谊、勇气和决心等间歇闪烁之光照耀下的那种不光彩的战壕生活,可怖的虚掷生命和肮脏污秽,为1914—1918年战壕两边的人,提供了严肃作品的大部分素材。皇家空军团好像没有供人讽刺的余地。我从前无法想象,现在依然无法想象,父亲会和他的伙伴在飞行中队食堂坐下来,高唱战壕士兵所唱的那种心怀怨恨,意见相左的歌,就如《我不想当兵》这首不朽之歌:

> 我不想当兵,
> 我不想打仗,
> 我宁可在皮卡迪利地铁站一带,
> 溜达溜达闲逛,
> 靠着婊子赚的钱,供我过日子:
> 我不想让人用刺刀,捅进我的屁眼,
> 我不想让人用子弹,把我屁股打烂:
> 我宁可待在英格兰,
> 在愉快可爱的英格兰,
> 消消停停做爱,过他妈的日子。

简单来说,爸爸就爱飞行,不能让他无法实现这种残酷的热望。有人跟我说,他对空中骑士的爱国形象冷嘲热讽,认为(这么认为也是正

---

① 语出莎士比亚《亨利五世》。——译注

确的)把这种形象用做宣传是种媚俗,是德国人和美国人的发明。但是,在某种层面上,他尽管没有明言,但却强烈地相信,空战让他有了一种崇高感,那是这整场恐怖之极的冲突中,任何其他地方都无法提供的。正因如此,他才能坚持下去。战争结束后,战壕的最后一颗迫击炮弹射出后,对德军战线进行了最后一次扫射后,他没法分享,甚至都无法假装出"马弗京人"那种廉价的沙文主义感情,该词是根据波尔战争中,解除马弗京围城之后,那些走上街头,狂欢胡闹,表面爱国的愚蠢男子和轻佻女子而命名的:也就是那些从未打仗,根本不知打仗是怎么回事,却为不属于他们的胜利而庆功的小市民。他因流感而病倒,在伦敦躺在床上,给父母写信说:

安安静静地舒口气,比什么都更能表现感觉。消息传来的那个出了名的星期一,我患流感,卧病在床,就是错过了胜利狂欢,也不像别人想象的那样是件烦心事。经历了这场战争给我们带来的种种忧伤,我们没有任何心情加入"马弗京人"组成的疯狂人众,他们在大街小巷横冲直撞,吹着便宜的喇叭,摇着英国国旗。这种疯狂而又不负责任的喜庆似乎极不相称,毫无希望,甚至亵渎神灵!要以合适的方式庆祝这种妙不可言的胜利是很难的。

听见那些德国鬼子号叫哀鸣,乞讨食物,感觉很不错。一想到他们对我们可怜的囚犯所犯下的种种暴行,就想不给他们衣食,把他们赶走,让他们自己找路回家,本来对失败的敌人还有的一点怜悯也消失殆尽!

也就在同时,他父亲很厌恶地发现,他自己来到另一群人庆祝停火的同一条大街上,但拒绝参加他们的庆祝活动——"我回了家,没有混在那伙又喊又叫的'马弗京'暴民中,里面尽是开小差的人。"虽然他不可能读过威尔弗雷德·欧文或西格弗里德·萨松的诗——其中没有一首不是停火过了很久之后才发表——但他肯定能从萨松那首《讨厌的家伙》的诗中,认出他对当年伦敦剧院那些废话连篇的好战分子,所表现出的极度憎恶,不过,他倒不一定把这一点说出来:"真想看见一辆坦克朝前排座位轧来,/合着拉格泰姆音乐或《家,甜蜜的家》的节拍左摇右晃,/这一来,音乐厅中就再也没人敢开玩笑/再也没人敢嘲笑巴波姆一带满身窟窿的尸体。"

除了鄙视德国人和充满沙文主义的非参战人员之外,爸爸更鄙视一种人,那就是爱尔兰"叛徒",爸爸和他父亲一样,对这些人无一处不憎恶。1916年,爱尔兰共和国军在都柏林邮局起义,消息传来,令他恶心,这在他的家信中,达到了修辞的高潮。他视爱尔兰天主教民族主义者为第五纵队、害人虫、社会垃圾。而且,他像很多自愿参战者一样,对澳大利亚国内那些反对参军,站在曼尼克斯一边的天主教徒,厌恶得无以复加。他在家信中,对"我不理"和所有的社会主义者都怒不可遏。1916年,他从英格兰写信说:"那些IWW(国际世界工人协会)的人,是一帮臭烘烘的黑心叛徒。""我很想叫其中一些猪猡到这儿来,让他们看看,假如让这些野兽当道,澳大利亚的命运原来会是怎样,以后又会是怎样。"翌年,他又写了一封信说:

> 我知道,爱尔兰民族最好,也最优秀者,今日都在为了我们共同的目标而战……但悲惨的事实是,他们其他的人中,大多数都心怀怨毒,固执偏见,而且没有忠诚。这对一个爱尔兰的后裔来说,是一件很难接受,也很痛苦的事情,但却绝对真实,不可抵赖……对我来说,神父通过神职的影响,而蛊惑无知者的心灵,这不啻犯罪……那些在澳大利亚这么做的神父,对澳大利亚天

主教造成的伤害,要比最厉害的奥兰治党人更甚……如果我有办法的话,我对那种表现得黑心狡猾,尽其所能背叛我自己的亲兄弟和成千上万其他人的人,是绝对一句话也不会说,也不会发生关系的。

不过,休斯家的名誉上,也有自己的污点。这个污点的表现形式即爸爸的表弟约翰·休斯,亦即他爸爸托马斯爵士的侄子。我小的时候听说,这人是头地道的黑羊,不能刨根问底地多打听,绝对不要开玩笑:在那么多的家庭美德中,是一个邪恶的败类。很自然,我一想到他,就觉得很有意思,但哎呀呀,结果他不是什么妖魔鬼怪,只不过是个骗子手而已。但他叔叔托马斯爵士对他恐惧的程度,就好像侄子是杀人犯一样。他赖了几个熟人的账,总款项为5088澳镑,其做法可说都是通过休斯家人的姓名来进行交易的。他好像是那种司空见惯的澳大利亚人,赌博起来老输钱,却又戒不掉赌瘾。他完全受马摆布。爸爸1919年还在英格兰时,爸帕给杰弗里写信说:"澳大利亚太热了,他受不了。"

> 出于健康考虑,他一走了之……他为了搞钱而做的那些事情,让人难以再说出口……我劝他赶快罢手,不要参与其中,并立刻离开本国。第一条船是"奴尼克"船,从墨尔本开往伦敦,途经巴拿马,开船时间是12月21号……我们的一大遗憾是,没法把他扔在温哥华,让他凭着额头上的汗水,自己挣自己的面包钱,却让他潇潇洒洒地旅游到伦敦,在那儿碰到谁,就会给谁带来危险,给谁丢脸……约翰在这儿干的事,已经使他列入不像话的一类人之列。我非常抱歉,不得不这样说我弟弟的儿子,但真相就是如此。他不仅把父亲产业中他享有的那一部分侵吞了,

还让自己的老婆沦为乞丐……他说什么话都不能相信。他简直就是一个老谋深算的骗子,面前唯有一个目标,除非我们现在仍生活在奇迹时代。你千万不要被他的所作所说而欺骗,无论什么原因,都不要跟他做金钱交易,也不要让朋友跟他做金钱交易。最后,为了不辱没你的家门,别把他引荐给别人,因为他们会成为他的猎物。只要想到他就要去英格兰了,我就极为抱歉,因为他在那儿的澳大利亚人集聚区,会坏掉他父亲的美名。美国应该是他去的最佳之地……

爸爸回信说:"整个故事肮脏至极,十分羞耻,几乎让我难以置信。像我们亲爱的罗杰这样高尚人格的人早已离世,另一人却给大家都为之骄傲的美名带来耻辱,想到这儿真让人愤恨不已。"

那场战争好像决定了我们的家庭。战争、战争,在我的整个孩童时代和青少年时代,它就是这么叫着的,战争结束很久之后还是这样,一直叫到另一场战争开始:大战,the Great War,大写的G,大写的W,好像以前从未有过别的战争。

从某种意义上讲,情况也的确是这样:从前没有一场战争像这样。尽管战场离澳大利亚如此遥远,去打仗的澳大利亚年轻人却极其之多。尽管第二次世界大战令人毛骨悚然,却也有人在为它辩护:必须阻止希特勒,而由于希特勒的战败,人类得救,没有沉入不可想象的更糟糕的杀戮之中。1914—1918年之间,有数百万小伙子丧生,但无人以这种历史的必要性为其寻找借口。由于一个塞尔维亚恐怖分子杀死了奥地利的大公,这位大公的生命还没有一个新手的手指头值钱,又由于欧洲文职领袖和军事领袖的无能,以及老人对青年人命运的漠不关心,他们都被吸进了现代史上那场最卑鄙无耻、一无是处的大规模冲突的巨大漩涡中。事实上,那场冲突导引出"现代性"本身,亦即把历史理解一分为二的那条巨大鸿沟。那些人被不偏不倚地杀戮,白白地送了命:就为了一面旗帜、一首国歌、一场充塞着陈词滥调、煽动唆使言辞的演讲。他们勇敢,天真,欢喜雀跃,效忠不列颠,但却为了他们的坏蛋母国而被屠杀。埃兹拉·庞德在诗中写道:他们"行走时,眼睛深至地狱,相信老人的谎言",而且:

> 他们死伤无数,
> 其中佼佼者亦复如此,
> 为了一个牙齿掉光的老混蛋,
> 为了一个坏掉的文明。

> 魅力,冲着好嘴微笑,
> 迅快的眼睛,已经沉落到地盖之下……

有人告诉我,按当时男性平民人口的人头算,第一次世界大战中死去的澳大利亚人,超过了其他任何国家的年轻国民。我非常相信这一点。五百万人的人口中,死了六万人。当时以及现在,每一座乡镇都有一座战争纪念馆,记录着死者的姓名,上面是一座青铜(或小镇经济型的水泥)雕像,表现了一个英俊的小伙子,腿上裹着绑腿,摆着冲锋姿势,李-恩菲尔德点303口径步枪上着刺刀。该次战争各项战役的地名——伊普尔、索姆河、帕斯尚尔、凡尔登,以及对澳大利亚来说极为特殊的加利波利——都能规定我们关于历史,甚至关于自我的根本概念。残酷无情的老人(以及像温斯顿·丘吉尔这样的年轻人)带有胁迫性的说教,没有为反对意见留下任何空间。

我们休斯一家也是许多人中对此字字都相信的人。

那场战争,那场独一无二的战争,继续以其无数回忆弥漫我们的生活,或者说如果我们太年轻,还记不住的话,它也会以赫然呈现的英雄主义意识形态和玫瑰湾克兰布鲁克路26号房乱七八糟,到处都有,看得见摸得着的痕迹,来弥漫我们的生活。母亲简单地把第一次世界大战称作"那场战争",而接下去的那场战争则叫做"最后那场战争"。

房里有很多战时纪念品,与宗教物品和还愿物混在一起。跟上帝有关的那些物品都是些粗俗的迷信物品①,除了几件根据拉斐尔和其他画家绘画作品复制,很古老,颜色鲜艳也很细致的阿伦德尔图片之外。战争材料则很不一样。

家里还有炮弹,不是来自海岸,而是来自佛兰德斯。我被严厉地警告说,如果我把玩其中有些尚未爆炸的小炮弹,炮弹就可能爆炸。我出于孩子傲慢的好奇心,很愚蠢地忽视了这一点。我想,到目前为止,我一生最幸运的脱险,不是历经西澳那次交通事故,而是从那几发炮弹中,把一个铜外壳直径约有一英寸的小炮弹拿出来,放在车库的老虎钳上钻孔,看里面有啥东西后而幸存。里面装的东西很像灰色的铅笔芯:也就是火药,毫无疑问,这种火药因年限不长而很不稳定,也极易爆炸。所幸没有爆炸,否则会把我眼睛炸瞎或把脑袋炸掉。

家里有用做镇纸的一块块弯弯扭扭的弹片。(你家若有这种东西,不定会给孩子的肌肤造成什么伤害呢。)家里还有军训招贴画,用有木纹的橡木镜框框起来,这种招贴画曾一度挂在空军中队的食堂里。一张画的是骆驼战斗机的近景,飞行员一副满不在乎的样子,伯奇战斗机的飞行员从后面的耀眼阳光中钻出来,正向他逼近:小心阳

---

① "迷信物品",原文为法语:bondieuserie。——译注

光中的德国鬼子！还有一张我直到现在都留着，警告飞行员不要潇洒地做惊险动作，因为这样会让他们的飞机招致注意不到的损坏。该画标题是"最后一圈"。画中，一架德军三翼飞机正在打着旋，进入死境，但在该机的上面，那架英军胜利的SE5A战斗机也在坠落，其被削弱的机尾装置被砍断了。在放着乒乓球台，我经常跟学校朋友耗去成堆的时间，手里拿着早就过时的胶合板球拍，这种球拍的正面是起红疱的薄橡皮，反面是砂纸，把我致命的反手球练得炉火纯青的游乐室，当时共有三件遗物。

　　第一件是爸爸1918年与伯奇战斗机作战时驾驶过的双翼飞机，也就是他那架布里斯托尔SE5型歼击机的机舱，其灰棕色的结构上有擦划的痕迹，但其他方面则完好无损，他从法国把那东西一路拽回。

　　第二件遗物是一只层压制作的螺旋桨推进器，轮毂光泽度极高，中心掏空，现在里面装着乒乓球。

　　第三件遗物最感人，是他那架布里斯托尔战斗机上的一根撑杆，被一颗子弹在上面野蛮地凿了一个半圆，几乎切成两段。他觉得这颗子弹是在法国上空与飞行马戏团交锋时，从红色福克三翼飞机那架7.62毫米的斯班道机枪上发射的，其驾驶员不是别人，正是曼弗雷德·冯·里希特霍芬，即红男爵本人。后来，一位英国战争艺术家画了一幅水彩画，表现了这场空中决斗。我就像《圣经》中那个把手探进基督伤口中，生性多疑的托马斯，也用指头去摸那道锯齿状的伤口，心里想，如果子弹再往左偏斜四分之一左右（在如此广大的法国天空中发生如此小的偏斜！），机翼就会折叠起来，我就不可能存在了。不面世、不存在，那会是种什么味道呢？这对一个十岁的孩子来说，是个冷入骨髓的问题。我无休无止地沉思这个问题，甚至到了着迷的程度，但却找不到一个答案。如果那件事发生，我们之中就不会有一个人存在,除了我母亲之外,但她就不会知道父亲是否还活着。

母亲是英国国教教区长的女儿,名叫玛格丽特·西莉·维达尔(1899—1963),是个"小剩女",来自英国巴恩斯莱;是个子很高的骨感美人儿,红头发,淡绿的、带榛子色的眼睛。人偏瘦,就是在当时,脾气也很乖戾(父亲1951年去世后,她可怕的更年期绝望症多年来老是发作,也就是她"情绪急转直下"),但如果当年有模特儿的话,她也许会成为一个相当不错的模特儿。她有个姐姐长得很不漂亮,叫玛丽,她还有个称呼,叫"我最喜欢的蜜姆婶婶"。她最缺乏任何形式的魅力,后来在我的童年起了很大作用——在某些方面作用超过了我母亲。

爸爸和妈妈是在一次飞行中队的舞会上认识的——巴恩斯莱时62飞行中队在英国的基地——以后就逐渐地相爱上了。这不是男孩子一心专注在女孩子身上,闪电一样快的那种求偶方式。他是个有绅士风度的人,所以觉得有义务把求偶的范围扩大到她全家,包括她母亲。她母亲1917年10月,给我在澳大利亚的祖母写信,表达了她的喜欢和对他的钦佩:

> 他正是我们从未见过的那种极为优秀的人士,我们简直都太喜欢他了。他比看上去的年龄大,我估计,他哥哥之死想必使他苍老了不少……他常常坐在地板上的炉火前,我们大家聊起天来,这时他就说,这是家中他最喜欢的地方。要是你们看见他开飞机就好了。他相当棒,但从来不做任何出格的事。无论能否来看我们,他都会留条打声招呼。我们一听见他飞机的引擎声,就都冲到花园里。英国战斗机很吵,但他操纵起来好像相当灵活自如……我们有两个女儿,一个叫玛丽的在索尔兹伯格平原的内德拉冯开RFC腾德牌卡车。玛格丽特10月5号满18

岁……准备去牛津大学攻读历史学位,但全都停下来了,因为她觉得她必须做点什么。

我母亲后来再也没有接受大学教育了。维达尔一家人会招待我父亲,有时还招待基地来的其他年轻航空兵,在教区长的住宅开派对。他们在那儿,伴着有发条留声机大喇叭的维克多牌唱机,随着圆片形唱片里的乐声翩翩起舞,还玩饭后游戏,如"沙丁鱼游戏"①,结果,人人都挤在一起,在壁橱里大气都不敢出。

有时候,大家晚上都在伦敦的剧院汇集。爸爸和妈妈更多的时候在乡下度过,这时,爸爸就会向妈妈求爱,这倒不是说她这时还很需要他求爱。他驾驶他那辆1916年的哈雷-戴维森摩托车,带她到外面开快车兜风,直玩到骨头都快散架了。他还驾驶他那架双翼飞机,飞越教区长住宅的上空(后来,那儿成了英国电视园艺节目中的专家罗斯玛丽·维瑞的家)并把令人肉麻的求爱信装在沉甸甸的"信息袜"里往草坪上扔,这对后来他有时出勤,对敌军战壕投掷杀伤弹,倒是一种很好的练习。(他那架布里斯托尔战斗机后舱,一边有一个架子,架上放的这种炮弹有240磅,观察员坐在那儿,用手投掷)。我未来的母亲一直都听说他如何在军事上建功立业(很少从他那儿听说,而是从别人那儿听说的),当时萌生的性的喜悦,一定让她浑身酥软无力:这就好像是登月舱里的宇航员来看你了,但感觉要强烈得多。她当年在巴恩斯莱认识的那些女孩子中,有多少人结识的花花公子既有摩托车,又会开飞机呢?

---

① 这个游戏英文叫Sardines,玩法是大家都闭上眼睛,数到30,只有一个"沙丁鱼"藏起来,由其他人去找。谁找到沙丁鱼,谁就悄悄加入他的躲藏行列,慢慢的,躲人的地方人就越来越多了。——译注

她信奉的是英国国教，他则是爱尔兰天主教。澳大利亚的爱尔兰天主教徒，特别是姓休斯的，尤其是商人兼移民约翰·休斯的后人，是不会"改宗换教"，也不会"杂婚"的，这一点早就在已知宇宙的分子结构中，准确而又永久地制定下来，因此是不允许爸爸在里面搅和，做出荒唐可笑的事情，来改变这一规定的。因此，妈妈改宗换教了。我的印象是，她生性不信教，因此，就是改换门庭，也不可能让她晚上睡不着觉。她就想得到她那个男人。

她当牧师的父亲没有反对，部分原因是因为，他好像是个举止文雅，宽容大度，热心认真的人，而不是个革新教会派的偏执的反天主教者。还有一部分原因是因为，他未来的女婿是澳大利亚人，而20世纪早期的英国人都理所当然地认为，任何澳大利亚人，特别是一个战场记录如此辉煌的人，很可能地广田丰，在内地拥有（或假定将继承）成千上万英亩的土地，每一英亩上都蠕动着美利奴羊。澳大利亚人最擅长做这些事：对德国鬼子和土耳其佬大开杀戒，把牧羊鞭"叭"地一甩，不管力量多么悬殊，情况多么可怕，都敢大踏步或骑着马冲上山岗，他们继承了澳洲大陆的大片土地，把你们纯洁的玫瑰花一朵朵摘走，通过明媒正娶的方式，带到名字荒诞不经得像文迪宾迪品迪溪那种地方。我还未出生，外祖父维达尔就过世了，我不知道他是否相信这点，但我估计他可能相信，如果是那样的话，他肯定会感到失望。但愿我母亲不相信这点，因为乘坐铁行渣华有限公司轮船，所做的那次漫长的航程，带她来到一个较前远为朴实的地方。她1923年在悉尼抵岸，两人几乎立刻就结婚了。她当新娘时非常漂亮，悉尼的各家报纸都比较详细地报道了这次盛事：妈妈身穿一件象牙色查米尤斯皱缎绘画长裙，上面绣着乳色的念珠和珍珠，每边都亮出一溜精致的花边。绣有锦缎的天鹅绒尼龙拖裙是淡粉红底色，绣有蕾丝蝴蝶，头戴一顶缀有羽毛珍珠的白色王冠，还蒙了一条用古老的卡里克马克罗斯贴花刺绣制作的美丽面纱(是从休斯女士那儿借来的)。

爸爸不是乡下少年。正相反,他是一个年轻的城市律师。由于他没有那种喜欢自吹自擂的性格,所以我怀疑,他在英格兰时,在谈到他是什么人、他在平民生活中干了些什么时,不大可能误导我母亲,哪怕一星半点的误导都不大可能。他热爱丛林,也不过只是把那当成一个可游览之地。如果他要靠剪羊毛过活,那他肯定剪不来,好在对妈妈和我们来说,他不靠剪羊毛过活。他俩在圣卡尼斯大教堂——一座新哥特式尖头教堂,是我曾祖父约翰·休斯出钱建造的,里面有彩色玻璃窗,画着休斯家故去亲人的画,其中罗杰引人注目,他们都在上帝的宝座前,以骑士的风格跪着——放放心心地结合之后,他们在悉尼定居下来,"生产"出一个中等规模的家庭:汤姆1923年出生,康斯坦斯1926年出生,杰弗里1928年出生,之后,隔了十年,我于1938年出生了。

我不知道我怎么生得这么迟,不可能是因为他们要节育。我只能假定,根据教会严厉的反避孕教义,天主教徒禁用避孕套,但他们却用了,结果在1937年11月一个温和的初夏夏夜,正当淫荡的飞狐在悉尼的空中嬉笑无度时,避孕套漏了一个洞。或许是他们想干那事太急吼吼了,忘了戴套子。我估计,尽管他们都很虔诚,但他们都用过这种别扭的器具。我为什么这么认为呢?因为几十年后,也就是我父亲死后很久,我母亲(在未经计划,便对我房间进行的一次搜索中)在抽屉下面的几张纸下,发现了一个没用过的"法国信"[①],还尖声诅咒,骂我不该有这种"脏东西"。我当时想,现在有时也还这么想,如果她不是早已知道那是啥东西,她怎么会知道那东西很脏呢?

---

① "法国信",英语为French letter,俚语,指避孕套,此处直译。——译注

一只卷起来的套子,用菲薄的橡皮制成,其顶端还有一个奇怪的小乳头:好像跟飞机模型有什么关系。(我曾参加过东海岸飞行俱乐部,他们在百年公园的集会我总是尽可能地经常参加,事实上,该俱乐部的非天主教航模制作者就是使用避孕套,来防止他们飞机小燃油箱漏油。我们这些天主教徒就使用常用的气球。)他们如果不是实际上时不时地用过避孕套,她(在父亲死前或死后,跟另一个男人上床是不可想象的)怎么会知道那是啥东西呢?

尽管战争已经结束,但爸爸的放飞日依然没有结束。他帮助建立了一个民航俱乐部,即悉尼皇家航空俱乐部,并在该俱乐部担任了十几年的总裁。这不是一家军事俱乐部,但其中的大部分成员都是从战场下来的前飞行员,都是开飞机上瘾,希望永远也不要剥夺其飞行乐趣和刺激的一些人。该俱乐部在澳大利亚著名航空公司 Qantas(其名称在"q"后面缺少一个"u",因为它实际上是一个缩略词,以纪念作为其前身的一家开创性航邮服务机构:the Queensland and Northern Territory Aerial Services[昆士兰及北方航空局])①的建立上,发挥了重大作用。它还有一个显而易见的作用,即为未来的军事飞行员提供训练基地,如果在未来的某次军事冲突中有需要的话(实际上的确有此需要)。希特勒也做了一件类似的事情,他在20年代后期和30年代,让帝国元帅赫尔曼·戈林在德国各地建立了训练飞行员的滑翔俱乐部。

爸爸的飞艇驾驶员朋友为了宣传航邮这个新鲜的想法,飞遍了全澳,把成袋信件送到以前只通火车,甚至靠骆驼接收信件的地方。这种像上帝都不会去,到处都是红色灰土和白蚁蚁冢的偏远地区进

---

① 简称就是 QNTAS。——译注

行投递的邮递制度,是利用像患佝偻病一样的军用剩余物质 DH4 双翼飞机开始实施的。跟着,这些飞机就开始载客了,想法接踵而至。大部分工作都是由其他人做的,如哈德森·费希爵士,但爸爸热爱民航事业。他没有活到能够亲眼看见民航事业发展到目前这么大的规模,等他去世的时候,他早已失去了兴趣,部分原因是因为他过多地忙于法律和家事。不过,他在那个方面所作出的最大姿态,就是把耶稣基督这个非凡的澳大利亚人,作为圣餐飞行之旅的乘客,他好不容易才通过该飞行之旅,把他生命中的两大主题,即宗教和航空结合在一起。

这事发生在第 29 届圣餐大会上,该会于 1928 年 9 月在悉尼召开。没有圣餐的思想,基督教的思想意义就会衰减。圣餐是对最后的晚餐的一种象征性的代表,一种再上演,在最后的晚餐上,耶稣基督与信徒同饮共食,直到他被抓并被钉在十字架上。这一向被天主教徒视为其信仰和仪式的核心之核心——实际上也就是天主教堂通过其圣餐而建立的那一时刻,特别是对圣餐的共享,因为在这时,基督把面包和葡萄酒换成了他自己的血肉,在他的信徒中分配,让他们饮食之。最后的晚餐也是第一次弥撒,他通过弥撒为面包赐福,把面包掰开,然后与众人分享之。"请这么做,来纪念我,"他指示门徒和未来一代代所有的神父,规劝他们要遵守这个神圣的食人仪式。"从教堂最初的日子起,"历史学家迪亚梅德·麦卡洛在他的那部教会史杰作《宗教改革》中写道,"它就是打破肉体和精神、天与地、生与死之间障碍的一种方式。"尽管把葡萄酒敬献给信教者的做法在中世纪已不通行,重要的是要记住,对于天主教徒来说,这一小块未发酵的面包不仅仅是基督肉体的一个象征物。要求我们大家都要相信的是,它还是肉体本身,也值得受到同样的崇拜。

圣餐大会是一次巨大的天主教盛会,只是很少举行而已。它的基本目的是为了宣传：一国的全部天主教民都集合起来，共同祈祷，共同游行，总的来说就是带着尊严进行欢庆，以纪念该教的共同宗教象征物，即圣餐或祭献的圣饼，它早已改造成（凡是天主教徒都要求这样认为）耶稣基督的圣体和圣血。既然基督已经在其"圣餐"上建立了天主教会，那大弥撒、小弥撒、庄严肃穆的大礼弥撒、祝福式，以及列队行进唱赞美诗等，就为了一个目的而集合在一起。至少从理论上讲，圣餐大会——以前从未在澳大利亚举行过——是一次重大的机会，特别是在电视还未出现之前那些早已过去的日子里，能让天主教徒针对所有其他教义，展示他们的身份。

而这一点在 30 年代早期的澳大利亚，有着特殊的分量。当时，天主教和新教之间存在一种互相争斗的局面，这个局面到了 75 年后的今天，已经软化到只剩下些微暗影。

罗马天主教徒和盎格鲁人之间那种古老的紧张关系，仅仅受到了潜意识中关于流放犯制度似有若无的记忆的滋养，在那儿，因犯是爱尔兰人，卫兵则是英国人。这种种因素在公共圣餐大会这个想法上，铭刻了一种竞争对抗和过于自信的意味，但现在都早已荡然无存。

尽管休斯一家有着较高的社会地位，我们对宗教的态度，就像任何其他殖民地的宗族一样，也会同样的党同伐异，绝不容忍。毕竟我们都是教堂的打造人，难道不是吗？曾祖父约翰，那个虔诚的爱尔兰人，不就是把他在伊丽莎白湾那座奇大无比的滨水房屋献给教会，甚至为了让那里面充满人，还进口了圣心修女吗？不就是他多多少少用手上的零头，做了同样的善事，把玫瑰湾前滩一大块场地拿出来，在国王十字的下面，建造了圣卡尼斯大教堂吗？爸爸下定决心，要以一种奇怪的实打实的方式，让他的这种党派效忠精神插上翅膀，腾飞起来。

因此,他去找了大主教。看起来,他好像最初把他的愿望解释了一下,也就是他想通过组织一次圣餐飞行,由几个天主教飞行员,驾驶几架皇家航空俱乐部的飞机,在传播信仰方面,作出一个值得记忆的姿态。在其中一架飞机上,可以坐一个神父,手拿一个祭献的圣饼,亦即基督的实体化身。圣餐飞行——当然是以十字架编队——将在悉尼港和悉尼市上空来回飞行,高度之低,可以让人清楚地看见和听见。这次行动将证明,基督凌驾于我国的大海和领土之上。我可以想见爸爸当时起劲宣传这个主题时的样子:他对主教阁下指出,这对囿于地球表面的澳大利亚人来说很有效果,因为航行在我国尚属一种新生事物,我国公民很少乘坐过飞机。如果耶稣基督也能坐飞机,那这种想法就会非常好地给圣餐纪念活动形成一种恰如其分的高潮,地面上的任何人,包括天主教徒、新教徒,甚至犹太教徒,都不会很快就把这件事情忘掉。

大主教好像并没有被说服。根据神学的定义,上帝的海拔高度是无限的。干吗从区区两千英尺高度,让他看悉尼港呢?反正他早在时间之初就已经创造了该港并一直在其上空守望。

啊哈,我想象爸爸在回答说,但是,也许阁下还没有充分理解全部要点之所在。圣餐飞行的目的,不是向上帝展示悉尼港,这一点就连瞎子富乐迪(这倒不是说,爸爸在对教会的一个高层人物说话时,当时会用这样的粗俗比喻)都看得出是毫无必要,且不说是多余无用的,恰恰相反:其目的是为了向悉尼港及其周围的居民展示上帝,这至少可以促使其中一些新教徒改宗换教,只是这一点当然难以得到保证。

就这样,我想象这场争执以一种斯斯文文的方式来回拉锯,颇像一场极为缓慢的神学羽毛球赛——抛一个高球,打出去,再抛一个高球,再打出去——朝向一个不可避免的结论,即哪怕我父亲的固执达到了英雄史诗的程度,他在教义的需要面前也只得认输。无论爸爸怎么说,当时的飞机在安全方面并不完美。万——仅仅只是万一——他开的那架飞机,上面坐着一个神父,神父手里拿着一个祭献圣饼,在地面坠毁,或不得不在海港迫降,那怎么办?不就会在这次神圣的节庆观礼活动中让人大为扫兴吗?最好,最最好的是,让人拿着圣饼,坐船越过海港,该人地位不得低于罗马教皇使节,即红衣主教塞雷蒂,为了这次庆典,要特地把他从罗马请来。

事情就这么定了。选中的那条船是一条渡船,即"布拉-布拉"号。该船从船头到船尾,一律漆成白色,船舷上缘下方,有一条很宽的黄带子——黄白两色是罗马教皇的颜色——还有一个高高的白色十字架紧固在船的烟囱上,十字架在海港被风吹皱的水面上猛烈地摇来晃去。船上挤满了教会的位高权重者,领头的就是那位罗马教皇使节。这是圣餐大会的最后一天,即1928年9月9日。那只圣饼密封在一只很大的金质圣体匣中,放在烟囱前一个临时搭建的祭坛上展览。随着船从曼利渡船码头开出,空中一声怒吼,紧接着是一阵呼啸,五架双翼飞机——即改编的圣餐飞行队,在我父亲的领导下——集体亮相了。它们首先排成南十字星队列,然后改编队列,形成一个十字架,在海港上空来去飞行。《天主教报》(1928年9月13日)的记者一见"布拉-布拉"号船的出现,以及周围群集的船只,早已心花怒放:这一景象"太亲密无间,太贴心,太生龙活虎了,人们热情奔放,情深似海,场面百分之百动人,其声势之浩大,简直难以描述"。但是,一旦圣餐飞行队亮相,他们就把所有的含蓄抛到了九霄云外。"这些飞机真棒,闪闪发光,仿佛从天穹摘下的星星。它们转动着机身,飞向东方时,宛如星球一样熠熠生辉,在西沉落日的辉映下,不见其形,只见其大放异彩。随着地面列队在行进,飞机以优雅的阵列,在空中旋来转去,添加了一种感觉,使人初时以为,这只是一种巧合,继而便看出，原来是有意为之。"

圣餐飞行是否使任何不信教者终于信教，我并不知道，也许并没达到这个目的，但它肯定上了报纸头条新闻，至少报界没有对它冷嘲热讽——不像今日的报界那样，肯定会不仅嘲弄，而且会毫不留情地嘲弄。更为令人好奇的是，这次行动完成了一首预言诗歌，那是我不懂几个法语字的父亲绝对没有听说过，更没有读过的。该诗题为"区域"，大约二十多年前由伟大的现代主义诗人纪尧姆·阿波利奈尔写就。他开门见山，对布莱里奥时期的两架飞机给以象征性的一瞥，一架红色，一架黑色，在巴黎上空作战（"两架飞机为我的灵魂而挣扎"），继而编织了一幅以基督为中心的魔幻愿景，在基督复活时，把基督作为原初的飞行员：

C'est Dieu qui meurt le vendredi et ressuscite le dimanche,

C'est le Christ qui monte au ciel mieux que les aviateurs
Il détient le record du monde pour la hauteur

Pupille Christ de l'oeil,
Vingtième pupille des siecles il sait y faire
Et change en oiseau ce siècle comme Jésus monte dans l'air.

死于星期五，又于星期日复活的就是上帝。

攀升入空，超过飞行员的就是基督，
他打破了世界高度纪录。

> 基督,眼睛的眼珠,
> 所有世纪中的第二十颗眼珠,他知道如何来做,
> 在本世纪变成鸟,就像耶稣腾空。

我是在爸爸去世后才看到这几行诗句的,当时,我住宿学校的一位耶稣会教士借给我一本罗杰·夏塔克翻译的阿波利奈尔的诗,是平行翻译的,对我来说,这几行诗句至今仍然精妙神秘:它似乎囊括了早期现代主义所有的千年许诺和新鲜的神秘之感,后来却遭到了亵渎和背叛。更重要的是,它把那种许诺和新鲜感与我失去的父亲联系起来,尽管他很可能不赞同该诗的含义,对文化现代主义的样式,他似乎也大多持不赞许的态度。你也许会说,爸爸对战争持一种模棱两可的热爱态度,对新技术颇有热情,因此是一个未来主义者,尽管没有未来主义文化的那些比较令人反感的幻象:他不像马里内蒂那样,要把博物馆焚之一炬,因为他觉得这种行为是一种亵渎神灵的野蛮行径。

爸爸因公开表示信仰,而且我想,也因作为天主教的平信徒,广为引人注目而得到梵蒂冈的嘉奖,对此,他极为骄傲。一天,有人把一张结实的烫金边的雕花卡送到家里来,装在精制羔皮纸信封里,纸很厚,发出"噼啪"的响声。这份似有不祥之兆的公文不知说些啥?它说:根据澳大利亚悉尼的G.E.F.休斯为唯一神圣的罗马天主及罗马教皇管辖的教会所做的服务,现名庇护十一世的教皇很高兴将他擢升到"斗篷佩剑枢密侍从"的尊严地位。根据要求,专门请人(请的是罗马一位特别指定的教会裁缝,该人在梵蒂冈的官场中无疑有着很好的人缘关系)为他制作了四件精心缝制的制服,配有披风,腰带上附有挂剑圈,以及几件燕尾服,每件颜色都不一样,看上去好像是奥利弗·梅塞尔为有关加里波第及其带领的千人远征的一场喜歌剧

而设计的。掌权的教皇去世后,他们要求爸爸去罗马,在罗马教皇的某个权力走廊里,接受一个职位。但是,除此之外,并没有指定其他的场合,要爸爸穿这套制服。这套制服不仅昂贵,而且看上去有点滑稽。很不幸,第二次世界大战已于1939年2月前[①]打响,这时,17年前推选为庇护十一世的阿希尔·拉提去世。事到此时,显而易见,爸爸不可能穿着这身华服,专程去罗马了。尤金尼奥·帕切利登上教皇宝座,但很不幸,作为庇护十二世,他一直活到1958年10月,比我父亲还活得久,因父亲于1951年去世。就这样,爸爸没有机会穿这套具有意大利复兴风格的制服,这一定让他有点难受,尽管东西做得非常精致。

爸爸去世的那一年病魔缠身,而我又消失不见,去了寄宿学校,所以,我跟他之间的联系,要比澳大利亚的男孩与父亲之间应有的正常联系少得多。这就造成了一个不开心的结果,也就是我只记得他说的一些训人的话和做的惩罚我的事,却不记得我们之间有任何谈话。我们私下交谈过吗?我想有吧,但我一点也不记得讲了些啥。晚饭桌旁人们滔滔不绝地讲话时,要求小男孩等到轮到他们说话时才能说话,而不能插嘴,而且,我上面还有两个哥哥压着,不许我打断话头。

当然,我和爸爸在一起还是度过了一段时光的,把我们连接起来的媒介就是飞机。

他1939年停飞后,本来还想重新参军,但皇家澳大利亚空军不肯接受他参加作战,因为他已过年龄(其时已45岁),而且身体不好,但是,如不利用一个人多年积累的这种经验,那就太愚蠢了,因此,

---

① 原文如此。一般认为第二次世界大战爆发时间为1939年9月。——译注

1941年，他被派到新南威尔士的一个边远地区，管理飞行训练中心，那地方叫纳兰德拉。

这个位于内地的小镇，就是我度过婴儿期的地方，对该镇我几乎没有一点记忆，但有一点我还记得，清楚得就像电影里的一个定格镜头，那是一架黄色的虎蛾飞机（当时是皇家澳大利亚空军的双翼训练机），它在蓝天上绕着圈子，拱形的顶端闪闪发光。我还记得一座游泳池，装满了自动流出的水，以及"哧咔哧咔"作响的喷水器，为保护母亲的花园而与炎夏的酷热干燥作斗争。

反正过了不久，我们就回悉尼了。在悉尼，我们至少在名义上被第二次世界大战碰了一下，这让我激动得几乎到了歇斯底里的地步（我想我当时四岁了）。1942年5月的一个晚上，三艘日本袖珍潜水艇潜入海港，越过了防御栅栏，很勇敢地（也可像人们要求的那样说"疯狂地"）袭击了太平洋舰队，该舰队的一些舰只当时正处于锚泊状态，从而引起了极大骚动。其中一艘潜水艇目标对准了一艘美国战舰，即"芝加哥"号巡洋舰，但该潜水艇唯一的水雷完全没有击中目标，却把"库塔布尔"号补给舰给炸毁了，这艘舰当时正锚泊在花园岛的海军基地，沉没时还带着船上二十一名澳大利亚海军官兵。第二艘潜水艇可能原来计划深入海港，对一艘油船发起进攻，但该潜艇的船长迷失了方向，结果船也弄沉了。第三艘日本袖珍潜艇不知怎么逃掉了，穿过正面，进入公海，之后命运如何，就未记录在案。这是第二次世界大战中，悉尼遭到的唯一一次敌人袭击。所有澳大利亚人都同意，这是自珍珠港以来，最肮脏、最恶意，也最奸诈的东方胆小鬼行径。这些混蛋皮肤发黄，作战怯场，浑身发臭，个子矮小，长着两条罗圈腿，嚼海带，吃河豚，戴副鹅卵石石英眼镜，嘴里"呲呲"作响，都是些奴颜媚骨的小老鼠。在这片修辞话语的遮盖下，涌动着一股令人不快的暗流，绝对令人震惊——谁都没有想到，日本人会在这么遥远的南方,给澳大利亚予以一击。因为白种澳大利亚人对东方民族的容忍性已经着实免疫,所以日本对悉尼的袭击虽然很弱,但却引发了一种难以掩饰的恐慌情绪。多元文化在澳大利亚一开始,就遇到了好几次打击。鉴于日本人对澳大利亚战俘犯下的暴行,这样做也不无理由。光阴荏苒,时运变迁,奇怪而又难以预料,后来,我爱上了艺术,甚至尽我所能,欣赏起日本的传统文化来,但是,所谓"传统文化"并非仅指水墨画①、茶道和在观月台练习书法。也不仅指葛饰北斋、伊藤若冲、千利休和法隆寺的寺庙。尽管人们很不愿意承认,但樟宜的战俘营就是那个文化的延伸(茶根本就是日本武士文化,而武士道德标准从来不把战败者完全看成人)。我也没有失去那种感觉,即在广岛和长崎,日本人的确从某种意义上来说罪有应得,即便那场事件极为可怕,但每个个人还是清白无辜的。一旦曼哈顿项目成功,美国人研制出了原子弹,不用这种武器迫使日本人投降,那是不可想象的。几乎无可置疑的是,如果盟军非得入侵,然后沿着"尼篷"②的岛屿之链,顶住对方孤注一掷,顽固到不惜自杀的抵抗,挨家挨户杀开一条血路,那就会有多得多的日本人,特别是多得多的美国人的生命被摧毁。如果我父亲像克莱夫·詹姆斯的父亲一样,也被掳入樟宜,死在那里,我会怎么想?没有亲历过战争的人说教起来是很容易的,而我从来没有打过仗,可澳大利亚美就美在这儿,比如说1950年的澳大利亚。从来没有侵略,至少从我们白人侵略土著人以来是没有的,而那不叫"侵略",只叫"发现"。从来没有冲突,因为我们把他们赶尽杀绝,把他们击退打垮,通过立法把他们赶走,没法像公民一

---

① "水墨画",原文为英文:sumi-e。——译注
② "尼篷",即 Nippon,日本的别称。——译注

样安身立命。从来没有外国主宰,因为我们不是外国人,而是(大家在一起,很骄傲地都是)澳大利亚人。用西里尔·康纳利的话来说,就是一个带风景的子宫——我承认,这是一个奇大无比的子宫,而风景又极为有限。我们教育自己,要自己相信,我们作为澳大利亚人的起源,是完完全全平安无事的——这根本就是一个谎言。我们把澳大利亚本身视为一个完好无损的子宫或避风港,把战争视为只可能在其他国家发生,只可能发生在别人身上的东西,这种看法深刻而又关键地塑造了我们对国家、社会和自我的感觉。它强化了那种深深的保守主义,正是在这种保守主义的氛围之中,我像所有其他澳大利亚中产阶级的子女,也进入了20世纪50年代长大成人的任务之中。由于它也保证,大多数澳大利亚人认为,他们的国家很有福,是一个例外,不属于世界复杂而又遭到破坏的历史,因此都更情愿待在这个国家的国境之内,这就几乎足以保证,我肯定要成为一个"异乡人"。

第三章

悉尼童年

我不太清楚,我能找回来的最早记忆是什么,但我老是想得起来的一个记忆却一点都不开心。我对此相当有愧,而且巴不得甩掉这段记忆。这不是一段快乐的往事(像诗人布莱克笔下的孩子,在天真之光中舞蹈),倒更像一段关于嫉妒和操纵的回忆,而且是一种指向我并不认识、从未见过,现在都不记得的一个人的嫉妒。

这事发生在第二次世界大战稍晚的某个时候。我大致知道这个时间,因为眼前的海景——玫瑰湾平静的蓝色表面,悉尼港一块像耳垂的地方——此时是点点飞舟,舟体呈银灰色和棕黄色,这是那种名叫 PBY 卡特琳娜的水上侦察机,美国造,双引擎,高翼。这种飞机连同英国制造的那种更加胖嘟嘟,但在风格上却不那么优雅的桑德兰飞机,成了澳大利亚战时海岸线的主要飞鸟。它们都戴有军事徽章——皇家澳大利亚空军的圆形徽,美国空军的星徽,等等。所以说,战争还在继续。这也就是说,我还不到七岁。

我正和对我十分溺爱,互相也很喜欢的蜜姆婶婶(她名叫玛丽·康斯坦斯·西里·维达尔,来自英格兰的巴恩斯莱)一起走路。她在我此时的记忆中没有形状,也没有年龄,不过,既然她于 1895 年出生,她应该只有四十来岁。我们走在一条混凝土海滨大道上,这条路侵蚀严重,坑坑洼洼,沿着海湾的弧度而行——现在依然如此——超出海平面十英尺。我和蜜姆婶婶从前经常在这儿散步。我和母亲从不一起散步。我本人和蜜姆在玫瑰湾水边的这些"近足",在我俩之间形成了一种深深的亲情纽带。有时,我还会加深这种亲情,坚持要从通向海滩的一排阶梯走下去,那儿标着潮水记号,我会战战兢兢的,把看上去很怪的海洋生物——一团海带,一只模糊不清的半透明水母——捡起来,放在一块漂木上,冲着她来回摇晃,她也装得好像很害怕似的。

澳大利亚的光线可能会极为强烈,投下大片锐利的黑色形象,周围环绕着赤裸裸的扁平光线。一切看上去就像暗色纸板箱的剪影,带着令人讶然的强烈而凸显出来。海滨大道上,正在我们前面的一个形状就是这个样子。这是再也看不到的那种老式童车:两边很陡,轮子很高,不可能看见里面,除非你走到近前,越过上方朝里看。它黑得就像球拍,立在轮上就像一块黑渍,顶端有块折叠的防水雨衣,一有澳大利亚雨水"滴答"作响的预兆,就可整个儿铺开来。蜜姆婶婶个子很高,能很容易地看见里面。她看见的情况显然令她开心。莫非她放了我的手?我好像还记得一种放纵的姿势。或许她从一开始就没有牵手,情况也许如此,因为我其实不想看上去像个小孩子,要让大人牵着走路。反正她中止了我们的谈话,身子向前一跃,就往下面那巨大的童车里看去,带着我现在还记得的一种欢天喜地的眼神。她很起劲地跟推童车的保姆聊起天来。好可爱呀,真是个宝贝儿,多大了,等等等等:用的是那种情不自禁地流露出爱意时就会说的语言。我也向前跨了一步,朝童车里觑了一眼。我看见什么了?一个高贡[①]?还是

---

① "高贡",希腊三蛇发女怪之一。——译注

一个塞克罗普斯①?什么也不是。只是一个绝对普通的澳大利亚男婴,身穿一件卡迪根羊毛背心,自作多情的一副样子,把唾液吹出一个个泡泡来,双手捏成两个可爱的、带着酒窝的小拳头。

那一刻,仇恨和嫉妒像洪水一样席卷了我,几乎令我痉挛起来。我从未对任何活人产生过如此的敌意——连对阿道尔夫·希特勒也没有,他的漫画形象每天都从一打漫画和招贴上瞪着我看,对日本军阀东条英机也没这样,他(我年纪已经大到能够明白,尽管不知道为什么)只梦想用他那把锋利的日本长剑,把我和我姐姐康斯坦斯开膛破肚。(我一直都想知道,那是什么滋味。我父亲有把剃须刀,每天早上都要在革砥上起劲地打磨,我曾有一次伸出食指尖,实验性地在刀口上摸了一下,尽管有点小小的切痛,但很明显不能跟东条英机如果从早上的《电讯报》上站起身来,迈着扎着绑腿的罗圈腿,一副穷凶极恶的样子,虽然是半个瞎子,但却无所不见,然后拔出闪闪发亮的卡塔纳武士刀,对我下手时给我留下的感觉相提并论。我在五岁疯狂发作的那一刻,曾真心相信,蜜姆婶婶就要抛弃我这个她从前的宝贝儿,她的掌上明珠,而去爱一个素不相识的婴儿。我母亲对我很冷淡,我父亲远在战场。我的哥哥姐姐比我早出道十年,然后就出去了,因此我们之间其实不会为了任何人的爱而发生竞争。此时,我的脚下似乎打开了一条鸿沟,就在玫瑰湾海滨大道混凝土的裂缝中,在这道鸿沟的底部,我能感到无边无际的孤独。或许根本就没有底部:我所看见的不过是寂寞的表皮,上帝才知道下面有多深。有几秒钟的时间,我瞥见了那种唯我独尊的状态,那种古怪的感觉,仿佛我是这个世界唯一有感觉、有知觉的人,正是这种感觉,使得某些孩子成了需要永无止境、欲望永远得不到满足的暴君。

---

① "塞克罗普斯",希腊神话中的独眼巨人。——译注

凡是把孩童时代想象成人类堕落前天真无邪状态的人，都不太了解儿童。从根子上讲，小孩子就像燃烧着嫉妒和不安稳感的火球。只要把"社会化"的表皮扯掉，你就会看见一个魔鬼，一个纯粹只有本我和欲壑难填的小东西。

我得想个办法，分散蜜姆婶婶的注意力，不让她受这次竞争的威胁，于是我就哭了起来。光哭哭闹闹还不行，我居然大声尖叫着哭出声来，我甚至祈求苍天降祸于斯人。海湾那边开水上飞机的人可能都听见我的哭声了。蜜姆大惑不解地看着我，婴儿的保姆则很厌恶地看着我。你几乎都能听见她在心里骂道：这小混蛋真是惯坏了。这场表演太恶心了，但却起了作用。我婶婶很难为情，连连向那位感到恶心的保姆道歉，然后把我拽走了。我很被动地走掉，隐隐感到我已大获全胜。我们走上山冈，往玛斯兰方向去了。

要是我能把那个"玛斯兰"据为己有就好了。这是为爸爸在玫瑰湾克兰布鲁克路 26 号，为他家庭建造的房屋所起的一个名字。该房里里外外都装饰了古董，墙上到处挂着原创的艺术品，它们为我这个蓓蕾初绽的小美学家，提供了想象的养料，但这并不完全真实。我母亲从朴次茅斯扬帆远航，到澳大利亚来会未婚夫时，上船时带了一定量的旧家具和小摆设，打包装箱，放在铁行渣华有限公司轮船的底舱，安安全全地运了过来。其中一些我继承下来，到现在还保存着：一口大约 1760 年生产的齐本德尔款式的红木高脚柜，一个很好看、有镶边的胡桃木五斗柜，柜上的威廉和玛丽时期饰面仍完好无损，还有几把乔治三世时期的卡布里奥式爪形弯腿餐厅椅，椅背有旋涡饰并且是中空的。其他家具给了哥哥姐姐，其中包括我最想要的，而且现在还怀念的那件——一张乔治时代风格的驼峰沙发，仿佛一只骆驼，用金丝雀一样鲜黄的大马士革锦缎包了起来，我五岁的时候经常在这张沙发上爬上爬下,骑在上面,冒充阿拉伯酋长,坐在他的沙漠之舟上。我对这些事情太无知了——哪个孩子不这样呢?——以致我很简单地假定,澳大利亚每个律师家里,都装饰了这样的物什。也许有的家里是这样吧。

还有一些别的小东西,休憩在一只玻璃做顶的柜子里,里面有褪了色的绿色波纹绸做衬里。一两张我不知其名的18世纪老前辈的袖珍画,一只龟甲制作的布头盒,上面镶嵌了银色的交织字母,以及一支很有意思的小武器——一个表链上的小饰物①,即一把能工作的手枪,不过一英寸长,银色的枪柄精致地雕刻着交织的花纹,有小型弹匣,能发射最小的弹丸。这把手枪一定是在19世纪造的。由于它是利用"销子发火"——一只负载弹簧锤猛地砸下来,砸在插销上,这根插销穿过枪栓的槽口,从弹匣顶端伸出来——因此没法更换早就过时的弹药,当周围还没人来听这只手枪尖锐而又声音大得让人吃惊的"砰啪"声时,我就把弹药全部用光了。直到现在,几乎过了六十年,里面的一只弹丸还装在我的右手拇指里。我没法为此去看医生,因为这会招来调查——在我的家庭医生和我的长辈之间,我是没有任何秘密的,他们听说过我的每次皮疹、丘疹和梦遗——但在后来的岁月中,当我听说或读到老兵体内残存着无法以手术移除的弹片时,我想,我大致知道那是怎么回事。

最后却发现,在这一小堆杂乱无章的东西里,唯一一件有价值的物体——我们是在母亲去世几年后,才发现这一事实的——却是最丑陋的:那是一把茶壶,是某个民间陶工用粗糙的盐釉瓦做的,因他想借此纪念邦尼王子查理,即那位年轻的觊觎所谓苏格兰独立王位

---

① "表链上的小饰物",原文为法语:breloque。——译注

者。茶壶上绘着红色的格子花呢图案——人家跟我说,那是王子的格子图案——茶壶边上有幅他的简陋肖像,看上去就像戴顶檀香特苏格兰圆扁帽的大众化少年。休斯家里的人,无论我还是别的人,都弄不明白这件东西怎么会成为传家宝的。我家的人合在一起,血管里也没有一滴苏格兰人的血液。这把茶壶蹲在靠墙的玻璃门柜一角,绝对让人迷惑不解。

但这茶壶有段历史,可以某种方式跟它挂上钩。我大约十岁的时候,学校的歌唱老师教我所在班唱一首苏格兰爱国小曲,我那时不是唱,而是尖声喊叫,歌词唱道:

加速吧,小小船儿,像一只小鸟展翅,
向前飞呀飞!水手们一齐
喊着:快送那个生而为王的小孩,
漂洋过海去斯凯!……

我们的家园被焚烧,只有流放和死亡,
忠心耿耿的人都漂流四方。
然而,趁着利剑尚未入鞘降温,
查理还会再度返程……

我们都认为,这把茶壶极为罕见,价值很高,尽管表面有裂缝,修补得也不太好。这茶壶当时也许很珍贵,因为从那时以来,我从未见过这种茶壶。经证明,它还相当有价值。我们的父母去世后很久,大约在20世纪60年代后期的某个时候,我们把邦尼王子查理的茶壶拿到伦敦去拍卖,曾在那儿很乐观地希望,未来的查理三世国王会把它买下来。他没买,倒是另外某个收藏家买了下来,价格一直出到几千英镑,结果这笔钱在三兄弟和一个姐姐之间均分了。这笔侥幸获得的收入并不丰厚,我从中得到的那一部分,现在也不记得后来拿它做了什么。

至于说艺术品,特别是画作,其实只有很少。休斯家的上辈人从来没有努力收藏过艺术品。关于"私人收藏品"这种想法,总是有点怪异和夸口的意味。澳大利亚的人有种倾向,不大喜欢购买古老的欧洲绘画,因为人们假定,而且这种假定无疑也是对的,即凡是一路来到澳大利亚,别说出自克劳德·莫奈或提香之手,就算出自贵铎·雷尼之手的任何一块画布,都可能把该画原创权搞错,要不干脆就是一件赝品,在遥远的伦敦卖给了一个容易上当受骗的爷爷。不管怎么说,如果收藏的物品一旦挂在你家墙上,放在你家桌上,却没给你家客人留下任何印象,那收藏这种东西就没有多大意义,再说,客人对自己都分辨不清的东西,怎么会留下印象呢,那只会使他们稍感不安。这个时候的澳大利亚,还没有专门研究益格鲁-欧洲绘画原创权,说话能够与索斯比拍卖行那些脸长得像银茶壶,随便发表意见,傲气十足的家伙相抗衡的专家。正像一位有爱国心的澳籍爱尔兰历史学家曾说的那样,也许古老英格兰的那些无所畏惧的乡村"憨敦"睡在植物湾的滩头,因为罪恶的流放法把他们戴上脚镣手铐,发配到了那儿,但相当确定的是,初出茅庐的英国收藏家是不会睡在那儿的。因此,地方上"古老家族"的阁楼或地下室里,不大可能有"老大师"的真品,连赝品都不会有。(事实是,从建筑学角度看,植物湾的滩头连货真价实的阁楼都不多。)

绘画作品从有用的程度讲,对我们所起到的作用,就是成为宗族身份的象征或力量微弱的图腾。因此,克兰布鲁克路26号的墙上,几乎唯一的形象就是肖像画,一般都是孩童时代的肖像,时间几乎不会晚于19世纪80年代。这个规矩只有四个例外。17世纪头十年末的某个时候，一位不知其名的英国画家，为我们维达尔家一个远房的先祖，画了一幅肖像。他看起来很像西班牙人，也可能像法国人（"维达尔"这个姓暗示，其先祖可能来自胡格诺人，但这方面的证明又拿不出来。）这种地中海人的相貌特征也可能是因表面油墨弄脏所致。我不知道他是干吗的。他看上去很殷实，脖子上还围着那么一圈花边。家里人讲的故事是，他因经营砖窑而赚了一笔钱，再把盈利投资到船运业，其中有些船是克伦威尔从他那儿包租的，为的是侵略爱尔兰。我们因为父亲这一边是爱尔兰裔，所以，对母亲那边人的祖先，如何进入历史的这段简短但却完全没有记载的文字，我们不是特别喜欢。的确，深绿色的大海上，是有那么几条船，在这位身穿显贵服装的原始先祖身后颠簸，但是，虽然其中有条船上飘扬着白色的英国旗帜，但其目的何在，却找不到进一步的线索。

第二个例外是一张绘画，家里人人都叫它"凯普"，画就挂在图书室的壁炉上方。我们都推测，这是以画多德雷赫特一带乡间，有意大利风格的重瓣金光菊风景画而著名的萨洛蒙·梵·鲁伊斯达尔的弟子，荷兰画家阿尔伯特·凯普（1620—1629年）的一幅作品。这是"家里的（一个）传统"，却找不到任何证据，不过，重瓣金光菊（现在更多的是褪色的清漆，而不是油彩）倒使该画具有了某种可信度，如果你只知道复制的凯普作品的话。我并不太喜欢这张画，它对我这个孩子的眼睛来说太过鲜艳。我宁可看飞机和飞机里的翘下巴"比格尔斯"①，也不想看运货马车和农妇。60年代，"凯普"被人从壁画的画框中精选下来，送到伦敦一家拍卖行，请专家鉴定。专家意见是，

---

① "比格尔斯"，即Biggles，是W. E. Johns笔下一个家喻户晓的人物：飞行员比格尔斯。——译注

那幅画是17世纪晚期某个荷兰无名画家画的,但画的情况太不好了,不值得拍卖。跟着,那几个专业的绘画处理员竟然还把它给弄丢了,我们从此再也没看见那张画。"凯普"暂时就谈到这儿吧。

过道里,有一个托马斯·休斯爵士涂了青铜色的半身石膏雕塑像,有胡须,还有官员链带,要什么有什么。它立在那儿,看上去很阴郁,一成不变,板着面孔,下面是个木柱子,就在过道楼梯有弧度的那个地方。真正的那尊青铜像现在仍在悉尼市政厅,连同爱德华时代和维多利亚时代的其他知名人士一起,纪念他的市长业绩。

第四个例外其实真的很值得保存。休斯祖父在他一生的某一个时段,估计是19世纪80年代吧,曾结识了他那一代人中最好的画家亚瑟·斯特里顿,因后者当时也住在悉尼。目前不太清楚,这两人当年相知相熟到什么程度。就算两人之间有书信来往,现在家庭档案中也没有任何留存下来。

但是,爸帕从斯特里顿那儿买了一幅画———一幅小画,尺寸仅一张四开本纸那么大,是在一只雪松木箱未经打磨的箱盖上画的。那不是装雪茄的箱子,如这位澳大利亚印象派之父所画的其他画那样,而是另一种箱子,在德国制造,而不是在哈瓦那制造,箱子反面有印刷图案。可以线锯把这些图案锯成各种形状,加上上面的凸起部位和凹槽,就可以互相锁定,成为"瑞士安全火柴搁架"①。我因为对制造各种各样的模型日益着魔,就老在琢磨锯成块块之后,怎样拼在一起,拼好后又能成为啥样子。但是,谢天谢地,我没有对此进行试验,因为箱子另一边,就是斯特里顿的画。尽管我当时并不知道,但那张

---

① "瑞士安全火柴搁架",原文为德语:Ständer für Swedische Streicholzer。——译注

画是他最著名的一幅画的习作,那幅画的尺寸就像一块丰碑,在时间较短的澳大利亚艺术史中,本身就是一座里程碑,画的标题是"要点炮了,拉普斯通隧道"。拉普斯通隧道是铁路的一段,斯特里顿在这幅巨大的风景画上工作的那一年,这座隧道正从蓝山山脉凿通。这道山脉从殖民化的第一天起,就把澳大利亚内地平原封锁起来,与白人开始拓居的滨海一线隔开。斯特里顿去蓝山寻找他所认为澳大利亚风景中的"巨大效果",及其高耸的白垩光线后,亲眼目睹了一次采矿事故的后果:隧道深处用来碎石的炸药提前爆炸,导致一名工人被炸死。"要点炮了"是一声叫喊,警告人们要点燃导火线了——相当于美国人说的"洞里要点火了!"在最后的画里,可以看见受害人躺在一张临时拼凑的担架上,正被人抬出来,与此同时,一股青烟从隧道口冒出来:阿卡迪亚的死亡。在我那张小小的素描中,只有阿卡迪亚,而没有隧道,也没有死亡。

关于绘画就谈到这儿。还有一只中国花瓶,我到现在都还保留着,是蓝白二色,清幽淡雅,鼓着肚子,四围环抱着菊花花枝,它本来属于外祖父维达尔。现有一张柯达小照,上面是他把花瓶抱在怀里的样子,就像搂着一个溺爱的婴儿,站在巴恩斯莱教区长住宅的外面。后来,这个婴儿常常挨我第一个妻子的毒打。

但是,对我来说,玛斯兰的真正财富,是它那儿的一座图书馆,由我父系三代人集合而成。

我家图书馆几乎没有小说,只有几本瓦尔特·司各特爵士的书(我从没看过,那时没看,以后也一直都没看),还有一套狄更斯的小说,这我也没摸过。正如俗话所说:"大树若弯,小枝也会曲",大人不看小说,孩子也跟着不爱看。我一向对小说没什么胃口,除了阿加莎·克里斯蒂,纳欧·马许和埃勒里·奎因,以及其他人的侦探小说,我十岁到十二岁之间,把这些书都狼吞虎咽地看掉了。迫于诚实的原因,我得承认,我写过的第一本书——用我长而尖的潦草笔迹,写在一本棕色封皮、有格子的练习簿上——是一本模仿埃勒里·奎因的谋杀小说,因为从各方面来说都是虚构的,小说的背景是我绝对没去过的一个地方:美国中城区的一家夜总会。这家夜总会里,到处都是无所事事、老于世故的人,身穿燕尾服("tuxedo"[燕尾服]这个字本身的异国情调让人难以忍受:在澳大利亚,这种衣服被称为"晚饭夹克衫",很少有人穿),啜饮着混合饮料,名字都是我从母亲食品室的鸡尾酒托盘上抄下来的:杜松子酒苏打水,边车鸡尾酒,亚历山大鸡尾酒,等等。

  故事讲了一个智力退化的闲话专栏作家,一个不正常的、害着热病的阴柔男子——有点儿像杜鲁门·卡波特,我现在才意识到,但我在那么年轻的时候,却从未听说过这个"小恐怖"①——这个男子在第三章中,会让人心满意足,毛骨悚然地死去。讲了一个富有的女孩子来自长岛,样子和态度都很凶,但到了第五章,就变得柔弱起来,进入了易受伤害的状态。而且(现在回想起来,自己都觉得不可思议),还讲了一个上流社会搞可卡因交易的人,关于这个人,书中的主人公(一个便衣警察)在这部中篇小说的最后一句话中宣布说:"他会活下来的——为了电椅。"我当时几乎不知道可卡因是啥,但我的确知道,这是一种会上瘾的白粉,能让人发疯,特别是女人。因此,从某方面讲,我可以宣称,我从一开始就是一个社会现实主义作家,但不是思想正统的②马克思主义现实主义作家。这部作品的标题是"兑氰马天尼酒",我敢确信,这个标题是偷来的——从谁那儿偷的,偷自何

---

① "小恐怖",指杜鲁门·卡波特。——译注
② "思想正统的",原文为法语:bien-pensant。——译注

处,我现在记不得了。许多年后,有一次,当我看见人们在马克思的堪萨斯城或54号工作室吸尘,一直吸到深夜时,就产生了一种强烈的感觉,仿佛这一切都似曾相识。

我现在也不记得,图书馆里是否有任何"现代主义"文学。我是到寄宿学校之后,才开始阅读 T. S. 艾略特、W. H. 奥登,甚或杰拉德·曼利·霍普金斯的。另一方面,图书馆里关于澳大利亚的早期书籍倒相当丰富,有澳大利亚人写的,也有其他人写的,必然有英国人写的,甚至有欧洲人写的,一直可以追溯到18世纪这座殖民地最早的岁月:库克的《三次航旅》,约翰·亨特的《杰克逊港交易的历史日记》,约翰·怀特的《航向新南威尔士的日记》,以及瓦特金·邓齐的《拓居杰克逊港的完整记述》,全都是第一版。这些书看得我如痴如醉,后来回头再看时,就有了某种程度的愤懑:我上中学期间,任何地方都没有教过澳大利亚历史,除了一些有关19世纪探险家如伯克和威尔斯,既肤浅,又世俗化的英雄故事①之外。澳大利亚探险好像用的是这样一种特别的模式:崇高地开始行动,进入未知领域,找不到任何有价值、有意义的东西,因患眼炎而什么也看不见,然后就死于饥饿、干渴、被蛇咬、被土人用矛刺死,或者四者兼而有之。在我脑海比较具有黏性的表面,依然粘着纪念诗歌的奇怪残片:②

---

① "英雄故事",原文为法语:contes héroïques。——译注
② 此诗虽未注明出处,应来自澳大利亚诗人亚当·林赛·戈登的一首诗,"Gone"(《走了》):其中相关诗句除第二行外,其他相同,如下:
With the pistol clenched in his failing hand,
With the death mist spread o'er his fading eyes,(死亡的轻雾蒙住他睁不开的眼睛)
He saw the sun go down on the sand,
And he slept, and never saw it rise;
参见 http://alldownunder.com/australian-authors/adam-lindsay-gordon/gone.htm——译注

> 他手已握不住那把手枪,
> 他的眼睛肿胀、肿胀又肿胀,
> 他看见太阳落进沙里,
> 于是他睡去,再也没看见太阳升起……

我想,那位探险家应该是伯克,也可能是威尔斯,也可能是瓦伯顿或路德维希·莱卡特(怀特小说《沃斯》中那位怪人的原型),但除了这些执迷不悟的孤独者之外,除了早期流放犯殖民地那个奇怪而又野蛮残酷的世界之外,我们更真实的社会历史却被掩盖起来,不让我看见,因为它太丢脸,最好是将之遗忘。

说到底,我在《致命的海滩》一书中,为了穿透并召回这段历史而做出的种种努力,其起源都可追溯到这个书架上的书里。图书馆还有各种版本的早期澳大利亚长篇小说(如《无期徒刑》这部描写流放犯苦难经历,语言葳蕤、众声喧哗和过于感伤的英雄史诗),很美丽,但却保存得不好的鸟学画片集,以及殖民时期诗人的诗集,其中包括一些很受欢迎的人物,如丛林民间歌手 A. B. "班卓琴"·帕特森(他创作了《雪河来的男人》①和《跳华尔兹的马蒂尔达》②,这首歌被人戏仿最多,但无可比拟,也是所有澳大利亚民间叙事诗中最令人心醉神迷,最为人喜爱的一首)和 C. J. 邓尼斯的《感伤的家伙》,上面有插图,画着淘气的小胖天使,姜米克、道琳和其他人,以及别的那些几乎没人追星的作者,如早期的抒情诗人亨利·肯德尔和那个怪人巴克

---

① 也有译成《雪河之子》的。——译注
② 素有澳大利亚非正式国歌之称。——译注

罗夫特·博阿克,后者野心勃勃,梦想成就诗名,却因公众漠不关心而彻底心灰意懒,最后用牧鞭在一棵茶树上吊死,结果了自己的性命——直到现在我还觉得,这在自杀的澳大利亚人中,是最为怪诞,也最为具有象征意义的。博阿克从一开始,就明显是个无可救药的忧郁症患者,但几乎一点都不足为奇的是,很多殖民时期的澳大利亚诗人都是忧郁症患者:澳大利亚不仅是一个令押韵写诗者难以生存的"硬地",而且,关于澳大利亚的大自然(19世纪60年代、19世纪70年代和19世纪80年代中,他们诗歌主题十之八九都是讲这),人们普遍认为,其"灵魂"必然可怜巴巴,贫瘠单调,到处都是精瘦的黑人,怪异的哺乳动物,以及已经死去或正要死去的探险家,这个国家的"情绪"即便在最好的时候,即更正常的时候,也是在接近炼狱和纯粹地狱之间摆动:

  在永不永不①的边远地区沙漠——
  那是死人躺卧之地!
  在那儿,热浪永远舞着——
  那是死人躺卧之地!
  在那儿,大地热爱的儿子
  永不停歇地幽会,西风狂热地煽翅,
  也不能把他们从沉睡中唤起——
  从死人的躺卧之地!

---

① "永不永不",英文即 Never-Never,指澳大利亚的边远地区,此处系直译。——译注

我从前喜欢拿着这类诗集,走进花园,在母亲种的开满栀子花的一棵树下,心满意足,不只是带一点幸灾乐祸地看诗。这些树光亮的碧叶半藏半露出一扇凉冷的彩虹,那是永远在工作的一只喷水器喷出的雨雾。我一边看诗,一边在心里感谢慈悲的命运之神,我幸好不是在丛林长大的。

这些书之后,我的藏书单上还搜集了一批有关第一次世界大战空战的书,以及有关如何制作并驾驶飞机模型的早期书籍,这批书虽然不多,但对我来说具有强大的感情因素。该书单所含的书,有"王牌飞行员"传记,如法国飞机驾驶员乔治-玛利·盖勒默和热内·封克,我会心醉神迷,由衷钦佩地阅读他们的丰功伟绩。紧邻书单的藏书,影响更大的,是装订成册的期刊。有的是澳大利亚杂志,其中一种是20世纪头十年的一个带有民族主义色彩的怪种,名叫"独手",这个名字一目了然,声明了它好战好斗,尽管尚不具共和主义的观点,认为澳大利亚在世界上处于一个"合适"的、孤立主义的位置。在我还不到十二岁的那个年龄,除了第二次世界大战为我所做的粗糙划分之外,我对世界政治或澳大利亚在世界政治中的地位一无所知。上面的插图,经常都是那个令人诅咒、种族主义思想很重的诺曼·林赛画的,画的是腰像水桶般粗的澳大利亚-雅利安英雄,保卫白种女性,击退大批蓄辫子的中国人或装满"叫人害怕的海上达雅克人"的独木舟,短剑上滴着血,门牙上淌着涎水,因此,每当我看见这些插图时,我想,我绝对明白是怎么回事。

我家有长期连载的《潘趣》杂志,这个杂志系列远至19世纪80年代,近至20世纪40年代后期,还有长期连载的《伦敦新闻画报》。我对维多利亚时代漫画中老旧过时的幽默并没什么特别感觉——那种两段,甚至长达四段的对话片段,里面总有沉闷滞重的双关语,好像取自糟糕的剧本,不是讲高尔夫球场打高尔夫球的人,就是讲饭桌边的牧师：

> 主教：副主教，这种火腿肉你一定得再尝一块！
>
> 副主教：不行啊，大人，恐怕不太对我胃口。
>
> 主教：废话，孩子，这可是货真价实的 Westphalia 火腿呀！
>
> 副主教：大人，我——啊——一下子就看出来，它的确出了某种 failure①（问题）。[老家伙说着就倒下地来。]

这里面讲的笑话都是圣诞炮②级别的，但素描本身却是另一回事了。由于《潘趣》杂志是 19 世纪后期，英格兰黑白幽默艺术付酬最高，最有声望，发行量很大的杂志，它吸收的人才范围相当之广。说实话，这里面没有像伟大的法国人图卢兹·劳特累克和斯坦伦那样的人才，他们此时已在改变欧洲大陆插图设计和招贴设计的性质，也没有把《同步画派》杂志一页页画满画的那些才华横溢的插图家，但它有虽不那么尖酸刻薄（但从这个意义上讲，非常英国式的），也十分有名的人物，如约翰·坦尼尔——《爱丽丝漫游奇境》、《追捕蛇鲨记》，以及我儿时很喜欢的其他书籍的插图画家——还有一些现在已经忘记，但天赋极高的画家，勒金纳德·克利佛，他画的阿斯科特酒店维多利亚时代的花花公子和五月花酒店舞厅的那些美人儿，线条生动，入木三分。还有菲尔·梅，奥勃利·比亚兹莱的同时代人，其对明暗

---

① Westphalia 是德国的威斯特伐利亚，因产火腿闻名，该字的后半部分 "phalia" 跟英文的 "failure"（失败、问题）发音几乎一样。——译注

② "圣诞炮"，即 Christmas-cracker，是圣诞节的一个礼物，两人对拉，拉开后，礼物从里面掉出来，手里拉断部分多的就多得，也可平分秋色，里面除其他东西之外，还有笑话等。所谓 "圣诞炮级别"，指级别很低，有点像中国人说的 "小儿科"。——译注

的处理几乎能与比亚兹莱媲美，没有中间色调，只使用最生动的提纲挈领式交叉排线法。他仅凭纯粹的黑白两色，就（几乎）能够创造出一种色彩的幻象。菲尔·梅也是澳大利亚人，我在心里把这点记了下来，但实际上他不是。他1864年生于英格兰，在那儿接受教育后，受了诱惑来到澳大利亚，待了短短三年，为《公报》绘画，之后就又回到英格兰了，但他的澳大利亚粉丝很多，都一直以为他是澳大利亚公民，是他们的同胞，他们都特别喜欢他带刺的幽默，这在他一本素描集的标题上反映得淋漓尽致，即"出门不带枪而看到的东西"。除了我祖母的一个远亲，世界著名女高音内莉·梅尔巴夫人之外，他是我听说过的第一个"澳侨"。梅尔巴的真实姓名是海伦·波特·米切尔，但她的艺名取自她生涯开始之城，即墨尔本。她是个极为直爽的，甚至可以说是直言不讳的超级明星。关于她的故事很多，有一个说，当有人问道，她对经常一起唱歌的伟大的恩里科·卡鲁索看法如何时，她回答说："（他是）我用来含着漱口的最优秀的精液。"

我因为是个最无羞耻心的音盲（玛斯兰有架钢琴，但没人在上面弹过，也没人知道怎么弹。再说，因为多年的潮湿，这架钢琴上的大多数琴键早已陷死了），我对菲尔·梅就比对墨尔本的那只夜莺感兴趣得多。因此，我对视觉艺术的入门，其实始于《潘趣》上的漫画，之后又加上了名叫"安德鲁·朗彩色童话"多卷本书系中的新艺术运动、亚瑟·拉克汉姆式插图，内容有女巫和男巫、气精、水巫女、骑士、龙、突出的悬崖、城堡，以及妙不可言、阴森森的鳞状黑暗树林，每本书都用不同颜色装订并包以金箔。

有意思的是，现在回首当时图书馆的杂志内容，几乎没有美国的东西：没有一本《生活》、《时代》、《瞧》、《星期六晚邮报》，连《读者文摘》都没有。我父亲去过美国，但我母亲没去过。但是，他俩都认为，美国的高雅文化并不存在，其大众艺术也同样低级。好在我姐姐康斯坦斯并不同意,于是她搜集了一大批装在棕色纸唱片套中的78转老唱片——特别是法茨·瓦勒的唱片,也有路易·阿姆斯特朗和很火爆的新奥尔良爵士乐的其他伟大人物。我们当时有一台短波收音机,一根根真空管挤在棕色的木匣子里,样子有点儿像喜来登大厦,但接收效果很糟糕。父母亲唯一使用它的时候,是收听来自伦敦的皇家圣诞播音,这时,那位君主空洞无力的声音,就会夹杂着静电的声响传来,仿佛来自遥远的井底。

天真无邪的美国经典读物,如超人漫画,是家里不鼓励看的,与此同时,阅读英国的青年出版物,如《男孩子自己的报纸》、《宝石》或《磁石》,或澳大利亚的星期日漫画(总是以侧面画画出,脑子不灵的《笨蛋》,以及讲述后街冒险故事,叙说一个满脸雀斑的爱尔兰流氓男孩,如何面对一个时刻构成潜在威胁、名叫老虎凯利的大恶霸的《生姜梅格思》),则都是可以的。准确地说,家里不鼓励我,但允许我听某些电台系列剧:那部名叫"爸爸和戴夫",有关澳大利亚丛林生活的无休无止的系列喜剧,以及一部同样没完没了的探险萨迦剧《寻找金色飞去来》(讲的是啥,我现在仍然不清楚),其出资赞助者是那些糖果蜜饯商,他们专门生产澳大利亚儿童就是牙齿烂掉,也非吃不可的那种好得力牌紫脆巴。而且,我听《魔术师曼德雷克》这个节目也没问题。魔术师身穿燕尾服①和大氅,头戴微光闪烁的大礼帽,永远都是衣冠楚楚,无与伦比。很奇怪的是,曼德雷克"不花一分钱",就请了一个巴结讨好的女助手,名叫娜尔达——一个西班牙人,下意识地反映出一丝性政治的意味。在危机出现的时刻,就会有一个讨论小组的人告诉你说:"曼德雷克做出催眠术的手势",把一头母牛变成了

---

① "燕尾服",原文为法语:frac。——译注

一辆失控的巴士,或把一摊泥水变成了一座汹涌澎湃的大海。我从一家中餐馆,拿了一只黑色的搪瓷筷子,装进我的兜里,用好得力牌紫脆巴上的银纸,包住筷子粗的一端,并拿着筷子不断地做催眠手势,但令人失望的是,几乎没起任何作用。

图书馆更正式的地方,藏书自然就更严肃清醒。我蜷缩在扶手椅里,沉醉在废弃过时的参考书中,特别是1903年版的亚瑟·米的《儿童百科全书》,该书在"Aviation"(航空)词条下,含有一个预言,说十年之后,人类将进行重于空气的飞行。地图上的世界大部分依然处于粉红色,标志着广袤无边的大英帝国。我对哲学不太感兴趣,但你若想要,藏书里有的是哲学——主要都是维多利亚时代对柏拉图和亚里士多德的英译本,神学方面则有红衣主教纽曼的全套著作。还有不少维多利亚时代的历史书籍,当然,也有大剂量的温斯顿·丘吉尔,都是统一版。诗歌一直上溯到鲁珀特·布鲁克,然后停了下来——意义重大的是,布鲁克同时代的那些造反诗人的作品一本都没有,如威尔弗雷德·欧文,罗伯特·格雷夫斯,以及西格弗里德·萨松,因为如果要收藏了他们的作品,那就等于跟我家关于第一次大战的观点对着干了。我可以不分青红皂白,浏览丁尼生,史文朋,华兹华斯,济慈和雪莱,但却不能看持怀疑论点,不道德的拜伦。藏书里也有莎士比亚的全套剧本,每一本都是袖珍本,以纯净松软的摩洛哥皮装订。还可以找到一些有关艺术的严肃书籍,原来爸帕就像维多利亚后期所有的人,似乎喜欢买约翰·拉斯金的作品,尽管他不一定要看他的书,这些书中又夹杂着一些20世纪20年代和20世纪30年代出版的几期《澳大利亚艺术》杂志。该杂志通过好看的复制彩色插图,向我介绍了澳大利亚绘画。是谁买的呢?可能是父亲吧。

还有这样一些怪书和当时无名的经典,如维多利亚版的罗伯特·伯顿的《忧郁的解剖》,该书作为对忧郁症的首次医学研究,写于17世纪,但对我来说,它可是一个巨大的仓库,蕴藏着五花八门的学问和东拉西扯的意见,我特喜欢那种蜿蜒曲折、隆重盛大但却又很难充分把握的语言。对我影响最强烈的,可能是整整一书架鲁德亚德·吉卜林的布面版作品,既有诗歌,也有散文:有些诗歌(《丹尼·迪佛》、《曼德勒》和《甘嘎丁》)我能背诵下来,不过,我现在很怀疑,除了片段之外,我是否还能记得更多。我对他的散文则很着迷,如他伟大的长篇小说《吉姆》,特别是他为儿童写的故事——《丛林之书》、《原来如此故事集》,等等。有时候,我仍然认为,我做孩子时,真是太幸运了,能够以真实原装的形式,读到他的作品,而不是看迪斯尼把《丛林之书》拍成的那种打了折扣、进行了政治正确处理的垃圾。《丛林之书》写作之时,英格兰和欧洲充满了有关失落、野蛮儿童的故事,这些儿童被亲生父母所抛弃,在深山老林中,没衣穿,没地方住,成长过程中没有语言,与人类父母和兄弟姐妹也没有任何正常的关系,但却历经千辛万苦而幸存下来。吉卜林才华横溢地假设,这样一个孩子——他为这个狼孩洗礼,命名为"毛格利"——落入了一整个动物社会,管理这个社会的是这样一些聪明的动物,如黑豹巴格希拉,性格宽厚,有点儿滑稽的棕熊巴鲁,蟒蛇卡阿,以及由偷盗成性,叽叽喳喳,胆小如鼠,不事生产的猴子组成的一个邪恶的无产阶级,是丛林中一个永久低劣的种族,名叫班达尔洛格。我父亲是吉卜林迷,他从前有时会说,澳大利亚工党的党员就是一伙"班达尔洛格"。《原来如此故事集》里有吉卜林本人画的独特而奇异的插图,这本书绝对让我心醉神迷。我后来才意识到,原来这些故事在通向超现实主义之途中,就好像一座中途客栈,标志着一种诡异而狂野的想象力。吉卜林就像路易斯·卡洛尔,也发现为儿童写作,是一种绝对释放想象的方式。他严肃地把儿童作为读者,帮助他们轻松地进入成年。带着用无核小葡萄干蛋糕做成磨盘的帕西,以及与自己奇大无比的皮作斗争的犀牛,这样的形象直到现在依然伴随着我。这些插图都是他自己画的,而且画得如此怪异,如此笨拙,也如此才华横溢,这个事实也让我做好了心理准备,打算在未来岁月中,画我自己的插图和卡通画。

我很幸运,能够利用这样一座图书馆。更幸运的是,电视这个叽叽喳喳,像个低能儿,毁坏了孩童读书写字的巨大潜能的保姆(尽管在未来的岁月中,我的不少收入就是从那儿来的),当时还没有抵达澳大利亚,一直到1956年才来。因此,我直到快21岁时,才看到电视节目。我在任何图书馆,都没有我在祖父和父亲打造的图书馆里更开心,我把厚门在身后关上,也没有像在他们打造的图书馆里那样,更清楚地意识到已踏上了一段探险之旅。凡是我能弄到手的读物,我都贪婪地阅读。由于我小十岁,从某些关键的方面讲,等于是个独生子,而孤独寂寞的童年,是有很多可说的——特别是当这样的童年使你培养了一种沉思默想,自言自语,而且自娱自乐的口味,就更其如此了,这为作家的独特生活,打下了最坚实的基础。我从前经常自言自语,不过,要是大人无意中听到了,拿这开玩笑,就会让人特别难为情。尽管我当时并未意识到这一点,但这成了我后来闯入电视的良好背景,因为,当你跟摄影镜头讲话时,你并未跟任何人讲话——只不过在对一台机器和一张镜片讲话,把你的所有注意力都集中在上面。机器后面一个人都没有。

直到现在,我依然不知道,在一群玩伴的环绕下长大,是一种什么滋味,不过,我倒是有一个很亲密的朋友,名叫克里斯托弗·弗林,也是一个像我一样自命不凡的知识分子。他跟他哥住在基纳古纳路山上,一座比我家豪华得多的房子里。

我家房子还算堂皇,但几乎难与弗林家的辉煌相比。我家房子占地面积不到一英亩:按玫瑰湾的标准,这是相当大的一块地,但几乎算不上一座"地产"。它是叔伯房的兄弟吉尔伯特·休斯在30年代早期设计的。房子的样式是白色的乔治时代风格,其效果因材料而有所削弱——砖面上抹了混凝土。要想具有某时期的真正风味,就应该用砂石,至少要用拉毛水泥,但悉尼的抹灰工①很短缺,气候对这个工作也不友好。墙角上有粗砺的水泥楔形石,那槽子就像梯级,我很想一级级爬上去。前门装饰了混凝土石柱和水泥浇注的爱奥尼亚柱头。上面盘绕着蓝花盛开的紫藤。令我很开心的是,我得到了一份工作,用威尔金森·斯沃德牌整枝大剪刀,来给紫藤修剪整枝。你穿过我父亲的试衣间,就能上到这个大门的屋顶。它名叫——凡是空间足够大,能象征达到使人肃然起敬收入水平的"严肃的"郊区房子,都有其自己的名字——"玛斯兰"。我想,这应该是暗指母亲童年的教区长的住宅附近德文郡的一个地区吧。

我母亲溺爱这座花园,她在园中种满了她在英国当少女时闻所未闻的植物。一丛丛山茶花和栀子花,一棵鸡蛋花树,以及巨大的亚麻属植物,其叶片又长又尖。园中有薰衣草丛,沿着主要的小草坪一边,长着三棵桃树,桃树结的果实很硬,没法吃,但花却很精美:一树开白花,一树开粉红花,一树开的是深红色的花,花一谢,花瓣就覆盖了绿草,像用分级的水彩颜料薄薄地涂了一层,总是让我充满喜悦之情。

后来,当我看到丁尼生的作品(所有的选集都选了他:"一会儿,红花瓣睡着了,一会儿,白花瓣也睡着了……/一会儿,在斑岩的圣水器里,有一只金色的鱼鳍闪现")时,我就会想起妈妈的花园,不过,圣水器不是用斑岩,而是用浇注混凝土做的,还用水草弄得有点模模糊糊,浑浑浊浊的。圣水器里没放雕塑,而是放了一段石化的木头,一

---

① "抹灰工",原文为意大利语:stuccatori。——译注

段虽然看不出任何形状的化石,但不知何故,它对我却有着几乎能够避邪的强大迷惑力。我们在养金鱼方面,运气从来都不好,一养就死,因为大家都不太明白一个道理,即水里得要供给氧气。那地方倒是成了蚊子孳生的沃土,有时,我为了消灭幼蚊,会在水面滴几滴煤油,形成一层异国风情的彩虹油膜,好让它们窒息。水池紧靠一株枝叶覆盖的鸡蛋花树,如果把池旁的生锈小栓打开,把底部枯死的植被物质扒开,就会发现一个青铜的龙头手柄,用劲一拧,水池上部盆地中间的一个喷嘴,就会射出一股水柱,起先是锈水,跟着就清亮了。水柱冲到大约四英尺高的时候,就达到顶峰,跟着没了后劲,随着就"噼里啪啦"地落进了盆地。这是我所知道的第一座喷泉,以后我只要看到更豪华,也更精致的喷泉①,如兰特别墅或查茨沃思庄园的那些花园喷泉,我总是会想起我家那座喷泉。我只要看见鸡蛋花,或闻到鸡蛋花的香气,鸡蛋花瓣呈白色,像蜡一样光滑,花的中央颜色渐变,成为黄色,香气馥郁,几乎浓郁得让人受不了,我就会蓦地回到玛斯兰的那座花园。

我想,那座房子就像孩童时代的所有房屋,当时看上去显得很大,五十年后重返旧地时,却显得很小。(之后不久,我犯了一个错误,在一个电视节目上这么说了,当然,就有一些评论员狠狠地抨击了我一番,说我是"精英主义"。)房子周围环绕着野生动植物:作为澳大利亚身份标识强大图腾的丛林,无时无刻不在强行入侵,甚至侵入到内城的郊区里来了。这儿的鸟是欧椋鸟和红屁股夜莺,我会用隔壁邻居巴恩斯先生借给我的一杆十分漂亮,枪身以山核桃木制作,口径为点177的爱德华式推杆气枪,毫不留情地射杀它们。还可以听

---

① "喷泉",原文为意大利语:giochi d'acqua。——译注

见树上丛林喜鹊的甜美鸣啭，电线杆上喀喀吧啦笑鸟朗朗大笑的歌唱声，以及哀鸣鸽的哭号，但从不开枪打这些鸟。

我特喜欢玩枪，特喜欢拥有火器这种想法。在人家看不见的情况下，隔着一段距离射杀，这想法让我着迷，我想，这想法也同样让许多十岁的孩子着迷，哪怕在一点肉星都不沾的家庭，也是如此。房子的壁橱里存放了几杆枪。无论我父亲，还是我的两个哥哥，都不像几百万美国人那样，对火器特别依恋，将其看做美德、爱国主义和民主身份的象征物。澳大利亚从未举事，把百姓组成军队，反抗招人憎恨的英国人。我们并不仇恨英国人。恰恰相反，我们以为，我们就是英国人，而如果要是起而反抗，这想法简直不可思议，除了少数爱尔兰人之外，这些爱尔兰人的感情似乎荒诞不经，即使对大多数爱尔兰人来说也是如此。我们的宪法是一份枯燥乏味的殖民地正式文件，是白厅的英国官僚，而不是波士顿持异议的理想主义者为我们撰写的，而且，它绝对没有任何一点像美国那种经过多次辩论，即使阐释有误，但也很有益处的宪法第二修正案，该案说："对于自由国家的安全，人民保存和携带武器的权利来说，一支经过良好管理的民兵队伍很有必要，这支队伍是不容侵犯的。"（有一个显而易见的真理，即"一支经过良好管理的民兵队伍很有必要"这句话，反映了这个早期共和国很有理由不信任常备军队，但也表明，在后来的共和国，一支巨大的常备陆军、海军和空军的在场，可以完全取消对市民组成的民兵和市民"携带武器"的自动权利的需要，你若企图作出任何努力，指出这个真理，你就会得一个坏名声，被骂成是美国境内热爱恐怖主义的"投降猴子"，但幸运的是，这在澳大利亚是不可能的，因为在澳大利亚，我们对自由的热爱不那么偏执。）因此，休斯一家人没有保存武器和携带武器。我们把武器存放在壁橱里，只是到外面丛林，去找兔子和类似的肉食动物时，才携带武器。如果我们中间有任何人，被人看见在玫瑰湾海滨大道上,手里拿着点22口径利特高单发步枪,或拿着我父亲那把虽然古老,但润滑绝对完美的军用型点45口径柯尔特手枪,外面套着旧皮枪套,当地的警察就会立刻朝他扑过去,就像谚语中讲到的那个鸭子,向六月的臭虫扑过去一样。我最喜欢的那把枪,是一把老式的点22口径,八边形枪筒的温彻斯特麦格农步枪,于19世纪90年代制造,枪筒下有只管状弹仓,可装八颗长长的软头子弹。这把枪的动作像丝绸一样柔滑,我很开心,把一颗颗子弹压进枪膛,其杠杆式枪机让我感觉有点像贾利·库柏或丹·杜耶,蹲伏在翻了个底朝天的康斯托卡大篷马车后面,为妇女们作掩护。

我知道枪支放在哪儿,十岁的孩子虽小,但喜欢刺探"军情",自己住的房子里,东西搁在哪儿,是没有不知道的。大人不在家时,我就把这些枪支拿出来,不是拿来"玩耍",而是拿出来熟悉熟悉。二者之间的差别很关键,而且,可以毫不夸张地说,二者之间的差别也很讲德行。用来杀人的东西,是不能随便"玩"的。爸爸很强调要正确掌握枪支。从根本上说,这个常规可概括为三条戒律:时刻假定,枪已装满子弹。不想开枪射杀什么,就不要把枪对准什么。凡是你不想吃的活物,都不要射杀。这些戒律我都一丝不苟地遵守,而且,我处理过枪支之后,总要用一块稍微带油的抹布,把每支枪擦拭一番,生怕——在这儿,电台广播的侦探节目《男孩子自己的故事》,纸浆连环画①之类的禁书,以及我的那本勒斯里·查特里斯的圣徒探案集等,都显示了其教育的威力——万一有人看见上面留下了我的手印。(我太害怕我的两个哥哥,特别是杰弗里的监视了,竟然以为他们用

---

① 所谓纸浆连环画,英文为 pulp comics,难以界定其标准定义,故采取直译,因 pulp 与 paper(纸)相对,是"纸浆"的意思,即指那些下三滥的低级连环画,很垃圾的一种东西,看过就可以打纸浆了。——译注

黑貂毫笔和滑石粉来擦枪栓、枪管和枪托,为的是暴露我的手印。)

从克兰布鲁克路26号的花园看去,可以看见玫瑰湾,那是大家的游戏场,也是我的游戏场。玫瑰湾也是一座机场:到新西兰和北方去的水上飞机,那些肚子又大又肥的桑德兰水上飞机(就是我哥哥汤姆第二次世界大战中,曾在北大西洋进行反核巡逻时,所驾驶的那种飞机),以及体态优雅,带有艺术装饰风格的卡特琳娜水上飞机,从前常常从我家房子上面直接飞过,在玫瑰湾的水面上降落——那种情况一刻不停,真是一种让人刺激,值得观赏的场面。飞机飞得如此之低,你都能看见机肚子上的铆钉。在遥远的那边的青山上,能看见沃克吕兹水塔,那是一只巨大的灰色混凝土滚筒,下面是四条腿。它是从玫瑰湾看不见的郊区的标志,我的蜜姆婶婶就住在那儿。

我孩童时代有太多欢乐时光,要归功于蜜姆,所以我几乎很难把她从我孩童时代的背景上分开:她爱我,我也爱她,就好像她不是我婶婶,而是我的第二母亲——她生来好像就是行使这个功能的,因为她并没有自己的子女,从生到死,一直都是个老姑娘(估计还是处女)。我差点要说,她"待我就像她自己的儿子",但这就不对了,因为她从来没训斥过我,也没有对我说过一句重话。从任何方面来说,她都不是一个喜欢管教人的人,她也不需要如此,因为,就算我这个十岁小孩有再多冲动,可能造成过失,这些冲动在她面前也会土崩瓦解。

1949年,我跟蜜姆差不多生活了一年,因为我父母长途旅行去了欧洲,随身带了姐姐康斯坦斯。现在,乘坐波音747作长途亚音速飞行,早已司空见惯,但很难想象,当时坐船离开澳大利亚,是种什么滋味,其与今日旅行方式之(几乎)不同,就像1949年的旅行方式与航行岁月的方式一样不同。那次旅行花了一个月,中途有很多停靠站,能够绝对标准地瞥见异国风情的"土人"生活:在锡兰港的科隆坡短途乘坐人力车,斯里兰卡当时就叫锡兰;在亚丁,客轮边上挤满了小卖艇,艇上都是格力-格力人①和小贩,卖象牙雕的大象,铜锅子,以及不太像话的小罐子或稍嫌污秽的白信封,里面装着西班牙苍蝇;从苏伊士运河终点,遥遥在望的金字塔风景。这不是一趟随便想想就能成行的旅途。事实上,与其说它是一次航程,还不如说它是一次全面的季节性牲畜大迁移——很不简单。半个多世纪后,在一个先有航邮,后有电邮的时代,很难想象家人的这种分离是怎么回事,其分离时间之久、之完全彻底,具有维多利亚时代的特征,能产生大量信件,描写的东西从伦敦动物园的企鹅池,到比萨斜塔的倾斜度,什么都有,特别是还不忘提到摄政大街那家专为业余爱好者提供材料的宝库,即哈姆利玩具店里的内容。

  这次航程的准备工作十分细致,(除了别的事情以外),还包括准备了好多打鸡蛋。当时,英格兰对鸡蛋有严格定量,而且,我母亲相信,在欧洲几乎完全弄不到鸡蛋。关于法国和意大利她也许没说对,但关于英格兰她的确说对了。因此,她买了好几箱新鲜的农场鸡蛋,还带了好几罐东西,名叫"Ke-Peg"。这东西要是涂在鸡蛋上,几乎可以把鸡蛋永久保存起来。看上去,摸起来,闻起来,"Ke-Peg"都很像耳垢。我知道,因为我得干活,曾煞费苦心,用它涂抹每一只鸡蛋。随着时间的推移,这些保存完好的鸡蛋,装在铁行渣华有限公司轮"奥利安"号船的底舱,当做小费,拱手送了人。萨沃伊饭店的门童,他为休斯一家招来的出租车司机,以及尤斯顿站的搬运工——所有这些人把手掌伸出来,接受这种惯常的小费,都会发现手里有只鸡蛋,有时会是两只鸡蛋,我母亲从提包里把鸡蛋取出,小心翼翼地放

---

① "格力-格力人",英文为gully-gully men,为"魔术师"之意。——译注

在他们手上。工作人员是否忘恩负义,不肯感激,现在也没有任何记录,因此,在战后不列颠,新鲜鸡蛋或许真的像母亲想象的那样很宝贵。

他们那趟旅行的亮点是罗马和梵蒂冈,我父亲在那儿受到了教皇圣比约十二世的接见。

他们谈了些啥?不知道。爸爸信中没说,但从另一方面讲,这些信又充满了很有意思的东西,讲了圣彼得大教堂,讲了贝尔尼尼和搜集的大批文物——圣保罗的腿骨,讲了玛丽·德莲的头盖骨,等等。(现在,我第一次开始担心起来,产生了一点异教徒的怀疑:那还有其他文物,长着双头或五臂的圣徒的零部件,散布在全意大利的其他那些教堂是怎么回事呢?这一切都是怎么回事呢?)不管怎么说,爸爸和教皇肯定没有谈到飞机模型,因此,他们的谈话也许对我来说并无深刻含义。很可能那场谈话只是泛泛而谈,十分虔敬,就像红衣主教吉尔罗伊从前在颁奖日到访学校时说话的那种样子。

也许,除了无神论的共产主义的侵蚀之外,教皇就他最喜欢的话题,把我父亲教训了一顿(或者用当时那种巴结奉承的话来说,"给他赐以训谕"),也就是1917年7月13日,在葡萄牙的法蒂玛附近,圣母玛利亚对两个不识字的农民儿童"奇迹般地"显灵。在这个奇妙无比,永难忘却,必须相信的日子里,据信太阳戏剧性地旋转起来,就像一个纸风车,与此同时,葡萄牙的大地暴雨一样地落下了一阵奇迹般的玫瑰花瓣。据知,法蒂玛之外,以及除法蒂玛在内的两个孩子之外,都没人亲眼目睹这些荒诞不经的太阳怪举,它们伴随着三种都很平庸的"幻象",据指,那都是圣母玛利亚秘示给他们的。不过,教皇圣比约十二世却放出话来说,葡萄牙那件"奇迹"发生的几年后,他在梵蒂冈花园里散步时,曾亲眼看见了太阳旋转的景象。这就是他为什么于1954年,宣布"圣母玛利亚年",对圣母进行群众效忠的原因之一。教皇对法蒂玛处"奇迹"的效忠,却得到"拉丁欧洲"①两个面目比较可憎的人的热烈支持,即西班牙的弗朗哥和葡萄牙的萨拉查,他们相信,他们的统治集团有圣母玛利亚保佑,他们也把这点昭示给了手下几百万臣民。

随着背诵《玫瑰经》的人数翻了几番,我们在澳大利亚也受到这个情况的影响。现在绝对没有任何理由相信,那两个孩童亲眼看见了任何东西,也没有理由相信有任何东西可看,但是,20世纪的教会仍把这个臭不可闻的迷信进行加工,改造成信仰的材料。(直到21世纪初依然如此,如人们目睹已故约翰·保罗二世在准工业化地生产圣徒时所做的那样。)圣比约十二世把法蒂玛的"事件"看得极重,认为是上帝对人类关心的标志,可以成为教会很好的宣传材料并用作对付无神论共产主义的一帖解毒剂。因此,我们这些遥远澳大利亚的学校学生,在特殊的场合,就不得不唱一支法蒂玛的颂歌,其作者知名不具——可能是教堂那些专写祈祷小册子的虔诚作者之一捏合而成:

> 汝庄严号令一出,
> 太阳旋转,像辉煌的玩具:
> 玫瑰花瓣纷纷洒下,
> 宣告汝让我们欢欣鼓舞。
>
> 啊,法蒂玛的圣母,欢呼!

---

① "拉丁欧洲",英文为 Latin Europe,指教会、国家和学院把拉丁语作为工作语言的欧洲部分,可参见:http://en.wikipedia.org/wiki/Latin_Europe。——译注

> 纯洁无瑕的万福玛利亚！
> 哦，为我们祈祷，给我们帮助，
> 汝是全人类之希望。

从我写给父母亲，现在还保留着的几封信中，似乎很清楚的是，我的眼睛没有盯在虔诚上面，而是盯着现代飞机。

> 亲爱的父亲：
> 我很高兴，你见到了教皇，他为我给奖章赐福，我也祝愿他身体健康。意大利的食物一定很怪。你回到英格兰后，请弄一台米尔斯2.4cc的柴油引擎，就是有长曲柄的那种，用它来配黑曼巴配套工具，要是能弄到那个就好了，因为这很容易忘记的。你要是再见到教皇，就请代我问好。

配套工具，引擎，橡胶和涂料，以及特殊燃油：快到1949年年底时，皇家空军上校杰弗里·休斯腾云驾雾，满载荣耀而归，这些宝物装了一大箱。尽管我当时对视觉艺术一点不感兴趣，我现在还是倾向于认为，对欧洲财富的这种展示，对海外居然存在，给人如此欢乐和满足之感等物的这种展示，在我心中撒下了第一颗种子，使我最后产生欲望，要离开澳大利亚，要到海外去寻找令人欣悦之物。这种东西你在澳大利亚是不可能弄到的。后来，这种想法也可用在米开朗基罗、鲁本斯和德库宁身上。

父亲得不到飞行机会，飞机也落地停飞了，于是，他把强烈而又神经质的精力，都倾泻进了他的律师行，他担任几家董事会董事的工作，以及我们的飞机模型中——回头来看，这似乎是我俩想象力真正唯一的触碰点——他是航模巫师，我则是航模学徒。制作航模，使他重返理想化的过去,同时又把我抛射到想象的、充满刺激的未来,在那个未来,虽然我不能跟父亲势均力敌,但我能感觉到,我至少是比格尔斯或金杰的对手,他们是空中骑士和武士,被 W. E. 琼斯(他等于是写航空小说的乔治·阿尔弗雷德·亨提,后者是把大英帝国全盛时期想象出来,专为儿童写作的小说家)写活了,成为战争冒险小说漫长系列中的明星。("哈哈,冯·克鲁克伯爵,你的蓝马克斯勋章对你几乎毫无用处。你要是以为,你能把这个观察气球点燃,那你就惨了,因为你是自欺欺人。我们的这种气球再也不用氢气了。"跟着就是那个都铎恶棍的一声灰心失望的咆哮。)

我制作了大量"固体航模",这些航模的机身和机翼是用一块块、一片片西印度轻木雕刻出来,其旋转的螺旋桨均用赛璐珞圆盘来象征,因赛璐珞是透明的,所以不能很好地模拟刀片转动时的模糊状态,但最具挑战的是,如何制作出能靠单汽缸电热塞或柴油引擎,凭着一根 60 英尺长的控制金属线,真正起飞起,穿越空中打转的大型航模来——其螺旋桨有十英寸长,借助吼叫的小型发电厂推动旋转,每分钟速度差不多可达 18 000 转,可能产生强烈反冲,如果这时你转动轮叶,启动马达,一不小心,就会切断指头。飞机机身没用塑料,而是用一条条、一片片很薄的西印度轻木制作的,然后用纤维素胶水(其丙酮溶液的刺鼻气味,一直都是不可磨灭,能唤起往事的儿时记忆之一),把它们放在印刷出来的平面图上粘起来,然后在上面盖一层上好的日本宣纸,涂上几层涂料,使之绷紧加固到鼓面一样的密度——这跟父亲年轻时代,飞过佛兰德斯战壕上空,在真正的双翼飞机上,把飞行织物面加以紧固时,所用的那种液体是一样的。后来,表面的覆盖物采用了一种纤细的热缩塑料,名叫火力克,采用滚烫的电熨斗进行涂敷,但我喜欢用日本宣纸,现在,过了这么多年后,当我在博物馆看到一张涂敷得很精致的纸,上面是尾形光琳的学生写的书法,我首先想起的不是桃山时代日本的精神化手工,而是在家里车库和爸爸一起度过的漫长的夜晚,把这些航模精制的机翼涂层牵拉抹平。

事实上,宣纸并不是能买到的最精致的覆纸。航模互助会有一个很小的分支机构,致力于制作能在室内、飞机棚或屋顶很高,没有风吹的废弃工厂空间中飞行的航模,这样就能允许——事实上,就要求——结构达到难以置信的精致程度。这种昆虫般的飞机的重量,要按十分之一盎司来测量,其升起的表面不是用纸做的,否则就会太重,而是用家制塑料薄膜做的,只有一到二微米厚。这种梦幻航模的制作是,做一个较大的金属线环,把它浸在一盆水里,蜜姆的澡盆就行,往水面滴一滴,但不能超过两滴纤维素涂料,它立刻扩散开来,形成一层几乎难以分辨的彩虹薄膜,像油脂一样。它很快就干了。把那根金属环提起来,在机翼或机尾部分轻轻过一遍,就形成一层紧绷绷而又无重量的表面,从诞生之时起,即闪耀出彩虹的七彩光芒。这种蜻蜓式飞机的动力来自一根橡皮,但不能超过一根,它能驱动很大的一个没有重量的螺旋桨,同样也是用玻璃杆一样细瘦的西印度轻木框架和涂料制作而成。它有气无力地转动着,以一种沉思默想的细腻感,拽着飞机穿过上面盖着屋顶,里面没风的空间。

这不合爸爸和我的胃口。我们玩这种飞机,可能是因为他在军队的军衔和在澳大利亚空军享有的德高望重的地位,使他能很容易地利用废弃的飞机棚,尽管他早已退役,成了一个布衣。

但是,我们所做的是一种具有雄性气概的航模。我之所以沉溺于其中——我还想不出一个比"沉溺"更轻的词来:"兴趣"就太苍白无力了——可能是因为,即使过了六十年,我一听到"飞机模型"一词,就会想起那种样子凶猛、表面光洁的小飞机和与父亲结成的纽带,这方面我有很多经验,而不会想起个子高高,皮肤像缎子般光滑,腿像瞪羚一样的金发女士,这方面的经验我则要少很多。我在记忆中，还能看见那些鼓面一样绷紧的红色机翼，并能触摸到油烧过后，从小小排气管中吹回来，在机身结合部位结成的涂层。脑海中，我仍在上上下下地摆弄升降舵，同时在体会小飞机像女鬼一样尖声叫唤着，从百年公园棕黄色的草地上一跃而起时，那种几乎让人停止心跳的焦虑。当引擎突然熄火（永远没法预测这种情况何时发生，只希望飞机在做跃升转弯半滚倒转或转圆圈时，不要发生这种情况），我不让航模坠地，而是导引着它，让它不合比例的气球轮胎在地上蹦蹦跳跳，来一个完美无缺的三点式滑翔着陆，把花去数小时，乃至数日互相分享、耐心合作的工作，从时刻存在的毁灭危险中解救出来，这时，我还能感觉到得到爸爸赞许时的那种轻松和满足。他一定是很信任我，才教我如何制作飞机，连最后一根西印度轻木的翼肋和机身的纵梁也指导我做，做好后还让我飞。他让我觉得，我值得他信任。不过，多年来，他一直都是这样：一个飞行指导员。

我跟蜜姆婶婶生活的那一年中，我们开心地陪伴着对方，与此同时，我到坎皮翁堂去上学，那是耶稣教会为里维伏优地方开办的一家预备学校。

她是否曾有过任何爱情生活，哪怕是最柏拉图式的爱情生活，我不知道，也没法猜想。我只能假定，她没有任何爱情生活，尽管她与一个稍微有点儿老迈的老兵保持着一种多情的友谊。那老兵 1915 年或 1916 年，在法国受了一种伤，叫"回老家伤"①——受了这种伤，就有必要送回英格兰的医院治疗，这样才捡回了一条命。他的一部

---

① "回老家伤"，英文为 Blighty wound，字典意思是在第一次世界大战中，英国士兵如果受了这种伤，就可以回英格兰治病。中文没有对应，故译。——译注

粗巴巴的白胡须,都染上了尼古丁色,他脚穿一双破了口的沙地鞋,上身穿一件被虫蛀坏的褐红色开襟羊毛衫,侍弄着隔壁他那座花园。如果我的记忆还管用,那件羊毛衫应该是蜜姆婶婶多年前为他编织的。有时候,他会过来,走进蜜姆的花园,他们会很友好地在草地上坐下来,一人坐一把奇形怪状的绿柳条椅,中间放一张摇摇晃晃的柳条桌,坐在微弱的阳光下,喝他们的"十一点"①——就着她头天自己做的,撒着糖的脆饼干,从一把黑白相间的茶壶里,喝着黑色的"金卡拉"牌茶。"常喝茶,能提神!"当时到处都能听到电台广告的这种刺耳的强调声。"每天一开始,就喝金卡拉茶。别忘了:家家户户,都用母亲精选面粉!"这条广告与电台上一支简单的韵律诗,在我记忆中互相争抢着头等地位,该诗如下:

> 我喜欢飞机牌果冻,
> 飞机牌果冻是我的!
> 晚饭要吃,喝茶要吃,
> 每天都来一点,那是最佳食谱。
> 质高名声好,的确名副其实……

这个广告词印在我脑海里,因为它太奇怪了:飞机不用铝金属和应力金属线,而用软不拉他的肉冻做成。悉尼城外,在去鲍罗尔镇的路边,就有一架"飞机牌啫喱"的飞机,从前学校放假,我跟蜜姆经常去那儿玩:那是一架接近真飞机大小的单翼飞机,用木头和马口铁很粗糙地制作而成,头冲下安装起来,好像刚刚坠毁,沿着两边机翼,有

---

① "十一点",英文为 elevenses,即上午十一点前后的茶点。——译注

"AER PLANE J LLY"①几个残缺的字样。

可是,我又说岔了。蜜姆和她那个上了年纪的老兵说了些啥,我根本就不知道。

蜜姆过着独身生活。有一个故事说,她曾爱过一个年轻的英国军官,索姆河战役刚打响,该军官就在头一个小时前后丧生。索姆河战役打响的头一天,盟军正朝敌军战壕勇敢而又无用地迈步走去之时,就有六万人遭到德军马克沁机枪的屠杀。我没敢冒昧地问她这个故事的情况。有一两次,她把洗好的衣服拿到太阳地去晒(当年,还没有电动甩干机时,棉布被单因炎热和风吹,而带上了几乎是松脆的亚麻细布质地),我听见她在哼歌,还含着一嘴木衣夹,那首歌属于第一次世界大战中,那种悲哀又简洁、天真而又铿锵的军队小曲:

> 汤米·爱特金斯呢?
> 你看见他了吗?
> 你看见他了吗?
> 还在铁丝旁边,
> 还在铁丝旁边,
> 我知道他在哪儿
> 我看见他了,
> 我看见他了,
> 还在古老的铁丝网边。

在1949年的澳大利亚,婶婶哼这种歌,那是很阴暗苦闷的东西。它与弹片做的镇纸和玛斯兰的那张"小心阳光中的德国鬼子"招贴画

---

① 全文应该是 AEROPLANE JELLY。——译注

合在一起,立即进入了我的记忆之槽。每当我想起继第一次世界大战之后,那些留在后方,结婚无望的几百万英国妇女、法国妇女和澳大利亚妇女时,(我就推想),她们一般(肯定)都长着蜜姆那种友好、阔嘴和稍嫌好斗的脸,被烟熏黄的牙齿和上面长着痣,冒出三根黑毛的下巴。① 直到今天,当我有时看见一张二战之间胡安·米罗画的画,从画上画的小节点中,冒出蜘蛛般的纤细黑线时,我就会想起亲爱的蜜姆的那张下巴。我无法想象她会以欣赏的态度来对待这点,因为她对艺术,特别是现代艺术一点兴趣也没有。

另一方面,蜜姆真的很会烧饭做菜,这比艺术重要得多。我母亲的厨艺则算不上特别好,她做英国菜还可以。我要是回忆节日和正常情况下,我在澳大利亚的中产阶级前辈吃什么东西时,只要回忆一下妈妈做的是什么就行了。她1919年从英国来澳大利亚,跟爸爸会合时,从来没去过欧洲大陆,从来没做过法式红酒烩鸡②(真是从来没把任何菜跟红酒放在一起做过:红酒是很讲究的东西,而不是日常饮品),从没吃过卡门贝尔干酪,也没吃过山羊奶酪,没跟意大利帕斯塔面条产生任何"恋情",这种面条从她那儿出炉(偶尔她也会煮一煮)时,就会像一团乱麻,黏糊糊的,往上面浇点罐装番茄,再撒点切

---

① 此句英文颇有语病,原文为:"Whenever I think of the millions of English, French, and Australian women left behind with no matrimonial prospects in the wake of the Great War, they generally have Mim's friendly, wide-mouthed, slightly truculent face, with the smoke-yellowed teeth and the mole on her chin from which three dark hairs sprouted."若按这样翻译,译文读起来就会觉得少了许多内容,如:"每当我想起继第一次世界大战之后,那些留在后方,结婚无望的几百万英国妇女、法国妇女和澳大利亚妇女时,她们一般都长着蜜姆那种友好、阔嘴和稍嫌好斗的脸,被烟熏黄的牙齿和上面长着痣,冒出三根黑毛的下巴。"无奈作者对译者的提问不予解答,只能根据上下文的关系,译成正文中的文字。 ——译注
② "法式红酒烩鸡",原文为法语:coq au vin。——译注

达奶酪,就开吃了,但吃得人疑神疑鬼,很不情愿。

悉尼的皮尔蒙特鱼市场是太平洋水下生活的中央商场,但很奇怪的是,她这个住在悉尼的人,却不怎么喜欢做鱼吃。她晚年时,更愿意把一袋滚了面包屑的冻鱼条(冷冻有点神奇,是科技为家庭主妇带来的最新福音)拿出来,解冻之后再油煎一下,也不愿把一条闪闪发光的新鲜多利鱼剖成鱼片。在这方面,她遵循的——无论她知道与否——是一个很悠久的澳大利亚传统。自从殖民时代早期,"好的"——或英国的——食品都是新鲜肉类(表明主人因拥有成群牛羊,而在一个农业社会具有自由身份)和腌鱼,如熏鳟鱼或熏鲱鱼。另一方面,咸肉和鲜鱼是发给流放犯吃的,因此表示身份低下。40年代和50年代的澳大利亚人大量消费"动物食品",即屠宰的肉类。除了爱尔兰土豆之外,蔬菜不是饮食中的一个主要品类,而色拉又很少见。(自19世纪中期以来,启蒙的殖民地观察家对殖民地烹饪的种种怪癖,就一直怨声载道,冷嘲热讽。)至于鲜鱼,那在大多数中产阶级的菜单上,是没有很重要的地位的。

但对任何肉类食物,妈妈就很内行。她的烤肉永远都是星期日午餐的核心食物,这通常都是羔羊肉,加了薄荷调料,伴以金黄色,往下坠着,穹窿一样的"约基布丁"①。羔羊肉烤过了头,成了灰色(巴恩斯莱从来没见过粉红色的羔羊肉),但还是美味可口。她还会做很棒的牛排腰子饼,但我最喜欢的还是她做的下水:肾呀,烟肉呀,特别是羊脑。她先把羊脑在冷水里漂漂白,用文火煮煮,然后拿出来摊凉变硬,切成块块,每块都有胡桃那么大,在打好的蛋里蘸一蘸,再在面

---

① "约基布丁",英文为Yorky pudding,指Yorkshire pudding,即约克郡布丁。——译注

包屑里滚一滚,就用甜甜的阿罗利黄油把羊脑油炸成棕黄色。能直接吃到刚从煎锅上下来的这种食物,上面还淋了柠檬汁,那就好像咬破一层脆皮,一口进入又烫又白的云中。油炸羊脑之好吃,至今仍像我最喜欢吃的玛德莲蛋糕。

然而,最让人感到好奇不已的是,妈妈在20世纪30年代竟然决定与蜜姆联手,开一家餐馆。她这方面根本没有受过训练,但却有事可做了——这是她能找到的,消除紧张,消耗精力的各种方式之一,否则就成了一个无所事事,消极怠惰的澳大利亚家庭主妇了。她为餐馆找到一个很棒的位置——就在悬崖峭壁之上,俯瞰着悉尼南面浩瀚的太平洋。因为地点紧邻鲸鱼海滩,而且还可常常看到那些巨大无比的迁徙的哺乳动物,在深蓝色的海水里,缓缓地从餐馆的露台移动而去,她就给餐馆起了个名字,叫"乔纳餐馆"——其标志是父亲画的并由妈妈绣在餐垫上,这是一个人物杆形画,站在一头鲸目动物的背上,保持着平衡,手里举把伞,挡住鲸鱼的喷水。要在今天,那块岩石之地,那种海景,是要值很多钱的,但妈妈拿下来几乎没花任何钱——至少我想是这样的,因为她和爸爸当时手里能花的现金很少。

乔纳餐馆没有马上获得成功——等于是个路边店,却没有多少过往车辆。但是,维达尔家的姐姐妹妹,以及她们的母亲——她们在母亲那个当牧师的丈夫在巴恩斯莱去世后,都移民来到澳大利亚,——对这个餐馆都很上心上劲,康斯坦斯也是如此,她当时还是个少女。店里的炊事由蜜姆负责。她们第一道菜上的是鱼和煎蛋饼,鱼闪闪发亮,非常新鲜,来自乔纳餐馆露台下面的大海。上的菜还有烤肉和蔬菜。康斯坦斯回忆说:"也许都烤煮得过了头,因为当时就是这种风格。"她们对自己做的甜点心、巧克力、撒了咖啡糖霜的怡口莲、味道浓得化不开的女爵巧克力蛋糕(混合着碾碎的杏仁太妃糖和轧碎的巧克力粉,二者用搅拌奶油结合起来),以及里面填满了奶油的白兰地姜饼卷特别骄傲。"冰箱里总是放着一大碗白兰地姜饼混合物,休斯家的不少人都曾对其'染指',可来店的客人和蜜姆婶婶都不知道。"

乔纳餐馆还提供下午茶,很地道的英国茶,配有司康饼、凝脂奶油、家制果酱和蛋糕——这是事先烘焙的方块蛋糕,但先不上糖霜,直到有人订货,才上一种暖色的方旦糖霜。康斯坦斯还记得"那种切成两半,很美、很精致的三明治。蜜姆用一把锋利无比的弯刀,把面包切开。我想,这把刀我还留着,放在什么地方了。我一向都不喜欢机器切的那种厚厚的面包"。乔纳餐馆起居室的壁炉,是用老式青白二色的台夫特瓷砖装饰的,后来的意大利店主把它覆盖起来,现在,在现代的"改善"之后,瓷砖可能还在那儿。店里的陶器都是家传的一套,有着双蓝鸟图案,是外祖母维达尔几十年前,在英格兰作为婚礼礼物接受下来的。"哦,这些东西当年可管用了。"乔纳餐馆的用水来自集雨罐的雨水,用电则是就地发电。最开始,烹调是在煤油炉上做的,因为没有煤气炉。第二次世界大战后,蜜姆婶婶重新开始做乔纳餐馆的生意,就在里面装了一台烧木头的阿嘎牌大炉子。

妈妈在家做的饭,如果没有请教蜜姆,那一般味道就很平淡。而且,她做什么都喜欢过火——那是当年英国人的陋习。她做的有一样菜我特别怕吃,尤其是她反而觉得这菜很棒:那是一种蛋白牛奶松糕,由于起劲地搅拌和搅泡,达到了泡沫乳胶的稠度和中性的味道。当这种东西——我总是认为它们是"东西",而不是饭食——放在我的面前,我母亲就会露出期待的微笑,我就弄出很不诚实的"好吃、好吃"的声音,同时偷偷地寻找一种方式,经常也会找到这种方式,把这种令人讨厌的物体从厨房拿出去,拿到后面走廊最远一端的盥洗室。在那儿,我手腕娴熟地一翻,那东西就从盘子上滑出去了,从铁制澡盆下面滑走了,澡盆有四只爪球式底脚,下面空间很大。一天,非发生不可的事情终于发生了：当我们的女管家埃芙拉西尼亚·费得罗索瓦，一个短桩子身材、长着一副斯大林式不锈钢牙齿的"新澳大利亚人"（根据礼貌要求，必须这么称呼战后的移民），发现了一打蛋白牛奶松糕①几乎难以辨认的残骸，还有硕大无比的"水甲虫"，或以直截了当的英文说即蟑螂在周围护卫时，她从澡堂发出了一声乌克兰人喉音震颤的尖叫声。

从我最喜欢吃的布丁——一种香气扑鼻，含有肉桂，经过烘焙过的油腻腻的东西——到我所吃过的最好吃的豌豆烤羊肉、薄荷调味汁和约克郡布丁，蜜姆都做得很好，而且也做得很带感情。她做的饭菜朴实无华，只是当她试图把饭菜做得具有"欧洲大陆风味"时——蜜姆脑中的欧洲菜，就是肘子通心粉，加上稍微有点黏糊糊的白奶油酱——我才不喜欢吃。她做的所有东西，几乎都变成了心灵美食，在我记忆中也一直都是如此。我一般讨厌吃粥，但就连她做的粥也美味可口，一块块黑色的粒状棕糖，溶进了黄色的奶油边上。她做的土司是货真价实的吐司，那不是用烤吐司的电炉烤出来的，而是从乡村面包上很不整齐地一块块锯下来，然后用她从巴恩斯莱漂洋过海，一路随身带来的一根铜叉穿过去，在火上烤黄烤焦。这要求注意力特别集中。有时候，面包片可能掉到煤上面，但可以抢救出来，把上面刮一刮，就不会伤害其味。她做的东西还有南瓜司康饼，其颜色呈富丽的深黄色，那是她在别墅（她在沃克鲁斯的房子就总是这么叫的）的小煤气炉上，或在鲍罗尔镇那幢房子主宰了厨房的那座阿嘎牌大炉子上烤出来的，我们冬天有时会去那儿：这是那种温暖和光明之象征的司康饼，上面往下滴着黄油，有时还滴着草莓果酱，这是她用一

---

① "蛋白牛奶松糕"，原文为法语：omelettes soufflés。——译注

只宽宽的铜果酱盆亲手做的,该盆也来自巴恩斯莱,然后她把果酱盛在玻璃罐里,用一层白石蜡封口。莫扎特笔下的唐璜挑战地邀请司令官的石像赴宴,石像作为回答,用意大利文唱道:吃惯天堂食物的人,谁还要食人间烟火?① 我知道他这么唱时,一定想起了玛丽·西里·维达尔做的南瓜司康饼,就像1949年一个十岁小儿口中吃到的那样。

残羹剩饭——其中包括我不吃的羊排尾料,因为我害怕凝固脂肪,直到今天还怕——就刮进一只瓷碗,拿去喂狗。超市买来加工过的狗食,当年在澳大利亚是闻所未闻的。实际上,超市也是闻所未闻的。你可以到地方上的屠夫那儿去,找他要两磅狗肉。如今,要是提出这种要求,人家会茫然不解地盯着你看。我母亲对狗是决不容忍的,我父亲也没时间玩狗,但蜜姆养了一条狗。她一向都喜欢狗,从前常把影像消退的照片拿给我看,我还记得,那上面有一条头发像铁丝的大梗犬,那是她在巴恩斯莱养的一只宠物,名叫"小女"(Girlie),蜜姆的发音是"gairlie"。(有时候,她的词汇和发音就像是19世纪后期英语的一座小型博物馆,在较轻的程度上,妈妈的词汇和发音也是如此。如果我懒洋洋地愁眉不展,母亲就会笑我,说我是"mouldiwarp",那是英国科茨沃尔德丘陵地区的方言,意思是"鼹鼠"。在后来的岁月中,我阅读约翰·克莱尔被人评价过低的乡土诗歌时,经常一次次地碰到一些词,都是维达尔家的这个姐姐或那个妹妹,几乎连想都不想就会用的词,如"hirpling",意思是"limping"(跛行)。

我跟她在"别墅"住时,她的动物是只"科吉",即威尔士矮脚狗。我想,她之所以选择了这种狗,是因为她相信,这种狗很名贵,因为年

---

① 原文为意大利语:Non si pasce di cibo mortale/Chi si pasce di cibo celeste? ——译注

轻的伊丽莎白王妃就拥有好几条这种狗。它一到"别墅",就冲着一条无害的地毯蛇汪汪吠叫,因此,我们给它起了一个名字,叫"Rikki"(里基),那是鲁德亚德·吉卜林《丛林之书》中,那个专杀眼镜蛇的猫鼬"Rikki-Tikki-Tavi"的简称。

里基总是过度活跃,脾气暴躁,很让人受不了。它一见生人,就狂吠不止,还曾试图咬邮递员。很奇怪的是,它一面对大狗,就立刻成了懦夫(在我的经验中,大多数小梗犬都无所畏惧,对狗的大小无所谓,一有机会,就会朝阿尔萨斯牧羊犬或大驯犬的喉咙扑过去)。我推测,它可能性格不好。据说,大多数"科吉"都这样,对此,我倒无所谓。我爱它爱得毫无理由,热情洋溢,因为它是我的第一条狗,我通过它还发现,我是个爱狗而不爱猫的人。里基夜里都在我床上睡觉。它常跟我在外长时间漫步,穿过南头墓地,在它最喜欢的坟头上,提起腿子拉尿。我们跑的时候,它的四条短腿疯狂地飞跑起来,仿佛穿了白袜的脚成了一片模糊的姜黄色。后来我才意识到,它看上去很像贾科莫·巴拉的那幅摄影作品《拴着皮带的狗的动力》。不过,里基活着时,我从来没有听说过意大利的未来主义,而巴拉的那条多次曝光的狗反正是条猎肠犬,而不是"科吉"。里基有一个缺陷:它爱掉毛,大量地掉,持续地掉。由于蜜姆很少费心,用刷子在车内扫除,她的车里铺了厚厚一层毡子似的姜黄狗毛,而且散发出老"科吉"的臭味。从那时以来,我就再也没有碰到过这种散发狗臭的汽车了。这是一辆1940年之前制造的小奥斯丁,其内藏踏脚板和挡泥板上,还有原来涂的一根白色的"防空遮黑漆"斑带,那是战争时期用来使之在夜里更容易被人看见,估计这样一来,蜜姆就不需要打开大灯,免得一不小心,让过往的日本舰队或轰炸机中队意识到悉尼的存在。车子里面满是狗毛,外面看上去不善交际的一副样子,这车最后不得不从她身边拿走,因为蜜姆年龄越来越大,眼睛也看不见了。一个明亮的日子，她在交通灯前停下，目光穿过奥斯丁一片模糊的挡风玻璃，以为看见了闪亮的绿灯，就立刻一抬离合器，往加速器上踩了一脚（蜜姆在方向盘边胆子可不小：她是个固执的老坏蛋，1916年就开过一辆克罗斯利救护车，为战争努力做贡献）。这辆奥斯丁车向前射了出去，撞到一辆装满熟瓜的手推车上，一个希腊水果商正推着车越过马路口。瓜都撞破了，瓜肉溅得满地都是，她不得不赔人家钱。奥斯丁车外面沾满果肉，黏糊糊的，里面全是狗毛，样子难看极了。这之后，家里不得不没收了这辆车，这倒不难，只要把车钥匙藏起来就成。蜜姆手里摸着，嘴里骂着，常在"别墅"找钥匙，把碗弄翻，指头伸进碗里装的短铅笔头，早就忘掉钥匙锁在哪里了，散了串的玫瑰经念珠，半便士的硬币，以及皱巴巴的电车车票里，但徒劳无益。

不过，我最喜欢的交通形式却是电动有轨电车，亦即电车。直到20世纪50年代，城市和郊区都有这种出色的交通工具组成的网络提供服务，后因通常都很腐化堕落的新南威尔士政客，以及他们的朋友，也就是那些进行院外游说的煤气公司执行官，想把新州拥有的交通工具，全都更换成内燃机双层巴士而施加压力，才把这些电车报废抛弃，挖掉电车轨道，又把头顶电线拆除。除了造成的环境后果之外，还形成一道不雅的景观：与样子优雅，只有骨架子，条板凳的"面包架"式电车相比，巴士丑得令人无法忍受，发出刺耳的咆哮声，让人耳朵受不了，还吐出充满二氧化碳尾气形成的可恶浓云。乘坐电车，可以沿着新南头路而去，经过南头那座古老的殖民地灯塔，来到屈臣氏湾电车线的尽头。坐电车时想把头伸出来看，但售票员通常都不许你这么做。电车一头向下扎去时，会在经过砂石路堑形成的急弯处，令人心旷神怡地左摇右摆一下，给这趟行程注入一种颇似在集市才有的危险感。这一天带着咸味，泛着蓝色，呼呼地吹着太平洋上的风。电车辘辘走着，车铃叮叮当当，电车线飞溅出无害的火花。这种电车的速度,甚至给悉尼的黑话贡献了一个说法:如果有人很快地逃走,或许是逃离某种社交窘境或性交窘境,他就"好像是一辆邦迪电车在逃跑"。电车就像海港的渡船,是使得悉尼成为一个值得生活之地的诸种事物之一,特别当你才十岁或十一岁时,就更其如此了。

电车把我带到西边的玫瑰湾码头,或者东边的屈臣氏湾,在那儿,在一个低科技的层次上,我开始与海水和钓鱼结下了终生不解之缘,二者结合在一起,强烈地影响了我的美学感受。我在屈臣氏湾一座有围栏和栅栏的海边游泳池中,上了游泳课,那座游泳池的老板是个皮肤坚韧的老人,名叫阿尔夫·沃克勒,悉尼的家长都爱去那儿,因为泳池周围有防鲨鱼的金属网。后来过了一段时间,我弄到一副橡皮框的水下护目镜和一副潜水通气管(多么刺激的新鲜玩意儿!),因此可以看看防鲨围栏的情况。这座古老的围栏锈蚀得厉害,破的洞口别说鲨鱼,就连一头小鲸鱼,也能轻而易举地从中游过。我在悉尼港从来没有面对面地见过一头鲨鱼,但在屈臣氏湾的水上,却能常常看到死鲨鱼,挂在码头称重场的起重杆上。我对犯罪和惩罚的迷恋,后来形成了《致命的海滩》这本书,它是否就始于喜欢注视这些巨大无比,用鱼钩钓起的作奸犯科者,被人拖起来后,当众示范吊死的场面呢?这我可不敢打赌。我最爱一边用一只小木铲,往彼得牌冰激凌的蜡纸杯里挖,一边凝目注视鲨鱼的尸体(其重量用粉笔在体侧标出)。我觉得,钓大鱼这种活动,有一种格外引人入胜的地方——特别是参与这种活动,最受公众瞩目的人,是一个来自田纳西州,嗓音沙哑的小喜剧演员,名叫鲍勃·戴耶。他与他头发染成金黄色的妻子多莉,一起移民来到澳大利亚后,就蓄了一撇花里胡哨、南方上校式的胡子,凭着他的杂耍表演,成了广播娱乐业的领军人物。大多数星期六,鲍勃·戴耶和多莉·戴耶都会开着他那条四十五英尺长,专钓大鱼的船,一路咆哮着驶入太平洋,去降服那些蓝马林鱼和白鲨鱼,我们这些孩子都嫉妒他,到了几乎巴不得他死掉的地步。

当年的屈臣氏湾还像电影画面,显示了其他的冒险经历。有一个地方叫"旮浦"①,那是南头以南的一个错误的海港入口。1857年,一艘名叫"旦巴"的帆船,曾在一个无月的夜晚,弄错了航向,撞到岩石上面,结果导致多人丧生。该船庞大而锈蚀的船锚后被打捞上来,现在斜倚着旮浦的栏杆,成了一件纪念品。从那以来,旮浦成了悉尼自杀者的经典文句②,经常会被提到:只要穿过栏杆,纵身一跳,四秒钟后,你事业上的不成功,你怀上不想要的孩子,你消极厌世的压抑感,就会一了百了,运气好的话,你还可能上《每日镜报》的第三版。就在海港入口靠里一点的地方,在一座头地上,矗立着一组哑默无声的混凝土堡垒,枪炮掩体和弹药库,都是为了抵抗日本侵袭而在第二次世界大战中构筑的,尽管除了微型潜艇于1942年突然出现之外,日本人从来都没来过。这些堡垒、掩体和弹药库中,早就将枪炮拆除了,但混凝土隧道依然存在,阴暗潮湿,滴着渗水,散发出干屎陈旧的霉味。尽管隧道已经封闭,但十岁的孩子总能找到进入其中的道。在一间地下暗室里,我看见混凝土上用粉笔写了一首涂鸦诗:

苹果熟了,
就要摘了。
女孩子到了十四岁,
就可以日了。

---

① "旮浦",英文为 the Gap,民间叫"断肠崖"、"断魂谷"之类的,译者则音译如上。——译注
② "经典文句",原文为拉丁语:locus classicus。——译注

我朦朦胧胧地知道其意,但也就朦朦胧胧的。在地下混凝土洞穴中,突然碰到这么个东西,就像面对一条来自女巫的奥秘,对之我没有解密的钥匙。

不管怎么说,无论女孩子是否准备好了(我怀疑还没有准备好),我都没有准备好日她们。我酷爱的是海港和海港里游弋的鱼。我早年上学读书(还没有送到寄宿学校之前)时,留下的愉快记忆中,最愉快的都与钓鱼有关。休斯一家人住的地方在海港上方不远处,那儿,玫瑰湾凸伸码头一直伸入水中。我常在那儿钓小小的黄尾杰克鱼,红鲷鱼,偶尔还能钓到慢吞吞的扳机鱼,这种鱼的鱼皮像砂纸,鱼脊凸挺,俗称"皮夹克"。皮夹克鱼看起来很丑,但吃起来却不错。如果人不吃,可给猫吃,要是你把鱼皮剥了,猫就会狂吃。(如果不剥皮,猫就会把死鱼像鞭子一样,在厨房的大理石柜台板上摔打,然后把鱼拖到某件大家具的背后,这样就可从从容容地处理一番,这意味着,到了下个星期二,整个房间就一片臭烘烘的了。)

渔具极为简单,是悉尼港滩头所有小孩都用的那种———一块方的或圆的软木,上面缠绕一根长约七十码的透明尼龙线,其断裂强度约为十五磅。不可能弄到钓竿和渔线轮,因为如果质量好就太贵,廉价的又极不可靠。最容易钓的是贪婪的小黄尾杰克鱼。每座凸伸码头都有这种鱼环游,要想钓到这种鱼,只需要一根手线,一只渔钩和一团面团就行。一钓到第一条杰克鱼,就把它切成小块,用做钓其他杰克鱼的钓饵。如果你想钓红鲷鱼,这种鱼是在水底捕食为生的,你除了基本的手线之外,还得再加一个滑动式坠子,也就是一只可以穿线的中空的铅豆。重要的是,渔线必须自如地穿过坠子,因为红鲷鱼一感到铅坠的重量,就会受惊,立刻扔掉鱼饵。在鱼首次"啄、啄、啄",像电报一样通过渔线传上来时,你得耐心等待,然后再下手。何时下手时机最佳,这很难说。一般来说,红鲷鱼总会把鱼饵偷吃掉鱼饵也很贵:红鲷鱼更喜欢吃生对虾,这种对虾可以从中国佬查理老汉那儿买到,用《每日镜报》卷成一个筒,装在里面。他在玫瑰湾凸伸码头摆摊,收费(每次六便士),附带春卷和胖嘟嘟的"散贝"①,要不就是油炸的、美味可口的土豆薄煎饼。查理几乎很少说话,至少没跟我讲过话,但我要是从他那儿买了对虾或春卷,他就会露出无牙的嘴笑笑,发出一种好像是"祝你好运"的声响。他是一个和蔼可亲的海上老人,不过,他是否实际上钓过鱼,我就不知道了。

我只有一次看见查理对鱼表现出热心或好奇。那次我极为侥幸——当年,关于悉尼港港湾的水质,有一个悲凉的事实,即水太脏,污染过重,很难维持尺寸像样、在水中栖息的鱼,更不用说游速很快的深海大鱼了——一条误入歧途的狐鲣,不知怎么迷了路,深入到海港里,我的对虾刚落水,这条狐鲣就把它抓在嘴里,于是就上了钩,这时,查理表现出了热心或好奇。我跟鱼的搏斗很激烈,也很焦虑,但是,更多的是靠运气,而不是靠技能,我终于把这头疯狂颤抖的鲭亚目鱼拽了上来,鱼带条纹的侧翼闪闪发亮,我把鱼扯到凸伸码头卸货处粗糙长草的木板上,用双手把鱼抓住了。我在查理长满鱼尾纹的目光凝视下,身边围满瞠目结舌、满怀嫉妒的小孩子,我在他们的"共和国"中,突然短暂地出足了风头,直到我把鱼安全地拿到码头的上面一层,这才发现,我的手因尼龙渔线的滑动而伤口累累,淌着鲜血。有些地方,渔线还深深地切到了我食指的骨头里。至今,我还可以给人看淡白色的伤疤。这条鲭亚目鱼再重一点就到五磅了,是我钓到的最大一条鱼。它身上天蓝色、银色和黑曜岩的多种色泽逐渐消退,

---

① "散贝",本应为 scallops(扇贝),但这个"中国佬"发音有问题,故发成 scollops。——译注

成了灰色。这时我想到了灵魂脱离肉体的状态。这条鱼死了,躺在我臭烘烘的帆布鱼袋中,就像一只辉煌灿烂的重磅鱼雷。它纺锤状的尸体(在我看来并不那么小)让我充满敬意,也充满了一种现在才意识到,我当时对理想化事物欲望的第一次冲动。顺着克兰布鲁克路走回家时,我跟两位老妇搭讪,因为我认出她们是我母亲的熟人,还把鱼亮给她们看。她们之中有一个,用几乎掩藏不住的厌恶,音调尖细地说:"好棒啊!"我不断停住脚步,把袋子打开,朝里细看。鱼还在那儿。走了一百码后,我又看了一眼,鱼还在那儿。鱼永远都将在那儿。

我母亲为了包扎我遍布伤痕、被碘酒刺痛的双手,把澡堂壁橱里所有的弹性绷带都用完了("那东西的黏液中,肯定含有一定毒汁,"她一边用海绵在我伤口上蘸,轻轻地抹上杀菌剂,一边这么说,我觉得她口气有点鄙视),然后她在鱼的侧面划了口子,把花园一只花坛里种的欧芹切成小段,塞进划开的口子里,就把那条鱼加以烘焙,做了晚饭。这条鱼烘烤得过了头,但我并无所谓。

钓鱼教给我的最好的东西,我想,就是如何学会独处。没有这种能力,任何作家都不可能真正幸存下来,也不可能干活。而且,渔人把渔线下放到未知的深度,期望钓到一只看不见的猎物(该猎物可能值得保留,也可能不值得保留),他的活动和作家的活动之间,有着一种强大的关系,因为作家需要把钓线曳过记忆和回想,去寻找因联想而带来的意想不到的提醒和触动。(啊,幸福的幽居独处,啊,唯一的幸福!①强迫性的幽居独处,一如单独监禁,是一种无比恐怖、令人迷失方向的惩罚,但自愿选择的幽居独处,就是一种巨大的福祉。能够从扰攘琐碎的日常生活中脱身而出,能够远离他人娱乐的垃圾和

---

① 原文为意大利语:O beata solitudo—o sola beatudo! ——译注

他人泛滥无边、不受欢迎的主观臆断,那才是绝对必要的一种摆脱。毫无疑问,幽居独处是人世的一种伟大赐予,是创作不可或缺的辅助手段,无论这种创作处于何种孵化阶段。我们的文化过于强调"社会化",过于强调与他人建立亲密关系这样一种超级美德:心理"成功"者与其说是个人,不如说是公民,通过千丝万缕的关系,与同胞结成关系,也只有在与人结成的关系中,才能找到满足感。美国社会令人讨厌,四平八稳地崇拜抱成一团,在一个像美国那样的社会里,这种信仰带有强制性,而且在很多情况下,也是暴君式的,甚至是病态的。但也许正像精神病学家安东尼·斯托尔所指出,在成人生活中,与任何家庭关系、风流韵事、族群认同或朋友情谊相比,幽居独处可能在更大程度上更有利于创造性。我们持续不断地受到一种允诺的困扰,它所允诺的内容其实是一种虚假的生活,其依据是对外在刺激做出不必要的反应。若把西里尔·柯纳利说的那句已经用滥了的警句意译一下的话,在每个作家的内心,都有一个独子在发出野性未驯、想要脱颖而出的信号。托马斯·德·昆西写道:"一个人一生如果不来点变化,幽居独处一下,是不可能发挥自己的种种智力能力的。"

因此,钓鱼在生活中帮我上了重要的一课——就是学会如何幽居独处。直到现在,我依然认为,幽居独处是人世的一个伟大赐予。列昂纳多·达·芬奇写道:"你只有孤独,才能完全自己做主。"[①]如果这是作家必不可少的一堂课,那悉尼港的视觉特征也教育了我。可以看到一艘暗色轮船的巨大侧影在缓慢移动,穿过洒满光斑的更深浓的暗色,慢慢驶向大海。可以注视小小沙色海湾之上清亮澄澈的黎明和姹紫嫣红的黄昏。我觉得,比船——休斯家的人没有

---

① 原文为意大利语:"Se sei solo, sarai tutto tuo"。——译注

船——更有意思的,是工作繁忙的码头上,那些沉重但又雄辩的海洋结构:锈迹斑斑的陈旧船体和电缆塔,航标和系船柱,以及木头碎裂的船台。这种种平民形式的物体,能使我产生好奇,它不是我们家那些"好"家具、瓷器和银器所能带来的,其力量所含的品位是毋庸置疑的,而且,自从那时以来,我就喜欢土生土长的物体,直接拿来就能用于作品。对我来说,制作费伯奇彩蛋的工具,比彩蛋本身更有趣,也许甚至更美。瓦尔特·惠特曼写道:"粗俗不雅的物体和肉眼不可见的灵魂完全是一回事。"他说得可真对呀!

星期日下午,一般都去皇家悉尼高尔夫球俱乐部打高尔夫球——我哥哥杰弗里是高尔夫球专家,他1951年22岁时,就当上了俱乐部的冠军,曾一度保持高尔夫球场纪录,成绩为打出68杆低于标准杆4杆。我高尔夫球打得不行,连替他当球童都不够格,但我喜欢周末去打球,这时,球场连一个外人都没有。我同时打两个球,一球与另一球进行对抗,明目张胆地用两球作弊——当我的两个哥哥发现我有这个习惯时,都觉得这实在奇怪,不可理喻。(也许如此吧,但你跟自己对打,同时又作弊,你至少不会输,也不会有人谴责你弄虚作假。)

不过,星期日早晨一般都会贡献出来,完成我们的宗教义务。履行做礼拜弥撒的责任,努力符合爸爸妈妈的虔诚标准,像常言说的那样,成为"信仰的支柱",这都是绝对必需的。玫瑰湾圣·玛丽神女教堂是我们的地方教堂,其教区神父是个与众不同,性格古怪,在我们孩子气的眼中,几乎老得可以当古董的人,名叫奥列甘大人。你把一周犯下的种种罪孽,所谓罪孽,在我那个年龄,无非就是思想不纯罢了,开列出一张相当可怜的清单,然后去忏悔,把内容都背诵出来时,奥列甘大人就会在把忏悔室隔开的黑纱布后,动作很大地点着头,带着霉味地叹口气,喃喃地说道:"啊哈,你真是个可爱的小男孩。"无论你犯了什么罪孽?他总是这么说。我有时想,要是我忏悔说,我把邮递员杀了吃掉,或者把教堂"穷人箱"①里的内容都偷掉了,不知道他会说啥。有了不纯的思想,要想赎罪,就得跪下来,把"欢呼玛丽"背诵三次,如果这样,要是犯了谋杀罪,那你要背诵多少次,才能把你这个流浪汉的小小灵魂洗刷干净呢?

大人,他的诨名就是这么叫的,到悉尼转来转去,开的是我所见过的最大的轿车,那是某个虔诚而又富有的本堂教友送给他的礼物:一辆来自 20 世纪 30 年代的硕大无朋、闪闪发亮的黑色陆地风帆,是记忆中只有在警匪电影中才看得到,乔治·拉夫特或爱德华·G. 罗宾逊,身披一件毛皮大衣,安坐在后座的那种加长型卡迪拉克牌轿车。尽管他上了年龄,但他车开得很快,也很娴熟,但全然无视交通规则,就这也从没碰到任何麻烦,因为悉尼东区有太多交警都是爱尔兰天主教徒。新南头路的所有其他车辆,如果是天主教徒开的,都会跟他保持一段很宽的安全距离。如果把大人的战车擦破一块皮或撞出一个凹坑,虽然不知道要赔多少钱,但应该不止背诵三次"欢呼玛丽"——很可能会在地狱的某一层,为这个不虔诚的破坏分子,长期保留一个位置。我还记得,当我不过是用我的布朗尼箱式相机,想把他的车照下来时,他曾探究式地瞪了我一眼。

不过,奥列甘大人的主要特点,是他在讲道坛的演讲风格。他是那种很老式的爱尔兰传教士。他的布道辞藻华丽,颇富戏剧性,有时一讲就是四十分钟,甚至五十分钟,真让人绝望,把整个会众礼拜天的社交乐趣(如到皇家悉尼高尔夫球场打一场球,或家里人一起吃午

---

① "穷人箱",英文为 poor box,指"慈善箱",但译者觉得还不如直译更好。——译注

饭,等等)都搅乱了,一点办法也没有。要大人缩短他的布道辞,那等于是侮辱他,是不可想象的。你不听完整场布道,就不能离开教堂,因为神圣而又崇高的领圣饼仪式——这个仪式构成了弥撒的核心,你到教堂去就是为了这个仪式——要到布道结束之后才开始,因此,这个老家伙的听众都像被他俘获了一般,一点希望都没有,谁都不敢把他滔滔不绝的饶舌打断。他还让一条又老又臭的红色塞特犬在教堂跑来跑去,这又让某些教堂成员更加恼火,因为这条塞特犬老是趁着做弥撒时,毫无礼貌地跑来闻祭台助手的屁股。奥列甘大人在帮助我对公共演讲,以及公共演讲能起何种作用所形成的概念方面,发挥了很大作用。

父亲是我在上学期间去世的。我当时并不知道他会去世,还以为他永远也不会死呢。我们对父亲常会有这种想法。他病得很厉害,可家里没人跟我讲。1951年,我离开了在坎皮翁堂上的那座耶稣会预备学校,然后到圣伊格内修斯学院住宿,休斯家所有的人一向都上这座学校,一向稔熟地(因其地处悉尼港上部而被)称作里维伏优。那年九月的一天,我像通常一样去上课,突然,一个耶稣教士把我叫了出去。这非同寻常。一般来说,没有任何东西能够打断那种修道士的安静学习常态。我走出教室,走进长长的砂石柱廊,来到尽头,靠近消失点时,就看见我二十三岁的哥哥杰弗里了。我看他一眼,他的脸神秘莫测地分了开来,仿佛手纸一样。他已经哭得控制不住了。这时,我明白了。从那时以来,我总是把石柱廊和廊柱的柱影与记忆和丧亲,以及一种渴望被破灭的痛苦感联系在一起:就是这种集合形象,早在我还没去意大利之前,就帮助我了解了乔治·德·基里科。

家里出于一种想保护我的不妥的愿望,不许我去看父亲的遗体,结果,过了很多年(也许在我的潜意识中,直到现在),我都不相信他真的死了。当然,也可能是因为香烟的缘故:圆圆的一大听没有过滤嘴,也没有过滤的运动员牌香烟,天天都放在那儿,至少放了三十五年。癌症把他的肺部都耗干了。尼古丁是他的一个最大的弱点,最后终于把他撂倒了,或者不如这么说吧,尼古丁是在医生慷慨的帮助下而把他撂倒的。那时,澳大利亚的放射学还处在婴儿阶段,X射线疗法也是如此。爸爸到圣文森医院进行肺部检查,发现有黑斑时,医生下令说,应该用X射线对他进行"轰炸",杀死那些"流氓"细胞。细胞倒是杀死了,但他也完蛋了,时年五十六岁。医生对他的治疗太愚昧,太傲慢,结果让他的肺部充满了粘着物和疤痕组织,导致他从里到外都被"淹没"。后来,我在爸爸的碗柜里,会找到一听没抽完的运动员牌香烟,那时已经放得很陈旧了。为了让我自己看上去像个真正的男子汉大丈夫,我在不到一周的时间内,就把这听烟都抽完了,咳嗽不停,悲伤不止。

第四章

置身于基督的学员之中

我在圣伊格内修斯寄宿。从远处看,这是一个很富威胁性的地方。就是接近它时,它看起来也不会让人感觉舒服多少。它的建筑材料是悉尼的黄色砂石,形似一座有拱廊的、积木式的帕拉佐宫殿。它建于 1895 年。当年,悉尼港的北岸没有桥连接,因此,该校的大多数学生来上学,都得乘坐一条"突突"响的小汽渡。等到我注册入学时,这座学校已经开办了半个多世纪,按澳大利亚的标准,这时间够久了——相当于这座殖民地寿命的三分之一。学校周围环绕着橄榄球场和板球场,硬地网球场,手球场,甚至还有学校自己的九洞高尔夫球场。该校还有一座宏伟壮丽的天文台,上有可旋转式穹隆和强大有力的望远镜,是当时南半球最大的一台望远镜。极为偶然而且毫无规则的是,一两个高年级学科学的学生,会经主管司铎丹尼尔·奥康纳尔神父的允许,进去惊奇地欣赏其种种神秘之处。我因没有任何科学天资,所以从来没有被人邀请,但后来情况表明,奥康纳尔神父却在其他方面改变了我的生活。他经常去欧洲,为的是对罗马城外冈多菲堡的教皇天文台提供咨询。他因酷爱艺术,在这些旅途中,会把凡是他一时喜爱的绘画明信片搜集起来。尽管里维伏优没有给学生提供任何艺术教学,但奥康纳尔神父却会不时地把一些明信片,在学校餐厅外面的布告板上贴起来,附以他本人打字的简短评语。其中一张明信片——我已经忘记他是哪年贴上去的——印自一幅现代绘画：那是德·基里科的一幅名作，当时对我是全新的，也是很不熟悉的，上面画着一位少女，沿着空荡荡的皮亚扎广场推着铁环，即1914年的《街角的神秘与忧郁》。我完全被它迷住了。我从未看见这么奇怪，又这么动人得让人难以解释的东西。因此，我在现代艺术所受的教育，全要归功于耶稣会的丹尼尔·奥康纳尔神父，但对天文学却几乎一窍不通。

你从来都没有感觉到，里维伏优是大城市悉尼的一部分。它颇像修道院——这种印象又由于长长的柱廊及其地理上的与世隔绝而得到加强。该地有几百英亩的土地，大多数都是林木缠绕的生荒地，藤蔓攀爬，灌木丛生，狭窄的小道蜿蜒曲折，从中穿过。在丛林里，可以碰见圣母玛利亚或其他宗教人物久经风霜的雕像，好像哨兵一样，伫立在偏僻的地方，但很少能够看见他们，因为丛林不得入内，禁止进入，谁敢斗胆入内，就会受到惩罚。小道通向巷湾河，这是慢吞吞的潮水所形成的一条臭烘烘的水流，河边长满红树林，全都是遭人鄙弃的海洋生物——鲶鱼、河豚、被人扔掉的"法国信"①，以及偶尔出现的鲨鱼。除了丛林大量繁殖的扁虱之外，来自动物王国或学校生活之外的其他入侵则很罕见。里维伏优横跨一座山峦，与世隔绝，形成一个自成一体，只有男性的世界，里面住着寄宿学生和神父，巷湾一带的"班格楼"②随着郊区扩展的大潮，正朝他们的周边挤压过来。

我五岁时，父母亲让我穿了一件蓝白两色（那是里维伏优球队的颜色）的小澳式足球套衫，这件套衫是我母亲亲手为我编织的，她把

---

① "法国信"，即避孕套，参见 P79 注释①。
② "班格楼"，英语为 bungalow，指澳洲常见的一种最先来自印度的平房，此处音译。——译注

我当成吉祥物,带我去看足球赛。她是食品店委员会的主席,这家食品店销售各种各样的甜品,有一种圆圆的硬球,叫"佳发"——里面的芯子是巧克力,外表好像包了一层陶瓷样的橘子皮——你要是用弹弓包住一颗"佳发",可把窗户打穿,这倒不是说,我在那么小的年龄,就斗胆设想了这种破坏大人财物的行为。还有一种名叫"明提斯"的薄荷糖,那是一种有薄荷味的白色太妃糖,糖盒子上总有一幅素描,画着某种灾难性的情形——比如说,一个工人站在梯子上,却有一条哈巴狗把他工作服的臀部咬破了——配上一条插图说明:"正是此时此刻,你才需要'明提斯'。"只要三便士,就可买一条很受欢迎的"白澳",当时为了宣传澳大利亚那种种族主义的移民政策,就是这么毫无羞耻:一板白色巧克力(这本身就很罕见),用一个纯洁无瑕的大陆轮廓做模子,你只要咬掉一块,这座大陆的各州,就会在舌头上甜蜜地消融。这是不是对跖地某个默默无闻的天才,为了腐蚀年幼者的政治,通过味道进行宣传的一个独一无二的案例呢?我还从来不记得曾经读到或听到,在遥远的欧洲,有人把巧克力做成"死哇死帝咯"①的纳粹模型,充满奶油的墨索里尼头像或悬钩子的丘吉尔人像的。

我想从食品店柜台上偷软不拉他、甜得发腻的粉红麝香糖条,但没成功,因为女士的那位副手目光高度警惕,总是把我制止住。(糖条每根一便士,有一次,我把一整个星期的津贴,也就是两先令六便士,花了买来十三根,结果引发了一场消化不良症,导致我几小时呕吐不止,吐出的都是一种又甜又可恶的粉红色黏液。)除此之外,我与

---

① "死哇死帝咯",英文为 swastika,即"卐字饰",因字典译法难以如意,故音译。——译注

就要成为我学校,实际上在五年中就要成为我第二个家的那个东西的第一次接触,逐渐变得模糊起来,成了一堆由身材魁梧的毛茸茸的膝盖,泥巴,在家长包围之下散发出的粗花呢和茶叶的气味,从热水瓶塑料旋转瓶盖中,往外倒冒着气泡的橘子饮料的滋味,以及发出里维伏优澳式足球队战争呐喊声的一群群学校男生(大家都好像来自布诺丁纳格郊区,都比我大一倍)等所组成的蒙太奇。这种战争呐喊声唱起来时,速度逐渐加快,就像毛利人的哈卡舞:

鸸鹋、坎嘎鲁、瓦拉比、汪八①

鸸鹋、坎嘎鲁、瓦拉比、汪八

呀、呀、呀、咔、咔、咔

快哦、快哦、快哦、快哦、快哦

快哦、快哦、快哦、快哦、快哦

K、A、N,看啊!②

如果这些凶猛的音节曾一度意味着任何东西的话,那现在对我肯定已经失去了任何意义。它们连同其他许多东西,形成了神秘的半成人世界中的一个神秘碎片,对这个世界,人当时是不会质疑的。奇怪的是,尽管我并不知道这一切关于什么,我却从不怀疑,我会将它充满,这就像逐渐长大,钻进一件对我来说过于宽大的大衣里面一样。很久之前,我还没上学时,学校就给我的儿童时代提供了痴迷的

---

① 英文依次为 emu, kangaroo, wallaby, wombat,除"鸸鹋"属正式音译外,其余均为本人音译,意思是袋鼠、小袋鼠和袋熊。——译注

② 这一段是用英文拆解说的:"V, I, E, W, View!",故以汉语发音代译之。——译注

形象,那主要是橱柜里摞起来的几十个失去了光泽的镀银奖杯,那是我父亲,叔叔伯伯和哥哥在880码赛跑,220码短跑,100码短跑,一英里长跑和跳高,步枪射击,以及辩论冠军赛等等之中赢来的;划船时戴的硬草帽,帽子的边缘像饼干,被太阳晒褪色了,成了淡淡的尿黄色,以后再也没人戴了;以及叠了"狗耳朵"的一本本厚厚的学校出的年刊,刊名叫"Alma Mater"①("亲爱的母亲"),其制作精美,用的是光面纸,期期都载有成百个未来的律师、神父、士兵和前途并不太光明的那些人,几个玩豌豆把戏骗钱的男人②和鬼鬼祟祟的天主教同性恋,他们被镜头永远捕捉在一片模糊的青春之中,狮子鼻上是一团星云般的爱尔兰雀斑。

我被送到里维伏优读寄宿学校时,立刻就发现,我好像有一个残疾,即我说话有爱尔兰口音,或至少在澳大利亚少年耳中听起来像爱尔兰人的口音,这口音是从我母亲那儿继承而来。当然,我倒似乎从来都没觉得,我有任何口音。我认为,我的口音很"正常"。在他们耳中听来可不是这样。我觉得,我很幸运,因为他们并非真正的无产者,如你在州立(真正的公立)学校碰到的那种:如果那样的话,他们会把我嚼得稀烂。这一点是一个特爱使坏,肌肉像铁般坚硬,专门欺负人,名叫普劳斯特——其英文"Proust"中间"ou"的发音就像"house"一字"ou"的发音一样——的牧场主儿子向我挑明的。上学的第一天晚上,我心神不定,思家心切,一个人在砂石走廊里徘徊不去,周围都是一片混乱的箱子和其他哭哭啼啼的新生,这时,他准确

---

① 其实这是拉丁语,词典的意思是"母校",但因作者在括号中注明是"亲爱的母亲",译者只能遵照此意。——译注
② 英文为three-pea men,指用贝壳、豌豆等物来进行赌博把戏的人,其中有把戏操作者,有托儿,有望风的人,还有打手等。——译注

无误地瞄准了我。"过来,"他喊了一声,声音变了调子,处于狮吼和鼠叫之间。"你叫啥名字,讨厌鬼?""休斯,"我拘谨地说。"说什么?""休斯。""狗屎,"普劳斯特说着,就扇了我一耳光。我耳朵本来就难为情得发烧,此时更痛得直跳。"他妈的庞米①。会不会讲澳洲话呀?""休斯,"我又尖叫了一声,鼻窦里发出震响,想努力让人听起来,我好像是来自遥远的内地。一切都是徒劳的:接下去的五年中,我有好几个诨名,庞米·鲍勃,西里尔那个庞(米),在我得了辩论冠军后,又叫我该死的丘吉尔。"庞米"的意思是英国人,其词源古老但出处不明。它是澳大利亚语言中最常用的一个俚语,但它源自何处,无人真的知道,也无人能够取得共识。它是不是用"pomegranate"(石榴),来指新抵达的移民,在被毫不留情的阳光烙烫后,晒得红扑扑的双颊呢?几乎不大可能。但不管该词来自何处,"bloody Pommy"(他妈的庞米)这个词,总是负载着后殖民主义的沉重怨气。它暗示矫揉造作,假装高人一等,实际并非如此。它让正宗的澳大利亚人想起了他们本想完全忘掉的东西,即他们公认作为流放犯人的起源,以及据说英国自由移民看待他们时,所带的那种傲气十足、屈尊俯就的态度(其实并非据说,经常也是如此)。当年,骂谁是个"庞米","他妈的庞米"或"婊子养的庞米",是一种先发制人的行为,为的是首先表示出屈尊俯就的态度。这不是最致命的侮辱,但当然也不是恭维话。它主要取决于说话的时间和腔调,但普劳斯特简直就是把这句话像痰一样向我吐过来。

颇具讽刺意味的是,澳大利亚人对"庞米"口音的这种传统厌恶,被嫁接到一种极像英国公立学校的教育制度上。当然,二者之间有

---

① "庞米",英文为Pommy,即俚语中的"英国人",属骂人话。——译注

很大差别：里维伏优和澳大利亚的其他任何学校，都没有诉诸那种令人作呕的"跑差"做法，即低年级学生替高年级学生跑腿的做法。悉尼有七家学校自称是伟大的公立学校，简称 G. P. S. ①，居然都不感到脸上发烧，也不好好自我反省一下。几乎不用补充的是，其中没有一家是男女同校教育。在当时的澳大利亚，让男女两性混合，在私校接受教育，这种危险的想法是闻所未闻的。

  里维伏优的组织极为严格，它分成低年级、中年级和高年级三个"部分"，分别有宿舍、操场和厕所。一个部分的男孩是禁止跟另一个部分的男孩说话的，否则就要挨体罚（这种体罚永远都会实施，而不是随便说说威胁性的），其用意是为了遏制欺负人和同性恋的现象。它倒的确把欺负人的现象降到了可以管控的范围之内，但在制止浪漫的男色行为方面，却没起到太大作用。要是我说，我在里维伏优的五年中，当年充满力比多的神父随心所欲，玩弄无力反抗、孤立无助的小男孩的这种恐怖故事从未发生，那听起来就像是我在撒谎，或者佯装不知——但据我所知，这种事的确从未发生，除非你把划船队队长杰拉尔德·琼斯神父在晚熄灯之后，要第一八人划船队的"领桨"，即领桨手，在他书房的桌上，脱光衣服，一直脱到只穿"BVD"牌内衣，做划桨练习时的这种做法也算进来的话。由于他从未碰过任何人，我认为，你要是对他这种怪癖也有意见，那你得成为一个科顿·马瑟②，不过，毫无疑问，当今有些美国人肯定会把这看做是立即执行死刑的理由。夜里，宿舍——空间很大，完全没有隐私，而且是敞开的，通过未上玻璃的拱道，与外面冬天的冷风相接——有神父巡视，

---

  ① 英文为 Great Public School。——译注
  ② 科顿·马瑟（Cotton Mather, 1663—1728 年），美国在政治和社会方面都很有影响的一个清教牧师。——译注

他们拿着装着四节电池的强力手电,对弹簧床吱呀作响或精液在床单上留下的任何白色痕迹特别警觉。(每当两把手电光交叉,照着一个可疑的噪音源,我就会在想象中,看见德国人的探照灯光,在汉堡的一次空袭中,把天空戳穿。)任何自由时间都进行了严密的分配,而且,根据认为经常锻炼身体,会抑制青少年肉欲这个古老但并不健全的理论,他们经常要我们在英式橄榄球场绕着圈子跑步,再不就是穿着见习生的制服,扛着点303口径李-恩菲尔德步枪,踩着重步,在车道上走来走去。很多男生离开学校之前,就已经有了一些基本的同性恋经验。我之所以没有这样,更多的是因为无知和胆小,而不是别的原因。直到今天,我与另外的男性始终没有发生过任何性交,对此,我并不骄傲,也不羞愧,只不过情况就是这样罢了。据说,一些古希腊人或其他国家的人,在与波斯人在马拉松打仗之后,环视着那堆缠绞在一起的雅典人的尸体时宣称:"这样的恋人如果组成军队,可以征服整个世界。"显而易见,我从一开始就不是征服世界的料。

里维伏优是通过打铃来进行管理的。敲响一只轮船铜铃,就表明要起床、换班和上床了。餐厅有一只铃,打铃表示饭前谢恩祷告和用餐结束。(一想起这个,我脑海里便充满与吃饭相关的形象:430把金属椅子在镶木地板上拖来拖去,发出令人牙碜的吱嘎尖叫;杯盘碗碟的碰撞声;我极其讨厌的那种伸进人称"青蛙精液"、黏稠的白木薯布丁中的钝木汤匙;以及浸透了肥油的羊排,油到如此地步,如果任其凝结,就会粘在冰冷的瓷盘子上。)每个年级的级长都有一只铃铛,而学校的小教堂里充满了铃铛,还有五花八门、各种各样的小摇铃,以及一面银色醇美的大铜锣,用于神圣的领圣饼仪式。我总把上帝跟它那种懒懒的、声响起伏的"彭彭"声联系在一起,有点像从前J.亚瑟·兰克拍的电影中,片名尚未出现之前,影片标志中那个浑身肌肉的演员,敲响的那面硕大无朋、表面坑坑洼洼的铜锣。

学校永远都采取一种形式的惩罚,即用皮带打人,打一只手、打两只手,要不就打屁股。皮带是一种灵活的武器,长约三十英寸,粗一英寸,宽一英寸半,共用六层牛皮缝制起来,外带凸起的滚边。这东西又重又可怕,打起人来痛极了,留下的印记(如果打在屁股上的话)最长可持续一周。大多数神父都不喜欢用它,但又没有别的选择,每人使用的风格也是清晰可辨的,对这种风格,我们男孩子自然都有领教,早已成了家常便饭。我们知道哪个神父会因为紧张,想打巴掌,却打到手腕上去了,结果险些把表面的静脉血管打破。我们还知道哪个神父不用皮带的平面,而是用皮带的带边,不正着打,而是虚晃一下。

大家最害怕的神父恰好也是我最喜欢,从他那儿学到最多东西的那个。他是我们的古代史老师,即杰拉尔德·琼斯神父,他同时还兼任划船教练。在让古代经典焕发活力方面,他比任何人都做得更多。他好像魔术师一样,能够点石成金,把古代地中海的生活召唤回来。他能把他对荷马、修西得底斯,甚至令人沉闷的色诺芬的酷爱,热情洋溢而又极为直接地传达出来,让人还想再听下去。他讲的特洛伊的希利曼的故事,或一边发掘诺塞斯遗址,一边伪造该遗址的故事,把我听得透不过气来,还想再听。我若有任何唤回往昔的本事,那至少都要部分归功于琼斯神父的教学方式。他能让你重返过去。他是个很好的——不,他是个伟大的——讲故事者。他因神经兮兮,精力饱满,才变得如此善于沟通,为了控制这种神经兮兮的饱满精力,他抽烟抽得右手的五个手指都成了红褐色,像桃花心木;一天要抽六十根到七十根烟,奇怪的是,烟对他却好像刀枪不入。他不像爱抽烟的人那样老咳嗽,他最后死于糖尿病,而不是癌症。

他书读得极多,特别是古典著作。同时,他又不可否认地危险至极。这是个身材矮胖、肌肉强健的耶稣会教士,说话有点儿口齿不清,精力充沛,黑头发剪成短平板刷状①,脸上皱纹纵横。他可以一连几周不打人,但加强秩序的欲望接下来就会汹涌沸腾,喷薄而出。我们最害怕他搞这种大清洗,因此给他起了一个诨名,根据斯大林秘密警察的叫法,称他"别格乌"②。

有一次也是这样,一个学生在学习厅,用弹弓的铅弹,射中了上面挂的一盏灯。"当"的一声,接着是"哗啦"一响,跟着就没声了。"别格乌"用小声、平板的声音,咬牙切齿地说:"谁都不许离开这个房间。"他在一排排课桌之间,来来回回地大步踱步。"你,"琼斯说,"还有你,你,和……"他选中的牺牲品不下三十人,叫他们于当晚十点钟,到第三年级洗澡间报到,说着就迈着沉重的脚步走了出去。大家学习(当然,如此厄运悬在头顶,谁还学得下去呢)完后,就心惊胆战、鱼贯而行地走上楼去,那些"选民"发现,琼斯神父和低年级助理德拉姆神父只穿衬衫,正等着他们,皮带拿了出来,已经做好准备。

十个主要嫌疑犯每人屁股挨了六鞭。另外二十人每人双手都被打了六下。总共打了二百四十下,都是抡圆了打出去的,其中还带着不少身体的重量,对自己最喜欢的学生也不轻饶,这对两个神父来说,真不啻于高强度的有氧健身。打到最后,"别格乌"的衬衣汗湿得都能拧出水来。真正发射铅弹的那个男孩反倒逃脱了这场劫难。到了第二天早上,人人(除了两个神父之外)都知道那人是谁了。不过,挨皮带抽的男孩中,没人找他算账。对我们来说,惩罚是很自然的一件事,是宇宙规律中的一个组成部分,就像丘疹或雷雨一样。我们根本没有被迫害之感。我们也不恨这两个神父打我们,现代的学校孩

---

① "短平板刷状",原文为法语:en brosse。——译注
② "别格乌",即 Ogpu,苏联国家政治保卫局简称。——译注

子则肯定会恨。如果这种事发生在今天,冲澡室里的那个夜晚肯定会上所有下午报纸的头条新闻,潮水一样席卷互联网,很可能还会导致该校关门,但在1953年,这件事就这么过去了,外面的世界没人吱声。尽管我们的家长立刻就知道了此事,但没有一人提出抗议。

但是,下重手打人,用皮带打人,这种持续不断的环境对有些学生,包括我在内,造成了不良影响。除非你是个像牛一样迟钝的乡巴佬,否则,不受影响是不可能的。我到现在还记得,在高大而锃亮的雪松质地的校长室大门外排队时的那种焦虑,还有消毒剂和地板蜡的气味,为了打人不致太重,而拼命搓手,把手搓热的那种响声,以及室内用皮带抽人的噪音。

每当这种时候,为了逃脱惩罚,我会不顾一切——撒谎、欺骗、逃跑,甚至成为一个无神论者。

我也的确撒过谎,撒得歇斯底里,撒得难以让人信服,结果受到更重的惩罚。

这是件小事,它说明这样一个事实,即惩罚导致犯罪。从学校毕业后,过了多年,凡从权力机构——银行、兄长、税务局等——有信来,我在打开之前总是迟疑不决,产生一丝想要掩盖的欲望。而且,我还经常根本就不看信,而是把信塞在一堆其他东西下面,我猜想,我是徒劳无益地希望,这样它就会消失,自动变成肥料,烂掉,最后消失不见。这当然不会发生。结果,我总是卷进讨债人的威胁之中,有时,怒气冲冲的债主还会真的把我告上法庭。

学校体罚给我带来(我能想得起来)的唯一好结果,就是某种额外福利:多年后,我写作《致命的海滩》,它使我在写到澳大利亚流放犯挨鞭抽的体验时,也许多了一点信念,也多了一些生动。当然,在一个男犯的光脊梁上,用九尾鞭抽打一百下,那种可怕的痛苦,与一个半心半意的神父,用皮带打六下,那种虽然真实,但相对较轻的疼痛,两者之间是没法相比的。而且,我觉得,这么说应该是对的,即爱尔兰的天主教体罚制度,因为潜意识中的,通过被社会同化的流放犯遗产,本可在澳大利亚持续得更久一些(当然现在已经消失,而且也是不可想象的)。鞭笞心理学是一门很有意思的学问,没有亲身体验过的人,最好不要对之一概而论。据说,用桦树条鞭打,把英格兰的许多公校学生,都打成了受虐狂,其中知名的是阿尔杰农·查尔斯·史文朋,他全集的许多诗页中,都充满了因被桦树条抽打而欣喜若狂的诗句,你要是想知道的话,可以告诉你我没有。我也未因此而成为一个爱报复的虐待狂,尽管我在二十七八岁和三十二三岁之间的一段时间里,喜欢把女孩子捆起来(少女,在你的同意下①),用短马鞭抽几鞭子。这种胃口里面,想必有某种复仇的因素——亲爱的维也纳医生,有没有可能,我这是在惩罚我妈,怪她不该首先把我送到里维伏优去上学呢?——它是我第一任妻子丹在我身上释放出来的,她有很强的受虐狂特征。我的这种胃口二十多年前就完全烟消云散了,而且我也不因其离去而感到悲伤。

在里维伏优,正如在五十年前的任何一家天主教会寄宿学校一样,我们过的是一种蒸气浴一样的宗教生活。今日的正宗宗教与之相比,那就清淡得像牛奶一样——因种种令人束手无策的选择和人人都能容忍的怀疑而弱化。不过,如果你想知道当年耶稣教教育——其辉煌及其痛苦之处——给人的是什么感觉,最好看看乔伊斯的《一个青年艺术家的画像》。该书中每一句描述的话,听起来都很真实。1900年的克隆高尔学院,从所有最基本的地方看,都跟1950年的里维伏优完全一样。"男孩不到七岁,就把他交给我,"据

---

① 原文为西班牙语:con su permiso, señorita。——译注

说,圣依纳爵·罗耀拉曾这么说过,尽管不足凭信,"那他一生就都是我的了。"我们到他们那儿上学时是十二岁,但其教育之强烈,足以弥补丢掉的那五年。

每隔几周,学校就会给我们发一张"卡片",上面写着我们在全部课程各科科目方面的表现和态度情况。如果你上宗教知识课,拿到的是一张不良卡片,每两周就会拿掉一天,也就是礼拜天,不让你回家与父母和家人团聚。如果你像我那样,老是想家,因此而难受,拿掉这一天就等于一次重大损失:就是我新近丧父,学校的制度也不给我任何照顾。我永远也忘不了有一次,母亲眼里含着泪水,给我看年终成绩报告,写报告的神父说,"罗伯特缺乏学校精神,好像在任何情况下,都更愿意待在家里"。他还建议说,要从《新约》选择某段,让我"虔诚地阅读之"。

如果你在年终时,没有通过宗教知识考试,那就完了:那就等于你彻底失败,明年又得推倒重来,无论你别的科目成绩有多好都不行。在这种严厉的规定下,人人都不能例外。

我们每天早上都要做弥撒,每堂课前和课后都要祷告,晚上要做赐福祈祷,还要在小教堂做晚祷。

时不时地还要做静修,所谓静修,就是上宗教热忱速成课,上课时,我们必须保持修道士一样的沉静,通常为时八天,互相不能交谈,不能吹口哨,也不能到处踢球,要一个人在学校的小路上走,眼睛看着下面,就像警察沿着特定的巡逻路线一样"行进"。我们的阅读仅限于祈祷文本,其中大多数都是由多产的美国耶稣会会士丹尼尔·洛德撰写的,所涉及的话题,从信仰到圣母玛利亚(很极端),再到有关无神论共产主义(几乎无法言说)的真理,以及科学在上帝现代世界的地位(如果你不把它太当回事,那还 ok)。我们圣经方面的授课几乎总是全部集中在《新约》上。就我所记得的情况看,耶稣会会士几乎毫不强调《旧约》,除了《创世纪》之外。《摩西五书》似乎被视为不过是如《新约》四福音书中所表明的那样,基督的"历史"生活中,不厌其详地阐述的那些真理的象征性序曲。这就自动使我们不可调和地远离了新教关于基督教的各种版本,特别是其更有魅力的版本,其所达到的程度之大,我后来几十年都不能真正地理解,事实上,直到我来美国生活之后才理解。因此,诸如那种形势更为极端的浸信会信仰,在我看来就觉得似乎非理性而反常。但是,我们自己也有种种不合常态的地方,我们从来也都不乏地狱之火。

静修时,会从"校外"请一个具有特别演讲能力的耶稣会士,来对我们进行说教。我现在已经忘记他叫什么名字了,但他是一个很有力的演讲者,说真的,也是一个才华横溢的演讲者。尽管(甚至在当时)我就觉得,他的讲道内容大多言过其实,到了发疯的地步,我还是沉浸在对他技巧的叹服之中。(我一向都迷讲得好的布道,哪怕对吉米·斯瓦嘎特那种低级爵士乐风格的浸信会教徒所做的又臭又长、水平很低的布道,我也会着迷。这种布道对我产生的效果,就像三角洲蓝调演奏得好时,对别人产生的效果一样。这是我过得最快乐的一段时光,我正学着背诵约翰·堂恩的一些布道,以及很多别的布道,我会出于纯粹的爱慕而把堂恩的布道词一个字一个字地重复。这种痛苦的重量,唯有全能的上帝本人知道。他若不以他之手,将那沉重的辉煌,那超重的永恒之辉煌,置于天平的另一端,我们就会被压倒,我们就会被吞没,无可挽回地,不可取消地,不可恢复地,不可补救地。)我们的静修神父还达不到这种崇高的级别,但他很不错,至少在修辞水平上,跟从前的奥列甘大人一样棒:身个很小,人又很老,就像未来的斯宾塞·特雷西(爱尔兰电影中神父的原型),头发极白,声如洪钟,在小教堂里能产生余音绕梁之感,以怜悯和恐怖,塑造我们的心灵。恐怖是真实的,但怜悯却在很大程度上是虚假的。在太平洋的那边,胡子未刮、戴着墨西哥宽边帽的马克思主义者,把某个墨西哥神父捆在蚁冢的柱子上,那人所受的种种折磨痛苦,我是无心去关注的,但地狱本身却是另一回事!——《一个青年艺术家的画像》中的布道,是末世学恐吓战术的一个杰作,但与最终四件事(死亡、审判、天堂和所有之中最好的地方,即地狱)的火花闪耀的湿壁画相比,那就好像不过是水彩画而已,这位神父以他层层递进,曾经获奖的两小时布道系列,让我们面对这最终四件事。如果我谈到这点时,听起来好像是公共电视,那是因为从某个意义上讲,它的确就像电视——这倒不是说我当时已经意识到这一点。我算是幸运的,因为我受教育是在前电子时代。

咱们这么说吧,我们的宗教教育是咄咄逼人的。事实上是非常好战的。

耶稣会不是修道院那些爱好和平、耽于沉思的修道士建立的。圣依纳爵·罗耀拉建立耶稣会之前,曾经当过兵,要想忽略这个事实,是不会有风险的,要想忘掉这个事实,风险就更小了。我毫不怀疑,我所了解的依纳爵的军事性质,正如他建立的神父规矩中所保存的那样,与我已经知道的我父亲本人的武士特征,是直接吻合的,这在家庭和教育之间,提供了一种连锁关系。

依纳爵职业开始时是伊尼戈,他排行十三,父亲是巴斯克自治区的一个外省小贵族——是下级贵族,即"某人之子",此人虽不富有,但绝对被一种欲望所吞噬,想在世界上出人头地,引人注目。他的大哥几乎都是武士(除了神父佩德罗·洛佩兹·德·罗耀拉之外),他们成了他衡量自身的一种英勇标准;其中最大的是胡安·佩雷兹·德·罗耀拉,他为哥伦布的第二次航行(1493年),贡献了一艘护航舰,外带85名武装士兵,自己却在与法国争夺那不勒斯王国的一次战争中丧生,成为英雄。其他兄弟也都英勇献身。他们的父亲贝尔特兰·德·罗耀拉是他们生命的汇聚之点,在伊尼戈的眼中,也几乎成为一个肉眼可见的神衹:性格强悍躁狂,被儿子不加质问地理想化,成了一个武士和探险家。也许永远够不上这种榜样的标准,也无法获得他毫无保留的尊重,但只有尝试,没有别的选择:这就是罗耀拉的命运和荣誉对他下达的艰难而又复杂的命令。

贝尔特兰于1507年去世,这时,儿子才16岁,这个年少的伊尼戈由此而失去了一个机会,无法把成年后他自己的勇武和美德,与已经去世的权威形象的勇武和美德进行衡量。任何东西都不可能比这更能培养伊尼戈本人的权力主义,这一特征在他后来的生涯中,说实话,也在反宗教改革运动本身的历史中,产生了巨大的共振。

在伊尼戈的母亲那儿,发生的是另一种理想化,她是巴斯克的一个小贵族,名叫玛丽娜·桑切兹·德·里克那。他出生不久她就去世了,他因此从来都不认识她。她性格孤高,极为肉感,成为伊尼戈年轻时,贪婪阅读的描写骑士制度(同时又被塞万提斯在其无与伦比的《堂吉诃德》中加以讽刺)的浪漫小说,如《高卢的阿玛迪斯》和《骑士蒂朗》中,所有女士价值[①]的心理学原型。精神病学家也许会说,而且很有理由地说,伊尼戈对圣母玛利亚忠心耿耿到凶猛而迷恋的程度,这通过浪漫小说文学的女性形象,与他自己的丧母有着无可解脱的联系。除了《效仿基督》之外,伊尼戈最喜欢的是《高卢的阿玛迪斯》一书,它代表着"堂吉诃德式"英雄主义的顶峰。(顺便说一下,这并非仅仅是一种"男性"口味。阿维拉的圣特雷莎也写了一本《高卢的阿玛迪斯》的仿作。)我们从他一再重复的叙述中了解到,这位未来的圣徒被骑士的理想深深地穿透:伊纳爵在他的《忏悔录》一书中写

[①] "女士价值",原文为西班牙语:señoras de valor。——译注

道,这种理想"如此攫住了他的心,他的心思全都沉浸在了里面……想象他为女士服务时,不得不做些什么,到女士那儿去时,必须使用什么工具,对她说什么样的箴言、什么样的话,以及为她服务时,对她展示何种军事壮举"。

这种情况先放到一边暂时不谈(这倒不是说,这种情况能够真的放到一边不谈),未来的伊纳爵·罗耀拉在性格形成方面,所受到的最大的单一的影响,就是他生活的那个时代和地方。这位基督教斗士的形象,在欧洲任何一个地方,都没有在15世纪末的西班牙北部更受尊重。他代表着费迪南和伊莎贝拉,以及基督对世界的发现和征服;哥伦布1492年的划时代航行,也是在具有深刻象征意义的同一年进行的,这一年,西班牙的阿拉伯权力招致毁灭。这位斗士,或者说西班牙的日本武士,自视矗立在人类文明的最前列,是人类文明的榜样和保证。但是,伊尼戈后来意识到,骑士精神与神圣性相比,是一种劣等状态。"骑士精神的核心,有一种致命的疾病,这种情感遮盖了理想的真正目的,而且……把入教者的修养和热忱变成了一种谎言。服务(于女性)的信誓旦旦,其实是对男盗女娼的一种尝试,而且,所谓辉煌的业绩,通常就是战争的酷行。"

伊尼戈·德·罗耀拉因巴黎大学的文书错误,而成了"伊纳爵"·德·罗耀拉,但是,他对骑士精神和荣誉的概念却完全是西班牙式的,而且,他好像也从来没有考虑过任何其他的生活方式。现有的大量材料证明,他当时是个花花公子,致力于炫耀他自己非凡的性技巧——但是,就连这一点,也是西班牙武士道德的一个组成部分,而且与他对基督教与日俱增的强烈爱好也不矛盾。不过,在他的生活中,把他生活加以最彻底改变的伟大事件,却是军事性的。这次事件发生于1521年。他当时带领一支来自他家乡吉普斯夸的军队,在纳瓦尔的潘普洛纳,与一支有一万两千士兵的法国军队对阵。法方一颗炮弹击倒了他,把他右腿骨头击得粉碎。仁慈的法国军官把他送回家后,他在那儿疗养期间,才认认真真地开始了磨难。

这种磨难残忍而又漫长,但是,伊尼戈很有个性,坚持要接受这种磨难。他两次要医生打断他的腿,又把腿重接起来,这样,他打完仗后就不是一个惹人怜悯的跛腿人了。(腿勉强痊愈了,伊纳爵也通过从曼雷萨走或跛行到罗马,又走或跛行回到曼雷萨,来证明了这一点,这段旅程我连开车都几乎不敢去想。)在这一段没完没了的疗养期间,伊纳爵在家里可读的东西极少,因此不得不拿两个文本来对付一下——一本是14世纪写的,智力上毫无价值,但很虔诚的基督传,另一本是同样索然寡味的编著,名叫"金色的传奇"。但是,伊纳爵根据这两本书,以及他自己令人敬畏的内心资源,得以将他自己的骑士野心,指向一个精神目的,其最终成果就是他的《精神联系》这本独一无二的书。该书自1548年首次出版以来,对那些在天主教会中,严肃认真地寻找启蒙的人,产生了巨大影响。

伊纳爵就是根据这种牺牲、对抗、学术,以及比这一切都更重要的顺从的伦理学,建立了他的修会,致力于弘扬耶稣、弘扬耶稣会,就是这一点以成百上千种方式,塑造了我和其他所有的男孩,因为我们都受到了该会的魔力影响,这影响有时残酷无情,经常魅惑迷人,但总是充满挑战。

耶稣会是一次改革运动。因此,新教改革如何威胁罗马教堂,罗马统治集团又是如何感到马丁·路德崛起而带来的威胁,在各基督教派和运动之间有着(相对)宗教容忍的当今,是很难理解这一点的。伊纳爵·罗耀拉属于第一批意识到这一点的人,即如果天主教会拒不承认这一切,又不明白其继续存在取决于能否进行自我改革这个道理,那它肯定会受到严重破坏,而且也很可能会因来自北方的前所未有的威胁而覆灭;也就是说,新教教义不仅只是一种反叛,也不仅只是需要处理的一种异端邪说,而是一场巨大的潜在革命。

伊纳爵看到,要想反对这场威胁,教会就必须清除自己内部的种种弊端,重新肯定并实践自己的种种戒律,并承认其缺点错误都是自己造成。洗心革面不仅只是上层阶级——红衣主教、大主教,以及高僧——的事。它还意味着,一场意义深远的智识反省运动,必须从青少年的教育开始。伊纳爵想组建一批他称之为耶稣会士的神父,致力于耶稣的原初信念,而不是16世纪罗马的权力和膨胀的辉煌业绩,其任务是训练其他"干部"①——亦即年轻人。关于这一点,不能有任何争执或辩论。教会必须重新军事化。天主教徒无论平信徒还是信徒,其首要美德,就是绝对服从。这种绝对服从就像下达了军事命令,是必须绝对盲从的。"上级传达的是我主上帝的命令。"人必须"盲目地执行命令,不能有任何疑问,意志的冲动反应,就是尽快加以服从"。如果上司要你在水上走,你也必须往水里走,而不能去想,这是不是会掉进水中淹死。圣本笃的一个弟子当被告知,要他去抓一头母狮回来时,"就一把抓住母狮,带回给了上级"。男修道院院长艾博特亲自向伊纳爵示范如何表示服从,也就是在接到命令后,"整整一年中,任劳任怨地把一根干木棍用水打湿"。即便执行了上级命令,也不能有怨言或产生怀疑:"尽管从外表上看,你完成了命令,但这不是真正的耐心美德,而是掩盖了你的恶意。"

伊纳爵的标准,不能仅以"专制之爱"而尽言。可以很保险地说,这种"处方"与任何已知的教育理论或社会理论,都相距十分遥远。这种"处方"也不容易进行教学。坦率地说,伊纳爵是一个令人生畏,同时也学识渊博的天才,教会在接下来针对路德和宗教改革运动的

---

① 英文原文为cadres,即干部。——译注

斗争中,几乎不可能找到一个比他更好的先锋分子——尽管最开始时,教会并不愿意接受这一点,这场斗争后来被称为反宗教改革运动。他认为,他本人,以及那些加入了他新建立的耶稣教会的人,都不是神父,而是传教士。他们不讲着装规范,甚至都不穿可以识别的"宗袍",如方济各会会员或多明我会会员那样,而且,他们也不参加宏伟壮观的大弥撒。"我们不是僧侣!"早期耶稣会士热罗尼莫·那达尔就曾大喊说。"全世界都是我们的房子!"更有甚者,伊纳爵不遵循贫富阶层的一般教育思想,而是意欲保证,他的那一批教师对富有者和强权者的子女,提供中学教育。这种教育不能高度理论化,但当然要有神学论据作为其坚实的基础。不过,伊纳爵并不喜欢形而上的推理。一个针尖上有多少角度可以舞蹈,别人可以为之争吵不休,如果他们想这样浪费时间的话。文艺复兴时期的哲学中,有一个新柏拉图主义成分,但这似乎丝毫没有触动他。他只对可触可感的具体事物,肉体能够感知的表征,以及痛苦和胜利的形象感兴趣。这就是为什么他那本《精神联系》的书格外有力,该书之于沉思默想的散文,就如意大利画家卡拉瓦乔对肉体的形象实现之于绘画艺术,或意大利雕刻家贝尼尼的作品之于雕塑一样。如果你对某物没有感觉,你就不可能知道它。关于圣伊纳爵,是没有任何干巴巴或抽象的东西的。

他,以及他建立的耶稣教会,是这样一种基督教的符号,这种基督教喜好争论,而不是沉思,不与离经叛道者打交道,也不接受"也许"这种回答,还把世界视为无情无义的战场,受着智力和刀剑的支配,一刻也不停止斗争。所有的一切都得"献给"基督,不是作为赞美的礼物,就是作为牺牲品:伊纳爵的座右铭是"Ad maioram Dei gloriam"(西班牙语,意谓"为了上帝的更大荣耀"),简称"A. M. D. G."。伊纳爵在他更知名的一张肖像上写字,纸的顶端就能看到这个简称。

我们这些在校生,都被要求把这种祈祷形式,抄写在练习簿的每一页上,有时还要在练习簿的后面,写上不那么有力的"J. M. J."(即"Jesus, Mary, Joseph"["耶稣、玛丽、约瑟"])。我们学校的座右铭取自伊纳爵的作品:"尽汝所能,竭尽全力。"①教给我们的都是那些有关耶稣会士如何在广大范围内,英勇地进行传教工作,以及他的左右手,即那个意志坚决,才华横溢,名叫弗朗西斯科·贾维尔(我们一般叫圣芳济各)的纳瓦尔人,在日本旅行等既振奋人心,又完全真实的故事。我们唱的歌曲都与肉体有关,总是涉及肉体的形象,为的是更好地把精力集中在肉欲之乐和肉体之伤上,其中有些直接取自他的《忏悔录》,然后谱上曲子:"救世主的灵魂啊,净化我的肉体吧/基督的肉体啊,成为救助我的客人吧。/救世主的血液啊,用你的潮水为我洗澡,/用你体侧涌出的水来冲洗我吧。"这种夸张的语言极富感染力:在基督教的用法中,我能想得起来的唯一一个与之平行的例子,也许就是早期卫理公会赞美诗中那种极端而又狂欢的语言。耶稣教会力图用那种赞歌来教化我们,根据四百名小学生当年在里维伏优小教堂里,经常齐声唱的那种赞歌,就可以大致估摸出,那是一种什么样的心态了:

> 我们的神父之信仰,哪怕地牢,火焰,还是铁剑
> 依然活鲜鲜的——
> 啊,无论在何处,只要听到那个光辉灿烂的字——
> 我们的心是怎样在欢乐地狂跳,

---

① 原文为西班牙语:quantum potes, tantum aude。网上还有解释为"汝为君子儒,毋为小人儒"。——译注

我们神父的信仰,神圣的信仰,

我们的神父,戴着镣铐,在黑暗的监狱,
但心灵和良心依然自由。
如果我们也能像他们那样,为汝而死……
他们子女的命运将会多么甜蜜!

歌词暂时到此为止。你想想,我们这些乖顺的中上层阶级小天主教徒,经历地牢(澳大利亚有这种东西吗?现存的监狱中,大多数都肯定建筑在地面以上或二楼上面),忍受烈士的折磨(当然,除非朝鲜的共产党坐着平底帆船,横扫而来,占领邦黛海滩。这种事会不会发生,谁也不知道),这种前景相当渺茫,不过,最重要的还是态度。而且,卷入纷纭复杂的地缘政治,这也不是我们的事。

也许值得回忆的是,里维伏优的医疗情况,似乎是以圣伊纳爵的医生的行医方式为基础的。你要想接受医疗后还能幸存下来,就得十分坚强。学校没有住校医生,只有一个护士长,即米格尔护士长,一个爱尔兰女人,她卑鄙狭隘到几乎难以想象的地步。据说,她身穿浆洗过的亚麻织布,曲线毕露,冷冰冰的枕头般的胸脯下面某个地方,心还是善良的,但我从来没见过。有一次,有个心不在焉的笨蛋在压球线处练板球,不小心(我想)打着我的脸。我鼻梁被打断,鲜血像小河一样流下来,痛得我几乎睁不开眼,我倒下地,被抬进医务室,护士长正在门边等着。"休斯,别把血流在油地毡上,"她咆哮着说,"我刚刚打过蜡。"尽管学校鼓励学习伊纳爵的禁欲精神,这好像有点太过分了。

她对医疗的理解,就是不管患者出了什么问题,都施以大剂量的泻盐。事实上,经常还能起点作用,原因也许仅仅是,大多数男生都害怕肚子里发生的爆炸性气化现象,以及裤子上浅棕色的粪便痕迹,因此,除非迫不得已,否则绝对不会加入病人队伍。

如果生了壁虱,那就格外别扭。里维伏优周围的灌木丛中,有着不计其数的壁虱。经常的情况是,壁虱会把大颚部分地扎进你的阴茎。澳大利亚的所有天主教男孩都要割包皮——我在离开里维伏优之前,从未看见一个人有包皮,现在推想起来,如果第二次世界大战打败了,我们在德国人那儿都会有大麻烦——因此,至少没给壁虱留下它们自然生存的栖居地。不过,一旦进去了,就很难弄出来。因此,经常得去护士长那儿。她会带着美杜莎蛇发女妖一样的敌意,怒目瞪视着你的小弟弟,用一根压舌板,厌恶至极地戳着它。有时候,由于少年力比多很敏感,这么一戳,东西就会翘起来:回头再看当年,任何动物,如一个欲火中烧、嗷嗷叫着的猴子,与这个绝对压制性欲的米格尔护士长,隔着一英里的范围,鸡巴就会翘起来,这种说法似乎难以置信,但这种情况的确发生过。一旦发生这种情况,她就会把淡灰色的眼睛盯在你脸上,叫道:"你这个小脏男孩!赶快向校长神父报告去!"于是你就去了,身上还带着壁虱,结果还是被那个大惑不解的神父赶回来了。接着,护士长就会拿着镊子,把壁虱夹出来,就那么一挥,扔在贴了福米卡塑料贴面的桌上,在一点水银红药水(这种粉红色的印渍,与你那只无足轻重的小鸡鸡颤抖而又苍白的肌肤形成了鲜明对照)上蘸一蘸,然后洋洋得意地拿出了装盐的瓶子。

耶稣会士总要强制性地跟我们侈谈什么"正义之战"——尽管他们实际上并没有我的两个哥哥,特别是杰弗里那样极右。杰弗里在热核能源所产生的极端意识形态的热度影响下,有时会大放厥词说,人类哪怕毁灭,也不能要共产主义,这样才好。(如果连人类都没有了,那对谁好呢?难道是对那些充满放射性物质,光秃秃的大地上生活的蟑螂好吗?)我们受到的教育是,国家有绝对的权利,可以对人施以绞刑,而且,计划生育是一种罪孽,比谋杀稍微差一点点:有一种头脑简单的观点认为,如果你搞计划生育,你就等于是在杀害成百万精子,毕竟这些精子本身都有求生的权利。较为复杂的观点则把这一点表现得相当抽象。据这种观点称,性交既有主要目的(延续人种),也有次要目的(追求享乐)。为了后者而挫败前者,那就是颠倒主次,败坏自然,实在太过严重,构成了一种死罪。这也许是我所听说的一种最极端的诡辩形式,耶稣会士就是因此而声名狼藉的。

但是,最大的敌人还是恶习,即最易接触到的一种恶习,这不是谋杀,不是高利贷,也不是利用纸牌赌博诈骗,而是性交。对这种恶习的过度关注,使我们对自己的性欲混乱不清到如此地步,以致我想,里维伏优肯定是澳大利亚少有的几个地方之一,因为直到1953年,这个地方还认为手淫会导致脊骨"脐囊液"的流失,六十岁后会瘫痪,如果人还能活到那么大年龄的话。

由于我极难把我那只罪孽深重的左手从鸡巴上拿开,我精神备受折磨,老是幻觉丛生,以为自己到了依然手淫的老年时,脊椎就会弯成不停颤抖的"S"形,嘴角忍不住地往外流涎,看上去像一度十分英俊的道林·格雷和一条产完卵的大马哈鱼之间杂交出来的东西。同学中流传着一个谣言说,哪怕阳具勃起,也是罪大恶极,或被认为是罪大恶极。因此,本来早上起床后,总是在第一时间蹦蹦跳跳地冲往公共澡堂,但却不得不经常先往厕所跑,在隐秘的厕所隔间里,用漱口杯往上面浇冷水,然后把小弟弟减小到可以管控的程度。

我内心充满了愧疚,我呼吸的不是空气,而是羞耻。我两腿间夹着的那条粉红色、像外星人一样的蛇,行事作风神出鬼没,难以预料,我心里想着板球,过圣帕特里克节时想着火鸡,甚至想着上帝时,这条蛇都会像印度市场上,托钵僧的眼镜蛇一样抬起头来,这说明,这个世界有一半是根据罪恶原则创造出来的,而我无可救药,应该永远罚入地狱。现在,从我这个六十岁男人的视线中,去看少年时代的那个我,我当然极为嫉妒那个已经消失,鸡巴想不翘起来都不行的十六岁男孩。星期六晚上穿戴整齐,却无处可去,只有汉德女士和她的五个心甘情愿的女儿做伴,这虽很可靠,但有点枯燥乏味。我常去忏悔室,忏悔我不该欲火中烧。不过,我很清楚,我无法在忏悔室里向神父保证,再也不怀任何不纯的念头,也不能向他保证,我欺骗不了自己,更欺骗不了上帝,因此得不到原谅,因为除非打算永远不再犯罪,否则绝不可能得到宽恕。我思想混乱,羞惭不堪,后来就逐渐不去忏悔室了。

这就使我陷入了一种两难境地。如果不像所有人那样,每周忏悔一次,那就只可能有两种含义:1.你以为你无罪,因此,你精神骄傲,成为一个坏个案,你要为此而难受。2.你有意拒绝接受忏悔的圣礼,以及通过该圣礼赐予你的恩惠。

但是,与此同时,我无法忍受走进忏悔室中,因为我认为,我犯的种种罪孽,都是无可救赎的。我就像某个没钱付车费,却上了出租车的人,眼睁睁地看着码表上的数字无情地翻动。上帝气鼓鼓的,变得怪模怪样,一心渴望复仇,像警长一样明察秋毫,又像受到侮辱的父亲一样愤怒无比。

而且,情况越来越糟。尽管你已经不去忏悔室(这是一种半隐私的行为),但你不能不去领圣餐,因为其他孩子和神父肯定会注意到的。待在长椅上,不在领圣餐的栏杆前排起队来,那就几乎等于当众叛乱,因为大多数男孩天天都要领圣餐(他们脸皮真厚,真有德行,可恶!),因此,我不得不加入他们的队伍。就这样,我发现自己一而再,再而三地拖曳着步子,走到栏杆那儿跪下来,用我舌头接受未经发酵的圣餐面包,品尝那种很特别的平淡而又松脆的味道:保持你的灵魂在主耶稣基督的体内,我们永恒的生命①。这件事我每做一次,心里就好像有一千个魔鬼在打鼓。我冷静地意识到,我就要在一种死罪状态下,吞噬耶稣基督的肉体了。如果此时小教堂屋顶塌下来,我就直接下地狱了,中途连"Go"这个地方都不会经过②。我真是个自我作践,脏兮兮的小混蛋!把自己肉体神圣的殿堂,当成乡下茅房一样大肆污染。

我看不到如何摆脱这种酱缸的出路,也看不到爬回去的退路。为了让自己重返能够再去忏悔室的状态(这一点我从未做到。这一轮真是活见鬼了!),我对天主教历史和护教学,开始产生了一种热烈而又炫耀的兴趣。耶稣会士太有资格满足这种胃口了,尽管我的胃口有一半是假的。我熟读阿奎纳斯,圣奥古斯丁("然后,我去了迦太基,在那儿,我的耳边环绕着一大锅不圣洁的爱情歌声"——对的,这听起来很耳熟,尽管我更喜欢不圣洁的真正爱情,而不喜欢名义上的爱情),关于圣经的评论,亚里士多德,以及旷野教父的传记。我迷醉于 G. K. 切斯特顿——对一个年轻作家来说,这种训练不错,尽管那个伟大的散文家在今天已经大打折扣,被人忽视——而且按他的方式草草地写下一篇篇散文,里面充满了似是而非的隽语和偷抄过来的片语,如"信仰的双轮马车,打着响雷,穿过世纪而下,枯燥乏味的异端邪说匍匐在地,四处蔓延,野性的真理蹒跚而行,但身体直立"。(野性、天主教、直立:我就是这样,神父,尽管脸上长满粉刺,是啊。)尽管希莱尔·贝洛克是个喜欢迈着沉重的步子到处行走,态度粗鲁

---

① 原文为拉丁语:Corpus domini nostril Iesu Christi custodiet animam tuam in vitam eternam, Amen。——译注

② 指英语世界常玩的一种"垄断游戏"(Monopoly Game)。一般走到"Go"或经过"Go"时,都可以领取 200 块钱。——译注

的老家伙，我还是喜欢模仿他——不是模仿他多愁善感的教条主义，也不是模仿他的反犹主义，而是模仿他讽刺诗歌的惊人手法。尽管他的诗歌有些地方令人讨厌，但我依然认为，他在《现代行者》(嵌在里面的有这句理所当然，应该流芳千古的句子："管它发生什么，我们手里有／马克沁重机枪，而他们没有。")一书中，对塞西尔·罗兹和非洲帝国主义者的攻击，过去是，现在依然是政治不正确的英国讽刺文学杰作之一。

我自己甚至也写了一些诗，这时我已上路，去发现保罗·瓦雷里所说，"十八岁当诗人，就是十八岁。四十岁当诗人，就是当诗人"那句名言中，深刻但又令人沮丧的真理。我的诗歌很虔诚，相当可怕，其灵感都是来自这样一个报道，说埃德蒙·希拉里1953年，在珠穆朗玛峰顶上留下了一个小塑料十字架（"珠穆朗玛峰古老的神祇都已逃离"，等等）——但却得了一个在校生的诗歌奖，评委是喜欢冷嘲热讽，但又很保守的著名天主教诗人詹姆斯·麦考莱，他与人合作，制造了20世纪伟大的文学伪作，即厄恩·马利文骗案。不知为什么，他没有看穿这首诗的虚浮矫饰，或许是他有意忽略不计吧。赤裸裸地模仿他人，大部分都属剽窃，这种写作诗歌的习惯，我一直保留到读大学期间，结果出现了麻烦，把我卷进了一场丑闻。如果还有任何理由为自己申辩的话，我们主要是通过模仿他人来学习的，而通过这种学习，我学到了一点如何构造诗歌的技巧，但还不够。我心中的诗人并没死。

有一两个耶稣会士希望情况不是这样。其中一个建议说，既然里维伏优有很多振奋人心的颂歌，但却没有一首校歌，我应该创作一首。于是，这就成了——也可说本可成为——我的第一首受命制作的诗。这使我振作了一小会，跟着，年轻人因爱虚荣而产生的那种微弱的冲动消失不见，因为我意识到，无论对学校，或对学校的宗教使命感,我都没有足够强烈的感觉,能把这件事做下去。我现在想到这一点,只可能感到一阵轻松,因为一想到二十年或五十年的澳大利亚天主教会学生,都唱着一首通过教会制度保留的歌曲,庆祝我早已抛弃,也许从未真正信奉采纳的价值观,我就感到恶心。有些信天翁太沉重,不应该挂在年轻人的脖子上①,而这首诗就像一只信天翁。结果,我没写,一个神父——我不知道是哪个神父,也不知道他创作的诗一直用了多久——写了一首赞美歌,内容如下:

啊,献给母校,
我们慈祥、坚强的母亲。
来呀,在她身边环绕,
扬起歌唱的声音:
伏优、伏优、伏优
母校,伏优
里维伏优!

那位成功的抒情诗人肯定不怕东西写得平庸,而这首诗无疑写得很大胆。这首小曲是否还像半个世纪前的1954年,仍在巷湾河的两岸歌唱,我就不得而知了。我宁信其无。

我青少年时期突然表现出的那种智力的虔诚,虽然显得不太可能,但还是使耶稣会士们稍感抚慰,不过,他们仍然疑心重重。"罗伯特对天主教教义真理的智力兴趣十分可嘉,但似乎没有纯朴的信仰

---

① 这句话套用了英语成语"an albatross around the neck",意指不必要的累赘。——译注

来做支撑,"其中一位在我的年终学习报告上,洞察幽微地记了一笔说,"我建议,他应该诵读《仿效基督》。"琼斯神父,就是那个学识渊博,但爱打人的神父,倒是比较乐观。他指派我当了辩论队的校队队长,这无可比拟地把我的生活变得更加美好了:直到那时之前,我一直结结巴巴,丢人现眼,回首往事,与我现在这种口若悬河的状态相比,当时那种情况似乎不大可能发生。有时候,我几乎连话都说不出口。琼斯逼着我靠自己双腿站立起来,当众演讲,就像为了教我游泳,把我扔进游泳池深水区一样,为我做了一件残酷的大好事,为此,我过去、现在和以后都将永远感激不尽。他让我看有关希腊和罗马历史的大部头书,要我阅读吉朋(这可是一次美味可口、风流倜傥的冒险之旅),要我学点经济学理论(我对那种东西没有悟性)。我记得,他还撺掇我阅读我接触的第一本谈艺术的书,《艺术和诗歌的创造性本能》,其作者是法国托马斯主义者雅克·马里顿。我现在已不记得马里顿的论点,但我还能生动地记得,他为了证明他的论点,而使用从艾略特和阿波利奈尔,到兰道尔·贾勒尔的《旋转炮塔炮手之死》等现代派诗歌片段给我带来的那种(不完整)的愉悦。这些诗歌片段似乎揭示了一整个世界的边缘、角落和碎片,它们本来是埋起来的,我看不到,等着我欣喜若狂、漫无头绪地去开挖发掘。我父亲的图书馆里,连一丝这种宝藏的意味也没有。超现实主义的连接似乎相当简单,同时又充满魔力,不过,我没法对之解码:

>Les savons
>
>Les neiges
>
>Le rire d'un cheval sauvage
>
>Sortant nu du chez le barbier...

"肥皂/雪/野马的嘶鸣/从理发店赤裸裸地发出"——是谁写的？也许是勒内·夏尔？我记不起来了，但反正我当时从来没听说过他。这些东西是什么意思呢？也不知道。但是，根据我所读到的那些完全不一样的东西，如《斯纳克之猎》和雪莱的《阿多尼斯》，我已经感觉到了它们的价值，即文字形象具有的形变价值。

杰拉尔德·琼斯还让我的双脚又迈出蹒跚的一步，对艺术产生了严肃的兴趣。这一年是1954年，适逢新南威尔士艺术画廊，即悉尼博物馆举办一次画展。我不记得画展叫什么名字了，但主题是欧洲抽象绘画。琼斯神父把一小帮高年级学生聚集起来，生拉活扯地拽去看画展，这一点很不符合他的性格。大家，包括我本人在内，都觉得这大约是在开玩笑——全都是斑斑点点，圈圈框框的，艺术家的姓名我们一个都没听说过。有一幅绘画特别突出。那是一方块棕色的粗麻布，上面甚至——我觉得这一点尤其可恶——都没有涂颜料，只是随处轻抹了一点。上有一个蜘蛛般的黑星星，好像一只多毛毒蜘蛛的屁眼（我产生了这样一个聪明的想法），还有一些红色的斑块。该画的母题是47的数码，涂成黑色，用的是一种样子很怪的草书体。签名的是一个名叫米罗的人。我觉得，这不可能是艺术。"这不可能是艺术，"我对琼斯神父说，"绝对不是艺术。""那好，罗伯特，"他回答说，"如果这不是艺术，那你干吗不告诉我，什么是艺术呢？"一生中，我这才第一次考虑起这个问题来。说到底，我的职业生涯全要归功于高级耶稣会士杰拉尔德·琼斯神父和胡安·米罗。

现代写作，现代艺术：我十五岁，快十六岁了，可我不知道这两样东西怎么结合在一起的，是否真的结合在一起，又是否能够结合到一起，但这一切又是那么刺激！——比学校的澳式足球有意思得多，这种游戏我很讨厌，直到现在，我要是违反规定，有意逃避地不去看球，就还能从中得到一丝积极的快意。我不仅不善于集体比赛活动（除了板球之外,我对这种球有点小精,用左手旋转投球还有点儿天才),但要谈到看球或跟着球队跑,我则不会产生任何冲动。我最喜欢打什么球呢?乒乓球和台球,这两种球都不需要合作精神,也不需要炫耀男性。

琼斯还不是激励我上进的唯一的人,不过,我主要是通过他,才逐渐体会到,当学生眼睛放出光芒时,只有一个好的老师才会感到喜悦。还有弗雷泽神父,他教我们学拉丁语和希腊语。我非常喜欢这个颇有学识和自制力的人。他有幽默感,这种幽默感又很优雅而带讽刺,如果你功课做得好,他会以一种干巴巴的方式来称赞你,让你不是感到自满自足,而是渴望做得更好。他的各项标准都很严格,但并不让你感到被人晾在一边,也不会威胁要把你排除在外。

我只有一次亲眼看见弗雷泽神父发火。1954年的一天早上,他正在学希腊的小班,教学生学动词①的词形变化表时,往窗外瞟了一眼,不觉大吃一惊,发现就在三层楼下,学校的一头母牛,正在宁静安详地大吃大嚼着那片玫瑰丛,那是他在手里紧握一只燃烧的白番茄,亦即耶稣圣心的大理石耶稣塑像周围,亲手栽种并精心施肥的。这时,弗雷泽神父的身子好像冻僵了似的定住了。他一冲动,就往教室外面跑。在行政办公室的桌子抽屉里,有一把点32的柯尔特自动手枪。我们都没把这把武器跟弗雷泽神父联系起来,而且,这把武器也可能多年没用来开过火了。几分钟后,他出现在下面的场地上,身子变小了很多,把枪对着那头牛。我们听见他的声音飘了上来。"快滚,别吃我的玫瑰,"他说。牛依然在嚼。"如果你再碰我的玫瑰,"弗雷泽神父带着迂腐的精确性,清晰地发音说,"我就开枪打死你。"牛

---

① "动词",原文为希腊文:luomai。——译注

没有任何反应。随着神父把枪筒很近地对着牛的耳朵,扣动扳机,响起了一声平板的中口径枪响,让人十分难忘。那头可怜的牲口身子一歪,倒了下去,伸了几下腿,压倒了大部分剩余的玫瑰花丛,跟着就死了。弗雷泽神父得意洋洋,大踏步走回教学楼,把手枪一把插进了他的裤带里。

尽管弗雷泽神父是个出色的拉丁语学者,他对我的影响没有其同事华莱士神父那样持续得更久。华莱士神父是里维伏优的校长,以及该校英语荣誉学士的老师。我是他的明星学生,而他对我也很偏爱——其他几个神父认为,偏爱得过火了一点。我对他的偏袒偏爱,就像鸭子见水,自然十分喜欢。阅读方面,华莱士神父对我放任自流,到了格外自由的程度。例如,W. H. 奥登和克里斯托弗·依修伍德是同性恋,兼带同情共产党,这对他来说也无所谓:他要我看《攀登 F6 高峰》、《皮下之狗》,以及《致拜伦勋爵的信》(自然也看很多拜伦本人的诗歌。不仅只看"涌动吧,你深邃黑暗的蓝色大海,涌动吧",还看了许多比较下流的段落)。他从来不威胁我,只是鼓励我背诵诗歌,常常背诵那些相当长的诗歌。多年前,我不需要人从书上提词,就能全文背诵雪莱的《阿多尼斯》。我也许是悉尼唯一一个能够逐字逐句,把《荒原》背下来的十六岁的孩子——而且,如果有人不相信,我有时会惩罚他,一上来就背诵"四月是最残酷的月份",然后一直背诵下去,直到那个不虔敬的家伙求饶为止。这个情况一般是在他开始从吃惊之中恢复过来时发生,大约是背诵到"从这片石头垃圾中/有什么根须在攫住?又有什么枝叶在生长?"——因为这行诗能使人想起澳大利亚丛林的某些部分。

我还能大段大段背诵莎士比亚的句子和马洛的短句:都是来自《麦克白》和《朱利叶斯·恺撒》——因为在学校上演的戏剧中,我演过勃鲁托斯和那个阴郁、充满负疚感的苏格兰人的角色——我甚至还能背诵《浮士德》和《帖木儿》,特别是在浮士德永下地狱之前,那段崇高而又恐怖的独白——"看啊,看啊,基督的血液在天际川流不息!"我敢肯定,如果当时澳大利亚有电视,这种东西是不会在我脑子里留下来的。我的脑子毫不怀疑,在文化方面,至少对易受影响的青少年来说,劣币肯定会把良币驱逐出去,世道总是一蟹不如一蟹。我就是个"精英",你把我绞死吧,但事情的确就是如此。这就是为什么当我看到那些长着胡子,挺着胸脯的儿童,每天晚上都瞪着大眼小眼,在《美国偶像》前大呼小叫时,就禁不住感到遗憾,感到鄙视的原因。

我还有进一步的理由,对华莱士神父感激不尽,因为他让我阅读,鼓励我阅读,看那些给天主教学生书单上绝对没有的书籍,甚至看那些积极遭禁,很可能出现在《教廷禁书目录》,也就是梵蒂冈禁书书单上的书籍——不过,由于罗马只是最近才忙过来,禁止了伊曼努尔·康德,它显然要过一段时间,才会轮到威廉·福克纳,或战时美国特别黏糊糊的色情艺术《此为我所爱》。我得赶快补充一句,这两样东西,华莱士神父都没有向我提供,但他的确已经开始把书向我出借,好像他在为一个神职申请人,举行伊洛西斯秘密仪式的就职仪式。他借我的书有《战地钟声》,而且,当我问他,里面写的那段"地动山摇"①是啥意思时(我以为是拖拉机的震动),他煞费苦心,一丝不苟地告诉了我。后来过了很久,我才有时间阅读女孩,我还把来自狮心女修道院的一个很"蔻"的处女,叫做我的小兔子,但这种从别处借来的亲昵语没给我帮上忙:她是一个大牧场主的女儿,在澳大利亚农村,兔子用天平衡量起来,价值还不如老鼠。他妈的,厄内斯特!华

---

① "地动山摇",即做爱那段,英文为"the earth moving"。——译注

莱士神父还极其大胆（他一定是过于信任我了，我哪值得他那么信任），还借了我一本詹姆斯·乔伊斯选集，其中收进了《一个青年艺术家的画像》的很多章节，以及选自《尤利西斯》"我的胸脯都是香水是啊"这段崇高而又精巧，醉人而又肉感的独白。这一段文字我读了又读，好像学音乐的学生在反复倾听一段钟爱的咏叹调，在崇拜其控制感之好时，又情不自禁地被感情带走。我是从华莱士神父和他给我的种种例证中，学到了所有想当作家的人都必须学习的伟大一课：无论"自我表现"要求如何，没有充分清楚而清醒的形式，任何东西都算不了什么。多年来，在我灵魂中，这一点一直在斗争，我一直都敌意而又放肆，想摆脱父母权威和宗教权力，获得超现实主义所体现的那种自由，但是，我终于获胜，从此而获得成为作家的自由。

跟着，我就像个傻瓜，把一本詹姆斯·乔伊斯忘在了低年级乒乓球台旁的一张长椅上。

我回来取书时，书不见了。

那天晚上，学校召集所有人到学习礼堂集合。负责低年级的德鲁里神父人很瘦，长得就像意大利多明我会修士萨佛纳罗拉，戴副闪闪发光的夹鼻眼镜，眼睛在镜片后闪闪发光（我脑海中柯勒律治笔下的那位古舟子，到现在还因德鲁里神父而发生着曲折变化），他特别热衷于德国人的"喜悦才有力量"原则，也是一个动辄就爱用皮带抽人的人，对我们讲话：

"孩子们，我今天有一个很恶心的发现。我们年级有个学生在看色情文学。真是污秽之极啊！我不会当众揭丑，指名道姓羞辱他，但即便如此他也活该。我只想忠告他，今晚十点后到我书房来。"

"啊哈，"我想。肯定有人被发现，收藏柜里有一本《小男人》，那是澳大利亚的一种很罕见的杂志，按今日的标准，是一种比较温和的手淫杂志，上面刊载的都是业余照片，都是能在郊区奶吧见到的那种少女。这种事经常发生。这种事,以及抽烟。我把这事置诸脑后,就上床睡觉了。

10点05分时,德鲁里神父蹑手蹑脚走进宿舍,站在我的床脚。我们对视了一下。德鲁里神父什么都没说。"晚安,神父,"我说。

"你就只有这要说吗?"

我想不起任何别的要说。

"我一直在等你,孩子,"德鲁里神父说,"等了整整五分钟。"

"哦?"我觉得有点傻乎乎的。

"我不喜欢这样,"德鲁里神父厉声说,"赶快到我书房来。"

我慌慌张张,穿上晨衣,拖着步子,跟在他后面。

德鲁里神父把书房的门在身后关上,这可是个具有恶兆的姿势,因为门一关,就意味着要打人了。他坐下来,指头交叠,做成教堂尖顶的样子。我站着没动。

"我估计,"他柔声柔气地说,"你有一种印象,休斯,因为你智力很高,比本校那些神父都高,甚至超过了教会的智慧,你就有权无视权威,你就有权败坏同学的道德。"德鲁里神父说起话来,就像在念散文。

但是,我产生了一个可怕的想法。上帝啊,他以为是我搞了年轻的达西。"我不明白你的话,神父,"我战战兢兢地说。

"是吗? 你是不是无话可说?"

"嗯,如果你能告诉我,是怎么回事的话——"

"是文学方面的,罗伯特。文学。你看书的习惯。"他把一张抽屉打开,拿出华莱士神父的那本詹姆斯·乔伊斯的选集。"我想,你大概认得出这个来吧?"

我如释重负。"是啊,那是詹姆斯·乔伊斯的,神父。那本书属于——"

"我不关心书是谁的,罗伯特。我调查的目的,是要确定,你怎么居然能把这种东西——这种秽物——带进学校,居然还敢厚脸皮地把它放在谁都可能拿起来看的长板凳上。我惩罚你之前,想知道这个情况。"

"华莱士神父借给我的。"

"你撒谎,罗伯特。你过去经常对我撒谎。我现在要教训教训你,撒谎是没有任何好处的。"那根皮带粗钝而发黑,其顶端从他法衣袖子里露了出来,仿佛一段中空的木头中,往外伸的蛇头。杰克·德鲁里总是这样拿着他的皮带,卷起袖管,用的时候就很顺手,就像卡通片中的快枪麦克劳一样。

"你问华莱士神父。"

"华莱士神父现在已经上床睡觉了。"

"嗯,那你就打电话或怎么样吧,神父,我是说,老实说——",我说话开始含混不清起来。看色情书,屁股上就要挨六下,而且那天夜里很冷。

他的前额上出现了一丝怀疑的皱纹。"到外面去等着。"他手伸向电话。我把耳朵贴在门上,但什么也听不见。终于,门开了。"回床睡觉去,休斯,"德鲁里神父厉声说。

"我能把书拿走吗,神父?"

"不行。我会亲自把书还给华莱士神父。很显然,你要对此负责。"

他把书还了。第二天,华莱士神父召见了我。"我认为,"他很生气地清了清嗓子说,"在目前情况下,你最好还是认真对待德鲁里神父的批评。你没把那本《肌肉萎缩》到处乱扔吧?谢天谢地,情况还不是太糟。千万别乱扔。你可以走了。"

我在里维伏优的倒数第二年,生活因某种情况而变得极为复杂,到了难以处理,也没法跟神父讲的地步。

我开始对把整个天主教认知和纪律制度维系在一起的那个上帝的存在现实失去了信念。

更糟糕的是,我对此也不是特别感到内疚。

当我看到一块神圣的圣餐时,我看见的是面包,而别人都看见了耶稣。我看着小教堂的祭坛时,别人看到的是基督以圣体形式的居住地,我看到的不过是精制的铜神龛和几只烛台。这倒不是说,上帝从圣坛轰然一声倒下来,并没有这种戏剧性和穿透灵魂的事发生。他只不过悄无声息地逐渐隐去,化掉了,就像《爱丽丝漫游仙境》中的那只柴郡猫,身后仅留下教堂仪式地咧嘴一笑,在充满焚香的空气中萦绕不去。

起先,这种感觉非常可怕,但渐渐就习惯了,过了不久就不那么糟糕了,反正只要没人知道就行。这一点妨碍了我,使得我没法跟任何神父讨论我的"Doubts"[怀疑](当时都是这么说的,还要用大写的"D")。结果,我发现,天主教教义和信条的某些方面荒诞不经,根本不可置信,而且,我无法预想以任何方式,跟我的老师来谈这点。我感到极为孤独,尽管我从过去以来,已经选择寂寞独处并非常相信这种独处具有治疗心灵创伤和集中精力的力量,我的这种孤独感并没有治疗作用——任何治疗作用都没有。有时候,它甚至好像有意要把我逼得发狂。

从我解决此事的能力来看,我与父辈之信念决裂的第一次体验,其主题就是一个相对较新的信条,即罗马教皇绝对正确。反正我到最后总是要离开教会的,但绝对正确这个问题则把我直接从教会推了出去。教皇绝对正确是一个很容易误解的概念,新教徒对之抱有敌意,也是可以理解的,但它被"定义"为一个信条——也就是说,它是任何天主教徒都不能忽略,也不能不同意的一个"信条",否则,其永恒的灵魂就会丢弃给地狱之火——在1870年的时候。统治一切的教皇是那个思想保守、态度反犹、还反对民主、到了臭名昭著地步的庇佑·诺诺，又叫"庇护九世"：他还不是教会史上最坏的教皇——一个人必得成为暴政天才，才够得上这种称呼——但他是个非常活跃、非常喜欢干涉他人，而且绝对不是最好的人。

不过，是否绝对正确，并不取决于这个或那个教皇的道德能力或神学能力。可以这么说，它是随工作而来的。所谓绝对正确，并不意味着天主教徒就不得不相信，如果教皇说，角落有只老鼠，那儿就有老鼠，或者如果他宣布说，土耳其皇帝头上长角，用头巾掩盖起来，那情况就是这样。但这的确意味着，当教皇从"王位"——亦即教皇权威的最高位置——上，就信仰和道德（并非仅仅是真实性）问题宣布什么时，那就是说，上帝就要实施干预，通过捍卫他及其领导的教会不犯错误，达到保护信仰积淀的目的。

在教会几乎长达两千年的存在中，从来没有一位教皇感到有必要，无比正确地宣称，他本人是无比正确的，这在循环定义中，是一种很奇特的做法。教皇绝对正确，这个信条标志着教会中，特别是庇护九世大脑中的一个特殊的焦虑时刻，因为他对凡是能被人理解为"现代主义"——如怀疑论、相对论、异端邪说、不可知论，事实上，凡是可能促使信教者与僵化的权力等级制度进行辩解——的一切，都表示恐惧、仇视并欲加以压制。谁这么做，谁就会受到惩罚，也就是被视为犯了死罪，将会被永久打入地狱。

一谈到是否信仰基督之母玛丽，即那位拉萨勒木匠之配偶的问题时，就会产生相当令人难以置信的结果。从来只有两种绝对正确的"定义"，而且，这两种定义之目的，都是旨在支持对她的盲目崇拜。从神学角度讲，对圣母的崇拜基本上是无关紧要的。《圣经》本身关于她几乎无话可说。关于玛丽最受崇拜的一些方面，福音书既不支持，也不反驳，她在福音书中顶多不过是个影子，那些东西都是后人根据信仰的变化和需要，包括政治需要，穿凿附会，添加上去的。基督并没有把母亲的神圣太当回事：在《路加福音》的 11:28 节中，我们读到，一个女的对他哭诉："生你的子宫有福了。"一听这话，他就立刻反诘说："不，有福的是那些听见上帝的话，然后照着去做的人。"①福音书有种种迹象表明，基督对母亲心怀某种愤怒，或者说，反正是抱有恶意的。我们哪里知道，基督是个有神赐力的犹太先知——在罗马统治下，宗教圣地上到处都是这种人——为一个罗马士兵与朱迪亚的一个少女所生：曾有许多人一度相信关于他出身的这个版本，而且，也几乎无法说，这个版本就降低了基督的神圣性。如果发掘出的基督史料很难超过一点点，要想从两千年层层叠叠的虔诚祷告材料中，发掘出玛丽的史料，就完全是不可能的了。我十二三岁，还算不上青年，思想还不太肮脏，也并非与众不同地抱有怀疑态度时，就觉得她跟一个犹太木匠结婚那么多年，还一直处于童贞状态，这整个故事似乎相当不可能会发生，不过，这种想法是不可能在宗教知识课上讲出来的。无论圣约瑟的木匠技能如何，他也是个不可能让人钦佩的懦夫，性欲方面等于弱智。毕竟，他还是可以号称她丈夫吧。尽管玛丽确有此人，但"她"究竟算什么呢？这谁都不知道。她什么都没写，什么都没说，实际上什么都不是——只是一个贞洁的犹太妻子，她碰巧克服了一切困难，甚至在怀孕和孩子出生之后，还始终保持处女②状态，这真是荒谬之极。教会史上，对玛丽的盲目崇拜，始终是教义中一个突出的弱点，特别是——至少对我那一代人来

---

① 这段系译者直译，网上另一个文本为："怀你胎的和乳养你的有福了！"答曰："是，却还不如听神之道而遵守的人有福。"——译注

② "处女"，原文为拉丁语：virgo intacta。——译注

说——当这个故事通过贬值的童话故事,如法蒂玛的故事而装饰一新之后,就更其如此了。

教皇庇护十二世知道答案,或者说,他以为他知道,而且,他对玛利亚传说中一个次要的部分极感兴趣,如果不是迷恋的话。接着,他就把它膨胀扩大化,使之成为信仰中一个巨大而又紧迫的问题:她死后肉体的命运。他认为,她的肉体"被接纳",全部进入天堂,为的是避免在地下腐烂的羞辱。她要保住贞洁,必须免受肉体腐烂之苦,这才"恰如其分"(但准确地说,为什么呢?)。于是,发明了她之"被接纳"这个教条,目的是为了维持这个暗喻。该教条所说的是,玛利亚死后,身体被接纳,被举起,从而进入天堂,基督的身体也是如此。这是过去,以及现在仍把教皇绝对正确这一教条,用来支持教皇在梵蒂冈发表声明,使之对各地天主教徒都具有约束力的唯一场合,这是一个很奇特的事实。因此,如果你被告知,但又不相信,玛利亚的肉体与她灵魂一起直接上了天,你就是个异端分子,犯了死罪,只能下地狱去。

在过去半个世纪中,无论教皇庇护十二世,还是他的几位继任,都未就任何事情庄严地说过任何绝对正确的话,不过,近年来,强制保守的教会在所谓的"虚拟绝对正确"问题上大惊小怪,小题大做。这是现任教皇本笃十六世在当红衣主教约瑟夫·拉青格,为约翰·保罗二世当极端保守的顾问时,发明的一个词汇,用以表明任何教皇统治期间,关于信仰和道德所说的任何话。但是,所谓"虚拟绝对正确",意思跟"虚拟怀孕"差不多。你要么怀孕了,要么就是没怀孕。我当时搞不懂,为什么要把"被接纳"提升到教条的高度,直到现在,我也还是一头雾水。这太不可能,太戏仿了:一位犹太母亲穿云破雾,摆脱速度的约束,蓝袍子在气流中疯也似的摆动,最后在完全非物质的空间,成了一个物质的实体,即飞行修女的最终形体。

她去哪？

　　去有福的圣徒那儿,孩子。

　　他们又去哪儿了呢？

　　这就是信仰的神秘之处。

这肯定跟信仰无关,而跟戏仿有关,但澳大利亚教会不这么认为。在被假定论的"神秘"传播之后,出现的玛利亚祈祷热中,我们被迫要背诵"万福玛利亚",要虔诚喊读(这跟你想象的可能不一样:所谓虔诚喊读,是以崇敬之精神,喊读出一个圣人的姓名,如耶稣或圣母玛利亚。这也就排除了你用锤子打在拇指上,喊着上帝名字诅咒的可能性,如果诅咒,那就是非虔诚喊读)。念玛利亚的名字时,要求你尽可能经常地念《玫瑰经》,向圣母玛利亚的雕像"敬献"你的阵痛或不便(如脚踝扭伤,或被澳大利亚丛林的那种恶魔般的节肢动物红背蜘蛛叮咬了一下),向她表明,你在初级学员中,是一个多么清心寡欲的信仰斗士,还要求你在公共场合,举着旗帜,到处集体游行,敦促大家集体地敬爱圣母玛利亚。新教徒一定都觉得,我们是些迷信的傻瓜,但我们一般都不跟新教徒讲话,所以也无所谓。经常有人提醒我们,如果新教徒嘲笑我们,那反而可以当成一种荣誉勋章,供基督的战士泰然自若地佩戴在胸前。

　　如今年轻的天主教徒是怎么回事,我就不得而知了。我觉得,或者说,我至少希望,他们之中许多人对已故的约翰·保罗二世这位杰出的人物,应该是有意见分歧的,一方面钦佩他敢于站稳立场,反对苏联共产主义的可恶的正统观念,另一方面却又感到异化,因为他教条主义,冥顽不化,拒绝接纳女性做神父,以及他思想落伍过时,反对节育避孕,同时也会因他热衷于追封圣徒而迷惑不解——尽管他追封所有那些过剩圣徒的目的(他任教皇期间,封圣人数超过了全部教会史上以前所封人数),明眼人一望而知,是为了满足第三世界天主教更迷信地区的需要。他的继任,新教皇本笃十六世在教会压制思想异见,已经表露出成为一个新的女巫之锤①的所有迹象。他只可能像主业会②成员那样,为地方上的"土豪劣绅"带来福音。如果天主教会继续自视甚高,认为它比其他所有宗教都好,自我封闭,不肯改革其信条,它也可能还会向愚昧无知的大众鼓吹其神授魅力。当然,之所以愚昧大众与日俱增,供不应求,是因为除了别的原因之外,他们还得到恩惠,可以禁止节育。这是约翰·保罗二世政策的潜台词,也是本笃十六世显而易见要承诺的。

当然,我还是个愣头青时,并不知道还有其他教会,也不可能想象出其他教会来。只可能有罗马一种选择,否则就是异端邪说。那位伟大的罗马教皇十三世当时尚未被选举出来。尽管第二次梵蒂冈会议有着种种理智而人性的可能性,但这次会议尚未举行——后来几任教皇,如约翰·保罗二世等,之所以都那么残酷无情,专心致志,就是为了取消这次伟大事件,压制它可能产生的反响。面对如此广大而又专制的一种信仰结构——再说,我是谁呀,不过一个愣头青,把自己那副据说是永恒的灵魂,像一段蠕虫状的盲肠般拖来拖去,对这一强大的板块,我怎敢以托词或在遗嘱上添加附录的方式,来表示异议呢?——我感到异化,感到茫然不解,感到与耶稣会士所强调的该信仰的那个"活生生的肉体"割裂开来。我开始意识到,生活在虔信者中,但却釜底抽薪,究竟是怎么回事了。釜底抽薪者是我本人,

---

① "女巫之锤",原文为拉丁语:malleus maleficarum。——译注
② "主业会",原文为拉丁语:Opus Dei。——译注

这个事实并不因此而更容易忍受。就算父亲当时还活着,他可能也帮不上忙。就我所知,他对天主教的教条,并没有特别批评或阐释性的想法。教条就是教条,跟一般的教义还不一样。教义可以选择,教条只能相信。爸爸完全相信的那个教会的权威,其强大的重量,就是以此为依托的。

我的两个哥哥提不出任何反对意见,而我反正跟他们都不太熟——十五岁的孩子和二十五岁的人之间,有一种鸿沟,可能都有多佛海峡那么宽了,特别是由于他们要读寄宿学校而很少相见,情况就更其如此了。他们被置于我之上,就像替代父母①,但这种委派却是毫无希望的:就是哥哥,也没法代替已丧之父,只要有人试图这么做,就会摧毁兄弟情谊,而代之以一种扭曲的权力关系。(过了多年后,我才意识到,尽管大哥杰弗里像一根顶梁柱,忠诚孝顺,敬奉祖先,信仰之心从不动摇,但汤姆对宗教的执著不是感情上的,而是形式上的。)

我所处的两难境地,被汤姆视为"那个傲慢不逊的小混蛋"自找的。这是他对那些凡是年龄比他小,又不同意他意见的人,专门保留的一种说法。某种意义上讲,他这么说我可能说对了,但并没起多大作用。

我试图通过布道,来补偿我的信仰流失——这是一种"展示美德"的战略,在今日由古怪的神权政治主宰的美国,就有很多猛捶圣经,狂热讲道的人和极右政客,也诉诸这种方式。当然,我不可能在教堂做起来,但是,我利用高级耶稣教士杰拉尔德·琼斯耐心灌输给我的演讲和辩论技巧,加入了一个平信徒天主教行动小组,在悉尼公

---

① "替代父母",原文为拉丁语:loco parentis。——译注

开进行布道。做这件事的论坛就在多美恩公园,这是新兰威尔士艺术画廊和植物园之间一片很大的草地。在那儿,每个星期日,那些"spruikers"(英文的"speakers"[发言人]在荷兰话里,就成了"spruikers",怎么会镶嵌到澳洲俚语中来的呢?)就会出现,把他们的肥皂箱搭起来,就像伦敦海德公园那些传统的演说家一样,然后就他们最喜欢的话题谈起来。这是那些喜欢讲长话者,没心没肺无情无义者,以及"皮肺"(即声音过度吵闹)者之间的一种竞争,特别是"皮肺者",因为在当年,还没有麦克风和便携式扩音器的技术,或者即使有,悉尼也没有这种技术。你只能依赖你自己声音的传送能力,而我的声音一旦完全破碎,再也没有吱嘎作响之虞时,借助着从里维伏优演讲朗诵老师那儿学来的几招,能够传得很远,也的确传得很远,但比不上一个名叫韦伯斯特的非党派法西斯人士洪亮而又激越的声音,能够盖过,也的确盖过了多美恩公园所有的人,不过,我不想跟他竞争。在多美恩公园出现的大多数斯大林分子,托洛茨基分子,素食主义者,无政府主义者,以及其他多嘴多舌的怪人,我的声音都能把他们淹没掉。但是,我这个青年的敌意之特别所指,就是那些激进的新教妇女,她们(当然)大多都是北爱尔兰后裔,属于伊恩·佩斯利的极右一派。她们赞助了一份叫"岩石"的丑闻报纸,其专注的主题就是天主教会如何作恶多端。当时,悉尼或悉尼周围方圆1500英里范围内,没有一家修道院、教会或男子寄宿学校,不在这些(据称)"岩石淑女"的人眼中被视为连索多玛和勒斯波斯都比不上的罪恶之渊薮,因此而出现了一些很离奇的头条新闻标题。我还记得有一条是这样的:"野兽教友与男孩同床"。我学校的一个朋友受到启发,写了一首四行诗:

好好享受这种非圣洁的乐趣吧!

> 野兽教友与男孩同床!
> 神圣的罗马人谁不知道,
> 男孩子都爱跟教友同床!

岩石女礼拜天举行的见证会上,都配备了干瘪消瘦的女祭司,我没办法驳斥她们。而且,她们又都仇恨我们,真正地、深深地仇恨我们的优势。假如悉尼的一次强大的赤道风暴在多美恩公园刮到我们身上,她们之中是不会有人愿意与我共伞的。她们的信仰纯粹而不动摇,某些形式的疯狂也是如此。另一方面,我的信仰仍在继续崩塌,尽管我仍在徒劳无益地努力通过公众来加以见证。

我得到了一种与教义相当无关的帮助,它来自家庭外面的一个渠道。这是我所见到的第一个耽于奢侈享乐的人,用当年的话来说,是个"决不娶妻的单身汉",一个 QC,即"Queen's Counsel"(皇家大律师),意思就是薪水很高,已经"取丝"①——即申请并拿到专业荣誉,其象征是一种很特别的黑色长袍,以及一顶只在法院戴的长可及肩的假发——的高级律师。皇家大律师安东尼·拉金,或者说像我们都知道的简称拉科的那人,比汤姆稍大一点(他曾当过汤姆的良师益友),比我大二十五岁。

在某些方面,拉科就像直接来自沃德豪斯笔下的一个小说人物。他是个花花公子,上庭时特喜欢穿带条条的裤子,牡蛎色的紧身背心,以及擦得油光锃亮的尖头皮鞋。我所认识的人中,他是实际上唯一一个拥有珠灰色大礼帽的人。凡在节庆场合,他就会把帽子戴上,从来都不会迟疑不决。他戴一只金边单片眼镜,能精确地选择一个

---

① "取丝",英文为 take silk,即成为皇家大律师。——译注

时刻,假装不相信,或趁着奇闻异事讲到高潮之处,让挂在黑台面呢绶带上的单晶片从眼睛上掉下来,这个技术,他掌握得炉火纯青。拉科有一种本事,这种本事当年能够掌握的人就不多,如今在澳大利亚可能一个人都没有——这种本事就是在20世纪50年代早期,看上去也显得极为老派——能把单镜片摆弄得就像眼镜一样灵活自如,其中的艺术之深,几如18世纪对扇子的把玩。

在一个层面上,也就是你看到的第一个层面,拉科风度翩翩,沉着冷静,在任何社交遭遇中都不会不知所措。再往下一个层面,他对人类的动机,就极为精明干练,明察秋毫了,在法庭上很会盘问:没有汤姆那样凶悍,在法庭上的风格圆滑老道,也不显山露水。学校放假期间,我有时会到法庭去玩,仔细注意拉科的技巧。他相当势利眼,老是吹嘘说,他常去英格兰,不是见到这个公爵夫人,就是碰到那个伯爵夫人,到了让人厌烦的地步。不过,没人在乎他这个有点儿可笑的习惯,因为拉科本人就是这个样子。他会说点法语,但主要针对餐馆的侍者使用,但令大家都感到糊涂的是,结果那侍者不是西班牙人,就是波兰人。他喜欢用花哨的字眼。到了餐馆,他不问有没有前菜或冷菜,而是问有没有餐前点心①。他就爱用傻乎乎的,软弱无力的双关语。我父亲的图书馆里,爱德华时期出版的各期《潘趣》杂志,应该就是为他这种人创立的。尽管他并不富有,但他过得很富有,有他自己的裁缝,有他旁边有钉扣的皮扶手椅,一辆戴姆勒敞篷车,一个随家住的男仆,这是个名叫 Pranis(普拉尼斯),呆头呆脑的立陶宛人,背后人称 Penis(鸡巴)。拉科一生未娶,从没女朋友,喜欢跟已婚老妇和寡妇在一起厮混——简言之,他是个典型的特立独行者,库存

---

① "餐前点心",原文为法语:amuse-gueules。——译注

的流言绯闻极多,但要透露却很谨慎。他对朋友忠心耿耿,哪怕别人觉得这些人无法忍受,过于野蛮,好管闲事,沉闷乏味,就像美国绿湾包装工球队的那些粗鲁、爱报复的球员一样。

对于拉科来说,忠诚是一个首要的原则问题。在这方面,他极为爱尔兰。他对之忠诚的有些人可能让我害怕或令我讨厌,但这没关系:他对我也很忠诚。孩子都渴望得到大人赞许。尽管我父亲已故,我不大可能从两个哥哥那儿赢得忠诚,但我却充分地从拉科那儿得到了忠诚。在我神经紧张的童年时期和热血沸腾的青年时期,我性格形成的最大因素之一就是这一点。有人赞许你,这与你那个部落上了年纪的男性,带着吹毛求疵的神气,对你说"我这么做都是为你好"之类的话相比,可不是一件小事。除了琼斯神父在学校教辩论之外,又加上他在法庭的表演,这在我身上不仅唤醒,而且鼓励了一种修辞感和分寸感。我十五岁,他四十岁时,他是我能与之平等交谈的唯一成人。我说笑话他会笑(即便笑话讲得很猥亵),他讲笑话我也会笑,而且,他竟然还准备跟我喝一两杯红酒。在我直系亲属那儿,我是绝对不可能这么做的。如果我母亲知道了,她会急疯的,但是,我到现在还认为,与其说那一杯杯缇欧佩佩酒、凯歌香槟酒、塔比克酒庄53号酒(从来不喝烈酒)养成了我酗酒的习惯,毋宁说反倒给我打了不喝酒的预防针。我最喜欢和他打高尔夫球,相比较而言,跟汤姆或杰弗里打高尔夫球,我连想都不敢去想:他们球艺太高,而且对规矩的要求极为严苛。另一方面,拉科虽然不是完全不会,但球打得跟我一样糟糕,根本不在乎规不规则。他会毫不迟疑地为了便于击球而动球,甚至用脚把球踢出障碍区,而且还鼓励我也照此办理。这一来,我俩在皇家悉尼或埃拉诺娜乡间俱乐部一起度过的日子,就整个儿好玩极了。

我们一起上餐馆吃饭。我是作为小愣头青陪伴他时,第一次吃到了戴安牛排(这种牛排享誉过高,由餐馆领班制作,放在一只暖锅里,还在桌旁用白兰地烧起火焰来:与其说是吃,不如说是表演),洛克菲勒牡蛎,以及鸡肉冻子。与里维伏优厨房做的肥排骨和橡皮样的牛奶冻,或我母亲唯一稍好的烹调相比,这倒的确是换了一个口味。我在家里为拉科做饭,饭菜做得笨手笨脚,一点也不值得夸奖,他却大加赞赏,间或得体地说一两句,建议如何加以改进。

我们经常聊天。他是当做天主教徒养大的,像我一样,也在里维伏优受的教育。他绝对不是一个身体力行的天主教徒,但对叛教一事满不在乎。关于这一点,就像关于大多数事情一样,他的态度似乎相当放松。他所持的温和的不可知论,给我指明了一条道路,能够绕过我因继续失去信仰而造成的纠结和内心的忧伤。他给我提供了一条逃生之路,我得以躲开青春的魔鬼,躲开不断灌输的负罪感。就为这一点,我就对他特别感激不尽。拉科是在我离开澳大利亚很久之后去世的。1992年,他身体欠佳时,我写信给他:

> 你可以看到,有理由非难我的人永远不缺,但也有许多人原谅了我的愚行和蠢话。总的来说,你给了我帮助,使我成为现在这个样子。我相信,在所有那些岁月里,我们之间从来没有说过一句重话。你是爱尔兰人忠诚执拗的好榜样。现在也好,将来也好,我怎能想起你时心中无爱呢?

而且,我还提醒他一首松尾芭蕉写的俳句:

> 知了很快就要死了
> 它的叫声
> 却无一丝迹象

1955年底，我离开了里维伏优，我要过了四分之一个世纪，才会重返旧地。我对过去的学校丝毫没有怀念，也没有做出任何努力与同学联系，就连我最要好的朋友克里斯托弗·弗林也没有。当年，我要是没他做伴可不行。那时，学校告我不守规矩，傲慢鲁莽，威胁说要把我开除，但我还是走完了全程。毕业证考试结果表明，克里斯托弗·弗林的总分成绩全州第一，拉丁语成绩第一，而我的总分成绩第五，英语成绩第一。我获得了到悉尼大学学习的两项奖学金。我不知道克里斯拿到了几项，但他反正不需要了——他父母很有钱，而我的母亲实际上是在靠固定收入养老金生活。因此，她需要我得到这两笔奖学金，结果我把奖学金也弄丢了。1956年，我在悉尼大学人文学院入学，突然之间没有了管教，也没人用皮带抽你，那种感觉真是滋润极了，到处都有女孩子玩，到处都有啤酒喝，没人告诉你啥时该干活，不干活也没人整你，我真是不胜欣喜，几乎不问学业了。我竟然连一年级的人文课都没通过，这种课就连智力平平的阿米巴，不经过调教就能通过。这两项奖学金立刻就没了。那感觉简直就像房屋倒塌。互相指责一番之后，我的两个哥哥十分慷慨，愿意帮助接手，支付我丢掉的学费——根据今日的美国标准，数额少得可怜，但当年却并非小数。

一年级的人文课没通过，其实也不神秘。谁不做功课，谁都可能不及格，我就是这么干的。我有课不上。开研讨会我也不去。我尽可能少地把时间花在费舍图书馆。就算我还交作业，我也交得很迟，作业里几乎看不出任何认真阅读的痕迹。我甚至觉得学英语很无聊，不过，我主要想做的还是写作。

我跟文学院几乎没什么关系，到了荒谬的地步，我其实根本不需要去上学，除了一件事外：文学院提供了很多课外学会和集体活动，我不惜以牺牲我的正课学习为代价,感激不尽地参与其中,如悉尼大学戏剧学会,一年一度的大学时事讽刺剧(我为之表演,写滑稽短剧,画布景等),特别是大学办的报纸,Honi Soit①。该报的办公室只有几张桌子,几台保修不良的打字机和一只用来冲雀巢咖啡的电热水壶,我常到那儿出没。我为 Honi Soit 撰写讽刺诗文,向大学校园的各种文学杂志投稿,所投诗歌都是可怜巴巴的剽窃作品(每一首都是对迪兰·托马斯、卡瓦菲、利欧帕迪等人,以及我因青年时期剽窃而备感难堪,早已忘记姓名的其他诗人作品的戏仿),写剧本(写了一个反乌托邦的三幕剧,里面有个高尚的囚徒和一个心术不正的审查员。该剧的灵感来自奥登和奥威尔,剧名叫"死人在走路",还得了一个奖并曾上演过,不过——我很希望——这个剧本或任何有关痕迹都不要留存下来),而且还发现自己颇具画漫画的才能。

后来,好几位澳大利亚记者都伺机非难我,甚至攻击我,说我青春后期不该这样通过模仿来学习别人。悉尼有家报纸甚至还发了一个整版跨版,就一个名叫杰弗里·里曼的年轻法学生,该人本人后来成为澳大利亚最优秀的年轻诗人之一,为一次竞选运动写文之事进行了报道,对我大张挞伐,攻击我剽窃他人作品。区区小事就能登上澳大利亚报纸,过去是这样,现在还是这样——当年在那儿几乎无事发生,从这个角度讲,今天也是一样,因此,一点点微不足道的事情,如某本科生从乔治·塞菲里斯的诗歌中"提"来一个暗喻,或从列昂纳德·巴思金的素描中"拎"了一个头来,然后在某家学生杂志上发表,如果含有某种丑闻的可能性,都会被报道。我想回答说,我没有

---

① 法语,为"Honi soit qui mal y pense"的前两个字。该句意为"谁认为这坏,谁就不要脸"。——译注

从教皇或"班卓"·帕特森那儿,而是从充满异国情调的希腊诗人和美国现代主义作家那儿偷了东西,应该得青少年铜奖。我想说,年轻人只能通过模仿学习,因为没人生来就能独创。我还想说,如果模仿,就很容易蜕变,甚至崩溃,变成赤裸裸的剽窃。不过,哎呀呀,我还是改变了主意,干脆闭嘴不言,不再尝试写诗,除了写写讽刺诗外。我一直觉得这是一种很棒的发文化脾气的方式,因此不大舍得放弃。

我课外活动的工作量达到这种程度,也就难怪一上一年级文学课就遭到惨败。这课本来是一门双学位课的初始阶段:先学两年文学(把满身带刺的学生打磨光净),然后再学四年法律。

我并不想当律师,像我父亲和我哥哥杰弗里那样。位于巴拉克大街 16 号的从前那家休斯兄弟律师行,后来成了休斯兄弟和嘎文律师行,对我绝无前景可言。我就是再努力(我其实也没怎么努力),也不想看到自己为别人起草遗嘱和准备案卷。我这个在学校当过校辩论队队长的人,可不准备过悉尼律师那种屈居幕后的生活。

但是,我也许可以当大律师,法庭的辩护律师,像我哥汤姆那样,他刚刚"取丝",成了澳大利亚最年轻的王室法律顾问,年龄超前,仅三十七岁——就像一个大律师明星,说话颇带戏剧性,令人感到敬畏,头戴一顶卷发紧密、浅灰白色的假发,下着一条精美雅致的条纹裤,就凭含讥带讽,也能把顽固不化的证人压倒(他就经常把我压倒),就像我读到过的伟大的英国大律师哈特利·肖克洛斯和澳大利亚大律师噶菲尔德·巴维克那样,能以无懈可击的逻辑和风流倜傥的泰然自若,筑起一道道防线,提起一项项检控。汤姆要向何处走,这似乎是毫无疑问的事。(实际上,还是有疑问的,因为那些预测他前途无量,最后会登峰造极,坐到最高法院法官席位上的人,最后都错了:汤姆注定要当辩护律师,大赚其钱,又注定要大手大脚把钱花掉,到后来,无论他名声多响,他都无钱可花,堕入一个法官相对贫瘠的工资水平。)但是,关于我,却有各种怀疑。

我的文学课没过关,等于成了一个严重的污点。我从前曾在30年代的文学中,读到过一种据说是才华横溢,无所事事的人,他们在剑桥或牛津上学,自始至终都不及格,身后没留下别的什么,只留下一道亮晶晶的警句格言,就像蛞蝓留下的一道轨迹。不幸的是,所有这些人似乎都有某种私人收入,某种家庭养老保险,给他们做后盾,而我啥都没有。在悉尼学术之林的林地上,这种人是不可能找到栖身之地的。

怎么办?学法律是不行的了。反正(我已经意识到),要想在同一个行业,像才华横溢,令人难受的汤姆那样,当一个级别较低的大律师,从而安身立命的想法是不可能实现的。我永远都处在"弟弟"这个我一直都想逃离的地位上:这是一种委顿无力,有点滑稽的形象,律师偶尔会把卷宗朝这种人身上扔过去,好像怜悯地朝狗扔骨头。

唔,我在第一年大学生活中,把太多的时间花在了业余戏剧表演上,那何不严肃而又专业地走进剧场,当然是从底层,也就是后台开始呢?

一天早晨,我扫视了一眼分类广告,发现一条招聘广告,要的是"舞台帮手"。申请者需要到麦夸里大街一个地址报道。我想,这一定是麦夸里大街剧院了。于是就奔那儿而去,结果不是的。我发现自己来到一个房间,里面有二十几个大个子,脸晒得很黑,脚穿人字形拖鞋,身穿切斯蒂·邦德背心,他们看上去像给建筑公司打工的,其实也就是。有个工头正在对他们提问,此人很快对我转过身来。"你敢肯定你来对地方了吗,伙计?"他很和蔼地问。唔,我不知道。"我问你个问题吧,伙计:你知道怎么用绳子把舞台扎起来吗?"原来,我找的这个工作,是给高层建筑物当脚手架帮工。我感到耳朵烧得发烫,就偷偷溜掉了。

当不了律师,也演不成戏。只有一个渠道自己找上门来:我正被人往下拉,拉到了我内心几乎从不肯承认的欲望之中。基本上说,我想当艺术家。我大学一年级给 Honi Soit 写稿时,就曾悄悄地抱有这个希望。现在,我很想成为一个真正的艺术家(哪怕暂时还赚不了钱),而不是一个赚不到钱的漫画家。在我的想象中,这必然意味着,我得转道去巴黎,真正的艺术家都要去那儿——我可不要在帕丁顿租一间房——然后到巴黎的随便哪个行政区,只要有真正的艺术家聚集的地方,找个阁楼住下来,那上面弄得脏兮兮的天窗,自从前面住的那个租户以来(也许是伯纳德·布菲吧),就没有擦干净过,应该能射入一线云彩的城市之光①的辉光。在一张弹簧折断,蒙着破土耳其斯坦地毯的长沙发上,这种长沙发有点像我在相片中,看到的亨利·马蒂斯 20 世纪 20 年代在尼斯画室的那种,我想象为我设置一个货真价实的后宫,里面全是裸体女人,都迫不及待地等着我为她们画画。其中某位女性,也许还有更多女性,都可能有此运气。我会成为塞纳河大街②的帕夏。

这成了我大学一年级的秘密愿望。这一年,我极少学习,把大部分时间都花来从事学生新闻工作,画漫画,画插图。我戴的是黑色贝雷帽,抽的是巴尔干寿百年烟(就是黑色,带金色过滤嘴的那种,在现实生活中,我常到国王十字街一家烟草店去买这种烟,并在学生会的咖啡馆里炫耀了一番,还产生了一定效果),穿的是一件黑色粗呢大衣,里面是一件黑色的套领毛衣。穿了这件毛衣,我想,我就跟阿尔伯特·加缪那些一流的存在主义者分不开了。我的榜样是一个大学

---

① "城市之光",原文为法语:ville lumière。——译注
② "塞纳河大街",原文为法语:rue de Seine。——译注

朋友,一个来自法国卡昂的大学一年级医科学生,名叫罗杰·戈蒂耶。他,以及他的兄弟伯纳德,是我认识的唯一的地道的法国人。如果允许我俗不可耐一下的话,罗杰会玩存在主义的噱头,而且玩得极为彻底。他人超酷,黑头发,短平头,目光如火炭,说话明显大舌头,他玩女孩之成功,不亲见是难以相信的:当我看见他在国王十字街的咖啡馆,跟某个爱慕他的金翅雀,说着甜话儿时,我嫉妒得都快瘫痪了——"It ith nethethary, n'etht-ce-pas, to leeve intenthely?"① 罗杰·戈蒂耶和他兄弟伯纳德有个诨名,叫"Phallic Gallics"(高卢鸡巴)。正如我未来的女友兼演员诺尔琳·布朗所说,她说此话时也并无恶意,他们两人换女人比换床单还快。罗杰像接续不断的链条一样,一根接一根地抽高卢蓝盘牌②烟。他把加缪的《局外人》、萨特的《恶心》和波德莱尔的《恶之花》借给我看,我尽我所能(尽管我的法语差得可怜),如饥似渴地阅读了这几本书,甚至还会背诵几小段,为的是骗骗小女孩:

C'est L'Ennui! L'oeil chargé d'un pleure involonaire,
Il rêve d'échafauds en fumant son houka;
Tu le connais, lecteur, ce monster délicat,
—Hypocrite lecteur, —mon semblable—mon frère!③

---

① 这句话是英法参半,英语和法语都因大舌头而发音很不准确。正确的应该是:"It is necessary, n'est-ce pas, to live intensely?",意即:"强烈地生活是很有必要的,对不对?"最后那句"对不对",是用法语说出来的。——译注
② "高卢蓝盘牌",原文为法语:Gauloises Disque Bleu。——译注
③ 法语,大意是:这真无聊!眼睛不由自主地充满泪水,抽土耳其式水烟筒时,梦见了断头台;读者,你能感到,这纤巧的妖怪——虚伪的读者——我的同类——我的朋友!——译注

他在当时很破落的格里卜区有个房间,大学就在对面,他很慷慨地把房子让给我,用来进行黄昏幽会。房里的墙上挂着染过色的粗麻袋——深深的紫茄子色和粉红玫瑰色,我也贡献了几幅我自己的画。虽然这几幅画的色调并非色情,但我希望的是,它们给那个地方添了一种沉郁而诱人的气氛。他还有几张每分钟33转的朱丽叶特·格雷科的唱片,我们一遍遍地放听,结果,唱片的槽子都快磨平了。格雷科过去是,现在仍然是我一直疯魔的大众歌手。实际上,她并不是一个怎么样的歌手,但是,她那种稍带沙声,嘶哑而又业余的歌喉,有着某种让人无法抵抗的诱惑力。当她唱起流浪儿的歌曲,叙述背叛的爱情和抵抗运动之后的巴黎,其中有些歌曲实际上是让·保罗·萨特(如《在布朗芒多大街》①)和雷蒙德·格诺(谁听说过一个澳大利亚哲学家和一个澳大利亚诗人,为一个澳大利亚歌手创作歌曲的吗?)专门为她谱写的。我这个青春后期的青年听了之后,身上都会起战栗。我居然想象和朱丽叶特·格雷科睡在一个睡袋里。她直头发,稍微有点脏。爱抽高卢牌香烟,爱吃大蒜。不戴奶罩。两件黑色紧身套衫挨挨擦擦,很性感。她的呼吸、性器官和腋窝要是闻起来,可能有点过于成熟的味道。那是欧洲特有的味道,正如尤加利树和爽身粉是澳大利亚的独特味道一样。其中还暗含着吉恩·杜瓦尔和爱玛·包法利的意味。哎呀呀。

这样一种生活方式是可以达到的,因为我曾指出,我的家庭(我没有透露某些基本细节)能够给以些许支持。事实上,存在主义——

---

① 《布朗芒多大街》,法语名为"Dans La Rue des Blancs-Manteaux"。——译注

存在主义从来都不是一种哲学,而是一种生活方式问题和大量态度问题——的风潮在巴黎一晃而过,到了1957年,就不复存在了(除了在某些美国游客的眼中,他们希望在佛罗咖啡馆找到萨特)。这本身在澳大利亚并无所谓,因为澳大利亚从文化角度来看,当时依然是一个属于晚近抵达者和过时作废的时装的国土。

但是,令人惊异的是,家里人却没上当。事实上,他们觉得,这种幻想太愚蠢,太装模作样,也太自我放纵了,是他们闻所未闻的。于是他们就到处粗野地开玩笑,假模假式,粗俗地学说着法国腔,说我是"Monsewer Rob-air ze Bludgair"①。(所谓"bludger",是一个粗野的澳大利亚词汇,指那种靠他人生活的食客)。我想侨居海外的第一次努力,就这样告一段落。

我姐姐这时已经从建筑学毕业。她现在开业当建筑师——而且是在一个对专业妇女绝对很不客气的一个城市干这个工作。在20世纪50年代后期的澳大利亚,妇女只能当护士,不能当医生;只能当秘书,不能当律师(大律师当时开的玩笑是:你能想象一个女的戴着假发,在法庭进行辩护吗?);而且是绝不可能当建筑师的。有几个女的是艺术家,但没人太把她们当回事。我自己呢,则很想画画,搞创作,但那是"女人的"野心,而家里要我享有一个专业人士的地位,这才是根本的"男性"专业。当年,"专业"和"生意"或"手艺"之间的差别,重要性要比今天的大得多。因此,我们就得做点让步。我得跟着康斯坦斯学。建筑学当然是一种专业,而我就得学这个专业。那朱丽叶特·格雷科,也许她妹妹吧,就得等一等了,如果能等的话。

---

① 这是故意发错音,把英法混合的一种话,即"Monsieur Robert of a Bludger",意谓"游手好闲的罗伯特先生",其中的"Monsieur"是法语。——译注

我学建筑学,是从 1957 年,也就是第二年开始的。

我逐渐喜欢上了建筑学。20 世纪 50 年代后期,悉尼大学的建筑学课程明显老化。它亦步亦趋地模仿 19 世纪法国美术学院的法语学位课程。主持该课程的是一个自称保守分子,名叫 H. 英格兰姆·艾什沃斯的教授。他几乎从未听说过巴基·富勒,而且认为勒·柯布西耶(这已经是萨伏伊别墅建立多年之后了)是个暴发户,并没有很确定的价值。

你开始时,是学习如何表意打底的基础知识,其基础就是画常规的明暗和阴影——比如,搭一个几何架子,描画基座上的一个圆锥体,上面还顶着一个球体,全部置于壁龛内。这么做的常规非常严格和绝对,因为不能留有任何"阐释"或"表现"的余地。物体永远都是一个平面正视图,光线永远都是呈 45 度角,从左上方照下来,然后用中国墨水无数次地在上面蘸刷"打底"。紫貂画刷是比较合适的工具,你得学会一种技能——尽管人们觉得很深奥,但其实并不难——把斜放纸上的墨水一直保持潮湿,然后在终端把它平滑地撮起来,以避免污斑和泛滥。凡是画刷留下痕迹或拉出条带,都算错误。如有任何迹象表明,曾用铅笔、彩色蜡笔、炭化笔等添加补充了阴影或轮廓,或用钢笔划过交叉影线,那就是很严重的过错了。因此,一年级时,我们都是画立方体、圆锥体和壁龛体。到了第二年,就画帕台农神殿西前端的正视图,每根陶立克石柱的凹槽,都必须干脆利落,准确到位。这种训练达到高潮时,就是三年级的"古典创作",要戏仿米隆的掷铁饼者(这谁都根本不知道如何画,因此,一般画出来的效果,就像一头剃过须的长臂猿,抓着一只餐盘),要画帕台农神殿的石柱,还要画来自某地的爱奥尼式涡形柱头,但所有的东西不是画得颤巍巍的,就是画得古板木钝,用过度稀释的百利金墨冲刷了上百次,才弄出明暗和阴影效果来。

你可能以为,这种项目会令学生永远感到厌倦,感到生分,但其实不是这样。一般来说,画画得最好的学生,到了设计自己的建筑物时,总是做得最差。我承认,我喜欢画画,而且画得不差,因此有点儿不好意思。画得好,我能向朋友炫耀,同时还能参观很多遗址,如佩斯敦、阿格里真托或土耳其沿海后期的一些寺庙,等等,我能准确地说出各个部分的名字来:大多数人都分辨不出爱奥尼亚式柱顶和柯林斯式柱顶之间的区别,更不用说三联浅槽式和齿饰之间的区别,或圆柱收分线(圆柱上稍微凸起处)和地上一个洞之间的区别了。这类东西早已不是活生生的建筑学语言的一个部分,不过,我现在没法像我老师四十年前所认为的那样,说它是文化的灭顶之灾。

但是,这些复杂的古典系统中,有些系统保持了丰富而独特的起源,它们过去是,现在也是"阅读"16世纪到19世纪那么多建筑学,以及希腊和罗马建筑学所必不可少的,我怎么可能挖苦嘲弄这些系统呢?石柱不仅仅是一段圆石头;石柱是一整个象征系统,不可能孤立地来看,而简单地通过直觉来感受。学习这类东西的基本理由,不只是带有技术或档案性质,而是带有人文性质。它是要了解维特鲁维亚这种人(对我们)所说"建筑物应有人的比例"那番神秘的话,或保罗·克劳戴尔《正午的分界》一书主人翁在第一次搂住恋人,大声叫道:"O colonne!"(啊,石柱)时,说的是什么意思,并做出回应。

赫伯特·里德作为一个现代主义者十分凶猛,非常失望,他写道:"在每一种垂死的文明背后,都戳着一根血淋淋的陶立克石柱。"尽管这话说得特棒,但却完全搞错了。当然,我的主要遗憾是,实际上看不到这些非凡的建筑物,因为它们远在欧洲,有一万二千英里之遥。艾伦·摩尔赫德是那位收我做门徒的澳大利亚作家。据他称,你(也就是他)在澳大利亚长大,都可能从没见过一幢一流的建筑物。我觉得这不对。这要看你说的"一流"是什么意思。例如,澳大利亚有很棒的工业和颇具民间风格的农业建筑物,一些非常优秀的维多利亚哥特式复兴建筑物,以及装饰艺术的一些超好的例证,最好(根据任何可以想象出来的标准,都是风格的杰作)的是悉尼的战争纪念馆,其设计者是才华横溢,但英年早逝的澳大利亚建筑师布鲁斯·德里特,战争纪念馆象征性雕刻的作者是瑞纳·霍夫,他是澳大利亚产生的唯一重要的装饰性雕塑家。

当然,澳大利亚历史很短,其所生产的建筑物,无法与(比如)法国或英格兰的伟大的哥特式教堂,或罗马巴洛克的辉煌比肩。但是,在20世纪50年代末,尽管澳大利亚在很大程度上文化荒芜,但绝对不是一片建筑学的荒原。与此同时,由于害怕乡里乡气,又由于总觉得海外做的东西都比本地好十倍,那种忧虑和想法都无比真实,使得一个学建筑的学生感到很不舒服,总是对自己产生怀疑。

因此,我在建筑设计方面很不行,一是因为缺乏真正的才能,但也是因为可供模仿和学习的好榜样太少。除此之外,我们碰到的问题都与我们所生活的世界相去遥远,而且也从来没有对其用途加以描述。在一年级设计花园凉亭是一回事:凉亭的功能很简单。但是,到了三年级,就交给你一个任务,要你为天主教徒或佛教徒设计一座山顶修道院,也不跟你讲,要把那东西设计成一个洞穴,还是一座大教堂。或者说,如果是为天主教徒设计的话,既不告诉你,这一派的天主教徒是冥思苦想型的,还是付诸行动型的,也不告诉你,修道士的日常生活怎样,仪式上有何要求等。结果,设计任务变成了泛泛而"做",毫无意义。(只有一件事是有保证的:几乎人人都根据柯布西耶在朗香的小教堂改装,设计出某种翼型的房顶。)因为那是一座神圣的现代主义建筑物,凡是我们在澳大利亚可能看到的所有的建筑学杂志中,都对之进行了重点介绍。

另一方面,我很喜欢结构工程课,从中可学到材料强度、预应力和后张拉房梁,以及其他等等——也许,与所期望的正好相反,因为我从来都不是数学高手。不过,我对材料有一种本能的感觉,几十年后,我学木匠时,这一点一定会对我很有用。

最好的课是艺术课。我们都极为幸运——我也是——因为我们的老师是洛伊德·里斯,澳大利亚属于开路先锋的20世纪画家之一。这位循循善诱的老人,有一颗狮子样的头,狮子般的鬃毛一束束的,都发白了。里斯好像从来不离学校一步——他的几部杰作都能跻身20世纪较佳素描作品之列(而且不仅仅是在澳大利亚),这些作品结构宏大,风格高度现实化,是岩石和悬崖的风景设计,在第二次世界大战之前就已用铅笔绘制出来。他不是一个追求标题性的现代主义设计师,但是他非常宽容友爱。我感到,我生命中的一个部分应该归功于他。有一天,我们谈起了意大利,这时,他眉飞色舞地谈起了他二十岁时在那儿逗留的经历,说他常骑自行车,到拉齐奥和托斯卡纳一带转悠,还说他有一天往下面,也就是建在溪谷中的皮蒂利亚诺镇的山嘴上看了一眼,就发现,该镇通过"一座桥——如空中划的一道线一样优美的桥",与大地连接起来。突然,我身体里的每一根纤维都激动起来,渴望看看那座桥。多年后,我也看到了那座桥。也许就是在那儿,我才真正地离开澳洲,客居他乡,与洛伊德一起,生活在那座想象的桥上。

第五章

大学前后

我从来都不是一个喜欢参加这种那种学会的人,尽管悉尼大学参加各种学会的机会很多,到了最后,我本人还是跟任何一家都没关系。据认为,20世纪50年代末是所谓的"推潮"(这是一个澳大利亚俚语,意思是指介乎"暴民"和"团体"之间的某种东西)达到高峰的年代,但我从来与之关系不大,不过,我倒是很喜欢到它指定的酒馆喝酒。"推潮"松散地包含了那些浮游在自由主义学会边缘的人,这是一群持怀疑主义、无政府主义、喜爱自由思考、热爱自由的学生(其中有些年过四十,不再是学生了),他们的基本效忠都归功于记忆中悉尼大学的一位哲学教授,即约翰·安德森,一个颇被教会和媒体妖魔化的著名怀疑论者。"推潮"者的中心酒馆就是皇家乔治酒馆,我在该酒馆的后面一间房里,做了一幅壁画,现在(让我松了一口气的是)它早就模糊不清了。当年,那些带有波希米亚人脾气的学生只有三处可去:两个是酒馆,即纽卡塞尔酒馆和皇家乔治酒馆,第三家是酒吧,名叫洛伦兹力。在这家酒吧,可以喝到小杯比较难喝的红酒,吃到那种具有异国风情的意大利方形饺,它上来的时候,加了意酱①,

---

① "意酱",原文为意大利语:alla Bolognese。——译注

这是一种汤一样的肉酱,只要两先令六便士。当时没有配得上吸毒文化之称的那种文化。没人抽大麻。我们使用的唯一刺激物是快速丸——苯丙胺,偶尔还用梅太德林。这些安非他命可在任何药店柜台上公开地买到,不用开处方——令人吃惊的是,当时还未对这些药物进行限制——只要找个理由说,需要学习,以备考试就行。我们使用药物后,有那么一点小小的竞争优势。你能坚持多久不垮掉呢?无论如何,最大限度大约是四十八小时,到了这时我才上床,咬紧牙关,眼睑像用砂纸打磨过一般发干,因消耗了大量香烟而干咳不停。我觉得,我从过量使用安非他命中,从来没有想象我会产生任何幻想、错觉或真实的快感。我只是用用而已,而且也不经常使用,为的是能够继续工作下去。

我渴望与艺术世界发生关系,发生任何关系都成——无论"艺术世界"是什么,而且,我也根本不清楚,这个艺术世界是什么、在哪里。这个世界的确没有扩展到悉尼大学。当时,整座大学没有艺术史学院,而真正教艺术的地方有几英里之遥,在东悉尼技术学院,该校位于国王十字街一座古老的流放犯监狱内。那儿是否盛行刺激的波希米亚人的艺术活动,我一无所知。不过,大学倒是有一个自命不凡的达达派学会,由一个凶巴巴的,颇具反抗精神的数学家主持,如果我记得不错的话,他名叫唐·莱维。50年代,它办过一两次画展,主要值得记忆之处,是因有一个来自墨尔本,当时名不见经传的喜剧演员和演员参加,他名叫巴利·汉弗莱斯。多年后,在20世纪后期和21世纪早期,他成了澳英美剧坛中一个伟大而又让人害怕的人物,人称埃德娜·埃弗烈治夫人。但在"她"还没有被发明出来的当时,巴里于1957年展出的第一件最惊人的早期作品,是一双橡皮惠灵顿长筒靴,在澳大利亚又称"橡胶靴"。里面满满地装着黄色的牛奶蛋糊,放在一个底座上展出,标题是"靴子化脓了"。

我在 Honi Soit 杂志，交了一些大学的新朋友：这是一小群才子，你得学习他们的派头，学了之后，就能用来掩盖我自己的不安之感。我希望能够掩盖得像他们掩盖自己那样有效。主要的有这样几个人，一个是约翰·库明斯，当时还是个比较温和的图书管理员，后来改名叫凯萨琳·库明斯，成了悉尼最火爆的一个变性人；一个是名叫菲利普·格雷汉姆的诗人，又名"切斯特"——谁也不知道他诨名的起源或意思——这是一个具有半传奇风格的人物，大学里有时就"窝藏"着这种人，他不是学生，在当地是个有名的诗人，但却几乎啥都没发表，最后，如果谣传说的是真相的话，他流转他乡，不干别的，却去为一家智利电话公司干活。再就是克莱夫·詹姆斯，这是一个才华横溢，肉草兼食，什么书都看，正在学艺之中的作家。他是这一拨人中，除了我之外，后来也成了这一行业唯一的一个专业人士。（他20世纪60年代去伦敦，大约也是我同期去之后，才开始这样的。）我们大家都是在大学咖啡店、Honi Soit 办公室和一年一度的大学讽刺滑稽剧之间晃来晃去，每出剧的梗概都出自我们之手，也由我们来表演，我们一心一意，就想当聪明的小后生，人家是否讨厌也无所谓。

1958年，学生的新闻工作多少成了真正的新闻工作，这时，弗兰克·帕克爵士，这个拥有澳大利亚联合报业集团、愚笨粗俗的资本家，决定按照英国《旁观者》杂志的风格，推出一家政治文化舆论双周刊，名叫"观察家"。直到现在我都不明白，弗兰克干吗要搞这么一个杂志。他一定早就知道，拥有一家知识分子期刊，是要冒一定风险的，因为，在20世纪50年代后期的澳大利亚，知识分子无论多么温和，一般都是不事声张的左翼分子。不过，我怎么也不明白帕克这种人，尽管我们两家人还经常碰面。帕克这个人的原型，也就是弗兰克爵士，有点真正让人害怕的东西。我一向很喜欢那个经久不衰的故事，当然，无人能够通过任何方式确认是否确有其事。故事说，他把新雇来的秘书，放在他的大黑轿车里，开到一个地方，那儿俯瞰着月光照耀的太平洋，靠近南头公墓。满足他的欲望，也可能满足了她的欲望之后，他便往家转了，这时，那女孩怯生生地说出了她的想法：他们这次邂逅要是怀孕了怎么办。帕克在兜里摸索了一下，拿出一颗黑色的八角茴香样的软糖豆。"你可能已经听说，"他宣布，"医生发明了一种新的口服避孕药。事后一吃，你就啥事都没了。拿去吧。"

我哥汤姆为联合报业集团做过很多法律工作，劝说他竞选自由党议员，接受司法部长职位的就是帕克。设计并打造第一艘美洲杯挑战船"格勒特尔"号的钱，也是帕克出的，从而开始了把帆船杯从纽约帆船俱乐部壁龛中夺走的过程。该船以他老婆命名，他跟这个老婆生了两个儿子，即克莱德和凯瑞（1937—2005年）。据说，凯瑞不仅是澳大利亚最富有的人，而且也是澳大利亚历史上最富有的人。这是一个牛皮烘烘的家伙，就是成吉思汗到了他那儿，他也要把他变成一个弱不禁风的白面书生。另一方面，尽管克莱德个子长得像头大象，性格却极甜，一点也不凶悍，几乎像个嬉皮士，还抱有想当艺术收藏家，甚至作家的野心。他的种马父亲跟他脱离了父子关系，再说他自己也没有在公司干下去的野心，结果去了圣塔芭芭拉，在那儿当了几家冲浪杂志的老板。哎呀呀，到了这时，他已经肥得像个妖怪，走不动路，连水边都没法靠近。他因肥胖症并发症而于2001年去世，时年六十五岁。弗兰克爵士也许应该把《观察家》交给克莱德去办，但他没有这样做。

该杂志的第一任主编是个温文尔雅，有点儿肥胖的浪荡子，名叫乔治·贝克。我注意到，《观察家》杂志头几期插图不多，就把我为 *Honi Soit* 画的漫画搜集到一起，作为样本投稿给他。令我大吃一惊的是，乔治像鱼，见蝇就下了嘴。他没给我发工资（这也不是我能指望得到的），而是不断找我要稿子，而且还付稿费，这就显得真正非比寻常了——尽管稿费不多。"丁卡斯"(一个栏目的补白)可赚两个基尼,一整版的画赚到的基尼最多可达5个,画封面则可赚10个基尼。这可不仅仅是我第一次得到的稿费。当时,在大学紧对面的格里布,租联排房中的一个房间,一周也要两磅十先令,所以在这样的时候,这钱真是一笔不曾奢想的财富。

贝克离开《观察家》后——他撑持了一年,后来不知什么原因而自杀,也许是害怕丑闻暴露,因为他是个闷在衣柜不出来的同性恋,却偏又非常效忠母亲——替代他的是唐纳德·霍恩,1964年出版《幸运之邦》一书的未来作者,他是60年代后期和70年代早期改变了澳大利亚社会评论面目的人之一。该书是20世纪60年代浮现出来,对澳大利亚社会进行严肃批评的第一本书。霍恩对他那个时代的澳大利亚的看法认为,这个地方的社会文化派生于他处,主要由一批二流人和对万事都提不起好奇心的乡巴佬主宰,但这些人却分享着大多通过偶然而得的财富,这个看法一口咬得很深,但是,就像许多其他对澳大利亚的批评,立马就被澳大利亚人自己几乎转向了它的对立面。不过短短几年,"幸运之邦"这个词就钻进了他们耳朵,从他们的嘴巴里冒出,带上了得天独厚,颇有福气,没有上帝,却是上帝自己的国家的意思,这根本就不是霍恩的原意。

霍恩主编《观察家》时虽持怀疑态度,但还是支持澳大利亚的执政党自由党(即右翼托利党),甚至对该党那位喜欢长篇大论,为人狡猾的君主立宪制拥护者,领袖"睡神"罗伯特·戈登·孟席斯口头上表示支持,他从1949年到1966年,17年没有间断,一直作为总理,领导澳大利亚。

但是,霍恩在他初生的共和主义观点的推波助澜下,与生俱来的怀疑越来越强,到了我为《观察家》投稿时,该杂志早已不是表达自由党观点的一个被动的工具,更不是传达其老板帕克极端保守主义观点的喉舌。霍恩敢于表示大不敬,很少有别的澳大利亚主编有勇气这么做,即便有,也不多。

唐纳德坐上《观察家》主编交椅时,正给帕克编一张《周末》的"乳头屁股"报①。可想而知,他对该报对知识内容的限制规定感到恼火,其中的一条规定就是,任何字的长度不得超过两个音节。因此,一有机会主编《观察家》,他就立刻扑了上来。接下去几年中,他就像个马戏团的骑手,一脚踩着栗色马,另一脚踩着帕洛米诺马,编着两个东西。由于我和唐纳德相处得很好,我继续为他画画,然后横向发展,偶尔还写写书评。

这时,一件完全意想不到的事情发生了。

《观察家》原有一位艺术评论家,这是一位上了年纪的移民,来自约克郡,名叫伯纳德·赫斯灵。他是一个艺术家,基本靠画俗艳的珐琅茶盘过活。我不知道赫斯灵作为评论家有何资格(事实上,在当年,你要是在澳大利亚写艺术评论,是不需要任何东西的,我早期出道时,就有充分的证明),但导致他下台的原因,是因为他痛恨威廉·布莱克。一般来说,你是否喜欢布莱克,这在澳大利亚并无所谓——反正在澳大利亚很少看到他的作品——但是,命运却下了诏令,在1958年的夏天,在布里斯班国家画廊,展出了从英格兰借来的布莱克素描。当时,赫斯灵正在那儿度假。赫斯灵以为可以很快地赚八个基尼,这是《观察家》当时一个短评的稿费,就大张挞伐,把布莱克一顿恶骂,把布莱克的比喻比作是剥了皮的兔子。(事实上,尽管我很热衷于那位费尔法姆的先知,我——在伊奥克和别的地方,把我应剥的那批兔子剥皮之后——现在依然认为,赫斯灵还是言之成理的,

---

① "乳头屁股"报,英文为 tit-and-bum sheet,指通俗小报,故直译之。——译注

不过,顶多不过是个小理。)赫斯灵不屑一顾,没去看展览,却把展览极为粗野地攻击了一番。

很不幸,博物馆的馆长是个富有献身精神,学识渊博,很有美术造诣的人,名叫罗伯特·海恩斯。他不知怎么知道了此事,而且更糟糕的是,他能证明,赫斯灵实际上没去观展。再说,他跟弗兰克·帕克的交情颇深,而且还是帕克老婆格勒特尔女士的朋友,曾在过去经他撮合过手,转卖给了她几件重要的古董。所以,他对帕克夫妇大声抱怨,言辞激烈,帕克夫妇转过来,又对唐纳德·霍恩抱怨了一番。之后不久,一个早上,唐纳德·霍恩冲进了《观察家》小小的职员室。

"我刚把艺术评论家解雇了,"他宣布道,"你们这里有懂艺术的人吗?"没人说话。霍恩凝视的目光落到我身上。"你是画漫画的,"他厉声说,"你应该懂点艺术吧。那好,你他妈的就是艺术评论家了。"他大步走出门外,把我扔在那儿,思考我的命运。

事情就这样发生了:我一生的职业就此决定,也就此开始。骰子已经掷了①。我什么都不知道,就像一片纯净的云,不得不边干边学。如果换了一个国家,读者或编辑都比澳大利亚了解艺术,那我连两期都撑不下去。差不多五十年前,若有某家有严肃新闻野心的英语刊物,想在澳大利亚境外根据这样的条件聘人,哪怕是比较遭人鄙视的艺评家职位,那也是不可想象的。你可能觉得,我得向人证明,我对艺术略知一二,但因联合报业集团没人懂艺术,就没有对我进行考试。我运气好到荒唐的地步,一个初出茅庐的新手(如果你不喜欢的话,也可骂我是个天真无知,乡里乡气的毛头小伙)。我知道,而且知道得也不多的唯一艺术,就是澳大利亚白人画的画,而且都是时间

---

① "骰子已经掷了",原文为拉丁语:Iacta alea fuit。——译注

上相对较近的白人画的。除了复制品之外,我几乎从未看过任何欧洲或美国艺术。我对中国、日本或"原始"艺术一无所知。土著艺术现在通过反省,如此备受推崇——尽管并非都那么好,像许多人无疑为了补偿祖先犯下的种族主义罪恶而想声称的那样——几乎在地平线上都尚未露头。当然,我也没有作任何学业上的准备。在悉尼,大学不开艺术史的课程。唯一开课的地方,在550英里开外,那儿有澳大利亚一流且重要的艺术史学家伯纳德·史密斯,他在墨尔本大学主持他自己的那个系。总的来说,作为观看澳大利亚之外艺术的地方,1958年的悉尼是死水一潭。历史艺术的画展很少从海外到这儿展出(也很少到其他澳大利亚城市展出)。它也不为任何活着的非澳大利亚画家提供市场,这一来,商业画廊99%的画展都是澳大利亚人画的画,外国人在那儿办画展,是没有任何经济刺激的。

总的来说,我很可怜,与我自己讨论的主题发生了脱节,但没人在那儿怜悯我,因为,五十年前,除了少有几个近乎隐身人一样的学者、收藏家和艺术家外,几乎所有的澳大利亚人都处于相同的境地。整个学术环境和有关艺术的争论,都与今日大不相同到难以想象的地步。我有点自惭地说,这一切对我都很有利。对非澳艺术史知之甚少,对海外当代艺术知之更少,这要在纽约、伦敦,甚至旧金山,可能是一种残疾,令人寸步难行,但在这儿不是。你在悉尼没见过毕加索的作品,也能照样当艺评家(不过,如果知道他的名字怎么拼写,眼睛看过几幅复制品,那当然是不错的)。澳大利亚没有毕加索的作品,只有几张图片和他在玫瑰时期画的一幅胖胖的荷兰女孩的肖像画:《美丽的荷兰小姐》①。一个怪得出奇的收藏家,名叫哈罗德·

---

① 《美丽的荷兰小姐》,原文为法语:*La Belle Hollandaise*。——译注

德·瓦尔·鲁宾少校的人，在伦敦当画商时，买下了这幅画，后来作为礼物送给了昆士兰国家画廊。

然而，尽管我本人如此缺乏知识和阅历，尽管澳大利亚各地的博物馆有着种种不足，澳大利亚的私人收藏家心胸狭隘，20世纪50年代后期和20世纪60年代早期依然是个很好的时期，可以在澳大利亚新手上路，开始学艺了，原因很简单，因为澳大利亚的视觉艺术经历了数十年被人公正地称为"文化检疫"期之后，正在苏醒过来。澳大利亚文化花了这么久，才偿清了那些因循守旧，憎外仇外的家伙的债，那些人在1910年之后，就自命为澳大利亚的文化总监。一座座博物馆里，在在都留下他们心胸狭窄的明显而生动的记录，这种褊狭的胸襟还延伸到"传统的"欧洲艺术：公共陈列的清单极短，上面只有中世纪、文艺复兴时期、巴洛克、洛可可、浪漫主义时期和19世纪的现实主义艺术家，墨尔本是个例外，会昙花一现地来点别的什么。澳大利亚不仅没赶上船，它甚至根本就无心买票。你不可能指望那时的州博物馆，去买能与1880和1910之间，伟大的美国收藏家（弗里克，梅隆，卡内基，以及其他人），通过各种手段弄到手的画作相媲美的东西，这些人的私人藏品，在伯纳德·伯伦森为他们通融下，形成了美国惊人的公共收藏之基础，但是，澳大利亚几乎啥都不买，其神经就像其捐款和公共基金一样虚弱。

就算澳大利亚的博物馆没有一家赶上趟，买到古旧的艺术，这些博物馆对新艺术几乎也抱有拙劣的敌意态度。他们能够忍受印象派，但仅仅是勉强忍受而已，而且，他们还忽视了购买莫奈、马奈、德加，甚至雷诺阿的机会。从野兽派再往前，就被不屑一顾地贬斥为很可能是犹太疯子笔下流出的粗俗之作。

自第二次世界大战以来，主管博物馆的都是一些保守得一塌糊涂，而且经常态度相当恶劣的反犹人员，如维多利亚国家艺术画廊的长期馆长 J. S. 麦当劳和列昂奈尔·林赛（1874—1961 年）。列昂奈尔·林赛因 1939 年《墨尔本先驱报》赞助，从海外引进展出的一次最近欧洲画展内容而大为光火，曾出版过一本书，标题叫"糊涂艺术"，在书中从总体上大骂现代主义，责怪它是因为愤世嫉俗的艺术家玩高难动作，与犹太画商（毕加索就是"一个来自马拉加的犹太人"）的贪婪相冲突而产生的结果。这种让人丢尽脸面的种族主义文本，写作时期正值欧洲的犹太人像羊群一样被赶往烤炉，让大多数读过该书的澳大利亚人觉得相当正常，不过，它在几个地方也许有点过分。

该书之依据，就是林赛对澳大利亚实际上举行的那次所谓"军械库展"所表现出的强烈反应——那是欧洲现代主义绘画的一次展览，作品由《墨尔本先驱报》艺术评论家贝萨尔·伯德特挑选并由该报股东，也就是鲁伯特·默多克的父亲，基斯·默多克赞助。画展于 1939 年在墨尔本市政厅开展（J. S. 麦当劳主持的维多利亚国家画廊连碰都不愿意碰一下）时，有四万人排队观展。展出作品的画家有凡·高、塞尚、毕加索、布拉克、德朗、马蒂斯，以及最引起争议的萨尔瓦多·达利。不过，这次画展却证实了林赛的看法，即所有的现代主义艺术，都是犹太人的阴谋诡计。跟着，第二次世界大战爆发，把这些画作送回欧洲就太危险了。墨尔本和悉尼两地的博物馆没有利用这个机会大赚一笔，在整个战争持续期间展出作品，而是把它们装箱，放在地下室里，直到 1946 年，这样就不会腐蚀公众了。就这样，我们得到了保护，没有受到那些巴黎—地中海的犹太人的坏影响。悉尼那批爱逛博物馆的公众，所看到的总是澳大利亚田园印象派金蓝二色的产物，还有几件（还算一流的）前拉斐尔画派的画作，以及维多利亚时期学院派画家爱德华·波因特的一幅精雕细刻的叙事画，它以电影的规模，并以许多炭黑的努比亚"群众演员"，叙述了所罗门王觐见示巴女王的故事。这幅巨画有一批忠心耿耿的拥趸,因为新南威尔士艺术画廊地势很高,可俯瞰货船入港的乌鲁木鲁码头。至少直到20世纪50年代,这些货船的引擎主要还由"拉司卡人",即东印度水手做司炉,烧燃料,在这些人中,示巴女王有着神祇一样的地位,就像埃塞俄比亚的海尔·塞拉西皇帝在今日的拉斯特法里派成员中那样。结果,有人前去画廊看画时,就偶尔能看见"拉司卡人"戴着白色纸帽子,崇拜地俯伏在波因特的巨幅绘画前。他们好像以为,那幅画放在那儿,就是为了满足他们的宗教感情的。

"拉司卡"司炉是一回事,但像毕加索这样的犹太人,却完全是另一回事。当然,人总不愿意过于反犹。把那些家伙从高尔夫俱乐部赶出去还可以——例如,我家人参加皇家悉尼高尔夫俱乐部,似乎没有任何疑虑,该俱乐部就有一个不成文的不收犹太人的政策——但把他们都关进集中营,就好像有点过分了。如果你跟任何看过《糊涂艺术》的人谈该书的话题,你就很可能被告知,老列昂莱尔可是个好人,像条叫得响,但却不咬人的狗,血管里流动的没有一滴反犹的血液,等等等等。再说,你又没见过犹太人,怎么可能恨他们呢?

外面的大千世界是个肮脏的世界,我们澳大利亚人多么幸运,不用参与其中,特别是我们应该庆幸,没被日本人强拖进东条英机的军阀所称的"大东亚共荣圈"里去。当年有句话叫"在我们的门槛上",在这儿聚集不同而且很可能抱有敌意的文化,这种恐怖助长了对可能被亚洲同化的恐惧——我们只有几千人,很快就像一滴水一样,在他们几亿人的汪洋大海中消失不见。"我们不仅是一个国家,而且是一个种族,"J. S. 麦当劳对亚瑟·斯特里顿的风景画推崇备至,于20世纪30年代写道。"两者都占据着一个特殊的场域和出自特定土壤的源泉。其他人的种族表现不会是我们的表现,阐释他们自己国民的方式,也不会是我们的方式。只要有我们自己的形象,通过我们自己精神独立的儿女表现出来，我们就感到自满自足了……如果我们做出这种选择，我们就会成为世界的首选，最后的牧场主，最纯种的雅利安人，一切都是最崇高的。"基本上来说，当时，发表同样言论的有在托马斯·哈特·本顿的带领下，出于对"国际左派"的厌恶的美国地方主义者，有苏联那些仇恨"无根无蒂的世界主义"的斯大林"社会现实主义者"，当然也有德国鼓吹"血液和土壤"①，憎恶"国际犹太人"的纳粹文化官员。这种语言几乎到处都一样。在20年代和30年代早期，所有那些因第一次世界大战而伤痕累累的国家，都经历了这样一种进入半凝滞、半军事化的民族主义的退缩过程，澳大利亚也不例外。当时，澳大利亚臭名昭著的"白澳政策"仍在执行之中，而且一直要持续到1966年，其嘹亮的号角声由移民部长亚瑟·考德威尔发出。有一位名叫黄先生的中国商人，想到澳大利亚与合法婚姻的妻子，也是当时住在澳大利亚的配偶团聚，在拒绝他的过程当中，亚瑟·考德威尔俏皮地宣称："两个姓黄的加在一起，也比不了一个姓白的。"澳大利亚的保守分子（无论在文化事务，还是政治事务上，掌管澳大利亚的都是保守分子）决意要把危险而分裂的世界挡在他们国家之外，远离他们神圣的海岸线。他们把澳大利亚想象成一个农业天堂，未曾遭受种族差异和工业化的污染，也得到强大的保护，不致受到此类污染。这样的地方只需要，也只鼓励一种艺术，那就是阿卡迪亚式的田园风景艺术。对他们来说，把澳大利亚经济从羊毛和小麦，向工业生产转移，这种想法是极为可怕的，特别是工业化意味着工会、罢工和阶级折磨。

这无疑是开了一张文化壅滞的配方——把停滞不前当成治疗分

---

① "血液和土壤"，原文为德语：Blut und Boden。——译注

崩离析的"灵丹妙药"。从根本上来说,这就是那些"老卫兵保守分子"所想要的,尽管他们嘴上不说。截至1958年,我偷偷走上《观察家》给我提供的小舞台时,这些人中的大多数反正都已死掉,其中我碰到的唯一一个是诺曼·林赛,也就是列昂莱尔的弟弟。这位林赛对某些最好的澳大利亚作家——从休·麦克瑞到道格拉斯·斯图亚特,甚至到肯尼斯·斯莱塞等诗人——发挥了巨大,几乎是催眠般的影响。他身兼数职,既是画家、蚀刻家、插图家、漫画家、艺评家,还想成为哲学家、小说家和"怀乡家",他想占有一席之地,成为领导澳大利亚文艺复兴,最后解决现代主义消极恐怖问题,具体体现欢乐、性欲和传统的"全才全艺者"①——结果完全是一种幻象。澳大利亚之外,从来无人把林赛当回事,以后也不会有人把他当回事。但是,在20世纪50年代后期,他仍被某些澳大利亚人视为一个大智大慧者,或者至少是一支必须认真对待的力量,也许因为在过去那些岁月里,他是少数几个认为艺术具有真正能改变一切之重要性、好似板球或党派政治一样重要的澳大利亚公民之一。他的信念令人鼓舞,尽管他的思想大多都是浪漫主义的垃圾,而且对现代世界抱有强烈的敌意。此外,他一直抵抗教会审查和国家审查,为此而吃尽苦头。因此,我受命前往他在蓝山斯普林伍德的家,去给这位老人做一个生日采访,他当时刚过八十。他深陷在扶手椅里,稀稀拉拉的头发,像一顶白色的无边便帽盖在头上,一双淡白锐利的眼睛眨巴眨巴地看着我。"这么说来,"他说,"你就是最近来的那个小混蛋,想用你的喂奶瓶,把我砸个脑花四溅吧。"这次采访很不成功。

"老卫兵"保守派恐外仇外的影响,形成了一种文化检疫局面,持

---

① "全才全艺者",原文为意大利语:uomo universale。——译注

续了整个40年代,甚至延续到50年代,但是,悉尼和墨尔本的艺术家,甚至还有一些作家,都与之抗衡,顶住压力,使这种局面难以为继。最后,"堵"口如瓶的那只瓶盖终于迸射出来,幸运的是,它正好发生在我撰写澳大利亚艺术之时。50年代后期和60年代早期,你在澳大利亚会有一种快感①,一种欢庆和欢快——有时几乎达到性高潮——的感觉,尽管艺术常常很黑暗。没人认为世界就是他的牡蛎②——我们都太乡巴佬,还说不出这样的话来——但至少,那种新鲜牡蛎之感,那种一切都有可能之感,渗透了悉尼和墨尔本,尽管表现方式相当不同,有时甚至是互相对立的(因为20世纪40年代的艺术背景很不一样)。鉴于澳大利亚博物馆的捐赠基金微薄,私人文化慈善事业几乎不存在,任何博物馆想要搜集大量的"海外现代作品",都已经为时过晚,但反对地方现代主义、当前澳大利亚艺术的那种谕旨至少可以移除,而且已经移除。

澳大利亚绘画的"老卫兵"并不同意——他们想要地方艺术具有"老大师"的权威,这在一个没有"老大师"可师承的国家里,几乎不可能是一个选择方案。

然而,除了少数几个喜欢怀旧,有裙带关系的老友,以及郊区的酒馆老板(那些喜欢丰乳肥臀,线条匀称的好色之徒)之外,人人都一目了然,林赛及其经过回收的尼采的生命观早已过气,滞定型的田园风景画家亦复如此,他们依然紧步斯特里顿和罗伯茨(他们两位风格独创,一直为人尊崇,但先后于1931年和1943年去世)的后尘,远远地掉在后面,还在制作粗糙的金蓝两色画作。这些艺术家的作品,按

---

① "快感",原文为法语:jouissance。——译注
② 语出莎士比亚。——译注

欧洲移民画家萨里·赫曼的话来说,不是"一棵桉树,一边一头羊,就是一头羊,一边一棵桉树"。但是,澳大利亚已经不再是一个畜牧国了。到了1960年,这个国家的公民中,只有少数人知道如何剪羊毛、剥兔皮,甚至骑马。相对而言,很少有人到丛林里去。由于郊区的蚕食蔓延,关于丛林究竟始于何处,甚至都争执不休。不过,人人都去过海边,大家的孩子都在学习如何冲浪。对于那些稍有一点历史记忆的人,这种嬗变几乎让人难以置信——现在活着的人中有不少都还记得,不过几十年前,悉尼就曾以下流无礼为由而禁止冲浪。我还记得,50年代后期,邦黛海滩就有戴着毛巾帽的老马屁精,在那儿治安巡逻,他们曾一度肌肉强健的肉体,现在成了晃悠晃悠的庙塔,呈暗红木色,全是松弛的肌肉,胸前一片灰色的胸毛。他们因无伤大雅的靓女身穿不雅的比基尼,就禁止她们走上海滩。

视觉转了180度。澳大利亚所拥有的财富再也不是主要来自畜牧业,而是来自采矿业、工业和地产投资。大多数澳大利亚人都生活在沿海城市,主要是悉尼和墨尔本。我们成了一个居住在海边的国家,凝望着一望无际的蓝色大海,身后是一片干燥的丛林:这当然是一种在场,也是一部分的神话,但不再像从前那样有力。海滩已经取代比拉邦,成了形象的焦点。

但是,我必须承认,我的澳大利亚本性中,出现了深刻的失调。无论在丛林,还是在海滩,我都不能完全感到"人"至如归。在丛林,我觉得无所适从,没有技能(例如,就是现在,我都不知道如何给马备鞍),离悉尼太远。我不喜欢到处走动,观看粉红凤头鹦鹉在黄昏形成的一片粉红和灰色的云彩,倾听白鹦鹉在清晨的嘎嘎叫声,不过,这正好证明,我是个混蛋。在海滩上,我觉得太热,太不舒服,人太瘦骨嶙峋(当年我就是如此),不爱体育,而且,最糟糕的是,老感到百无聊赖。我从来都不喜欢晒太阳。我不喜欢在海滩上看书,也不喜欢眼神空洞地看着地平线。努力消极被动地把自己晒黑也不好：我一上来就晒得粉红，接着就是怒红，跟着就一块块地脱皮，最后又回到我的本色，多多少少是那种剥了皮的欧洲萝卜。我只有钻进船里或屋里——最好钻进咖啡馆——才会有种"人"至如归之感。

不可避免的是，《观察家》杂志不可能独霸双周新闻的利基市场，这个市场虽小，但有特色，也很有用。旧有的《公报》本来有可能独占这个市场——这个杂志办了六十年后，还在踽踽而行，一周销售三万册，但没人给它输送新血，无论作为文化批评，还是作为精明的政治评论，这个杂志都已筋疲力尽，日薄西山，尽管唐纳德·霍恩调到该社，大刀阔斧，力求振兴该刊，但还是不起作用。

然而，《国家》杂志的开办，成了一家很有前途的竞争对手，该刊是汤姆·费茨杰拉德这位出色的主编，于1959年利用"鞋带"一样小的本金办起来的，其办公室在乔治大街777B号，只有楼上两间破烂不堪的小房，楼下是一个很友好的堕胎医生开的诊所。在澳大利亚媒体这个见利忘义，因循守旧的场域，一个从不让独立自由人士有多少机会的场域中，费茨杰拉德是个真正的自由主义者。他除了非小说类文章之外，别的一概不发。这个规定的唯一例外，就是他玩了一个漂亮的绝招，在海关部长禁止《洛丽塔》这部小说进入澳大利亚之后，立刻说服弗拉基米尔·纳博科夫，让他印发了其中一个章节。纳博科夫开玩笑说，他可以把版权拿去，只要一百美金就成。这一章在《国家》杂志上发了两期。第一期出版后，联邦警察局的一队警察冲进《国家》杂志办公室，但没发现第二期的打印稿，因为很有办法的副主编乔治·曼斯特早已把它藏在了办公室厕所的贮水池里。能够让这些人出版，这真是一种殊荣。1959年，汤姆·费茨杰拉德给我打了一个电话，给了我一个"空档"（不是工作：根本就没有工作，钱不够发）后，我就离开了《观察家》。在接下去的五年中，我为《国家》杂志写艺术评论,画了大量漫画,偶尔还为通俗小报《镜报》写点批评文章,并为其画政治漫画——这有点勉强,因为我政治上很无知,而且觉得堪培拉发生的事情很无聊,但是,《镜报》主编泽尔·拉宾每稿付15个基尼,这等于是每周60镑,简直是一笔横财。不幸的是,《镜报》被鲁珀特·默多克这个当时正初出茅庐的世界传媒大亨买走了。这是他买下的第一批报纸之一,他决心紧缩开支。一天下午,我正忙着画第二天的漫画时,却被人叫到了他的办公室。默多克问,我画漫画拿多少钱?我就跟他讲了。"那是一周60基尼呀,"他沉思地说,"跟你说吧,我给你提个价。每画一张8镑。""这太过分了,"我张口结舌地说。"是呀,但这也是我提的一个价,"默多克说,"跟你说吧,你想找工会的话,总可以去找他们的。知道吗,你还不是工会成员呢。"我作为新闻有限公司漫画家和艺术评论的两栖"铁饭碗"就此砸了。每当我打开一份默多克旗下的《纽约邮报》,扫描一下那上面由西恩·德洛纳斯画得一塌糊涂的漫画,影线描得笨手笨脚,才智大约只有尼安德特人的水平,我就会想起那件往事。是的,我不是赫布罗克,也不是罗纳德·赛尔或戴维·娄,但对于一个艺术评论家来说,我至少还不至于那么糟糕。

  从传统上来讲,悉尼的作家和记者比较倾向于聚集在酒馆,把酒馆变成自家之地。那些波希米亚人一样的艺术家和无政府主义者也一样,因此形成了皇家乔治酒馆,亦即"推潮"中心的一批忠实客户,但在20世纪60年代早期,悉尼作家——至少是我喜欢与之陪伴的那批作家,因为只要看一眼"推潮"里面的几个人,你就能达到高潮——的饮酒中心,是国王十字街的一家咖啡馆,该咖啡馆没有售酒执照,老板是一个来自中国哈尔滨的白俄移民,名叫瓦迪姆·克尔。这个地方原来叫可乐饱你咖啡厅("可乐饱你"是土著部落的一种舞蹈仪式名),以从丘灵格护身符上抄来的波浪形线条作为装饰,当然也有飞去来器作为装饰,这在当年是澳大利亚装饰的祸根。瓦迪姆更为人所知的名字是"斯蒂夫",他出生时名叫瓦迪姆·卡戈普洛夫,但他很明智,把姓氏的最后三个音节放弃了。他重新命名的咖啡馆有一台意式咖啡机,还提供食物。不过,基本上说,这是一家比较高档的违禁私卖酒类的场所。瓦迪姆有一批私下出售的红酒(卡瓦拉红酒,没什么高档货,不过都是你喜欢的那种很可靠,能令人发酒疯的红酒而已),伏特加,质量还过得去的白兰地,以及尚可一喝的威士忌。他把这些酒装在小搪瓷咖啡杯里拿上来,你可以把酒一吸而干,一边吃着撒了面包屑的油炸牡蛎,俄罗斯酸奶牛肉,以及基辅鸡,这是切成一半的锤平的鸡胸,在冷黄油和蒜泥里滚过一遍,油炸后就变成一片金黄,香喷喷的,十分美味可口。该馆厨房午夜关门,但人们喝酒一直要喝到清晨四点:这是悉尼唯一的一家不夜店,因为在悉尼,根据法律,一般酒馆到了晚上十点就得关门。这家咖啡馆的装饰不咋的,因为很少有艺术家在瓦迪姆的店里喝酒,所以他的墙上也没有免费的画可挂。所谓装饰,就是聊大天。若按传统的欧洲意义来说,悉尼是有咖啡文化的,无论它多么短暂,瓦迪姆的那家咖啡馆就是其所含内容。

这主要是因为,瓦迪姆的那家咖啡馆实际上是《国家》杂志的第二办公室,主持该处的就是汤姆·菲茨杰拉德本人,总是可以看见他肤色红润,特别喜好争辩的身影,凡是给该刊投稿的人,最后都汇集到那儿。该刊的戏剧评论家哈里·基帕克斯天天晚上都在那儿吃饭,而且一直滔滔不绝地演讲——经常才华横溢,但带有令人恼火的右翼倾向——到夜深。到访的名人也会到那儿去,特别是苏联人:他们抵达悉尼后(来得不频繁),有些人更喜欢去那儿,如鲁道夫·纽瑞耶夫,此人我没见着,以及叶甫根尼·叶夫图申科,此人我见着了。我在瓦迪姆的店里还见到了音乐家威廉·瓦尔顿,他曾为伊迪斯·

西特维尔的《门面》作过曲,在伊斯基亚有幢房子,这使我觉得,他在让人欣羡的异国风情方面,已经达到了登峰造极的地步。我还记得有几个演员到访,其中值得注意的是当时依然纤巧美丽,但明显疯狂,得了躁狂抑郁症的费雯丽。瓦迪姆需要睡觉,有时就把钥匙交给一个值得信任的客户——一般都是菲茨杰拉德——让他锁门。夜深人静的时候,汤姆和乔治·曼斯特常常在瓦迪姆的店关门后,走过国王十字街,在威廉大街尽头,一家名叫"快味"的汉堡包店的胶合层压桌前坐下,在那儿把编辑工作做完。

在澳大利亚的新闻工作方面,菲茨杰拉德几乎可谓独一无二,他是一个很讲原则、完全没有受到腐化的自由主义者,一个为事业而战者,一个无所畏惧的批评家,因此,尽管《国家》杂志发行量很小——很少超过一万份——这家杂志覆盖的范围却很广:它对同意其观点,或不同意其观点的人来说,都是必读之物。如果你拿起一本《国家》杂志,你就永远知道,你所读到的观点,是有同情心的编辑撑腰的作者所发表的观点,而不是主管部门强加的意见。这样一种独立精神在澳大利亚并不常见,而在帕克帝国中,更是闻所未闻,《国家》杂志很明显不是这个帝国中的一个组成部分:如果《公报》表达了与弗兰克爵士不符的观点,他就有可能把该刊打纸浆,会把该刊打纸浆,也的确把该刊打过纸浆。但是,除了唐纳德·霍恩是值得注意的一个例外之外,几乎凡是为帕克打工的人,最后都落到了雇用文人的田地,无论男女,都没发表过一本值得一提的书。帕克雇用的职员中,活得最滋润的是一些极端保守,尽说 yes 的人,如戴维·麦克尼尔。汤姆·菲茨杰拉德可不是这样。为《国家》杂志撰文的人中,几乎没有一个人赚的钱够自己吃饱喝足,住的房子连一只田鼠都装不下。不过,菲茨杰拉德也是如此。他想尽办法,才把杂志办了下去,而且办得有声有色,与此同时,他还保有一份"主要"工作,兼任《悉尼晨锋报》的金融编辑,这是他的面包和黄油,而《国家》是他的骄傲和欢乐,他乐意而为,能从中得到灵感,也能借此调皮捣蛋。

对年轻一代的作家,他于时间于精力等,都慷慨大方,毫不吝惜。他多次救我而免出洋相。20世纪60年代初,我得到了双重的幸运,不仅有一个优秀的主编,而且有一个漂亮、现实,而且又有才气的女友。1959年,我去英格兰,很短暂地追逐过一阵布伦达,这是一个美得令人神魂颠倒的漂亮舞女,在皇家芭蕾舞团工作,我当时爱上了她。我一到英格兰,这场情事就化为泡影。我灰心丧气,自怨自艾,心神狂乱到无法认真看艺术的程度,很快就把钱用光了,然后跑回澳大利亚的"家"中。(特别令我羞辱不已的是,她的新情郎开了一辆奥斯汀-希利敞篷赛车,而我连一辆任何牌子的车都没有,就连一辆谦卑的霍顿车都没有,不得不身穿我那件潮湿的黑色粗呢外套,搭乘地铁来来去去。)但是,我回悉尼后,至少比较懂事,没把我的这趟旅程说得很失望。除此之外,年轻人恢复程度之快,也颇令人吃惊。那个让我恢复得如此之快者,是一个年纪二十二岁、初出茅庐的女演员,她很快就要成为澳大利亚舞台——后来,通过地方电视一个名叫"梅维斯·布兰斯顿秀",颇似时事讽刺剧的节目——上的一个杰出喜剧演员,名叫诺厄琳·布朗。

我与诺厄琳第一次见面是在我刚从伦敦短期旅途回来后的1960年。一天晚上,她在瓦迪姆的咖啡馆里,瓦迪姆把她介绍给了我。这对我来说简直是晴天霹雳,一见倾心①。在以后的岁月中,我会见到一批声音沙哑,曾一度美貌空前,现在却年龄莫名的美人儿,如亨弗莱·鲍嘉的联袂影星劳伦·白考尔,但是,从诺厄琳身上,我看到了

---

① 原文为法语:coup de foudre。——译注

美丽年轻时的那种样子，它一下子就把我击倒。她是一个线条分明的金发女郎，肌肉强健：不是那种枯燥乏味的漂亮——鼻子稍微带点鹰钩，使她的脸带上了性格和力量——而是性感而温雅。她以自己的颧骨和"呼噜呼噜"发响的沙哑嗓音，与那些大致相同，价值亿万美金的荡妇和打过保妥适的模特儿形成天渊之别，那些人长满斑点的皮肤如今令人生厌地充满了美国银幕。她无论看上去还是听起来，都很像年轻时代的马琳·戴德丽，但在我眼中，她更漂亮（戴德丽的容貌更适合受虐狂者、女同性恋，以及内向胆怯的好莱坞犹太人），而她对血气方刚的澳大利亚粗俗语之偏爱，则一点都不像戴德丽。不像戴德丽的还在于，她是一个很不错的演员，她的职业生涯改变了澳大利亚电视喜剧的条件，就好像露西尔·鲍尔把美国的电视喜剧形式改变了一样。在我偶尔怀恋性欲，断断续续地一直怀念到我的第三次婚姻的岁月里，我总会想到诺厄琳：她粗俗，甜蜜，很会模仿人，偶尔愤怒时会大发脾气，但没有一点卑鄙小人的地方。而且，她从不背离她的家庭或她的工人阶级的根基，这种忠心耿耿的特征，可不像你所想象的那样，是澳大利亚常见的一个特点。20世纪90年代，她开始从政，成了澳大利亚工党党员。她就像很多其他澳大利亚人一样，（但是哎呀呀，像得还不太够），对约翰·霍华德，澳大利亚长期执政的自由党总理所体现的澳大利亚右派的精神荒芜和智力平庸彻底厌倦。诺厄琳的政治野心不像她的戏剧野心那样成功。我长期以来都认为，这是很遗憾的一件事，因为，就算她没有成为澳大利亚历史上最精明的工党议员，她也绝不会成为华盛顿奴颜媚膝的哈巴狗。她可能成为一个颇有人情味，体面，而且富有爱国情操的议员，而且是第一个天生金发的议员，这种优点不是我们那个喜欢夸夸其谈的国家级"风囊"罗伯特·戈登·孟席斯所具有的，更别提他的拙劣模仿者约翰·霍华德了。

我们本来可能会结婚,但我俩都知道,我们年龄太轻,没法结婚。诺厄琳的职业感很强,我俩都无法想象周围环绕着一群"啃咬脚踝者"(这是澳大利亚对小孩的说法),在悉尼某个郊区公寓中生活的景象。

撰写艺术评论从来都不容易,也不应该容易,但在60年代开始的澳大利亚,撰写艺术评论尤其困难,因为这个文化给你提供的可行模式,甚或是光荣的模式极少。当然,当时并没有卓越的批评家为澳大利亚报纸或杂志写作。英国报刊的艺术评论又很难弄到,其中提到的表演你也无法看到。

但是,那美国及其50年代和60年代早期,主要如令人敬畏的克利蒙特·格林伯格和哈罗德·罗森伯格这些人物呢?存在同样的问题,因为在澳大利亚,你永远也看不到他们在纽约所写的那些艺术作品。博物馆没有购买任何作品,画廊也不展出任何作品。他们提到的作品无法得知,那从艺术批评的外在散文形式中,又能学到什么呢?无论如何,作为作家,我对上述两人几乎提不起多大热情。格林伯格太干,太教条,不对我的胃口——而且,我当时甚至都不知道,他在与作为社会和商业制度的艺术世界的关系上,是一个多么喜欢欺负人、多么令人讨厌、又多么傲慢不逊的人。罗森伯格好一点,但他作为作家还不够出类拔萃。而且,这两人都有一个异常有限的地方,就是好像并不了解塞尚之前的艺术,更不要说在乎他之前的艺术了。他们只是写写现代主义而已。我觉得,如果一个艺术评论家对委拉斯开兹或透纳讲不出任何有意思的东西,任何生动或有穿透性的东西,那就不值得从他那儿学习,就像一个对塞万提斯或狄更斯没有任何反应的文学批评家不值得学习一样。

我对之钦佩,不断阅读并想成为之的批评家——猴见猴做,有样学样——都关心艺术,而不仅仅只是绘画和雕塑。这些人中有肯尼斯·泰南,他是个智力超群,睥睨一切的天才。如果他欣赏一部作品,他就会非常明显地力挺之:他认为,戏剧是一种道德需要,而不仅只是具有娱乐的力量。他强烈地卷入了当代——他对布莱希特或约翰·奥斯本《愤怒的回顾》的拥护就是一个明证——但他也做好了充分准备,能够展示,也愿意展示,一部16世纪的剧本如何承担怎样燃烧而又直接的信息,仿佛一支火箭,从古射向今天。60年代早期,没有任何一个艺评家能像这样叙写古老的艺术,因此,我觉得真是振奋人心,尽管我既没有亲眼看过他说的那些演出,也没有看过泰特博物馆、纽约大都会博物馆和现代艺术博物馆的任何展览。

我十六岁前后,在我哥哥汤姆的藏书里见到一本书。这本书属于他当时的老婆,半日制记者乔安娜·菲茨杰拉德。该书的书名是"不平静的坟墓",其作者西里尔·康纳利(1903—1974年)曾主编过20世纪伟大的杂志(即使寿命相对较短)之一,即《地平线》,其存活期为1939至1949年间。这是一部搜集了有关艺术和生活,精雕细刻的沉思之作的文集,风格颇受尚福尔这样的法国格言作家的魅惑,调子低沉哀婉,所哀悼的正是康纳利所害怕的,那就是欧洲的消失,也许是欧洲的毁灭,出版时用的是帕里鲁努斯的笔名,那是维吉尔诗中埃涅阿斯的掌舵人的名字,他在旗舰从特洛伊前往罗马未来城址的途中,被扫到船舷之外,尸体冲上了未来的蓝色海岸。康纳利是个毫不羞涩的享乐主义者,他渴望远离灰色的英格兰,迁居他乡,但却因战争而受挫。他对20世纪30年代那个繁荣岁月巴黎和地中海畔生活的召唤,深深地打动了我,而他阅读之广,无论读了什么,似乎全都记得,这令我欣赏之余,也留下了深刻印象。他的忧郁和自怜与我自己的青春期相呼应,引起了我的共鸣。他光洁明净,超级细腻,而他璀璨宝石般的风格——达到了雅俗兼有的地步——几乎让人艳羡不已。我不想写得像康纳利:我就想成为康纳利。我把《不安静的坟墓》反复阅读,发现自己被他吸引,越吸越近——这完全是一个幻象。1966年,我已住在伦敦,为《星期日泰晤士报》写稿,偶尔,我会看见我的那个身材肥硕、情绪易怒的英雄形象,身穿他那身白线条西装,匆匆忙忙地沿着走廊走去。我不敢接近他。结果证明,我的这个本能没错。

我非常佩服肯尼斯·克拉克。《文明》远卧在未来,但《裸体》及其他对皮耶罗·德拉·弗朗切斯卡和列昂纳多的研究,则是我的必读文本。我经常阅读这些文本,特别是关于前者的文本,尽管克拉克的风格稍嫌华美,我却并不觉得有什么错,也不觉得他是在装腔作势。他的风格很自然,决不扭捏作态,完全是本性的自然生成。最好的是,他风格清纯,全然摆脱了任何行话。关于20世纪艺术发生了什么,有些人会去找一种作家进行阐释,但克拉克不是,也永远不可能是这样一种作家。例如,他从气质上讲,很不适合表现主义的情感展延和情感强度,更不要说超现实主义的性欲状态了。在后来的岁月中,当我听说,有人诋毁克拉克,说他社会地位太高,在体制内太成功,执掌国家画廊过于早熟,还说《文明》一书改编之后,于1969年后上了美国电视,取得了几乎令人崇拜的地位,我就明白他令批评他的人恼火的缘故了——我对《文明》一书当然有我自己的保留意见——但我无法苟同他们对他无理的阶级偏见。诚然,电视上的克拉克很容易被戏仿——"我现在正站在禁止停车圣牌[①]的中世纪表皮之外,你们看不见,是因为我正站在它的前面"——但他实际上从未堕入屈尊俯就的恶习中:我还记得其中一个例子,它之所以生动,是因为它

[①] "禁止停车圣牌",原文为意大利语:San Vietato de Sosta。——译注

独一无二,就在《文明》第 13 集的末尾。这时,他对文明本身的持续性表现出某种温和的担忧,在亨利·摩尔初步设计的一个模型的头上,仿佛可爱的宠物一般,像大叔一样(我想是)宽慰地拍了一下之后,就蹒跚地走进了索尔特伍的花园中。

无论好歹,(我想应该是前者吧),我 60 年代早期在澳大利亚时,克拉克是影响我的唯一一个活着的艺评家。(后来在英格兰,约翰·伯杰多少产生了更深的影响。)但是,对我慢慢形成的批评方式最有益的影响,毫无疑问来自乔治·奥威尔。关于人们所谓的艺术批评,奥威尔并未写过片言只语。的确,他曾写过一篇关于萨尔瓦多·达利的东西,后来变得相当著名。该文谴责达利,说他是个冒牌货,而且十分堕落——其借口是画家高度虚构的自传作品,《萨尔瓦多·达利的秘密生活》的英文版的出版,但这并非奥威尔努力得到的较好成果。从该文所展露的程度看,它不过说明,这位作家并不了解视觉艺术,也无法忍受达利经常惹人发笑的自恋幻象。

奥威尔影响我的倒不是这,而是他在说理和论证方面,对英语的直接运用。这是艺术评论中一个非比寻常的特征,也许一向都是。每个时期讨论艺术时,都有其自身的特殊模式,喜欢含糊其辞,废话连天到让人无法忍受。今天,至少在美国学术界,大行其道的模式,是对法国后解构主义行话的一种抽象而殖民的拙劣模仿,又浓浓地掺和了腐朽的马克思主义引文。但在 60 年代早期,你得与一种不切实际,充斥着暗喻的伪诗歌抗争,这种东西充塞了艺术杂志,使得阅读艺术了无意趣,让人难受。奥威尔的散文风格明白晓畅,不讲废话,说出话来,意义都可考证,因此与那种现象形成了鲜明对照。他那篇关于如何使用英语的文章,告诫写作新手有盎格鲁-撒克逊的词,就要用盎格鲁-撒克逊的词,而不要用拉丁词,宁可用单音节词,也不要用多音节词,用主动词,而不用被动词,等等,这篇文字应该是所有青年文化批评家的必读物,而当时对我就是如此。《政治与英语》是英语或其他任何文字中,一个找寻真理的伟大工具。奥威尔在该文中,也像在其他地方一样,升临到他不可逾越的典范,亦即乔纳森·斯威夫特的水平。

尽管奥威尔显而易见,是一个左派人士,强烈反对斯大林主义致命的、占统治地位的正统观点,同时又主张采取一种人道形式的工党社会主义,但我并不特别关心他的政治。20世纪70年代和80年代,新保守主义者,如美国的诺曼·波德霍热兹等,曾努力为奥威尔招魂,企图让他进入右翼的里根派行列,但我认为,这不仅绝对错误,而且是一个可怜的证据,说明他们言而无信——严重地背叛了奥威尔代表的价值观。

但他对文化政治的那种本能——他认为凡使用语言,都必须为语言明晰、表达有力而交学费,滥用语言则是无视作家行规,有违作家诚信的一种犯罪行为的看法——至今仍在我心中萦绕不去,而且用在视觉艺术的讨论上,也似乎很有必要。也许这样一来,你要说的话就少了,花哨和华丽的东西也少了,但也许说出来的东西原本就不值一提。而且,也没有任何好的理由害怕,如果你尽可能坚持具体入微的风格,就会有一片令人窘困的沉默降临。艺术大多都是具体之物,诉求感官,穿越感官(它再次说明,不用把观念艺术太当回事)。反正我不是哲学家,对唯心主义的讨论没有一点天才,也没有一点欲望。

艺术方面教我最多的人,就是艺术家本人,也许这是不可避免的。他们之中有许多人对我表示怀疑,这也不是没有道理,因为我还太年轻(1959年时才21岁),狂妄自信,却又没有经验。有些人欢迎我,另一些人很提防,给我留出空间,还有一些人从一开始就鄙视我,一直到我离开澳大利亚后仍然继续鄙视我。澳大利亚艺术界的政治不仅是由其中那些在艺术界内部集结起来,充满敌意,互相对立的人所左右,也是由他们所确定的——无疑正如提到因学术嫉妒而产生的仇恨情绪时,基辛格所说的那样,"其中的赌金太小"。这些互相争斗的人中,大多数的起因说到底都是市场,而不是关于绘画的这样或那样的意识形态。艺术的价值极低,几乎我认识的所有画家和雕塑家,都不关心政治,即或对政党政治感兴趣,兴趣也是微乎其微。当时没有任何重要的"政治"艺术。澳大利亚有几个社会主义倾向的老左派,如诺尔·康尼翰,画贫民窟及其住在贫民窟里、受尽蹂躏的人,但就到此为止。这一点忠实地镜像一样反映了在澳大利亚知识分子生活中,总的来说缺乏对抗的现象。20世纪50年代,澳大利亚没有现代意义上的"公共知识分子",这样说几乎是对的,尽管并不全对。当然有持异见分子,但他们在小杂志之外,是没有任何论坛的。不可能想象堪培拉的政治家,会去理睬一个未经选举产生的政治分析家,或去理睬任何企图建立某种政治哲学,更不用说企图批评某种政治哲学的人了。意识形态是共产党的事,的确,"知识分子"这个词几乎没有具体的存在。几乎难以让人想象的是,要这种动物存在干吗。媒体和政客都坚持说,我们只有"假知识分子"——没有用处,柔弱无力,处于学院边缘,在阴暗角落制造阳痿的理论,对公共政策发挥不了任何作用,而且也不允许他们一试。连知识分子都毫无力量,报酬偏低的小小艺术世界力量不就要小得多了吗!就连我们的艺术放任之风,也只呈现出一种私人色彩和非对抗性色彩。荒诞无稽的争斗存在于两个主要文化中心,即悉尼的"抽象"画家和墨尔本的"具象"画家之间——之所以说它荒诞无稽,是因为大多数的"抽象"一点也不抽象,其中浸透了关于风景和自然界的指涉。澳大利亚对蒙德里安那种纯正画派的抽象,从来都不客气——事实上,蒙德里安本人也并不像通常所猜想的那样,搞的是纯粹的抽象。

这倒不是说,澳大利亚看不到蒙德里安这样的画家了。一代又一代只接受了半瓶水教育,男性十足的那些反动分子,在博物馆当馆长,充当托管人,"优待"蒙德里安这样的画家,使他们不见天日。(在美国,没人仅因其掌握的艺术知识,就能被任命为大博物馆的托管人。你能否进入董事会,得看你的综合因素,如你是否拥有财富,是否私下承诺,愿意把你拥有的财富的很大一块交给该博物馆。)当年,在澳大利亚,情况也是如此,但不如美国好:一般规矩是,你对将来是否馈赠,不必做出任何许诺,你只需要"杰出"就够了——换句话说,你只需要是一个所谓的"好人",而不受必须是行家或做出许诺的拖累。这是一个虚弱的制度,它在本来需要一定知识和开放度的地方,却保证了愚昧的集中:亦即能以其决定压倒馆长决定的董事会。在购买"海外"艺术方面,它既不定期提供资金,也不作出有效安排,其后果就是,澳大利亚的博物馆就欧洲和美国在抽象艺术方面,过去半个世纪究竟有什么在发生的情况,不向公众交代,也无法向公众交代,结果围绕所谓"对跖地宣言",在1959年发生了一场蹩脚的争议。

既然澳大利亚艺术家从未表现出想在俱乐部或"运动"中,寻求集体身份的倾向,那么,这份文件的存在,就有了某种重大意义,但其意义大多在于它的种种误解上。该文件由墨尔本的艺术教授,尚未完全摆脱马克思主义的伯纳德·史密斯,在画家兼陶艺家戴维·博伊德的唆使下起草,制定了一个咄咄逼人的琐碎化方案。它说:

> 今天,我们相信,作为独立艺术的绘画的存在已经处于危险之中。今天,塔希派画家,行动画家,几何抽象派画家,抽象表现主义派画家和他们的那批不计其数的追随者,都有可能以其平淡乏味、矫揉造作的神秘,使艺术的智性和智力变得麻木不仁……我们正目睹清教徒和砸偶像者又在做

出努力，企图把活生生的艺术言语，降格为沉默的装饰。

的确如此。当然，所有这些在纽约、巴黎和伦敦，发生在绘画上的简直可怕至极的事情，都要在维多利亚墨尔本，以一场抵抗运动席卷回去。是这样吗？也许是，但需要大致检查一下现实情况。事实是，澳大利亚的抽象画从来都不纯粹。一抽象起来，如拉尔夫·巴尔森的具象作品中那样，就一点也不受欢迎。它远远未到把艺术降格为"沉默的装饰"的地步——再说，装饰从何时开始，变沉默了呢——而是过着一种完全边缘化的生活，如果从公众和市场角度讲的话。在澳大利亚制作的大多数"抽象"绘画的背后，通常都有一片风景，底为黄土顶为天。20世纪60年代早期，澳大利亚最知名，也最受尊崇的"抽象"画家，如约翰·奥尔森和伊恩·费尔维泽等人的作品中，弥漫并润泽着人体、风景和动物的形象，到了完全不能称之为抽象的地步，尽管抽象化和风格化在其构成中，发挥了很大的作用。除此之外，在"对跖地宣言"上签字的人中，包括伯纳德·史密斯博士在内，没有一个人看过多少（或在大多数情况下，看过任何）抽象表现主义的作品，对这个很不到位的标签是啥意思，也没有一点哪怕是泛泛的认识，因为他们出去走的地方很少（特别是没有去过纽约），与此同时，所谈到的绘画作品从未来过澳大利亚。我觉得，他们就澳大利亚艺术命运所发的警告，听上去很高尚，其实似乎可以归结为为了划分势力范围，认为在一个小小的艺术市场中，究竟抽象画还是具象画应得更大份额而互相斗嘴的平庸之词。很快，这些话就失去了任何意义，因为随着澳大利亚的商业兴旺，以及越来越时兴墙挂艺术——无论是作为装饰还是投资——的风潮，结果是人人都有了充裕的空间。

1962年的一天，悉尼一组"抽象画家"——约翰·奥尔森，列昂纳德·赫辛，斯坦尼斯劳斯·拉波特克，比尔·罗斯，以及其他人——在墨尔本一家画廊举办画展,他们自称是"悉尼老九",那天晚上,墨尔本的画家为他们开一个派对时,我才清楚地意识到了这一点。没问题,这意味着一种辩论的姿态(一种来自北方的象征性入侵),我在为画册写介绍时,试图以一种不假思索、诙谐幽默的方式,陈述这个无伤大雅的论点,但是,墨尔本的那些画家他们自己却不以不假思索的方式看待这个问题。他们也不觉得这很好玩。聚会地点是一家深似洞穴,铺着锯末,饰有巨型餐桌和杉木坐凳的餐馆,太具粗壮结实的伐木工人色彩了,以致老板可能觉得,法式鸡肝酱从本质上讲过于女性化——不过,我现在已经忘记,当时究竟吃了啥——那天晚上很快就演变成了一场颇带孩子气的、醉醺醺的口角。墨尔本画家约翰·帕塞瓦尔是个瘸子,酒瘾又大又狠。他用拐杖的橡皮底部,在锯末中划了一道横杠,对任何一个"他妈的悉尼'匍匐他'①"提出挑战,看他们敢不敢从上面跨过去。约翰·奥尔森跨过去了,结果啥也没有发生。亚瑟·博伊德的弟弟戴维画的画颜色灰暗,黏糊糊的,画质很糟,画的都是塔斯马尼亚遭到大屠杀,受尽压迫的土著人,这些画中,博伊德家的人的绘画天才并未显现出来。他一把揪住我的衣领,一下子哭得泣不成声,让人揪心,他宣称,我和"悉尼老九"的成员一起到墨尔本来,就是为了从对跖地宝贝的口中抢食,这些宝贝之中,已经有几个肥胖而红润的典型,在餐馆的长凳间爬来爬去,还在锯末上撒尿,对即将到来的饥荒似乎毫不在意。澳大利亚文化生活的这些场景,距离当前更酷也更风格化的现实太遥远了,是需要一个罗兰德森来还他们一个公正的。

最知名的澳大利亚具象画家当时并不在这场混战之中,甚至都

---

① "匍匐他",即英文 poofter(同性恋)的音译。——译注

不在墨尔本。你就是劝他,他也不会在"对跖地宣言"上签名。他在伦敦,作为我们最著名的旅英画家,跟罗伯特·赫尔普曼爵士和彼得·芬奇一起,优哉游哉地过着日子:他就是西德尼·诺兰,后来(从1981年起),成了西德尼爵士(1917—1992年)。对我来说,诺兰一向都是一个颇有争议的人物,但这个争议一向都只是在他内心。我认识的一些艺术家作品很不平衡(说实在的,谁的作品又很平衡呢?),但我认识的艺术家中,很少有一个像诺兰的产量那样,跨度如此之高又如此之低,如此垃圾之极,又如此抒情到近乎天才的地步,因此我时常纳闷,我不喜欢他的低劣之作,是不是因为我有某种盲点。(我并不认为如此,这句话可以记录在案了。)

不过,关于他近乎天才这一点,我是相当确信的。诺兰1947年献给澳大利亚丛林土匪纳德·凯利的绘画系列,是20世纪艺术中一个少有的杰出的叙事系列。但是,我是在他早期作品的语境下,才逐渐认识诺兰本人的。在第二次世界大战的早年,他作为列兵,驻扎在维多利亚北部的温默拉,那儿的土地平坦、炎热,生长着小麦。他的基地是该镇一个军营,那差不多就是一个铁路调车线,名叫丁步拉。他在那儿,乘着工作间隙画画。这些画大多都没有文件记录,现已遗失。到了1962年,有计划写一本关于这些画的书,诺兰希望由我来写,但首先得把这些画找到,如果能够找到的话。于是,我俩就到温默拉去了。

诺兰早就意识到,军队生活不适合他。1942年,在丁步拉,他正把100多公斤的小麦袋往铁路平板车上抢时,他队伍中跟他配对的那个笨小伙子列兵,把又大又重的后挡门,"砰"的一声关在他的手上,砍掉了一根指头。那小伙子弯腰,从铁道上拾起那根粗糙地切断的指头,冲着诺兰伸出去说:"赶快到医务官那儿去,西德尼。如果他能把东西缝上去,你就啥事也没有了。"

诺兰吓坏了(他告诉我说),他决定就在这一刻逃之夭夭。他让人把手粗糙地缝合起来。当逃兵的惩罚是面对行刑队挨枪子,但诺兰无所谓。他宁可死,也不要再在澳大利亚陆军待下去了,就这么简单。反正那些混蛋首先得抓住他才行。

他把在温默拉画的画都搜集起来——有几十幅,都是在廉价的硬质纤维板上画的,这在1942年一文不值,但二十年后,根据澳大利亚的标准,就很值钱了——然后把画藏在同情他的小麦工人的房子和棚子下面。这些建筑物支在铁皮桉柱子上,上面装了洋铁皮防白蚁帽,保护其不受白蚁侵袭,但是,这些画可没受到这种保护呀。

诺兰把步枪扔到河里,跳上一辆开往四百英里开外的墨尔本的货车,到墨尔本后,从赞助人约翰·里德和里德的老婆姗迪·拜留那儿,在他们位于海德堡的"海德"之地的地产上,找了一间棚子住了下来。人们一向都援引约翰·里德的赞助,认为这是诺兰得以开始当画家的主要原因,但对姗迪·拜留的爱恋,至少也是同样重要的。她太相信诺兰的天才,太迷恋他的天才以及他本人(就像托马斯·巴兹迷恋威廉·布莱克一样,但比之更甚),以致她宁可忍受挨整受罚似的辛苦,长途跋涉,从墨尔本哐里哐啷地坐着火车,来到丁步拉,为的是给他送去油彩、画刷和杂志。她不仅仅只是他的情人而已。她还帮助创造了诺兰这个艺术家,可能比她丈夫做得还多,他们1940年代早期的通信——诺兰的遗孀玛丽·博伊德控制着这些通信的版权,据她说,这些信怎么可能印行出来呢——在现代艺术的编年史中,几乎是独一无二的:要想找到能够与之相提并论的东西,就必须回去找奥斯卡·科柯施卡和阿尔玛·马勒之间的通信。

在约翰和姗迪·里德夫妇的保护和支持下,他们形成了一个三角家庭,这在小小的墨尔本艺术圈子内,已经是一个公开的秘密,但在圈外还相当不为人知。他在海德隐匿了六年,直到战争结束了很久之后。他的凯利系列画大都是在那儿的日光浴室的桌上画的——这是一个完美无缺的地方,正适合画另一个人,对另一个人沉思默想。军警到海德找他时,他们时不时地来找他,诺兰可能正从凯利帮那儿抄一个特技,这个帮的一名成员叫斯蒂夫·哈特,他曾在骑警骑马找他时,穿上妹妹的衣服,男扮女装起来。凯利系列绘画中,有一张题为"斯蒂夫·哈特巧扮姑娘",这种田园牧歌般的性倒错现象,在军警出现在海德时,正被诺兰描抄下来——于是他就费劲地穿上一件姗迪·里德的连衣裙,手拿一根拐杖,在溪水旁的草地上游来荡去,一面低声地自言自语,坦诚的爱尔兰蓝色眼睛凝目注视。"那不过是我得了神经病的小妹,"里德解释说,"她喜欢照看鹅。"四十年后,这个身穿直筒式棉布连衣裙,上面沾着鹅粪的疯疯癫癫的女士,就要在白金汉宫被授予骑士称号,如果那些军警当年就有这种远见,不知他们会作何感想。诺兰不男扮女装时,就使用假名"罗宾"——估计是根据罗宾汉而来,这进一步美化了他和纳德·凯利的逃犯地位。

与此同时,温默拉的画作全被霉菌和白蚁嗜尽,就连最后一幅也不复存在。当我和诺兰在他还记得地址,硕果仅存的几幢农舍基桩下面爬来爬去时,我们什么都没找到,只找到几块被啃咬过的硬质纤维板残片,上面有彩色搪瓷的痕迹,那也许是(也许不是)诺兰听说毕加索用过这种牌子的房屋油漆之后,在早期绘画作品中采用过的利普林油漆。据说,毕加索曾说:"利普林是一种健康的油漆。"无论他说这话是啥意思,这油漆还是不够健康,并未挡住澳大利亚的害虫侵袭——话又说回来,很少有东西能够挡得住的。诺兰多少已经料到会有这种结果,但他一直抱着希望,以为总会有东西出现。他自己早年的画作所存无几——1947年的凯利系列除了其中一张外,全部都转到了约翰和姗迪·里德之手。我觉得,他在某种不太下意识的层面上，把抢救自己早期画作，使之不受腐蚀性的澳大利亚环境影响的想法，与他本人因旅居国外，而可能在某种程度上不太遭人毁谤的想法联系了起来。关于这点，媒体对他一向都很凶狠。给他挥以大棒，是媒体的标准表演，因为他不再在澳大利亚生活，因此可以毫发无损地骂他是个叛徒——有些人还认为，他而且是个势利眼的叛徒，因为他从伊丽莎白二世那儿接受了骑士称号。在几家酒馆，诺兰一边喝着大杯啤酒，一边跟我大倒苦水，说他觉得，澳大利亚媒体对他，使用了一种残酷无情的双重标准（他说得太正确了）：一半是为他作为一个澳大利亚人的成就骄傲，一半是为其而感到嫉妒。"他们会把你杀了，"他郁闷地说，"你给他们一半的机会，他们就会把你杀了。"当时我还以为他在夸大其词，其实他没有。

事实上，我脑海中记忆最生动的三个墨尔本画家中，只有一个在"对跖地宣言"上签了名，此人就是亚瑟·博伊德，他是三人中最圣洁，最不装模作样的。出于对家庭的忠诚，他多多少少也不得不这么做，因为他弟弟戴维帮助把这个梦做了出来。诺兰总是很复杂的一个人，连碰都不愿碰一下。而尽管有人请，但澳大利亚那个最难相处，也最偏执的画家，就是不肯在上面签名。

这人就是墨尔本40年代的一员老将，即画家阿尔伯特·塔克。塔克是个下手很重的表现主义者，自我中心得像头比特犬，他在20世纪40年代早期，曾画过一些不无优长的画作，主要都是有关所谓"维多利亚少女"的半妓女主题，这些女的在墨尔本的酒馆和弹球游戏馆踟蹰不去，专门勾搭美国大兵。但是，他从来没法靠他澳大利亚的画作过活，于是在1947年离开澳大利亚，前去欧洲，宣称说："我是难民，逃离澳大利亚的文化。"——那个时候，"难民"一词远比现在更重，更具哀婉动人的政治含义，暗示着不仅仅是流离失所，而且还是积极迫害，如纳粹对犹太人，斯大林主义者对苏联自耕农一样。他在巴黎住了一段时间,在那儿受到杜比费有意粗糙的素描和厚糊技巧的影响。这后来成了他带有裂隙和"art brut",又称"原生艺术"风格的基础。接着,他通过纽约,逐渐一路打回澳大利亚,1960年回到澳洲,(在那年我在墨尔本对他进行的一次访谈中)宣称说:"我回来拿该付我却未付我的薪金了。"

塔克二十年前在墨尔本画的画卖不出去,后来在旅居国外的岁月里,在法国和意大利画的画也卖不出去,凭什么澳大利亚就欠他了,这一点没做任何说明,但他却像救世主般,打定主意要澳大利亚付钱给他,而且要付比诺兰还多的钱,塔克不是把诺兰看做他的老同行,而是看做一个可恶的对手。(在塔克着急上火的世界里,人人都是对手,连出租车司机也是。)

于是,作为策略的一部分,他虚构了一个神话,说他在欧洲,更重要的是在美国,已经成为一个为人所钦佩,争相搜求的艺术家。他制造了一种印象,好像美国各家博物馆的馆长,在古根海姆的詹姆斯·约翰逊·史温尼和现代艺术博物馆的阿尔弗雷德·巴尔的领导下,都争先恐后要把他画的陨石坑中的侧面头像弄到手。西德尼·诺兰也许在伦敦跑内圈,有优势,但他,伯特·塔克,却是美国人盯住的那个澳大利亚人。由于从澳大利亚无法对此加以很快的核实,这件事就成了既成事实,成了塔克为自己编造的那个国际明星的金色传说①。不过,这是彻头彻尾的谎言。在澳大利亚之外的艺术世界,凡是占有权力之位者,都未听说过他,纽约的人是肯定没有听说过他的。

随着时间的推移,塔克的画作越来越重复。他的"对跖地脑袋",

---

① "金色传说",原文为拉丁语:legenda aurea。——译注

也就是那个看上去颇像澳大利亚地图翻转过来,凸凹不平,面无表情的侧面像,已经衰变成一个注册商标,其拥有者时而扛枪,时而又不扛枪。头上时而有鸟攀缘,在上面剥啄,于是就题为"探险者被鹦鹉袭击"。(作为鸟类学的一个事实,鹦鹉从未袭击过探险者:鹦鹉太害羞了,只吃坚果、昆虫和果实,而不食人肉。)但无论塔克怎么画,东西还是同一个形象,只有很小的变异。就这也并不妨碍他,对凡在他最近画展中,没看出他有重大创新或新起点的人,猛烈抨击,痛骂一番。总的来说,他很令人厌烦,自我得就像澳洲大陆中心那块巨大红岩乌鲁鲁。人们很怕在澳大利亚艺术世界的小圈子里撞见他。我一般来说还不是个胆小鬼,但我太怕伯特·塔克了,当悉尼画家比尔·罗斯告诉我说,伯特看到我关于他上次画展的鹦鹉和探险家(或许是探险家和鹦鹉),写的一篇不大热情的评论之后,就拿着一把手枪,到悉尼来找我时,我便在煤烛溪租了一条霍尔沃森游艇,沿着霍克斯伯里河上溯,消失了一个星期,随身带了我那把可信赖的鸟枪,以防万一。这个故事传出来后,引起多方嬉笑,结果发现,塔克连那篇评论都没看过,更不要说离开墨尔本来报复我了。

对付塔克这种人,也不是没有办法,但幸运的是,像他这样的人并不多。其中有些成了我的朋友,给了我很多好的影响,打开了我的前景,让我看到了艺术的目的,而在此之前,我对艺术的存在仅有模糊的认识。约翰·奥尔森(生于1928年)拿到一份私人奖学金后,去了欧洲,先在巴黎定居,然后把三年旅居的大部分时间,都花在了马略卡岛。凡当时在欧洲画坛似乎极为充满活力的东西——不是模仿50年代毕加索的那些行动迟缓的人,不是几何抽象画疲倦乏味的重复,而是眼镜蛇画派的作品,让·杜比费的作品,以及20世纪50年代后期,开始崭露头角的几个年轻西班牙艺术家,如用颜料雕刻出阴郁而又美丽的"墙壁"的安东尼·塔皮埃斯和安东尼奥·绍拉——他都能非常敏锐,又很热情地加以吸收和消化。他谈到了巴塞罗那和安东尼·高迪——这一来,他就点燃了那根缓慢燃烧的长长的导火索,最后导致我在三十年后,就高迪和巴塞罗那写了一本我自己的书。他谈到了皮埃尔·阿列钦斯基和胡安·米罗,说他们的画布上麇集着怪异的动物、昆虫、太空人形象。无论"纯"抽象是什么,他对之都不可能不感兴趣。他通过诸如《在维多利亚大街上生活的人》(1960年)和《人鼠族塞壬城的入口》(1963年)(这是多么棒的标题啊!)等画作,试图画出悉尼人烟稠密的生活肖像,这完全走到了经验的对立极点,与墨尔本那些对跖地人以为悉尼画家所搞的"平淡乏味,矫揉造作的神秘",形成了鲜明对比。奥尔森在乎粗鄙庸俗吗?一点也不:

> 我喜欢粗俗。粗俗具有极大的活力。有时候,我画上一个粗鲁无礼的脑袋,冷冷地笑着,发出咆哮声。你得准备粗野一点。我不喜欢国际绘画——在欧洲已经看厌了那种滑溜溜的抽象画。如果真要解决本地的问题,甚至要画得很平庸。澳大利亚社会的力量所在,就是这种粗鄙庸俗……

当许多人,也许大多数人都还在认为,保罗·克利是某种边缘化的美学家——即某个描绘"小天堂",适合自由主义幼儿园的画家——时,奥尔森就已凭直觉推测到,克利对从康定斯基到毕加索等同时代人的影响,对其继承人,特别是波洛克的影响何其之深。克利那句"牵着线条去散步"的名言,后来成了奥尔森的护身符。该话提倡的形象方式妙不可言,极为适意,充满了狡黠的幽默和画面笑话,经过一般题为"进入你美之国之旅"的系列画作,为澳大利亚人集中体现了出来。("You beaut"[你美]是一句澳大利亚俚语,现在已经过时,意指热情过头的赞美。)

那时我想,现在仍然这么想,奥尔森之于他那个时代的澳大利亚,就相当于亚瑟·斯特里顿之于维多利亚时代晚期的澳大利亚:这位风景画家以无与伦比的优雅和精力,给他的国家露了一"脸",这张脸以前没人看见,但一旦看见了,就几乎真实到成为警句的地步。有些澳大利亚艺术家在步入中年后期的荒地时,表现出一种僵化的倾向,画的都是例行的形象和典型的姿态——全是自我戏仿的表演作态。约翰现在已近八十,他却避免了这一点。唯有他的精力和视觉好奇心,使得他能根据储备的普通形象,仍在如此放浪不羁、兴致勃勃地继续作画。

还记得有天晚上,奥尔森的作品在我眼前特别活力四溅。不久之后,我就要离开澳大利亚,我去怀王的雅兰马龙丛林看他。澳大利亚作家弗兰克·克鲁恩(1893—1971年),一个说话像乌鸦叫,极为自恋的老写手,借给他一幢房子住,就在乡间的山边上。克鲁恩是个很富有的会计师,在悉尼沃克鲁斯这个"银尾"①区居住,他不过是个名义上的作家而已:他名下发表的大多数作品——至少有六十本书,使他继丛林小说家伊翁·艾德里斯之后,成为澳大利亚第二个最受欢迎的作家——都是一个心怀怨愤的"幽灵"写手写的,该人名叫帕西·"墨水"·斯蒂芬森(1901—1965年),一个稀奇古怪,水平二流,在文学上发了财的盎格鲁-澳大利亚士兵。斯蒂芬森在牛津接受教育,成了"地球上最邪恶的人",信魔者阿莱斯特·克劳利和 D. H. 劳伦斯的朋友。"墨水"回到了澳大利亚,通过早期与林赛家族,后来又

---

① "银尾",英文为 silvertail,直译,意为很有钱的。——译注

与共产党结成的依附关系之后,在两次大战之间,帮助成立了一个名叫"澳大利亚第一"的准法西斯组织。因此,他在整个第二次世界大战期间被关押。他顺便还设法为克鲁恩写了大部分的书,不过,他带着某种痛苦地写道:"只要给我两根别针,我就可以把这种令人不快,粗制滥造的文学扔掉……它毁掉了我的神经和视力,也毁掉了我的才能。"像镣铐一样绑在克鲁恩身上,想必真是一种令人不快的命运,此人不停地生产书籍,书名都是诸如"飞向福摩萨"、"穿过巴布亚"、"从拉合兰河上翻滚而下",以及"去伦敦吧,嗨呵!"之类的东西。

克鲁恩的胡萝卜色头发的老婆瑟尔玛(很幸运的是,在他们的婚姻中,她耳朵聋得像根木柱,因此可以忍受他的独白),在国王十字区开着那家克鲁恩画廊。约翰偶尔也在那儿办画展。她是个心地很善良的人,有时会把雅兰马龙的农场别墅借给"她的"艺术家,当做他们的画室,约翰在那儿已经画了好几个星期。这是一个田园牧歌般的地方,有着宽敞的阳台,从那儿看过去,是一排树林,目光越过向东滚滚而去的山峦,来到灰蓝色一片的太平洋,在正在消逝的光线中闪闪发光。幸而老板不在那儿。当时约翰在,同在的还有能装好几辆车的朋友。我随身带去了几条鱼(平头鱼和对虾,一袋贻贝,还有一袋"皮皮",这种多汁的小沙地蛤,当年大多数澳大利亚人不肯吃,都拿来做鱼饵),以及一箱葡萄酒。有人拿出新鲜的法国长面包。约翰把他那只已经发黑,用来做西班牙海鲜饭的平底锅拿出来。一小时后,暮色四合,唯有煤油防风灯照亮,我们八人在外面围桌而坐,吃了起来。突然出现了一片混乱。杯盘摔碎,酒瓶倒塌,几只负鼠从屋顶一跃而下,从桌上一掠而过,抢走了面包,把面包紧紧抓住不放,像海盗一样朝索具冲去,然后一溜烟钻进了树丛。我们大吃一惊,身上溅满葡萄酒,都快笑得歇斯底里,只能无可奈何地袖手旁观,看负鼠大吃大嚼,把面包屑洒在树叶上面。在半明半暗中,这样一种完全出人意料的突袭,这种动物世界天真烂漫的贪婪的爆发,这种集粗野、暴食、神秘和幽默于一体的东西,完全是约翰艺术的精神。

柯林·兰斯利(生于1938年)是悉尼拼贴小组的奠基人,该组名叫阿南代尔模仿现实主义者。

模仿现实主义者小组的名字,取自他们的生活,当时完全没有变成高尚区域的工人阶级郊区,他们从20世纪60年代初起,就在制作奇形怪状的拼贴作品。他们共有三人,迈克尔·布朗,罗斯·克罗索尔和兰斯利,三人都是二十几岁,住在一幢凌乱不堪的维多利亚时期的四层楼房里:生锈的铁制格花阳台,鹅粪绿的油漆,狭窄的房间里散发出一股松节油和烤豆子的气味。三十年前,凡是见过这个地方的人,无一能够忘记它的样子,但也许只有二十个人,都是艺术家和作家,亲眼见过这个地方。它来得过早了一点,是四分之一个世纪前的东村,但比东村强得多,在西边一万五千英里之地,其天赋的神秘之感是不可能重新恢复的。几乎连一平方英尺的墙壁都看不见了。这幢房子变成了一座结成硬壳的宫殿,塞满了用垃圾制作的偶像和模拟像,就好像中低阶层的澳大利亚生活长期积累的内容,以其所有的庸俗、悲情和折磨不休,一再坚持的力量,全都照着墙壁扔了过去,粘在那儿,暂时以斑斑点点的油漆锁定在那儿。他们第一次在悉尼的鲁迪·科蒙画廊集体展出时,他们和兰斯利制造的丑闻,是悉尼多年来闻所未闻的。模仿现实主义的内容全是关于文化,几乎无关自然。"她是合成的,又粗俗,又下流,"迈克尔·布朗谈到他的作品《玛丽·娄》时这样写道。这是一幅恶意中伤的垃圾圣母玛利亚像,其乳房和阴户由两只玩具鸭子和一只压扁的油漆罐子组成。"与此同时,如果你能忍受足够久地看着她,就能从中看出一种奇异的美来。"但无论如何,不是人人都能看得出这种美来的。当时,朋克这个名称尚未出现,要过了二十年后才出现,但其中有相当一些要素已经在阿南代尔那儿出现了。正如我在当时的《国家》杂志中所指出,没有一个澳大利亚艺术家,以牺牲"高级"文化田园梦境的代价,对澳大利亚社会的城市粗俗,做了如此多的工作,因为这个所谓的"高级"文化依然固着于风景,毫无意识地希望拒不承认其城市化的性质:丛林小镇奄奄一息,90%的澳大利亚人此时都生活在沿海城市。

现在回首当年,我就觉得,那幢怪异同时又像游乐场的艺术之屋,多少有点像 19 世纪后期,邮递员费尔南德·谢瓦尔,在德龙省欧特里沃,把在送信途中搜集而来的石头,七零八碎,以及小块垃圾等搭建而成的理想宫①,那是为超现实主义者崇拜的天真无邪的想象力而建造的一座寺庙,但打造该屋的三个人却并无任何"天真无邪"之处,因为他们至少都上过艺术学校。兰斯利当然听说过克特·施维特斯,以及他的作品《梅兹堡》,亦即他在汉诺威,用胶水粘起来和用钉子钉起来的垃圾,制作而成的一幢房子——但那早就被摧毁了,也没有留下任何照片,因此想不出来是啥样子。他也听说过胡安·米罗的超现实主义的结构物,以及亚瑟·达夫的物体诗和罗伯特·劳森伯格 20 世纪 50 年代后期,在大街上搜寻垃圾,然后做成的奇妙无比的"合成物"。但你光听说艺术还不成,你还得亲眼去看。在澳大利亚,上述这些东西一样都看不到,也从来没有看到。兰斯利遭的罪跟我们其他人都一样,也就是有形象而看不到。但他可以超越这一点,他通过欧洲的正统现代主义传统,走向澳大利亚源泉,走向澳大利亚习语,他还走向了澳大利亚的物体白话。在这方面,认识奥尔森并了解他的画作,是有很大帮助的。正如他所说,这就等于:

---

① "理想宫",原文为法语:Palais Idéal。——译注

通过把经验零打碎敲性质的印象组合起来，试图重塑经验……奥尔森当时的很多画作，都是人在大街上散步，这是对保罗·克利闲逛的一种详述。这种过程以一种自由旋转的精神，记录并注释了各种书法的发生和形象。它对我的吸引之处在于，它似乎是一种很有创新精神的绘画方式，看起来就好像可以发现一个很大的词汇量，一个很大的形象储集库。

兰斯利的作品中还喂养了其他东西。例如，他的作品受到新几内亚艺术，特别是塞匹克河一带面具和雕刻，那些英雄或神祇皱眉蹙眼，敢于对抗的面目的影响——这特别令人欣喜——美拉尼西亚的艺术家经常结合从白人文化中抢救下来的碎片，如一只穿旧的皮靴底，把它向下一卷，就成了一条舌头。

我很幸运，能把奥尔森和兰斯利算作我的朋友——他们至今仍是我的朋友。第三个画家朋友现已不在人世。他名叫唐纳德·弗兰德。他1988年死于肺气肿，享年73岁。唐纳德所属的那一代人，比奥尔森那代或兰斯利那代都大。对我真正重要的人，我总是不记得何时何地第一次跟他们见面，情况似乎总是这样，但尽管我们在年龄和性取向上有着种种差异，我俩一见如故。地点一定是在悉尼，当我还在为《国家》撰稿之时——就算是1960年吧。他好像早已是澳大利亚艺术地位相当高的人物，一个久居国外的人，在锡兰的一个茶叶种植园住了五年多，而且，在此之前，多年住在离悉尼很遥远的地方，如意大利和托勒斯海峡群岛一带。实际上，他的鸡巴领着他，像一根占卜杖，走遍了世界。正如唐纳德有一次跟我说的那样，他是一个"近黑者"——他在承认自己赞美喜好黑人的同时，典型地使用了这个很特别，也早已过时的伪诊断学术语，这个术语我以前从未听说过，就好像他对黑人的喜爱，属于理查德·冯·克拉夫特-埃宾的《性精神病态》所描述的情况。在他青年时期固执而又沉闷乏味的种族主义白澳,这不是那种人人都必定想要生而有之的性取向。当时,白澳政策正在执行之中。总的来说,一个在澳大利亚生活,比较好色的年轻男性,在其范围内的唯一黑人,就是澳大利亚土著人,而唐纳德——就像他那个阶级背景的大多数白人,都出生于大牧场主阶层,因此地位很高——发现,这些土著人很粗野,长得细瘦,而且很不迷人。

唐纳德天生不适合待在澳大利亚。我特别喜欢他的一个理由,是他具有一种浪迹天涯的特质。30年代,他去了伦敦,作为威斯敏斯特中学的年轻的艺术学生,常常去逛苏荷区的爵士乐俱乐部和风化场所①,与那个地方非洲移民的流动人口和无案可查的过客勾勾搭搭。在那儿,他认识了一些西非人:个子高大,身体柔软,举止优雅,一会儿无精打采,一会儿又精力爆发,非常适合画画,而且黑得就像百利金墨水。他忽发奇想:干吗不到这些半神半人的年轻人的源泉,他们的主矿脉那儿去呢?于是,他带上存的一点钱——向英国收藏家卖画所得的一点三镑五镑的收入——就搭船去了尼日利亚首都拉各斯,最后生活在伊凯雷古国的首都,当时(这是1937年)主持该国的依然是其地的奥戈嘎或最高土著酋长,亦即棕榈爵士及森林秘密保护人阿罗沃罗都二世。阿罗沃罗都的祖先是巨大可怕、嗜血成性的约鲁巴武士,他们的奴隶会在眨眼之间,把你和你朋友的头骨,变成一套很对称的棕榈酒高脚酒杯。他们的凶猛残暴,以伊凯雷宫殿的一套上好的雕花木门做了纪念,现在进了大英博物馆,展示出一排排敌人头骨,戳在尖桩上,就像很多小糖果一样,有很正式而又优

---

① "风化场所",原文为法语:mauvaises lieux。——译注

雅的乌鸦在啄他们的眼睛。很幸运的是,对于年轻的唐纳德来说,这种严酷的气氛在过去半个世纪中,已经变得温和下来。目前的奥戈嘎是个很随和的二十岁的小伙子,他在他的巨大的草地宫殿里,心满意足地进行着统治,躺在一堆可观的枕垫和用亮色布匹包裹起来的草荐上,由着一些卑躬屈节的女人,为他膀子、腿和脖子上戴的许多手镯和脚镯上油。他主要还不是同性恋,但他的确对唐纳德表示出喜欢,指定他为他的主税收官。唐纳德在非洲的第一个工作,也是他唯一的工作,就是开着一辆仿佛害着佝偻病的奥斯丁车,沿着丛林小道,不时到拉各斯去,对伊凯雷的那些公开大唱反调的贵族敲诈税钱。这些人因其王国的斯巴达美德衰败而感到难过,就一个个拔营起寨,前去大城市。也够奇怪的是——对一个把后半生大部分时间,花来逃避澳大利亚税务官的人来说,尤其如此——事实证明,唐纳德还很精于此道,他的技能使他成了年轻的阿罗沃罗都二世的终身好友。只要读一读伊夫林·沃的《黑色恶作剧》,这部令人捧腹但却阴郁,描述海尔·塞拉西统治下,虽未挑明,但一望就知的埃塞俄比亚生活的名著,就知道塞斯皇帝其实就是阿罗沃罗都二世,而唐纳德·弗伦德就是贝塞尔·希尔的澳大利亚翻版。

这段田园生活难以为继。你也可以说,唐纳德的生命本来就是一连串田园生活,性质就是难以为继,那是虽然真实,但却脆弱,半带世外桃源性质的生活,其完整性始终遭到破坏,被打断,要不就是因有义务回到盎格鲁-澳大利亚文明而受到威胁。第二次世界大战爆发时,他回澳大利亚应征入伍。战事一结束,他就北迁,来到托勒斯海峡,在星期四岛的各社区生活。后来,他到现在叫斯里兰卡的锡兰,颇为像模像样地住在一间班格楼里,那是一家茶叶种植园地产,名叫布里弗,其业主是一个锡兰朋友贝维斯·巴瓦。这之后,他先在澳大利亚,后在印尼巴厘岛,围绕着自己,在库塔海滩——哎呀呀,现在这地方成了共管开发区,因为一个巴厘岛的共同拥有者,实际上把这份地产从他那儿抢走,该人以唐纳德搞同性恋为由,让人把他从该岛赶走——创建了一种显贵的氛围。巴厘岛当局一会儿并不耻于利用地位显赫的同性恋,推销他们的"文化之岛",一会儿又假充神圣,伪装道德,把他们赶走,为的是取悦选民,因此,在一切都取决于该地何种道德气氛占主导地位的情况下,这位年已衰迈的同性恋——所谓"香料群岛的诺曼·道格拉斯"——的生活就一点也不像本来那样安稳了。

由于我和唐纳德关系极好,1963年,当一个澳大利亚出版商提出一个想法,想出一本关于他的书时,他坚持说,这书一定得我来写。我一听这想法,就大喜过望。我现在已经忘记,当时的提议是什么:其中当然不含稿费,不过,我还是拿到了一笔一次性付清的钱(哎呀呀,这是澳大利亚出版史上支付的一小笔稿费)。尽管我对唐纳德建议说,他要送的两张素描不会出问题,但到最后,我还是没有收到这两张素描。(唐纳德人很小气,但有时候,这一点又很奇怪地与他喜欢显摆慷慨大度的能力十分相配。)但我很幸运,因为那本书不需要写得很长,被写的对象依然活着,能够尽可能坦诚地回答问题,偶尔也误导地回答问题——而且,最好的是,他大半生都记了日记,他这项重大工程到了1963年,光手写日记就有三十多卷,用的都是带有颜色和水印的漂亮的阿奇斯纸,还装饰了成千上万幅素描——这是一个具有高度观察力,属于上层阶级,但在社交方面肉草兼食的澳大利亚同性恋,在20世纪40年代、50年代和60年代生活的记录,它无可替代,而且在某些方面,也无法付印。澳大利亚从未有过类似圣西门《回忆录》之类的书,因为这个国家从来没有贵族,也没有宫廷,但是,在唐纳德·弗伦德的这些无与伦比的日记中,却能找到几近詹姆斯·鲍斯威尔作品的东西。幸运的是,唐纳德的日记在堪培拉的澳大利亚国家图书馆,已经找到了一个安全港。自他去世后,他的日记正由保罗·赫瑟林顿井然有序地加以编辑,准备出版,已有两卷正在出版之中。唐纳德不仅让我全权阅读这些日记,而且,令我稍感吃惊的是,还让我用我那只破手提箱,把这些日记三三两两地拿出他的房子,以便在家里工作之用。让我大松一口气的是,我从未把那只手提箱留在巴士上。当我在堪培拉的玻璃盒子下面,看见其中宝贵的一卷翻到给定的一页时,我就暗暗感谢有福星高照,把我从惯常的漫不经心中拯救出来。

《唐纳德·弗伦德》在我离开澳大利亚之前,既是我的第一本书,也是我的最后一个项目。我知道,唐纳德和那位出版商也知道,如果我去国之前不把书写完,我就永远也不可能把书写完了。这一来,那就是一场灾难,等于是我失信于他,也会让唐纳德极为失望。因此,我在他的一个老朋友,画家米蒂·李·布朗在堪培拉附近拥有的一座牧羊场,进入某种仁慈的被监控状态,硬是把最后的文本强行写完。直到手稿包了起来,交付出去,我才能够自由自在地离开。

唐纳德在活着的一批澳大利亚艺术家圈子内,最老的朋友之一,就是罗素·德莱斯代尔,朋友都叫他塔斯。你可以说,他在半保守的澳大利亚绘画界,是个半神半人样受崇拜的人,就像描绘丛林经验的桂冠画家。他是个性格温和谦逊,个子结实的人,单目失明,老婆叫邦妮,是个出了奇的让人讨厌的悍妇,还有个儿子,叫蒂姆,神经兮兮到了完全发疯的地步,他没有显示一点要继承父亲天才的迹象,而且不久之后就因忧郁症突发而自杀身亡。德莱斯代尔是盎格鲁-苏格兰人出身——一家人1924年移民澳大利亚——后来对丛林十分了解,演变出描绘丛林的第一种真正受人欢迎的"现代主义"纲要,它比田园风景画的桉树和羊群的公式在风格上更加"先进"。他的版本穿透了一种异化精神,甚至悲观主义,与现代主义感觉和澳大利亚人对自己生活土地的怀疑很相配:这种感觉认为,那些干燥的距离,始终潜伏的丛林大火的威胁和其他灾难等,都与澳大利亚民族主义亲切厚道的子宫形象相抵牾,而且,应该以绘画形式来体现这一点。德莱斯代尔发展出来的那种形式,不可避免地带有模仿性:由格雷厄姆·萨瑟兰和亨利·摩尔而来的悬崖、岩石和绞扭的树,从蒙克劳德·洛雷恩那儿借鉴,带有戏剧性和宗教列队性质的风景,偶尔还把乔治·德·基里科的画熔于一炉,但他的画在20世纪40年代很有影响(不可避免的是,到他生命结束的时候,就不那么有影响了。到了这时,他的画更多的是一种戏剧性的陈词滥调),只不过从来都没有达到诺兰画澳大利亚丛林时,那种格外陌生的诗意感。

唐纳德·弗伦德很烦这样一种想法,即他与德莱斯代尔相比,是个很浮泛表面的艺术家。在一个很典型的顾影自怜的时刻,他看到,或认为他看到,塔斯的画中有"一座妙不可言的深渊,一道豁口,其中充满了一个伟大的灵魂……但我的画中没有这个。我的画中没有豁口,只有一个兔洞,从中有个被逗乐了的声音平静地说:'天气很好,对不对?'"唐纳德夸大了朋友的优点,对他自己也很不公平。他的画中没有豁口,也没有兔洞:有的只是不同的气质而已。唐纳德对事物的感受很深,但他倾向于用反讽的方式来"新陈代谢"自己的感情,他采取的这种冷嘲热讽,保持距离的态度,让人联想起他敬佩的那个模仿典型,即诗人兼令人叹服的脏才子罗切斯特伯爵约翰·威尔默特。他恨自己不聪明,但在他最不聪明的时候,他却达到了最佳状态。不知什么原因,澳大利亚绘画一向不善处理裸体形象,尤其是男裸——也许是由于广泛蔓延的澳大利亚男性恐惧心理,因为他们都怕被人看做是同性恋,这种心理一直进入20世纪70年代之后很久才放松。唐纳德是一以贯之不加理睬或对之挑战的唯一的艺术家。他笔下的裸体男子和男孩,有一种在本国艺术中,几乎找不到的直截了当的性欲之感。(自从那时以来,澳大利亚已经产生了很多"同性恋艺术",但唐纳德还是这个艺术的开路先锋。)主要由于唐纳德及其作品,我才了解到,澳大利亚对同性恋性欲的全国性恐惧,是多么荒诞和伪善。当然,这种恐惧现在已经几乎全部消解。多年后,我做一个有关澳大利亚的电视系列时,就曾对悉尼盛大的同性恋节游行和嬉笑欢闹做了一个片断,这在全世界的此类节日中是最大型的。我还顺便提到,这样一种公共容忍的景象,三十年前闻所未闻,也不可想象,现在成了爱国主义的一个原因。节目广播之后,我收到哥哥杰弗里的一封信,他当时已近七十五岁,他在信中表示愤慨和失望,说我这个战争英雄的儿子,跟电视观众讲,这种极为讨厌的变态者组成的沸沸扬扬的大众,居然能够激起任何人对国家的热爱。我很想写封回信提醒他,让他回想一下古代同性恋之爱和军事勇敢之间的关系,其典范就是希腊诛杀暴君者哈尔摩狄奥斯和阿里斯托革顿这样著名的一对男子。但话又说回来,这又有何用呢?我知道,唐纳德不是哈尔摩狄奥斯,他也没有阿里斯托革顿做伴:当谣言传来,战争即将爆发时,他更适合凯鲁比诺的角色:"Non più andrai, farfallone amoroso,/Notte e giorno d'intorno girando,/Delle belle turbando il riposo,/Narcisetto, Adoncino d'amor."("你再也不能走下去了,多情的蝴蝶,/白天黑夜地翩翩飞舞/扰乱了漂亮少女的休息/小小的纳西瑟斯,小小的爱情阿多尼斯。")

在我眼中,有一个人是当时最重要的澳大利亚画家,但我几乎不认识他。我的确见过他一面——只见过一面而已。这人就是伊恩·费尔维泽(1891—1974年)。

若形容费尔维泽是块滚动的石头,那就太轻描淡写了。他一生大部分时间里,都在四方浪游。他生于苏格兰,还是婴儿时就被父母抛弃。他们前去印度,把他托付给一连串婶婶阿姨照料教育。他长大的时候,先在爱丁堡学习林业,然后在第一次世界大战爆发之际,参加了苏格兰骑兵。他几乎一驻守法国,就在蒙斯被德军活捉,战争余下的时间在战俘营度过。在那儿,为了舒缓战俘生活的百无聊赖,他开始学习语言,先学日语,然后学中文。从那时起,中文书法就成了贯穿他一生的一条纤细但却持续的线。战后,他在伦敦学了四年的艺术,随后经过加拿大西行,去了上海。他在中国一直待到1936年,其间大部分时间都在北京。他早期的大部分作品现在都已佚失。然后他南行至印度尼西亚,在巴厘岛定居了一段时间。那时,巴厘岛正开始成为慢镜头东方旅游中的"魅人岛"(每月游客约为一百人,比较之下,截至1990年,每月达到了35 000人)。这是赤道的卡布里岛,但其由富有财富和教养的同性恋,但也兼具古老而鲜活传统所构成的外国人社区,却是卡布里岛所缺乏的。对于伊恩·费尔维泽这样一个处于挣扎之中的同性恋艺术家,没有什么比这更投合他的口味,事实上的确没有——但是,几个月后,荷兰当局把他从岛上赶走,他没头没脑地到处游荡,先去澳大利亚,然后去了锡兰,跟着又去了上海和北京,然后又回到澳大利亚,整段时间好像都在画画,但用的都是如此之糟的材料——硬纸板和报纸,低级的丹配拉画颜料,廉价的房屋油漆——就算作品没弄丢,上面画的东西也会湮灭。

他一生中的分野线于1952年到来,这时,他正住在北方区首府达尔文海滩一只翻转的小船下面,本来就是个老流浪汉,住得也像个老流浪汉。他突然被一种欲望攫住,想回巴厘岛去。他此时一直在达尔文公共图书馆看索尔·黑耶尔达尔的《康提基号》这本书。他从城市垃圾堆,弄来三个飞机机翼油箱,又搜集了一些漂木、绳索和钉子,然后把这堆破烂货整成一个三角形的筏子,每边约为十英尺。这是对筏子作的一种最为稀奇古怪、毫无希望的戏仿,令人难以想象,但费尔维泽认为,只要有一枚廉价的指南针(尽管他根本不懂航行),

几加仑淡水，以及几听咸牛肉，他就可以从澳大利亚来到巴厘岛。但是，船帆在风中被扯成碎片，船舵失灵，无法操纵，费尔维泽受着季风风暴的打击，在大海上过了十六个地狱般的日子后，连人带船被横扫到葡属帝汶近海的一座岛上（这是非常幸运的，因为实际情况是，在这座岛屿的那边，除了成千英里开敞的印度洋外，就空无一物了）。他在岛上被新近独立的帝汶人，当成为可恨的荷兰人工作的英国间谍，抓进牢里。跟着，好像这还不够，又把他遣返回英格兰，他不得不靠干力气活——在六十二岁的时候挖沟——为了挣一笔钱回澳大利亚。他终于回来了，抵达了昆士兰海岸附近的布里毕岛，在那儿，他在当地的松树林里，为自己搭了一座简陋的棚屋，度过了余生。也就是在那儿，大约1960年之后，他终于达到了他的"伟大的后期风格"，即把抽象、风景、人物和书法等熔于一炉。他认为，除此之外，他以前画的东西，都不过是虚假的画片式旅游艺术。

我在悉尼麦夸里画廊举行的一次画展中，把这些画作中最佳的一幅买了下来，这幅画直接纪念了那次梦魇一般，但却改变了他生命的航程——题为"季风"（1961—1962年）。它花去了我全部的三百二十镑钱，为了把它弄到手，排了一个晚上的队，我在诺厄琳的陪伴下，前面还有八到十个热情洋溢的粉丝，在画廊的台阶上，带着一个热水瓶，里面装着兑了兰姆酒的咖啡，几床毯子，以及一条睡袋，为的是在画展开展的当天，能第一个挑选作品——没法提前订货，哪怕你代表博物馆，也不可能。这是一张大幅抽象画，主要以黑色、棕色和灰色构成，由一片暴力同时又纤巧和谐的网状线条从中穿过，线条呈奶油色，是迅速涂抹上去的。它给人一种感觉，仿佛闪电刺穿赤道的黑暗，同时模糊地暗示有个备受困扰的人体——我推测，费尔维泽本人当时可能不得不把自己的脚踝，与快要散架的筏子拴在一起，这样才能不被刮到筏子外面去。就是这幅作品清楚地说明，为什么许多澳大利亚艺术家,特别是悉尼的艺术家,把费尔维泽看成一个智者,而把他的作品看做文化开放的法宝:因为,我们的北方全是亚洲,但没有其他任何澳大利亚画家在其传统中浸润,甚至利用其传统。也许,费尔维泽最好的后期作品是《寺院》(1961年),当时拥有这幅画的是另一个本地艺评家(《悉尼晨锋报》的华莱士·桑顿),现在成了新南威尔士艺术画廊的收藏品。这幅画的形象是分隔间中软软蜷曲的人体,颇似蜂窝蜡质蜂房中蜷曲起来的蜜蜂,它把在路上遭遇一场暴风雪,僧侣救了他一命,让他留宿,在中国寺庙度过一晚的记忆高度提炼出来。1961年,该画在悉尼展出时,人们对它如此高度钦服,以致约翰·奥尔森提议,应由一队艺术家扛着它,排成一个小型队列,在悉尼穿街游巷走一遍,就像契马布埃画的圣母玛利亚像,被佛罗伦萨的市民抬着,充满敬意,洋洋得意地穿过该市一样。

1962年,有句话传到我的耳中,说住在布里斯班的表现主义画家容·摩尔维格——又是一个具有野人之称,但令人乏味的毛发丛生的澳大利亚艺术家——就要去拜访"布里毕岛的智者",而且想要我也一起去。由于一向难以接触到费尔维泽——你不可能直接上门敲门——我一跃而起,抓住这个机会,就飞往布里斯班。经过一段漫长而又劳神的沿岸行驶(摩尔维格经常喝酒,并认为澳大利亚艺评家合谋与他作对),我们来到布里毕岛,最后到达费尔维泽离开海滩不远,一片松树林中那个漏水的巢穴。他的画作总有雨水滴落到上面,遭到很大破坏。有一次,他在悉尼的画商担心他画画的材料不好,就给这位衰老的明星送去了两米宽的一卷优质比利时麻帆布。这种商品在澳大利亚太昂贵了,很少有画家买得起。费尔维泽写了一封信表示感谢,就把帆布用来修理了他的屋顶,然后继续用丹配拉画颜料和丙烯房屋油漆,在湿漉漉的硬纸板上画起来。

他搭建棚屋,采用的是巴厘岛的方式,上面是苫盖的屋顶。在起居棚屋的入口处上方,用钉子钉了一块木板,上面用油漆刷了密宗的汉字:Om mani padme hum(即唵·嘛·呢·叭·咪·吽)。这时,费尔维泽出现了,他身子瘦弱,一部灌木丛似的灰色胡须,用大锡铁杯盛着雀巢咖啡,用炼乳冲淡,端给我们喝。他前面的牙齿大都掉光,走路瘸得厉害,右脚用破布缠着,散发出一股淡淡的臭味。原来是被巨蜥咬过之后,在化脓腐烂。这是一种在费尔维泽营地周围潜伏横行,专食腐肉的大蜥蜴,从某种意义上讲,也为他充当了垃圾清扫工。他养成了一个习惯,每天早饭时,就用脚趾夹住一块块奶酪——我想,那是加工后的维威塔奶酪——去喂那只巨蜥,希望能够把它养家,"为了找个伴,知道吗"。此时,他那只脚已肿大,脚趾都发黑了。很明显(但费尔维泽好像并不觉得),我们这位最伟大的画家可能有因挨蜥蜴之咬而死于坏疽之虞。而且,一目了然的是,我们希望的那场有关艺术精神的谈话也不可能发生。尽管费尔维泽有点动怒,不停抗议,但我们还是把他塞进了摩尔维格的霍尔顿车里,开到大陆的一家医院。据他的医生讲,他差点就活不成了。哎呀呀,从此我再也没见过费尔维泽。几年后,我因极为缺钱,就不得不把那幅《季风》卖掉了,对此我很后悔,但也不是特别后悔,因为这为我"买到了"时间,使我得以去看那个国家,到那个国家学习,也就是意大利,这是我当时最喜爱的国家。

我之所以决定去那儿,如果不是因为我自己的画作而做出决定,至少也是受了我自己画作的关键性影响。我并不认为,画画是我的真正职业,画漫画也不是——这意思就是说,我不能想象,在我的余生中,不能再做别的事了。当然,我一向都知道,我将成为作家,这是我不可避免要走的方向和气质——说真的,本来我还有条小舟划回去,当一个失败者,继承家庭的律师事业,但我早已破釜沉舟了。然而,我热爱学习根据母题画画,甚至有可能的话,也照模特儿画画。

我热爱漫画。我热爱油彩的气息和触感。它在我面前打开了困难重重、巨大的技术和表现场域，而我身边无人能够警告我，让我不参与进去。许多作家也曾当过画家，有些还很不错。只要想想19世纪的维克多·雨果就成，他才华横溢，根据斑斑点点、自由联想而画的画，成为超现实主义感觉的标准之一。如以较低的成就看，只要想想君特·格拉斯也行。我1964年离开澳大利亚时，把我所有的绘画和素描都落在了身后。有些卖掉了，有些丢掉了，还有一两幅作品被人偷掉了，并有相当几幅扔掉了。我的"早期"作品中，现在只拥有一幅，这是一幅大型风景画作，目前处于毁弃的状态，油彩成鳞片剥落，碎成片片，因为我把它交给一个亲戚，她却把画挂在洗澡间，在最大湿度的情形下，一挂几乎就是二十五年。所有这些画作的失落，我都不是特别后悔，因为制作绘画的经验并未离我而去，而且也真正有益于我。再说，要当批评家，也不一定非要当画家不可：在我年轻的时代，澳大利亚艺术界盛行一种看法，而且相当频繁地被用来针对我，认为艺评家画画，那是因为他作为艺术家是失败的，因为他心情郁闷，图谋用恶评来攻击真正富有创造力的人，以此发泄他的失意感，但没有比这种看法更愚蠢的了。对我来说，如果一个艺评家从来都没画过画，也不敢宣称说，他能抓住智性绘画的基本要领，那这就有点让人怀疑了。就连克里门特·格林贝格也会画画——我承认画得不是那么好，但他还是画了。对一个批评家来说，自己绘画的最大优点在于，画画能够给人上一堂虽然有点消极，但却很重要的课。它向你显示，人能在真正大师作品中看到某些效果，但要想取得这些效果，则是无法想象之难。它证明，一切都不容易，就连熟巧也不容易。不知道这些事，就不可能很有用地撰写艺术。有句拉丁座右铭说：Ars celat artem（艺术掩饰了艺术）。① 艺评家的一个任务就是，要在某种程度上揭去面具，揭示被掩饰的那个事实。这也就是为何 20 世纪关于艺术，用英文写就的如此多的最佳作品，大都出自身体力行的艺术家之手的原因之一：如写《变化中的艺术形式》的帕特里克·赫龙；文章极棒，搜集在一本早就绝版的《自由屋！》的瓦尔特·斯克特；画家兼雕塑家迈克尔·埃尔顿；以及美国画家费尔菲尔德·波特。

只有一个时候，我会把我画的画称作值得一看（不过，也不作太大指望），那就是在我 1963 年和 1964 年去欧洲之前那段时间。那都是记忆中的图画：我夏天常去的澳大利亚山峰的风景，有时是为了帮忙搭建哥哥杰弗里的滑雪棚。每年此时，山景尤美，雪多已化，山谷和林荫洼地中，留下大块积雪的残斑，颇似天老儿的皮肤，呈曲线和勺状，映衬着风化的灰色花岗岩和雪雏菊银色叶片的漂积物。这是一片具有强烈性感的风景，让人想起大腿、胸脯、腹部，这一切都在太阳下闪闪发光，而我想传达出的就是这种景象。

我在凝视雪山的时候，一直在思考欧洲，她当时要求如此之高，如此难以通达。我之所以能够去那儿，完全是因为我那唯一的赞助人，即哈罗德·德·瓦尔·鲁宾上校，我是在 1960 年 12 月 8 日第一次见到他，那是一个看上去明亮，其实不然的夏日。当时，他作为收藏家并不知名。有谣传说，昆士兰有一个百万身家的大牧场主，偶尔会从北方下来，悄悄地买些画作，但我认识的人中，谁也没有亲眼见过他，除了画商鲁迪·科蒙之外，他（跟通常一样）一句话也不说。

我在科蒙画廊圣诞节的一次画展上，展出了一幅题为"公牛"的

---

① 英文为 art conceals art，但这是直译，其意思是：真正的艺术是看不出艺术的。——译注

画。鲁宾上校一进画廊,就把画买下来了,结果与一个年轻的美国女性发生争执,因为她也想买。最后,鲁宾上校很放肆地戏仿了一下南方的礼节,对她鞠了一躬,就把那画给了她。跟着,他跟科蒙说,他第二天上午想在我的画室见我。

就这样,十点钟时,我以知道富有的约翰就要到来,年轻情侣和青年艺术家才了解的那种半狂热的期待心情,在房间踱来踱去。我以童真未泯的小伙子的细心,进行了一番场面调度:把有些画面对墙叠起来("是的,上校,我的确还有两幅别的画"),把其他的画藏起来("这些画我为自己留了起来"),而把那只"大炸弹"挂在最媚人的光线之中。时钟敲响了十点,接着是十点半。科蒙来了一个电话。"别贪(担)心,你费(会)看到,沙(上)校哼(很)快就会到的。"十一点。十一点半。十二点。电话又来了:"很自然的,你费(会)看到,他耕(跟)他的律师在一起。我们没判(办)法让他离开,"我通往财富的脐带鲁迪说,"没啥(事)!没啥(事)!"

一点十五分,街上出现一阵骚动。一辆出租车停了下来,鲁迪·科蒙从里面走出来,陪着一位安安静静的女士,两人中间夹着一个脚穿地毯拖鞋,身穿一套有污斑的灰色西服,戴着一顶黑色小颅顶帽的人,此人就是哈罗德·德·瓦尔·鲁宾上校。"把东西拿出来,把东西拿出来。"

"拿什么,上校?"

"你为以后留的那些画。"

我把画拿出来,有点垂头丧气。上校抽出一本笔记本,在上面潦草地写了些什么,同时蹒跚地从一张画挪步到另一张画前。鲁迪就像一只眼斑冢雉,守着自己的鸡蛋,在阳台上来回踱步。上校记下标题、尺寸和价格的时候,时间仿佛被拉长了。外面大街上,出租车的码表一直在跑。(我后来发现,上校有时让出租车一停就是十几个小时。)终于,他说:"我想,这就是画廊的价格吧。"是的,我吞了一口唾沫说。"那我就应该享受 25％ 的折扣。我要了。""要哪张?"我问。"全部都要,"上校回答说,同时做了一个手势,表明他指所有的画,好像还包括我在内。"我们去吃午饭吧。"

我们去了附近双水湾一家餐馆。上校一到就睡着了,跟着响起了鼾声,脑袋垂到了一边。侍者开始疑神疑鬼地看着他那套老旧的西服和他那条糊了鸡蛋的领带。"上校,"我紧张地说,"上校?"上校醒了。"你恋爱了吗?"他问。我实事求是地说,我恋爱了,爱上的是一个名叫诺厄琳·布朗的女演员。"我也恋爱了,"他回答说,"但我已到了暮秋之年。"他斜着眼睛看看我,然后咳嗽了一声。"不过你可听着,不是寒冬之年,他妈的绝对不是。"

午饭终于吃完了,这时,鲁宾摊了牌。他要把他在布里斯班的豪宅,即图拉克屋,改成一家画廊,然后退休,去冲浪者天堂的海滩胜地,那是对迈阿密的拙劣模仿,但比之更加恐怖,而且也没有历史,他要在那儿盖一座房子。我就到图拉克屋去住,在那儿画画。上校要买我的全部作品,然后派我经常去海外远足。他要诺厄琳放弃舞台,去开画廊。她斜眼看看这个,很坚决地说可以。① 不过,鲁宾要我俩晚上同去他在悉尼的公寓吃晚饭。

于是,我和诺厄琳就一起去了,在那儿,和蔼可亲的上校欢迎我们的到来,他咧嘴笑着,眼睛闪闪发亮——而且,在他痛风允许的情

---

① 此句原话为:"She looked askance at this, and firmly said so"。从上下文看,这句话应该是"She looked askance at this, and firmly said no",即"很坚决地说不行",由于无法与作者沟通,我只能将错就错,将错"译"错,这也是没有办法的事。译者与澳大利亚朋友 Stephen Brock 博士商议之后,他也认为如此,因为在英文中,只说"firmly said no"(坚决说不行),而不会说"firmly said so"(坚决说行)。其实,就是在汉语里,也不会说"坚决说行"。——译注

况下——欢呼雀跃起来。他太着迷于他的这项新计划,以至于他都没有看出,我们还没有同意。

他的公寓充满了鸟类,有标本,也有活鸟:鹦鹉、鸡尾鹦鹉、短尾鹦鹉、相思鹦鹉、金翅雀,以及一只巨大的,样子可怜巴巴的黑棕榈凤头鹦鹉,它在栖身的地方很不自在地动来动去,把恐吓人的鸟喙冲着我们,咔哒咔哒地发出声响。地板上很整齐地堆放着一捆捆旧报纸。我们得坐在上面,因为扶手椅上堆满了装着鸟食的箱子和袋子。

喝了几杯威士忌,但却没饭吃,这时,上校突然宣布说,他要乘飞机了。于是我们就坐着篷车走了。我得提一只装了玫瑰鹦鹉的笼子。诺厄琳抱着一堆过期的《悉尼晨锋报》。上校坐在后面,怀里满满地抱着"小鸟叫叫"盒子,其中两只盒子破了。我们在身后留下一行鸟食,然后钻进出租车(出租车从六点钟就一直在打表等候),全速开往机场。我一直在纳闷,怎么会搞成这种局面:这个老疯子还没开支票呢。

很快,我就明白了是怎么回事。几天后,从上校那儿收到一张去布里斯班的单程机票,同时附以一张蛮横无理的传令。"唔,"我把东西给诺厄琳看后,她说,"免费去一趟也没什么坏处吧。"但当我到达布里斯班机场后,那儿没人接我。终于,我自己找到了图拉克屋,这是砂石筑成的一堆高大的建筑物,其中的厅室暗淡阴郁,入口处一边一头雕刻的石狮,墙头做成了雉堞,其建造者是19世纪60年代的某个男子服饰经销商。上校也不在这儿——他到北方他的一座牧牛场去了——但他负责公共关系的人在,这个人从前是电视摄影记者,名叫兰姆赛·布赖斯,他负责的工作并不容易,是要把他那个游离不定的老板向世界推出,并在这个过程之中,宣传我是他的艺术发现,是他未来的驻地画家。"你不能这样!"我哀叹道,"我还没签约呢!""那没办法,"兰姆赛说,"这是上校的命令。"我目光越过太阳晒得发黄的宽阔草坪和图拉克屋的玫瑰花坛，心里惴惴不安：外面某个地方，有座石窟或凉亭，正等着收容囚徒，收容这个地产上的装饰性隐士，也就是我。半个小时后，昆士兰的媒体就要来了。

我们出去喝啤酒，坐在上校的起居室里喝酒。在这个地方走来走去很不方便，因为地板上铺满了画作，全都是面朝下放的。大钢琴上也放满了画，都是面对面地叠在一起。你若想看其中一幅，就得把它捞出来，转个面，再转回去，然后放回去。上校就是以这种方式来保护油彩不受光线影响的。记者陆续到来，喝完了那箱啤酒，一点也不带同情心地听完我的拒绝之词（一个字都不相信，正如次日的消息所证明的那样），照了几张相后就走了。

这时，来了一个电话。打来电话的是堪培拉澳大利亚国库部长亚瑟·法登爵士。是的，兰姆赛说，他会把这个信息传出去的。是的，他肯定会要上校给他往堪培拉打电话。电话响个不停。澳大利亚政府有一半的人，以及昆士兰下议院的很多人，都好像也需要紧急地跟上校谈一谈。

又过了半个小时，不是电话占线，就是内地交换台转接中，再不就是静电声，这才把上校鲁宾从洞里逼了出来。他怒气冲冲地来到电话边。他走过房间的声音你都听得见。"他想知道，我为什么在他吃晚饭的时候惊动他，这个老混蛋，"兰姆赛"咝咝"有声地说，同时用手把话筒盖起来。"上校，"他抚慰地说，"上校，如果不是法登爵士打电话来，我是不会麻烦你的，而——"

"什么爵士？"

"国库部长。他要你今晚给他打电话到堪培拉。"

"那就给他打呗，布赖斯，你这个该死的蠢货。"

"那我该说啥？"

"问他吃过晚饭没有。叫他滚蛋，"上校厉声说，"他怎么敢在我吃晚饭时惊动我？你怎么会在吃晚饭时,让别人惊动你呢？"

"我已经吃了晚饭,"兰姆赛说。

"所以说嘛。你已经吃了晚饭。可我呢？不行,"上校说时,带着一种钢硬的决绝的声调。"你跟那个混蛋亚瑟爵士说,叫他滚蛋。"

"还有别的留言,"兰姆赛说着,就把这些留言一条条念给他听。

"叫他们都滚蛋吧,"上校说,"再见。"

"对我也是如此？"

"是的,的确是的。"

"我会把你的留言发给他们的,上校,"兰姆赛说,"我辞职不干了。也滚你妈的蛋。"他挂了电话,就逐个地给那些高官显要打电话,一字不漏地把上校的话背诵了一遍。"对不起,先生,但他就是这么说的。是的,查尔斯爵士。再见了,操。"跟着,他跟我握握手,把眉头擦了一擦,钻进自己的车里,就开车去了冲浪者天堂。我再也没见到这个人。

我对装饰性隐士的胃口渐渐消退。随着那天夜晚渐深,我的胃口完全消失。我拥着被子坐在床上,独自在一幢像手风琴样"咯吱咯吱"作响的房子里。让我在形容憔悴之余而感到一阵轻松的是,诺厄琳回了我的电话,第二天早上就飞了过来。在阳台上的大鸟笼里,她注意到有一只小鸟,那是一只黄色的鸣禽,尾巴是红的,僵硬地躺在它笼子的地板上。

也许是因受了惊吓而死。我在玫瑰园的一角把它埋了。

次日,上校从遥远的北方回来。他一步跨出直升机,走到草坪上。他心情很差。看起来,从布赖斯那儿接到电话的一些人,往他牧牛场打了电话。"该死的傻瓜布赖斯。说他一句他都受不了,吃晚饭时像那样惊动我。肯定是喝醉了。你喝醉了吗？"没有,我说。我怎么可能喝醉呢,你房子里都没放酒。上校跌跌撞撞地走进卧室,换了衣服。回来的时候,我跟他谈到那只鸟。

上校的目光里出现了一种很难看的神情。"鸟不可能就那么死掉。"他走到阳台上,查看了一下那只鸟笼。"我的鸣禽哪去了?哪去了?你对它干了啥?"

"我把它埋在了花园里。"

"拿出来给我看,"上校说。"去把我鸟拿来!"

"你自己去把那只鸡巴鸟挖起来吧,"我生气地说。我们三人出发,来到花园的下部,用锄头和小铲子,把鸟的尸体挖了出来,鸟眼中钻出钻进的尽是蚂蚁。顺便说一下,上校鲁宾的眼睛放射出一种黑色的敌意目光。他一把夺下那只鸣禽,就回到屋内,从厨房的柜台上,拿起一根编织针,就开始进行基本的解剖了。我和诺尔琳退入吸烟室。很快,上校冲了进来,伸出一根骨瘦如柴的指头,指着我。

"你接受了我的好客款待,"他声音沙哑地说,"却用杀鸟的行为来报答!你和兰姆赛·布赖斯鸟了那个杀,我是说杀了那只鸟!你们喝得醉醺醺的,然后把它勒死!它花了我二十五个基尼呢!难道你们以为,这么值钱的鸟是从树上长出来的么?"嗯,是呀,我差点说了出来,从某种方式来说,它们的确是从树上长出来的,但我咬紧舌头没发声。"你们还杀死了我多少头别的鸟?""你他妈的鸟我一头也没杀,"我大喊道,同时看着我卖画的希望化为泡影。"克里平!"上校叫道,他是指20世纪头十年初很有名的那个毒死妻子的人。说着就开始点起鸟的数目来。

众鸟因这场闹剧而害怕至极,那些长尾小鹦鹉、吸蜜鹦鹉、金翅雀、相思鹦鹉、白鹦鹉和凤头鹦鹉,甚至连那头印度鸣禽痛失亲人的笼中伙伴,也都在屋内狂飞起来。"别飞了,操你们大家!"上校大叫。他把大鸟笼最大的一个部分的门打开,其高度是阳台的全高,然后就爬了进去。他一下子就被尖声叫嚷和畏畏缩缩的鹦鹉包围起来,站在那里,伸出手臂,就像圣方济各站在14世纪的祭坛前,又是咕咕地叫着,又是吹着口哨,努力让那些鸟安静下来。过了几分钟,他又爬出来,身上鸟粪斑斑,颇似雕像。"你杀死了一只鸟,又放走了两只,"他说。"它们会被老鹰吃掉的!"我怎么抗议,说我清白无辜都没用。上校消失在厨房里,诺厄琳跟着他走了进去。

"我知道,"他狡猾地对她说,"你的男朋友为什么把这些鸟放走。"突然,他把双臂在头上举起,用手扇起翅来,接着又把这个动作重复了一遍。"你认出来了吗?"

"没有。"

"《人在放鸟》没认出来?"上校叫道,因他自己的洞察幽微而似乎得意洋洋。"我从他那儿买的那幅画?都在那儿。我就是因为这个才知道的,亲爱的。你的那个年轻人需要治疗了。"

诺尔琳的脾气一般来说很温和,可这时她就气炸了。她朝上校扑过去,绕着厨房追他,威胁说要把他揍一顿,除非他在十分钟内,开一张支票支付买我画的钱和我俩去悉尼的回程机票。上校喜欢被强大的女性欺负,马上就举手投降,写了一张支票。他满脸堆笑,回到我的房间,我正咬着指甲,骂我不该那天见他。"别理那些鸟了,"他宽宏大量地说,"现在,我要给你和你的淑女买一餐昆士兰最豪华的晚餐。"

结果,所谓昆士兰最豪华的晚餐,不过是在一家上校拥有的适合举行葬礼的布里斯班饭店,吃法式鸡肝酱和牛排,喝几瓶红葡萄酒而已。他津津有味地又吃又喝,又闪闪发光起来。"塞尚发现,很有必要去埃克斯,"他说,"你应该离开悉尼,到布里斯班来。""我又不是塞尚,"我坚决地说。上校狠狠看了我一眼。"这得我说了算,"他宣布。他请诺厄琳跟他跳伦巴。第二天,我们在机场告别,友好的感情溢于言表,但从我这方面讲,全是装出来的。一回到家,我就把支票兑换了钱,钱一进账,我就起草了一封信给上校说,我们极为痛苦云云,但由于还有其他约定,我无法迁往布里斯班。

他对此没有怨恨,但我有段时间没有见到上校。他时不时地出现在头条新闻上,那是奖励他打破纪录地出资,要在拍卖行购买一幅澳大利亚绘画,尽管从现在的角度看,出资并不大。他特别喜欢画家威廉·多贝尔。他认为多贝尔比毕加索伟大。不过,实际上,他拥有两幅毕加索,而且是唯一拥有毕加索画的澳大利亚人。跟着,1963年的秋天,我又碰到他了,就在帕丁顿的饿马画廊外面。该画廊馆长贝蒂·奥尼尔刚刚把我自己的作品挂起来。"你到楼上看看去,"他说。我就上去了,却发现贝蒂好像沉浸在一种近乎恍惚出神的状态:上校没像通常那样讨价还价,而是把所有的画都买了下来,还从他那搭厚厚的"软货"里——兜里的一卷钞票——当即付了现金。

我再也没见到上校。我最后一次听说他,是后来在1963年,这时,他刚刚又创一项新的拍卖纪录。在一家下午小报上,他的照片就在那儿,头枕在医院的枕头上,手里举着画。头上戴着一顶披头士假发,看上去好像是用鹦鹉羽毛制作的。

在我自己生活的框架中,具有意义的第一次海外澳大利亚艺术全面展,是1961年展出,由伦敦白教堂画廊策展人布莱恩·罗伯特森组织的。罗伯特森是这样一种人物,几乎早已从今天的艺术世界中消失不见:一个具有伟大的理想主义和完全诚实的人,不依赖艺术市场,因此也不对艺术市场负有任何义务,他以公正无私的极大热情,热爱着绘画和雕塑。他出道很早——还是个十七岁的男孩时,他就认识了康斯坦丁·布朗库西,并常去他巴黎的画室玩——尽管他评判艺术家的作品质量时毫无畏惧,在那个据称是蝎子窝的艺术世界里,我从未见过像他这样绝无半点小心眼的人。自从他被任命为白教堂画廊馆长后,他以一根鞋带样小的经费经营着这家画廊,展出了一系列具有开拓精神的画展。此时似乎已经轮到澳大利亚来崭露头角了。布莱恩是西德尼·诺兰作品的粉丝,他为其做了一个回顾展。当他意识到,还必须展出诺兰家乡更多作品时,就于1960年专门来澳进行调研,开始在田野里嗅来嗅去,挑选候选人,以便全面展览当代澳大利亚艺术。

布莱恩在澳的消息一传开(没要五秒钟就传开了),人们争相博得他的时间和注意力,他则泰然自若地加以处理。当一大批澳大利亚画家都要看你,他们还不都是世界上最善于外交,最心灵手巧的一伙,把你当成可能通向成名和辉煌的一条坦途时,这是很不容易的。当时,还没有一个由策展人或画商组成的网络,把澳大利亚与英格兰联系起来。澳大利亚艺术家对英国的艺术界完全是两眼一抹黑,英国对澳大利亚也一样。结果,许多艺术家都以为,只要能在白教堂画廊的全面展中展出,就能发财,如果有什么是错觉的话,这就是错觉。特别是,人们都担心会摆不平。他会强调抽象而轻视具象吗?还是倒过来,强调具象,轻视抽象? 最后,谁也不必担忧。他做了一个极为公平的工作。是次展览无论在批评家,还是在伦敦的艺术公众那儿,都是一个成功。我也很幸运,因为布莱恩约我为其展览目录写了一个引言,这是我在澳大利亚外发表的第一篇严肃的长文。现在重读之余,我无法说我很骄傲——只能说对一个二十三岁的孩子来说还ok。在该文中,我犯了一个错误,试图把澳大利亚与当代艺术的潮流接触不够,以及名义上能够代表欧洲传统的藏品缺乏问题,说成是某种优点,甚至是优势,好像这逼使澳大利亚艺术家产生了一种创新精神,而本来他们是不会这样的。我后来意识到,这一部分原因也是因为,伯纳德·史密斯和其他批评家曾严厉地向我指出过——完全是胡说八道。愚昧无知永远都不是创新的动力(只有克服愚昧无知的欲望才是),而且,对传统了解不够,并不一定就是迈步走向了超越传统。如果这是通向某种特殊"活力"的道路,那它就是一条十分好走,无利可图的路。我连想都没想通,就因"文化活力"的原因,给了一条理由说,我心里痒痒的,想离开澳大利亚了。

不过,这篇引言为我带来了一个巨大的结果。英格兰有几个人看了这篇文章,其中一个是艾伦·雷因爵士,即企鹅图书的奠基人和主席。雷因是英国出版业传奇式人物博德利·黑德的奠基人约翰·雷因的年轻侄子,他曾把《黄皮书》和奥斯卡·王尔德的作品全部买下。

20 世纪 30 年代,图书十分昂贵。布面小说要花一般工人大约一周的薪金。没有什么比高质图书的价格,更能妨碍大众识字的推广了。艾伦·雷因产生了一个想法,就被这个想法迷住,再也放不下了,就是一定有可能出版价格相当于一包"忍冬"牌香烟,能获薄利,进行营销的书。("忍冬"牌香烟是英国工人阶级最爱抽的烟,简装,无过滤嘴,属于最廉价的一种烟,比 Players 牌香烟或"海军"牌香烟都细,每包二十支装,六便士一包,在全英格兰成千上万家的烟草店和报刊经销店都有售。)这一来,严肃书籍和教育书籍——从法文和德文翻译的作品,以及英国作家的作品——就能向工人阶级读者推出,这是一个以前从未考虑过的想法。但精装本的装订成本价格很高,如何才能压低价格呢? 当时,"平装版权"的概念还不存在。但正如雷因后来告诉我的那样,他在巴黎花了一段时间,并观察到,法国出版商有个习惯,喜欢卖用柔软蓝纸装订的书,这基于一个假定,即书的主人以后会用布甚至皮把书重新加以装订,以便适合他们的口味。雷因决定模仿这个方法,便用纸来装订他的文本,用纸比法国人使用的更为合理耐用:书名和作者名放于封面,书后是简要的作者生平介绍,以及一张作者小照,通常都有点儿模模糊糊。内容都用色彩来标示:墨绿色指犯罪,蓝色指传达历史信息和科学信息的鹈鹕系列,等等。这就把价格降下来了——事实上,每本仅六便士。这成了企鹅的典型模式,并一直持续了二十多年。我像很多其他想当作家的人一样,也梦想过辉煌——尽管看不到实现的前景——那就是亲眼看见我自己那张颗粒毕现的黑白小照,出现在企鹅的一本书上,就像安德烈·马尔罗,就像乔治·奥威尔,实际上就像你想成为的每一个人一样。摆着折了耳朵的企鹅图书的小书架,很快就成了说英语的年轻人的家具中一个不可或缺的部分——可以毫不夸张地说,鹈鹕系列成了工人的大学图书馆,可以不断往上添书。突然之间,邮递员或矿工有可能拥有并阅读马尔罗的《人的希望》,托尼的《宗教和资本主义的兴起》或 E.P. 汤普逊的《英国工人阶级的构成》等书,并把这些书籍传给他们的孩子。很难想象一个没有平装书的世界,但就在不久以前,这个世界就存在着,而为改变这个世界做了大量工作的人就是艾伦·雷因。

我 1962 年在悉尼见到了这个伟人。雷因在布莱恩·罗伯特森在白教堂画廊举办的澳大利亚艺术展中所看到的东西,证实了他对一些活着的澳大利亚画家已经感到的热情,而且,他也看过我写的目录引言。他认为,有必要出版一本关于澳大利亚艺术的"合适书籍",因为当时这种书还不存在。由于他想要企鹅在澳大利亚市场,出版澳大利亚作家写的有关澳大利亚的书,而不是仅仅只在那儿发行英国图书,他认为一本有关澳大利亚艺术的书,是他这个策略的一个组成部分。(当时,澳大利亚人均购书量超过了英语阅读世界的其他任何社会;也许部分原因是,他们之中拥有电视机的人数相对较少。)

在这方面,他得到了三个人的积极支持和鼓励,他们当时负责企鹅在澳大利亚的新的出版分支。一个是会计布莱恩·斯通尼尔,另外两个是作家兼编辑,两人在澳大利亚出版业都有很久的工作纪录,即马克斯·哈里斯和杰弗里·达顿。在今后的岁月中,我会和马克斯闹翻,他有一种倾向,从原则上讲不信任"侨居海外者",并以某种怨恨，视他们为文化吉斯林，即卖国贼，但在当时，我们还是朋友，而在我和杰弗里之间，同志情谊永远都是最热烈的。他比我大十六岁，但从未染上许多作家都有的那种职业病，即对年轻人的厌恶和怀疑。因此，他俩都向雷因力主，我虽然是个二十三岁的新手，却应撰写鹈鹕澳大利亚艺术史，并由杰弗里·达顿来编辑。雷因同意了，但他想先见我一面。幸运的是，我们一见如故。尽管雷因有骑士头衔，但他并非势利小人，他用不着这样，但在澳大利亚，他却发现，自己被那些保皇党的溜须拍马者包围起来，他们总是对他言听计从，奉承巴结。20世纪60年代早期流行一种观点，认为澳大利亚人在面对英国有钱人时，都是强悍有力的平等主义者，其实这是一种自我赞美的神话。澳大利亚人为了得到皇家荣誉，都恨不得把对方喉管割断。从我们的总理罗伯特·孟席斯往下，一直到身上沾满羊粪的最后一个市议员，我们这些对跖地人经常溜须，还会狠狠拍马。只要一想到伊丽莎白二世用宝剑轻拍一下你的肩头——"起来吧，袋熊爵士"——我们整个国家的人就会膝盖打软。正如孟席斯在一次因自大浮夸和卑躬屈膝而十分著名的演讲中所说，我们都是"女王属下的人"。

不过，雷因远不是澳大利亚社会想象中，冠军保持者所应该是的那种高贵而娴雅的人物，他认为自己是个脑袋像子弹的海盗，他实际上也就是如此。他喜欢告诉人说，有人陪着他在霍巴特这个塔斯马尼亚的古老流放犯首都闲逛时，他曾在该市码头深处某地注意到一块路标，上书：割喉巷。"哎呀，"他对向导叫道，"在这个行业中，他们就是这么叫我的。"①在保守的圈子里，他得了一个新的名声，都叫他

---

① "割喉巷"的原文为Cutthroat Lane,而他的姓也是"Lane"（即姓巷），因有此说。——译注

色情大师，他对此也很骄傲。他之所以得此名，是因为他以企鹅的名义，重新出版了 D. H. 劳伦斯的《查泰莱夫人的情人》，结果引起一场耸人听闻、争斗激烈的淫秽诉讼案，但雷因、企鹅出版社和早已故去的劳伦斯打赢了这场官司：《查泰莱夫人的情人》一案无罪开释的裁决是 1960 年 11 月作出的，这是英国出版道德思想方面的一个重大转折点，而雷因曾因此差点坐牢，很正确地被很多人视为英雄，这些人也包括我在内。也许再补充一点是很公正的，即正如骑士意义重大的勇敢搏斗，有时是为了相貌平平的女人而战，所以《查泰莱夫人的情人》的裁决从来就让我觉得，劳伦斯对性的详述并不刺激，他那部上层阶级跟下层阶级交媾，笨拙滞重，带有说教的史诗般作品，也不属于他更好的小说之列，但这也无所谓了。

艾伦爵士性喜饮酒，对澳大利亚葡萄酒很有胃口。我也是。我们的生意关系经过悉尼几次充满酒水的午餐而得到陶冶，我们边吃午餐，边讲一些稍嫌肮脏的笑话，他讲英国出版业的事来教导我，而我呢，会谈我关于澳大利亚艺术的种种想法——这些想法经常都不过是一些概念，因为，除了每周要写评论之外，我对大约 1870 年之前，18 世纪和 19 世纪更遥远的部分，做的严肃研究还很少，但雷因好像并不在乎。我们的会见因他姐姐诺娜邀请的一次午餐而达到顶点。她嫁了一个有点保守的澳大利亚公司经理，名叫伯德，住在一幢很漂亮的房子里，下面就是纽波特蓝色的海水，那是悉尼以北棕榈海滩附近几英里外的一个郊区。杰弗里·达顿开车送我和雷因去那儿，饭前大喝白葡萄酒。正当我们都准备坐下来时，我突然想起来，我可以喝一杯红酒，餐具柜上就有一瓶打开的酒，很诱人地立在那儿。我朝那儿走去，转过身来，却很不沉着，样子难看地绊了一下，绊在伯德夫妇最近刚从希腊买回的白色长毛厚绒粗地毯上。（在遥远的当年，厚绒粗地毯是装饰师高雅别致的风格顶点，至少在澳大利亚是这样。)我脸朝下倒了下去,葡萄酒汩汩地流出来,全泼洒到那堆白色的东西上。"操!"我叫了起来。我们的主人伯德先生怒不可遏,站起身来,要求我们立刻离开。他不能容忍任何人在他家,当着他老婆的面,使用如此污秽的语言。他的妻弟艾伦·雷因挽救了局面,宣称说:"我靠这句骂人话发了财。你不可能因为《查泰莱夫人的情人》,就把我们赶出家门吧。"于是,我们坐下来吃午餐,气氛活跃得让人吃惊。

《澳大利亚艺术》这本书写起来并不难。事实上,这本书几乎自己就写成了,因为我采用的是报刊式写法,没有理论的拖累——如果十年后上手写这本东西,再用这种写法就根本不可能了——随着书稿的进行,临时做调研。今天,我肯定不会推荐这本书,把它作为年轻艺术作家的样板(这倒不是说,我曾有心如此),但它至少在某种程度上,以神韵和直接的感触,弥补了它在理论理解深度上的缺乏。写作这本书是在1961年和1963年间,唯一有点严肃价值的澳大利亚艺术研究的一般史——但就这本书,也像所有其他的书一样,已经绝版——就是伯纳德·史密斯的《地方,趣味和传统》一书,出版几乎占去了我之前一生的时间(在1945年),全书从头至尾,像文身一样,覆盖了澳大利亚马克思主义道貌岸然的残损面容。我是否要相信,艺术能够促进无产阶级的利益?如不相信,是否就会遭到斥责?我是否认为,艺术——在布或纸上涂抹色泥——说到底,有可能阻止谋杀犯下手或挡住压迫者的坦克履带?绝对不是。我认为,关于造型艺术具有社会改造力量的所有观点,说得刺耳一点的话,都是虔诚的胡说八道,而我的书正好反映了这一点。我至今仍因当年敢于这么想而稍感骄傲,它在某种程度上令我感到安慰,因为本来这是一个有点令人发窘的事情,即这个文本在很多方面都太过时,也太稚嫩,却在四十年后仍在澳大利亚印行。除了雷因本人之外,企鹅出版社牵头出版《澳大利亚艺术》这本书的人还有托尼·戈德温和他早慧有才的年轻助手托尼·理查森。正当这本书的确就要分崩离析之时，戈德温从澳大利亚企鹅出版社把项目接手过来：由于装订胶水中，出了某种很明显的问题，书卷一打开就开裂了，书页都从里面掉了出来，因此不得不重印，这就让我有了一点小小的呼吸空间，能就事实、判断和趣味等，纠正一些错误，这些错误不断在文本中浮现出来，就像青春痘一样。戈德温坚持要把这个项目进行下去。这只是他更大意图中的一个部分——很次要的一个部分——也就是把企鹅出版社扭向左翼，面对青年。他当时正出版反对死刑和核武器竞赛的企鹅特别系列，已签合同，准备出版一些艾伦·雷因连碰都不愿意碰的人，因为尽管雷因出版过《查泰莱夫人的情人》，他基本上还是个保守分子：这些人是让-保罗·萨特，伊塔洛·斯韦沃，贝托尔德·布莱希特，甚至还有——在20世纪60年代，这对英格兰来说是非常大胆的——让·热内。其中他支持的一些人，如很受追捧的治疗专家R. D. 莱恩（《分裂的自我》），后来都堕入湮灭无闻或声名狼藉的状态，但年轻人如能碰到托尼·戈德温这样的出版商，那真是棒极了。他也许不能替你赚钱，但他愿意在你身上下赌注，把他的心从栅栏上扔过去，然后跟着扑过去。

然而，然而。到了20世纪60年代早期，我再也无法对自己掩饰自己的种种不足了。我已经有点黔驴技穷，老本都快吃光了。作为澳大利亚的一个文学批评家，你可以一种能说会道，能言善辩的生活，因为图书到处发行，任何人都买得起：因此，在英国、法国、苏联、美国和澳大利亚作家之间，并没有必要的、内在的差异，但绘画和雕塑就不是这样，因为绘画和雕塑不能到处发行。这对一个关心视觉艺术的"外省人"来说，是一个困扰不休的问题。公共艺术藏品很不均匀，私人收藏品（除了地方艺术之外没有别的）几乎不存在。不信你待在澳大利亚,试图获得有关15世纪意大利绘画或巴洛克雕塑的工作知识——那是绝对不可能的。当代艺术是同样的问题,只不过更加严重罢了。我知道,我得穿上裤子,一走了之。

至少我得试一试。在这一点上,是艾伦·摩尔赫德,这个我心目中大众历史学家的理想人物,给我做的主。今天,五十岁以下的人中,没有很多人能辨认出这个名字。在20世纪60年代初,情况却是两样,读书识字的澳大利亚人不可能没听说过他,也不可能没读过他一两本书:《青尼罗河》,《白尼罗河》,《加利波利》,《库珀溪》,《致命的冲击》等。由于他经常在《纽约客》上出现,他在全球市场上是一个畅销书作家并为"大众历史"一词带来了尊严和荣誉。他生于1910年,因此我们见面时,他刚过五十,而我才二十四岁。

生物学有一种现象,叫"胚教"——幼鸭从蛋壳里挣扎而出时,它看见的第一件东西,就是其母的背部,于是就知道它是鸭子,并发现如何一摇一摆地走路,如何嘎嘎地叫。我和艾伦也是这种情况。当然,我也认识其他澳大利亚作家,但没有一个作家在我身上唤起想模仿的本能欲望。虽然艾伦没有公开允许,但我在他身上发现了我从来都没有的那个父亲。而且我觉得,尽管我有时老缠着他,冒冒失失,做出一些好像我们是父子关系的姿态,他都能忍受下来。他女儿卡洛琳·摩尔赫德后来成了一个一流作家,但他两个儿子在这方面却未表现出多少偏爱。

艾伦在澳大利亚起先是当记者,但在30年代后期,他就匆匆去了欧洲。他在西班牙内战中曾做过一些战地报道工作,后来成了第二次世界大战从前线用英文报道的三四个最佳战地记者之一。1945年后,他试着写小说,但完全失败。现在很难回忆当时那个岁月是怎么回事,但在当时,小说写得成功,被视为作家能力的最终证明,年轻的美国作家依然梦想制作出"伟大的美国小说",以与《白鲸记》和《伟大的盖茨比》相比肩——那是文化史上已经消失,但尚未在艾伦自己青春期消失的一个时期,这一点让艾伦有点恼火。艾伦没有写出任何伟大的澳大利亚小说,也似乎永远不可能写出来。只有事实能够触动他。他的伟大成就,是他对穿透非洲,寻找非洲最伟大河流的历次探险经历的叙述,即《青尼罗河》和《白尼罗河》。但他也令人钦佩地撰写了澳大利亚历史,这个历史中的历次探险(《库珀溪》,即伯克和威尔斯1860年远征的灾难萨迦),以及澳大利亚陆军在第一次世界大战中,在加利波利一役的悲剧。而且——当时这一点不太为人所知——还有他早期的一个看法,而且是绝对正确的看法,即在新闻学领域,未来的大问题是生态学问题,亦即地球及其非人类生命,到了犯有过失、杀气腾腾的智人手中之后的命运。我见到他时,他正构思一本书,即《致命的冲击》,谈的就是这个问题:它不仅仅只是关于欧洲人在太平洋探险的叙述,尽管该书开始谈的是这个。

我知道他在悉尼。他到澳大利亚来;是为了出席一次双年庆祝会,即1962年的阿德莱德节。我连做梦都不敢想去叨扰这位威严的陌生人。令我惊异的是,他却首先给我打了电话:他在《国家》和我也为之投稿的悉尼《每日镜报》上,看了我的几篇文章,喜欢我的作品。我紧张得几乎说不出话来,赶快邀请他来家吃晚饭。令我更加吃惊的是,他居然接受了。那天晚上是我为我俩做的饭,我忘记做的什么了,但我们喝了几瓶琼瑶浆,一种昂贵的德国葡萄酒,这只能说明,我是在有意讨好他——其实我们更愿意喝澳大利亚酒。我们酒越喝越高,说话声音越来越大,正谈到兴头上,西德尼·诺兰突然出现,来找艾伦。这一来,我的酒杯满满当当,他们的杯子也是如此,结果,午夜时分,我和艾伦都喝得相当醉,而诺兰这个几乎不碰酒的人,早就倒在鸡蛋花树下那座装饰性的鱼塘里,把他那件款式优美的淡白色亚麻西装都弄坏了。

不过,我和艾伦达成了一个协议。如果我想作品有所成就,就得像他从前那样,离开澳大利亚。"你要再在这儿待十年,"艾伦宣布道,像只猫头鹰一样看着我,"澳大利亚依然会是一个很有意思的地方,但你就会成为一个很无聊的人,一个乡村讲解员了。"幸运的是,我明白事理,意识到他说得对,但话又说回来,这也是我一直都想听到的话。

艾伦为我制定了计划。他给我写信,介绍给他的文学经纪人(1962年时,澳大利亚没有文学经纪人,而且,有经纪人的想法都显得很异国情调),介绍给他的出版商,即汉密西·"杰米"·汉密尔顿,并介绍给可能会对一个初出茅庐的作家生命攸关的其他几个人。如果我在伦敦撞了南墙,或遇到麻烦,我可以把他在意大利的房子当成一个藏身之处,以躲避追债人或被我冤枉的女人。不过,他坚决地补充了一句说,不能永久住下去。我只需要做一件事,那就是攒积足够的钱,以便能够离开,靠这笔钱存活一段时间。说着,他和诺兰起身,走出了花园,一个醉醺醺的,一个身上还在往下滴水,把我留下,思索一个就要发生变化的未来。

爸爸的死对妈妈来说特别难。怎么可能不难呢?丧夫并没使她生活无着,但却使她在感情上处于粉碎状态。她热爱他,他也热爱她。他们自结婚以来,从来没有分开过,而他们结婚是在1923年——差不多在三十年前。她太依赖他了,以致她都没有与他人建立友情关系,而这本来是可以在他突然离去之后补偿一下的,哪怕是一点点补偿也行。他们自从第一次见面以来,就一直绝对忠实于对方。她的全部感情生活,她的指南针,她的回转仪,她的一切都以他为中心。无论她从孩子和姻亲那儿得到什么样的努力支持(除了蜜姆之外，她没有一个血亲还活着），无论神父怎么安慰她，无论皇家悉尼高尔夫俱乐部的妻子和寡妇，一边吃着切片的卷筒火腿肉，把对虾和芹菜撮着蘸蛋黄酱吃，一边闭嘴不言，表示同情，她都注定要在余生独守寂寞，而她也知道这一点。1951年，在玫瑰湾，一个女的要是成了寡妇，那就根本不可能再婚。再说，她守寡期间仍忠诚于夫，是不可能允许自己再看别的男人一眼的。而且，她每间隔一段时间，就会有强烈的临床性忧郁症爆发，当时那些好心的家庭医生也没有认识到，这是一种病理性的心理状态——而只是觉得这是她丧夫之后的"自然结果"。这并不自然，而是一种疾病，其压垮一切的力量是她无法控制的。她的哀恸持续了很久。她会时不时地来到玛斯兰的一块草地上，很难看地站在正中间的那棵桃树下，不停抽噎，尖声哭号，以此来发泄心中的忧伤。我几乎没法安慰她。大部分时间里，我都禁闭在寄宿学校。不过，随着时间的推移，情况有了好转。妈妈开始把大量精力转向了澳大利亚的群山，这使她在鳏寡的中年里有事可做：在尚未完全开发的世瑞博高山峡谷里，建造并开办一家滑雪小屋。

当时，澳大利亚还没有滑雪度假工业。滑雪还没成为时尚：滑雪被视为一种相当野蛮，处于边缘的爱好，甚至是一种很怪异的爱好。不过，在悉尼南部三百多英里雪山的主要山岭上，有一家高山雪屋，即科西阿斯科饭店。（为什么叫这个名字？因为澳大利亚最高的山——其实不过像个小桩子，仅七千英尺——就叫科西阿斯科。到底为啥有人要把澳大利亚最高的山岭，或澳大利亚的任何山峰，以名字都很难发音的一个19世纪波兰民族爱国主义者命名呢？因为首次征服该山的测量队的一名成员——实际上，这山相当容易走上去，我知道，因为我自己就上去过几次——碰巧是一个名字完全发不出音来的波兰博物学家保罗·斯特雷基。也许，夏尔巴人和神圣得难以言喻的珠峰朗玛峰,那个诸神之脚凳①的其他居民,从来都没有机会抱怨埃佛勒斯先生,无论他原来是干啥的。)

20世纪30年代中期,我还未出生时,休斯一家养成了一个习惯,喜欢到科西阿斯科饭店度夏,开着哈德森六型车上山去那儿——在当年糟糕的路上行驶,要走十到十二个小时。饭店建在湖边,靠近雪河水系最美的一条鳟鱼小溪,即斯宾塞斯小溪。我估计,那儿几乎没有一个人。在20世纪40年代后期,周围的确空无一人,我常常自己涉水,进入斯宾塞斯小溪钓鱼,在清澈的棕色水潭中,钓两到三磅重、鱼体深长的彩虹鳟鱼。20世纪30年代,这整个地区一定像天堂一样美好,荒野一片,有利于健康。爸爸和孩子们一起钓鱼,妈妈(有点像个假小子,喜欢骑马,马术也很好)骑在马背上,到雪山中漫游时,也会加入他们。

接着,全家开始去那儿过冬。我现在已经不记得,还是个小孩子时去雪野玩的景象了,但他们的确带我去了——先是装在篮子里,跟着就穿着学步幼儿的靴子去。他们到处滑雪,信心越来越大,脚下踩着沉重的挪威木板,这种滑板用蒸汽熏弯,但未进行层压,用皮带套上——利用安全捆绑方式,发生沉重绞扭之后还能松开,能防止你的脚踝和胫骨断裂,那种日子还远在将来——用竹竿和皮篮子当滑雪杖挥舞。若按现代标准,滑雪板极长——身长六英尺的男子要用长达七英尺的滑雪板。自阿蒙森和司考特的时代以来,这种滑雪工具几乎没有改变过。不过,当时没有升降机、上山缆索、滑雪吊车,说真的,没有任何抵达滑道顶端的工具,只有踩着你自己的两只滑雪板,

---

① "诸神之脚凳",即指地球,出自《旧约·以赛亚书》:"耶和华如此说,天是我的座位,地是我的脚凳。"——译注

煞费力气地爬上山去,要不踩着人字形走,要不就侧着身子走。当年若想到主山脉旅游观光,人们一般使用"皮滑板",即沿着滑雪板的下面,前后都装上窄条带毛的小牛皮,毛的走向倒置,下山时就会在雪地上产生摩擦力,使得滑雪的任务稍微容易一些,但只是稍微容易而已。如果早年在澳大利亚的高山地带,人们不太把精力集中在滑雪后的享乐上,如果他们不聚集在小棚屋周围摆姿势,像瑞士杂志上的模特儿一样,喝着热巧克力,穿着那种白毛雪人靴,下着西洋双陆棋,那是因为他们大多数人为了能够一滑而下,踩着人字形爬上山坡,早已累得筋疲力尽,到了晚上,只喝第一杯苏格兰威士忌酒,就会仰面朝天倒头睡去。

尽管母亲不会滑雪,但她却欣然允诺,进入了这个新世界。首先,她让我姐姐康斯坦斯设计,做了几件风雪大衣,胸前有只巨大的哺乳动物般的拉链口袋,里面可放各种东西:护目镜、露指手套、地图、三明治等。这几件大衣共有三种尺寸,就算缺乏优雅的线条,也在能力方面给予了补偿。那地方开始慢慢火起来时,她在世瑞博山谷的顶端,很大胆地拿到一块地的租约,并让康斯坦斯设计了一座滑雪小屋,在上面建造起来。这对一个五十岁的女性来说,是开路先锋的工作,但一旦母亲咬定了一个项目,她就决不松嘴。雪人滑雪小屋逐渐成形,后来,在澳大利亚高山地区,终于成为所谓第一时髦滑雪胜地,拥有自己上山缆索的地方,成了第一家有房出租的滑雪棚屋。妈妈非常严肃地看待她作为老板的职责。她专门记账,手写的字体很奇怪,四处蔓延,用的是在我对集邮失去兴趣之后,从我那里挪用来的一本已经磨损的皮装集邮册。她几乎每周都要钻进她那辆小车,就是那辆形如甲壳虫的蓝色莫里斯小轿车,从悉尼出发,受尽折磨地开上十个小时,穿过堪培拉和库玛,上山来到世瑞博。这对我来说可是一种完美无缺的安排,因为这一来,我就能独自一人留在克兰布鲁克路,和诺尔琳一起谈情说爱——要是妈妈知道我跟她打得火热,爱得痴迷,她一定会着急上火——而不会被她或其他任何老家伙打断。

雪人滑雪小屋不仅让母亲重获新生,也导致她不幸去世。1963年,她得了乙肝,当时这种因病毒而引起的疾病无法治愈。她以为,抛开所有病源不论,这病是她从一个旅行推销员那儿传染上的,因为他订房后,在世瑞博的小屋待了两晚,把他带有病毒的名片放在没有足够消毒的桌具上。等她意识到,出了什么非同小可的事,去看一个医生时,已经太迟,无法治愈了。病毒在她体内迅速蔓延,她全身变色,成了一片恶性的黄色。突然之间,很可怕的是,她开始消瘦下去,先是住进堪培拉一家医院,然后尽快转院到悉尼的圣文森医院。又一次,就像父亲去世时一样,我也没有亲见她去世的情况。就我所记得的情况看,家里也没人亲见过:医生太怕会有某种恶性感染,不让我们靠近她。就这样,我失去了我的父母,连看都没看一眼他们走的样子,也没跟他们道别。

第六章

意识到自己不行

到了要离开悉尼时,我几乎没有感到任何忐忑不安。我也许会怀念我的几个朋友,但还是会有机会在世界的另一边,也就是欧洲互相见面。母亲去世之后,我摆脱了与她结成的感情纽带。无论在澳大利亚,还是在欧洲,我都会照样怀念她,但不会像如果继续待在澳大利亚时那样怀念欧洲母亲。蜜姆正被老年痴呆症的魔爪控制,我们见面时,她几乎没有表露出认出我的迹象。我的两个哥哥很想要我离开克兰布鲁克路的那幢房子,这不难理解,这样就可以更有利地出租或出售。事实上,我在澳大利亚最后的几天,是在悉尼国王十字区一间像送葬的出租房里度过的,那间房子里的血红色窗帘和深褐色的地毯,就像让·热内某场戏的道具一样,直到现在仍让我记忆犹新。我只想一件事,那就是走掉,离开,远去。

在我离开澳大利亚的路上,在艺术方面没有碰到什么。我在洛杉矶停下来,这是我认识的唯一两个西海岸美国人的家:演艺界律师路易·里希特和他妻子米冉姆,他们曾一度在悉尼租用了我家的楼上。路易和米冉姆看过《在海滩上》这部电影,而且留下深刻印象,该片中,格雷戈里·派克,弗雷德·阿斯泰尔,安东尼·博金斯,以及艾娃·嘉德纳这位我青年时代梦境中无限可人的女人,等等,都滞留在澳大利亚,这个世界在核战之后剩下的最后一个还有口活气的国家。(消息在悉尼传开说,该片主要在墨尔本拍摄,但在拍片期间,美丽的嘉德纳女士对这个城市及其居民厌倦得涕泪俱下,曾对人说,"他们要拍一个有关世界末日的影片,他们倒的确他妈的选对了地方"。)

里希特一家以前从未到过澳大利亚,于是决定,要躲开天启的原子弹毁灭景象,可以去的最好地方就是澳大利亚,因为他们已经说服自己相信,这场灾难任何时候都可能吞没美国和欧洲。他们到悉尼找地方租住时,就找到了克兰布鲁克路26号。由于妈妈老是缺钱,而里希特夫妇又很有钱,这就成了一个很理想的安排。但最后,我们梦里也找不到的好租户发现,他们害怕的核毁灭景象正在消失。一个月又一个月过去了,但伦敦,罗马或马里布上空,却没有出现蘑菇云。冷战并没有热起来。悉尼是个很棒的地方,但对一对不会冲浪,上了年纪的犹太夫妇来说,却可能不那么棒。在当年那个时候,没有传真机,没有电子邮件,越过太平洋打电话,简直要花一小笔财富,不是一种可以用来很便宜地闲聊的工具,所以,路易·里希特开始明显感到跟人失去了联系:由于他人不在,他在比佛利山的律师事务所开始受影响,可他还没准备退休,还没有到退休的时候。因此,里希特夫妇做好准备,就要离开了,同时说了很多很伤感(而且肯定也相当诚实)的话。他们说,他们无法想象,我为什么要离开一个像悉尼一样的天堂,但如果我去洛杉矶,我应该去找他们。

于是我就去了。他们很慷慨地为我举办了一个派对。我在那儿一个人都不认识,而且(事与愿违,尽管我没把心里的希望讲出来)既没有艾娃·嘉德纳,也没有我听说过的任何电影演员。不过,有一个年轻漂亮的女演员。我们互相独享了对方。晚会结束时,我邀请她次日晚上共进晚餐。

我们去吃晚餐(那是一家口味很重的牛排屋,其装饰是那个时代的时髦风格,织锦窗帘,很多红皮带扣的长条形软座,桌边火锅上像埃特纳火山爆发似的冒出火焰来:这种餐馆只要给以机会,连土豆上都要浇酒点燃的),两人处得如此之好,以致吃完饭后,我都敢斗胆问她等会再去哪儿。她回答说:"维加斯。"当然,我听说过维加斯:那是黑手党和霍华德·休斯拥有,弗兰克·辛纳特拉去唱歌,美国的其他人都去赌博,我一向都很好奇,特别对它霓虹灯好奇的地方。由于我对美国西部地貌一无所知,我只能假定,那一定是洛杉矶的某个郊区了。我们一进出租车,我就发现不是这样,因为这时,这位年轻女性要司机去机场。"你从来没去过维加斯?"她问我,有点很不相信的样子,摇了摇她像蜂房样的头。"哎呀,你真的不了解美国。"我们很快就到了洛杉矶国际机场,比你说出"路易斯和克拉克"几个字还要快,跟着便钻进一架维克斯子爵飞机——它用的是那种老式涡轮螺旋桨发动机,椭圆形窗户——名字起得很怪,叫个什么金色炮弹维加斯喷气快机。现在回头来看,与之相比,澳大利亚航空公司的名字(如TAA、ANA和澳航等)就太乏味,太不露行迹了。没人要我们把口袋或袋子里的东西拿出来,也没人要查看身份。没有金属探测器。我们直接走进飞机——那是一个早已失落的世界。

飞机一起飞,戴着一顶神气活现的淡紫色杰基·肯尼迪药丸盒帽,身穿一件刻意谦虚的高领女衬衫和黄绿色超短裙的空姐,就递给我一个奇大无比的玻璃杯子——一只水晶桶——里面装着冰和波旁威士忌。我就大口饮起酒来。不久,我就去机上的厕所。在那儿,简直令人难以置信的是,是那天晚上的第一台老虎机。你把零钱塞进去,在马桶上坐下等就行。周围只有拉动手柄的空间。从理论上讲,如果综合的数字对上号,老虎机就会阵雨般地吐出一堆银色的夸特来。它会趁你在那儿拉屎的当儿,也在你身上拉屎。老虎机的象征主义会让西格蒙德大叔和克拉夫特-埃宾博士高兴得身子扭来扭去,尖声叫唤起来。哎呀呀,我什么都没赢。回到座位时,我跟那女孩讲了我这个格外奇特的厕所。她银铃般地哈哈大笑起来,不是笑这个想法有多么怪异,而是笑我自己太外省,太天真奇怪了:好像落基山脉以西的每架航空公司飞机上,都有一个独臂土匪似的。

情况变得越来越怪。一在拉斯维加斯下飞机,就要求人买筹码,那是所有赌场的有效赌博货币。我感觉到,我正走出美国,穿越一片边界地带,进入一个更深的美国,穿过一家外币兑换处①。在维加斯,无论买什么东西,都要以筹码支付:无论是买香烟,买饮料,买汉堡包,还是搭乘机场出租车,都是如此。我从赌博完全非法的澳大利亚,来到了一个非赌不可的地方。女孩把一家赌场的名字告诉了司机,我忘记那是什么地方了。我们快速向它驶去,穿过炎热的沙漠夏夜,头上是霓虹灯的巨大闪光,看上去就像摩天大楼,把后面真正建筑物的所有痕迹都抹掉了,这时,我感到自己正在发生嬗变。我正在变成詹姆斯·邦德。我那套相当普通的马海毛西装成了一套白色燕尾服,我能感到,一撇逗号样的头发正不可抵挡地掉在我的眉毛上方。我要把小轮盘边的钱翻一番——也就是全部的贷款,这笔钱本来可以带我一路穿过欧洲,在那儿待一段时间,它此时正在我外套里面的兜里。我要是赢了,就会时不时地悄悄塞给某位女士一小叠五十美金筹码,她就会把这钱整个地②押在27(我的年龄)上,红色。果不其然,那只小白球绕行的轨道衰减下来,咕噜噜地滚进了正确的槽子里,一个筹码就让她赚了三十六美金。后来,我带着冷嘲,以神秘的轻松之感,把我的筹码兑换了钱,就带着我的那位女士上楼,来到

---

① "外币兑换处",原文为法语:bureau de change。——译注
② "整个地",原文为法语:en plein。——译注

一个套间，跟她做爱，直做到她感激不尽，像蛋壳一样粉红的耳朵都快掉下来了为止。然后，我们喝下一瓶上好的玛姆干白葡萄酒，007在这种情况下，通常就要喝这种酒，然后又搞一次。夜晚就要这么过去了。

可夜晚没这么过去。作为一个老练的赌徒，我输惨了。这个事实对我也没有帮助，即美国的轮盘有两个零，而不仅仅只是一个零，这就让赌场在握的胜券大得多。我的贷款不断缩水，随着它的缩水，我惊慌起来。除了轮盘桌外，我没法注意任何事情或任何人，两小时后，东西女士因为没人理她而不悦，干脆消失不见，以后再也没见到她。不久，我汗水涔涔，大为惊恐地意识到，我的一生绝对要完蛋了，但不是因为东西女士而完蛋：我在维加斯一文莫名，注定要在接下去的五年中，为黑手党洗盘子或打扫地板（如果我没有最后死在内华达的沙漠里的话），最后只能夹着尾巴，溜回澳大利亚。我哪是007，我只是个傻瓜，遭人侮辱、笑话和自我憎恨的对象。

凌晨三点左右，我孤注一掷，换了游戏，开始玩黑杰克。之前我从未玩过这个，而且我是桌边唯一的玩家，但是，无可理喻的是，我开始赢牌了，应该感谢——我想——那位百无聊赖的老庄家，他看上去像沙漠上一个皱巴巴的爬行动物，但却开始给我发好牌，与此同时，他带着草率无礼，但又沾沾自喜的亲密样子，回忆着战争时期他在澳大利亚的性冒险经历。想必他是怜悯这个被冲到绿色台面呢上的外国傻子了。我把我那笔旅行的钱都赢回来了，还加上五百块纯利。我又疲倦，又难以置信，几乎头昏眼花，给了他很大一笔小费，把筹码兑换成钱，就漫步徜徉，走进了沙漠的夜晚，离开了室内污浊的雪茄烟味、放陈了的波旁威士忌和辛辣的恐惧之感。沙漠之夜变成了沙漠黎明，我原来以为是高大建筑物，覆盖着霓虹灯的东西，此时露相，原来不过是铁制框架，高高地矗立在那种好像是匡西特小屋的东西之上。关于机遇的资本,就讲到这儿吧。我紧紧攥住兜里那卷钞票——看上去,我一定很像是在猛烈地手淫,某种意义上讲,我的确是在手淫——同时默默地发誓,再也不走近轮盘边了。我多少恪守了这个诺言,除了一两年后在伦敦的一个晚上之外。跟着,我叫了一辆出租车,就直奔机场。自从那个恐怖的晚上之后,我只回到维加斯两次,两次都与我拍的那部艺术片有关,而每次我都病倒,白天大部分时间都躺在床上,呼吸着那座自命不凡,令人作呕的饭店里冷钢般的空调空气。"地狱是一座,很像伦敦的城市,"雪莱在《彼得·贝尔三世》里写道。他错了。地狱当然是一座非常像维加斯一样的城市。

回到洛杉矶后,我造访了森林草坪墓地,因为我读过伊芙林·沃的《亲者》,然后去了纽约,在那儿,《国家》杂志——不是澳大利亚那家,而是其美国原型——的主编约我写一篇文章,谈谈那场把琐屑之物和未来庞培之城之集大成者,1964年的世界博览会,让人足够吃惊的是,这座未来之城的废墟和古迹,依然以其悲伤颓圮的遗址,如那座框架上依然像烤糊了的猪排,纠结着各个大陆的不锈钢的大地球仪,面对着从肯尼迪机场出来的海外游客。博览会结束后,因为太贵而没法拆毁。这地方仍然粘在我的记忆中,不仅是因为它那未来技术仙境的乌托邦胡诌,也是因为其中的一个展馆和该馆中的一件展品。

这就是梵蒂冈展馆,米开朗基罗的《圣殇》即是从罗马送到该馆展出的。这个宣传行动的构想,是对法国的一个还击,因为法国很不负责任,当时身为法国文化部长的安德鲁·马尔罗,为了向华盛顿肯尼迪王朝作出一个宏大姿态,而把列昂纳多的《蒙娜丽莎》从卢浮宫搬到了美国。如果一般认为的世界最伟大画作,也能当做某种贺片送到美国,那世界最伟大的雕塑也能照此办理。教皇的工作人员一定是这样理论的,结果就把《圣殇》从圣彼得教堂连根拔起,加以复杂的包装,飞往纽约,在法拉盛草地的梵蒂冈展馆安装起来。几年前展出《蒙娜丽莎》时,技术困难重重,因此对那些负责人进行了详细介绍。当时,要想让足够多的人,以步速从《蒙娜丽莎》前走过,开始都很困难,到了最后则根本不可能,因为观看者比较拖拖拉拉,使整个排队的人都慢了下来。《蒙娜丽莎》在大都会博物馆期间(1963年2月7日到3月5日),观者、看者、瞥者或过客达1 077 521人,这还不算博物馆的工作人员。这是华盛顿参观者(518 535)的一倍。平均下来,每0.79秒的"曝光时间"内,就有一个人通过,这必须乘以10,因为走向该画的排队的人是并排为十。显而易见,让一个人在八秒钟内看一幅画,是没有多大意义的。然而,在博物馆人群控制方面,这又是一个独一无二的实验——美国(或任何别的地方)一家博物馆第一次试验,把一个本意是让人长时间凝视的"传统"形象,当做好像是它本身的再造——就像报章杂志上的一张相片,迅速地扫视一眼就扔掉了。1963年,安迪·沃霍尔的职业刚刚起步,但已画过几幅《蒙娜丽莎》重复形象的绢网版画,当他听说这幅画要到纽约来时,他问道:"他们干吗不让人做个副本,然后把副本寄过来呢?反正也没人看得出两者之间的差别。"

到了装置米开朗基罗的《圣殇》时,就得优化这种笨拙的过程了,而这么做的唯一方式,就是不让观众选择自己的观画速度。因此有必要让观众在移动的走道上从雕塑前流过。你从强烈的日光下走进来,就被流入一种晨昏般的前厅,这时,你会发现,你已经上了一条传送带,颇似把动物送进屠宰场的那种。你不需要动:说真的,你前面有人,后面也有人,要想前移或停住不走是不可能的。在你眼前,《圣殇》就在那儿,在一个拱形的舞台上展出(事实上,这是"百老汇"·乔·密尔兹纳设计的,他曾为许多戏剧制作过道具,其中包括亚瑟·米勒的《推销员之死》的首场演出)。这尊雕像沐浴在一种淡粉红色的光线中,看起来很不幸,就像一块巨大无比的象牙肥皂,而它的后面——以防万一你不了解米开朗基罗的主题思想①——耸立着一支大黑十字架,披着一件紫红色的忏悔之布。在哀悼的圣母和基督的两边,一目了然,各站一名卫兵,身穿棕色皮装,徽章闪闪发光,每人屁股上挂着一把手枪,以防你心生歹念,翻过栏杆,去偷塑像或破坏塑像。东西隔得太远,根本看不清细节。其实,这并不比该雕像过去和现在在圣彼得教堂的情况更糟。在那儿的巴洛克环境下,大理石的形象和色彩都很俗艳,把整个环境都淹没了,石像高高地矗立在底座上,完全违背了米开朗基罗原来的意愿,使得基督那张美丽的脸消隐不见。就算是这么回事吧,等到这条移动的小道载着我,让我从舞台前面通过,从另外一边出去时,我想我知道我看见的是什么了,便又匆匆地跑到展馆外面,排到队尾。第二次看完后,我有数了。我获得了一个先知的远见,透视了美国未来关于博物馆的思想:那是一个尚未发展起来的"百事达"(卖座巨片),其间有蜂拥而至、消极无助的艺术吸养者,排着长队,等待被人处理,进行短暂而又具有疗效作用的文化注射。我仿佛受了启示,便为美国的《国家》杂志写了一篇文章,谈这种恐怖的工程。该刊主编凯里·麦克威廉斯把文章发表后,收到了一大批愤怒的读者来信,谴责我是个忘恩负义的人,一个精英主义者,以及一个悲观主义者。但是,正如顺着这条线走下来,十多年后,未来的展览,如埃及图坦卡蒙宝藏展所充分证实的那样,我在对未来的小小一瞥中,的确看到了某种真实的东西。

我要是能够宣称,我在抵达伦敦时,脑子里充满了好主意,已经有了坚定的决心,那就好了,但情况并非如此。除了艾伦给我的那一

---

① "主题思想",原文为意大利语:concetto。——译注

小札介绍信外,我什么人都不认识,感到怅然若失——一个澳大利亚的乡巴佬,来到了一个在1964年,仍然看不起澳大利亚人的地方。

我在悉尼积攒起来的一点当作家的可信度,在这儿算不了什么。我在各家博物馆闲逛,每次经过国家画廊,泰特画廊,大英博物馆,华莱士收藏馆或考陶德艺术学院威严的大门时,就有一个同样的信息不断在敲打着我:我是个乡巴佬,我知道得太少了,我在这儿不够资格谈任何东西,写任何东西,这一切以前别人都做过了(而且做得好得多!),这些人都比我内行,而且不像我,所说的话都有某种实际的价值和先见。我在度过的那些日子中,情绪可怜巴巴地摇摆不定,一会儿感到自卑,于是尽量加以掩饰,一会儿又不定期地得意忘形起来,因为我终于能够认认真真地看到那些妙不可言的东西了。

但是,我因自己势利眼而受到自己的限制,其表现形式就是,我更倾向只看稀有之物,无名之物,人们不大参观之物,以及不带旅游性质之物。事实上,我本来就是游客,因此不该由于装得像个游客而感到窘迫,但这一点其实我都没有感觉到。我现在可以很难为情地承认,就这样,我当时半是无意,半是故意地错过了一些伟大的杰作:我在伦敦的这次逗留期间,一次都没去看大英博物馆的埃尔金大理石雕。

另一方面,我专门寻找,而且也找到了一些小珍品,因此感到很骄傲,如迪博士的魔镜,这是一面印加圆镜,用黑色火山玻璃制作,在伊丽莎白一世那儿最受宠的魔术家兼占星家约翰·迪,就曾用它来占卜,诗人约翰·多恩提到它时,说它是块"镜石"。令我着迷的是索恩博物馆这种(当时)很偏僻的地方,当年——在后现代主义还未被发明,约翰·索恩的装置还未被看做其建筑神祇的时候——你在一周的任何一天,可以完全独占该馆,从其中的各幅透纳画作,到其巨大的石棺,无不尽享之,而且,也别忘了他那条宠物母狗的精致坟墓。

如果我拥有一条狗,而那条狗死了的话,我就会打定主意,要把那上面的墓志铭偷来:"哎呀呀,可怜的法妮!"

我惊异于国家艺术和帝国劫掠的巨大冲击。而且,我也被它吓坏了。它完全处于我的经验之外,因为在澳大利亚,只能看见它遥远的尾巴终端。但是,关于英国文化的这些强大的沉淀物,在英国人、爱尔兰人和苏格兰人他们自己早就写过说过之后,我还有任何哪怕是重要性极小、独创性极小的东西可说、能说吗?要发现这一点,最好的方式可能不是等待,而是写一点让布里特人①觉得本身带有域外特质的东西吧。

我几乎一到欧洲,就开始跟艺术家见面,但他们之中没有一个,像罗伯特·劳森伯格那样,给我留下强烈的印象。在我见过的所有视觉艺术家中,没有一个给我的感觉,比这个非常开放,满嘴方言的德克萨斯人强,那是一种天才不断成长的感觉。对他来说,1964年几乎是一个忙得疯掉了的一年:他不仅跟他的朋友和合作者默思·坎宁安的舞蹈公司一起,从伦敦到大阪,在欧洲和亚洲三十个城市巡回演出,他不仅让他巨大的绢网画《天道》,在世界博览会菲利普·约翰逊的纽约州展馆外面,占据了一个荣誉位置,而且他还非凡了得,大获全胜,在三十二届威尼斯双年展,获得了国际绘画大奖,尽管他的作品展出地点不在官方的美国展馆,即公共公园②,其他国家的展馆也在这儿,而事实上远离主场,在原来是美国领事馆的一座建筑物

---

① "布里特人",英文为 Brits,是英国人的简称,也是贬称。多年前,一位澳大利亚英裔作家告诉译者,他最不喜欢别人叫他 Brit,认为这极为侮辱人,故音译。——译注
② "公共公园",原文为意大利语:Giardini Pubblici。——译注

中。今日，威尼斯双年展在许多展览中，几乎不过是一个粗俗的商品交易会而已，但在遥远的1964年，它仍有巨大的威望，这一重要性历经时日，存活下来，而在当年，对当代艺术宣传很少，有关绘画和雕塑的信息圈子依然处于胚胎状态，到了1939年至1945年的战争期间，这个圈子就完全处于停顿状态。当时，双年展不仅是最好的，而且实际上也是唯一的制度性展览，可在那儿把最新的艺术搞定。截至此时，它也没有完全落入公开和隐蔽的画商、毫无廉耻、腐化堕落的批评家、为了投资而收藏画作的人，以及欺而不诚的策展人手中，这种情况在20世纪70年代就会发生。国际绘画大奖奖金为两百万里拉，按当时的兑换率，为3200美金。这点钱在今日的哈利酒吧，还不够给达米恩·赫斯特的拍马逢迎者买两圈酒喝，但在当年被认为很了不得。不过，其重要性主要还是象征性的。长期以来，一直认为国际绘画大奖锁定的都是欧洲人。在此之前，只有两个美国人获得此奖，即1895年的詹姆斯·麦克尼尔·惠斯勒和1958年的马克·托比。亚历山大·考尔德几年前，即1952年获得雕塑奖。把此奖授给像劳森伯格这样昂首腾跃、丰饶多产，而且——尤其是——很不欧洲的天才，对很多批评家和搞博物馆的人来说，还不要提欧洲收藏家了，简直是可恶至极，而对另一些人来说，则到了近乎渎神的地步，特别是在法国人眼中，法国批评家——在彼埃尔·雷斯塔尼的领导下——认为，他们的大众传媒和从垃圾中产生灵感的艺术家，那些欧洲的新现实主义者①，如阿尔曼、丹尼尔·斯珀瑞和米默·罗特拉等，都是更真实的创新者，而人们大谈劳森伯格所代表的美国艺术更优强、更独创，则完全是鬼话。有些人（尽管雷斯塔尼没有）宣称说，

---

① "新现实主义者"，原文为法语：nouveaux realists。——译注

劳森伯格本人也是模仿别人的,甚至还剽窃过别人(不过规模更大而已),剽窃的对象是已故伟大的德国达达派画家克特·施维特斯。他们对劳森伯格的敌意,以及对美国波普艺术缓慢愈合的形象所抱有的敌意,当然能够作为一种激进的立场表现出来,因为反美就是激进:反美就是反对把欧洲可口可乐化,为"真正的"民主说话,反对粗俗而被人操纵的资本主义民粹主义,那是山姆大叔要向全球所有销售点出口的东西。

但是,当劳森伯格的画作在威尼斯展出,要面对这些画作,你是无法——至少我是无法——提出这种无聊的政治主张的。

有些批评家喜欢邀功请赏,因为是他们在一个艺术家的伟大性尚未被公认之前,就看出了这位伟大艺术家作品中的"道道"来。当然,我没法就劳森伯格说这种话:因为他在美国早已成名,在有限的程度上在欧洲也已成名,直到他在1964年的双年展上,光彩照人地冲了出来。但我永远都对他感激不尽,在他面前感到谦卑,因为他让我看了道道,从而明白了个中真意。记忆中,有两样东西特别突出。第一个当然是那次双年展上他展出的绢网画,其范围太大了,似乎囊括了太多可能的人类经验,全都是从照片上模拟复制,并扩展成为绢网的:政治(谁会忘记刚刚被刺的JFK[约翰·F.肯尼迪],在《反作用(I)》[1964]?中,像愤怒的上帝,伸出一根谴责的指头指着的那个蓝色形象?),空间技术,自然的可爱与差异,从鲁本斯到杜尚的其他艺术家的作品等。那些(起先)诋毁他,骂他不过是模仿施维特斯的人,其实完全搞错了。正是劳森伯格对绢网的使用,使他得以把细小的画面放大成巨型画面,从而得到解放,而不受原来物体的限制,像在拼贴画中那样。所有拾得物都共同享有了形象的自由和形象的可塑性。当然,施维特斯是劳森伯格的一个灵感源,谁都没有否认这一点或想否认这一点,而他是最不会这么做的人,其他一大批艺术家也没有否认这一点,其中包括一些美国人——亚瑟·达夫,威勒姆·德库宁,等等。问题不在于他从别人那儿拿来了什么(反正那么多的艺术都是从别的艺术那儿拿来;完全的"独创"是完全的虚构),而是他拿来时是否持尊重的态度,以及他拿来做了什么。绢网巨大地增加了劳森伯格的形象库存,因为世界上几乎所有的东西,从甲壳虫到群山,从精子到雷神火箭,都已摄入照片。除此而外,劳森伯格喜欢把门打开,掌住大门,让人从中穿过。如果波普艺术家能有信心,允许自己胶着在媒体话题上,那是因为劳森伯格给他们指明了一条道路。如果安迪·沃霍尔把他的整个职业生涯,在单一的媒介手段即摄影绢网上,以重复信息和形象过剩的手法来表现,那是因为他是从劳森伯格那儿学来的。劳森伯格就像美国连环漫画中,某个疯狂的百万富翁,美国现代主义的甜爹[①],他喜欢通过把一切都拿出来,都送人的方式,来改变生活。

我记得如此栩栩如生的第二件事情,也发生在1964年,地点在伦敦一家剧院,其时正值劳森伯格和默思·坎宁安共同创作的舞蹈剧《冬枝》的首演之夜。我对古典芭蕾舞稍有一点知识——我跟舞蹈演员布伦达谈朋友期间,在皇家芭蕾舞团上过表演课,总算没有完全白学。不过,她的趣味是相当分门别类的,趋向于拉威尔、斯特拉文斯基和柴可夫斯基,而不是约翰·凯奇。对于一般现代舞蹈,特别是对于坎宁安和约翰·凯奇,我则一无所知。因此,我和布莱恩·罗伯特森充满期望,在座位上坐下。剧院的灯光暗了下来。《冬枝》逐渐展开,这是一场妙不可言,情绪变化无常,而又荒凉萧瑟的舞蹈剧。

[①] "甜爹",英文为sugar daddy,美国俚语,指施恩或送贵重礼品以博取年轻女人欢心的阔佬、老色迷。——译注

人体的运动和明暗的图案被消减,似乎降低到绝对的极小限度。对已适应了珀蒂帕改编作品的巴黎听众来说,它所代表的舞美设计,以其方式似乎崭新,就像五十年前上演《春之祭》中的各乐章一样新鲜。它并不"震撼",但神秘而美好。不会感到愤懑,只会感到一种欢乐,一种对我来说很新鲜的好奇感。

跟着,格外让人吃惊的是,一把椅子从舞台上面悬吊布景的地方出现,但从舞台的右边可以看得很清楚。这把椅子慢慢地穿过空中,向左而去。这是一把咖啡馆用的很普通的索耐特式椅子,其筋肉突露的曲线在一束强烈的方向性光线的照耀下,把怪异的重重暗影投在后面的幕布上,似乎像鱿鱼的触须一样在绞扭。随着椅子越过舞台,周围一片沉默,除却来自任何其他事件的上下文背景,我感到——没有别的词可以形容——心旌摇荡[①]。我平生第一次感到,我被一种强大、自足同时又神秘得无法解释的东西所席卷。其实不过是空中的一把椅子!后来我才意识到,这个幽灵一定是对杜尚作品 *Tu m'*(1918 年)的一个注释,那幅画的表面固定了一把椅子,把用铅笔画的拉长的虚构阴影,投射在画布上。但当我最后看见杜尚那幅作品(1966 年在泰特画廊的回顾展上)时,它对我的感动还不到《冬枝》中劳森伯格那把椅子力量的一小点。它什么都没有象征。它什么故事都没讲。舞蹈演员没有对它产生任何反应,甚至都没注意到它。椅子就在那儿,虽然平庸无比,但却充满魔力,提醒我们——在它通过舞台前部的三十二秒过程中——世界上最简单的物体,会有何等惊人之举。我感到,一个艺术家如果能用一把椅子和一条带

[①] "心旌摇荡",英文为 ravished,该词还有另外一个意思,即"被强奸了"。该词用在原文中当然是褒义。——译注

子,做出这样的事情来,他就是一个什么都能做的艺术家。结果情况证明就是如此。对我来说,劳森伯格一直都是最伟大的美国艺术家。人们总是把贾斯珀·琼斯和他相提并论,但我对琼斯在过去四分之一世纪做的任何东西都不喜欢。对我来说,琼斯——他在20世纪50年代画过一些非常优秀的画——至少自60年代中期以来,一直都是一个越来越沉重,越来越被高估的令人讨厌的家伙,他成百万的标价是对艺术参与性质的冥落,但劳森伯格一直都很开放,乐于接受别人。这两人之间,有如白天和黑夜,白垩和奶酪①,一呼和一吸之差。

我拿着艾伦·摩尔赫德的一封信,去见他的出版商汉密西·汉密尔顿。不久,多亏他咨询委员会的一名成员,即赫伯特·里德爵士(我头一年曾在墨尔本见过他),我签了一个合同,写一本有关西方艺术中非理性形象的书。尽管我当时并没有意识到,这却是一个大得无法把握的话题,但由于它主要围绕20世纪,达达,超现实主义及其余波,我觉得,我还是能够处理得了,而且在接下去的两年中,依然这么认为,直到我的研究——以及我逐渐发现我自己能力极为有限之后——向我证明,情况并非如此。这本书永远也不会写完了。我过于没有焦点,过于被我在其间找不到方向的那座城市弄得心神不定,难以专注了。我感觉像个不安稳的纨绔子弟似的知识分子。与此同时,我通过为"高质量的星期日报纸"写评论,能把面包摆在桌上,甚至还能在面包上抹上一点黄油(现在回头来看,令人吃惊的是,60年代早期在伦敦生活,费用如此低廉)。多亏摩尔赫德的推荐,这些报

---

① "白垩和奶酪",英文为 chalk and cheese。白垩和奶酪外表看起来很像,但实质则完全不同。白垩是粉刷材料,奶酪是食品,形容两种东西表面相似而实质截然不同。——译注

纸的编辑给我以庇护。但是,我很痛苦地意识到,做这种新闻写作,只能起到把书搁置不写的作用,而且,我其实也没有必不可少的资质或经验,使我能够面对这本书的吓人话题。那些对于达达和超现实主义来说,作品不可或缺的作家,以及在1964年依然健在,甚至十分活跃的作家名单,虽然很有希望,但却长得让人害怕。它所含的法国艺术家有安德烈·布勒东,巴布罗·毕加索,安德烈·蒂里翁,以及一大批其他人;纽约的有汉斯·里希特,理查德·哈尔贝克,马塞尔·杜尚;德国的有马克斯·恩斯特和汉娜·霍希;西班牙的有萨尔瓦多·达利和胡安·米罗——等等等等。我没有一个计划好的办法,去接近这些人,我也没有一个计划,去处理所有这些潜在的材料——更没有计划去对付被他们从门边赶走之后,蒙受的那种羞辱。我不过是一个孩子,却派自己去干一个汉子的工作。我比艺术的浅尝辄止者好不了多少。我开始感到绝望,因为我缺乏生活和研究的正式背景。正当我愁思百结,想写出看起来好像是未来失败目录的第一句话时,我想起了艾伦·摩尔赫德的建议:如果我只是没了主意,而在其他方面不是这样,我就应该到意大利,跟他和他老婆露西待在一起。

于是,我就去了。我把每一分钱都积攒起来,付了机票之后,大约有一百英镑,然后就飞往罗马。从那儿,一列被错叫成加快①的火车(这是意大利最慢的一档客运列车,每站都停),终于把我在位于罗马以北143公里的奥博特罗站放了下来。我只认识四个意大利单词:"Casa Moorehead, per favore."(意大利语:摩尔赫德家,请)。很幸运,我把这几个字对之试用的那人是布鲁诺,即摩尔赫德的园丁兼

---

① "加快",原文为意大利语:accelerato。——译注

家务总管,他被派来接我。他车开得很慢,几乎就像在若有所思似的开着车,穿过奥博特罗小镇(好像该地没有一幢老建筑物,因为二十年前,盟军的炸弹把这儿夷为平地),沿着那条把蒙特-阿根塔里奥与大陆连接起来的堤道而行。

一条蜿蜒的上坡路,在通往波尔图埃尔科莱的主道上分叉,靠近一座围了围墙的墓地,通向摩尔赫德的家,令我高兴的是,这座墓地的标志就是苍翠直立的翠柏①,即拉丁诗歌中描写的那种适合葬礼的柏树。开始因为没车,我经常在那条道上走,走得多了,就觉得一直延伸到两边橄榄林中散发香味的灌木丛中,大声嗡嗡鸣叫的昆虫声,哪怕在我闭上眼睛时,也会钻进我的耳朵。黄蝴蝶从常春花的黄色茎秆中翩翩掠过。房子凉爽而舒适,而且也不豪华,其位置距大海约一公里,能看到开阔的农场风景,围住港口的头地上,有两座巨大的16世纪城堡,以及一浪浪昙花一现的猩红色罂粟花。

在平台和像框架一样围住的柏树下,艾伦和露西种植了葡萄园:可能葡萄藤下总有一英亩地,不是很大的一座葡萄园②,但足够大到一年大部分时间里,这家人都能喝上自酿的普通白葡萄酒。1964年葡萄收成丰美,此时是九月,葡萄已经可以采摘了。我就盼着这个时间的到来。这是我曾听闻,但没有亲见的那种带有原型特征的地中海活动。布鲁诺负责管理葡萄,我则跟在后面摘葡萄,尽可能多做他让我做的搬运重活的工作。艾伦租了一只直径两米的大橡木桶,桶上横着过来,有一个穿孔的压盖,边角是翘起来的。我们把一篮篮葡萄扛在背上,走上山,倒进这个盖子里。

---

① "翠柏",原文为意大利语:invisos cipressos。——译注
② "葡萄园",原文为意大利语:vigna。——译注

这时,那个地中海的时刻来到了:一个人光着脚丫,攀援而上,站在踩压板上,开始踩踏起葡萄来,往下推的动作颇似机器的螺旋运动。葡萄在脚下发出"噼啪"的爆裂声,在脚丫间"叽呱"乱响,葡萄汁涓涓流入大桶,然后用木质工具,把压碎的葡萄再踩踏一遍,最后把榨尽汁液的葡萄皮、葡萄籽以及葡萄枝等刮出来,铲到外面去,代之以一串串新鲜的葡萄,与此同时,蜂拥而至、气势汹汹的黄蜂在周围嗡嗡地叫着。跟着就把淡绿色的汁液过滤,倒入装在草篮子里的计有二十公升的细颈瓶里。盖上盖后,就抬到石制的地下室,这是一个需要两人来做的活计。

两到三个晚上之后,就开始了正式行动。你能听见原来只不过是果汁的发酵,现在却成了葡萄酒的声音:细颈瓶在石制地板上震动,发出辘辘的声响。这是一种古老而又令人满足的声音,它渗透了整座房屋。对我来说,它具有深度的刺激,结果酿制的葡萄酒不太好,也没有任何关系。反正能喝,而我在酿制过程中帮过忙,这就够了。要是能有一只大口杯,装满温暖的南方,那该多好啊!我在意大利,这才是最重要的。

回首往事,对一个一心想了解艺术的青年人来说,他所选择的波尔图埃尔科莱,似乎是一个很怪异的地方。在阿根塔里奥半岛,没有意义重大的作品。波尔图埃尔科莱只有一座教堂,里面只有一个八成新的铁制十字架、几尊圣母玛利亚和圣徒的石膏像,跟我留在悉尼的那堆虔诚的朝圣[①]垃圾没有任何区别。

它与过去伟大的意大利艺术的联系都已被埋葬,隐而不见。

[①] "朝圣",原文为意大利语:Pellegrini。——译注

1610年,画家卡拉瓦乔死在那儿。他因触犯了一位大公而在逃,躲避为他干活的那些一心要报复的恶棍,该人就是马耳他医院骑士团的大公,阿洛夫·德·维格纳科特,卡拉瓦乔曾于1608年在他那儿受勋,获得服从骑士头衔。之后,他跟另一名高级骑士吵了一架,在马耳他被监禁起来,随之逃跑,接着,在接下去两年中,他的生活越来越绝望无助,居无定所,离开维格纳科特的报复仅一步之遥。1610年夏天,他旅行的那条船驶入波尔图埃尔科莱,在这儿,卡拉瓦乔被人错当成一个歹徒而被抓进牢里。不过两天之后,他就被放了,但这就够了,因为他患了"监狱热"——这是一种恶性斑疹伤寒,当年让很多欧洲流放犯丧命——一周内就死了。现无迹象表明,他当时埋在哪儿,但我公寓所在的那条大街,从港口一直通往山上,名字就叫卡拉瓦乔大街①。仅此一点就让我觉得非同寻常,因为当时在澳大利亚,没有一条大街,哪怕是一条可怜巴巴的死胡同,是以艺术家或作家命名的。这种想法本身就无法想象,直到今天依然如此。例如,你如果去马德里,就会发现,那儿的大街、广场和过道都是以委拉斯凯兹、苏巴朗、戈雅、里贝拉、穆里罗,以及西班牙黄金时代②,18世纪和19世纪大多数伟大的国家级画家所命名的。也有以作家和音乐家命名的。澳大利亚很少有这种事发生,也许永远都不会发生,因为这样一来,有些政治家或商人就会被忘记,其后裔就会起哄,说不该为了某个能够唤起文化成就的人,就把他们祖先的名字抹掉。我想,多萝西·麦克拉和班卓·帕特森在什么地方得到了纪念,但会有一条伊恩·费尔维泽大街,肯尼斯·斯来塞区或帕特里克·怀特广场吗?

---

① "卡拉瓦乔大街",原文为意大利语:Viale Caravaggio。——译注
② "黄金时代",原文为西班牙语:Siglo d'Oro。——译注

我敢打赌不会有。

然而,尽管波尔图埃尔科莱与文化的联系很淡薄,它却有其自身的迷人之处。事实上,它对我具有一种魔力。它后来变成旅游"目的地"的那种过程当时几乎还未开始,接下去的四十年中,一浪浪的发展商朝它扑来,但当时还未以多层公寓大楼和人工建造的游艇停泊处把它摧毁。它依然基本上是个渔村,在港口的一头,有一个船坞,在那儿用橡木框和锤子敲入木栓,制造大型木制渔船。有些晚上,我俯身在小小的铁阳台上,下面是卡拉瓦乔大街,注视着小沙丁鱼船划出海港,前往阿尔巴以北的水面:船尾装了鹅颈立柱,上面挂着有罩盖的碳化灯,灯一点亮,沙丁鱼就会朝亮光游来,这时即可以网捕捞。如果鱼捞得不错,清晨就会在船回来时,在岸边生起一堆堆小火,把新鲜的(几乎还是活的)沙丁鱼淋上油,用中间夹着迷迭香幼枝的双叶片金属烤架夹起来,放在火上炙烤,用做早餐,就着巴多利诺的牛奶咖啡和一杯杯阿根塔里奥的烈性葡萄酒,把鱼咽下。

港口盆地很狭窄,夹在两座高高的头地之间。海滨以 16 世纪热那亚海军将领的名字命名,叫安德里亚·多利亚海滨大道。沿着这条海滨大道,有样子谦卑的公寓,一两家餐馆,以及一家名叫红对虾①的饭店,里面的餐厅尚可,但卧室地板因是打光擦净的水磨石地,就显得很性冷淡。有一家船用杂货商店,专为那家船坞服务,在它的外墙上,靠着一对格外出奇的物什,那是最近渔民从海底捞起后,缠在网上的东西。一件是罗马古董,是一只未上釉的双耳细颈椭圆土罐,约有四英尺高,几乎完好无损,可以回溯到公元 2—3 世纪,上面厚厚地结了一层海洋生物之壳。另一件也同样结了壳子,却是

---

① "红对虾",原文为意大利语:Gambero Rosso。——译注

一架喷气引擎的转轴,显然,这是一架哈维兰彗星型客机的一个引擎,十多年前,一架早期的喷气客机在阿尔巴附近海面坠毁,死了不少人。(乘客中有摩尔赫德的密友和曾一度当过战地记者的切斯特·威尔默特)。这两样东西形式都很相近,中间的技术隔着两千年:大海真伟大,把一切都扯平了。

事实上,就在近海处,还有更多的双耳细颈椭圆土罐,有些是真货,但大多数都是赝品。阿根塔里奥附近的海面星星点点,全是海岛,最近的一座名叫吉阿鲁特里。在吉阿鲁特里岛上,有一座美丽的罗马别墅的废墟,估计是那位风流成性的已故皇帝希利伽巴拉建造的。在一段颓圮的阶梯顶端,基座上耸立着三根廊柱,上有科林斯式柱头,颇似画框一般,框住了第勒尼安海上的蓝色海景。这是一个浪漫的去处,岛上无人居住——当年是不需要监护人①的——你可以潜入水底,在岩石里抓海胆,这些海胆在那儿一堆堆地生长,缓慢波动的脊背,铺开一片黑色的草坪,其橘色的鱼卵可用剪刀和汤匙舀出来,生吃美味可口,但若采集够量,也可做成精美的帕斯塔面酱。从那堆岩石再往外,走大约二十英尺的水面,就有一排排崭新的古罗马双耳细颈椭圆土罐,那是意大利大陆一家陶瓷窑炉烧制并放在水中以便"成熟"的,让它们能通过海洋生物和扇形珊瑚而结壳,直到好了的时候再取出来,运到罗马的波特泽门②跳蚤市场,在那儿卖给美国和德国一无所知的游客。

17世纪,在波旁王朝统治那不勒斯期间,西班牙意识到阿根塔里奥半岛可能存在的战略重要性,就在其面海的侧翼,布下了半打要

---

① "监护人",原文为意大利语:guardiani。——译注
② "波特泽门",原文为意大利语:Porta Portese。——译注

塞,其中一座要塞就建造在波尔图埃尔科莱海港的每一边:南面是菲力波要塞,北面是拉罗卡要塞。这些巨大的结构物已弃置多年,除了拉罗卡要塞之外,因其还有一个监护人,他一家人就住在这座要塞环绕围墙中的小棚屋里。要塞高高大大的包门铁皮早已生锈,永远都紧紧关闭,用铁链拴了起来,门上还有法西斯岁月中留下的口号,尽管油漆得很草率,但字迹还相当清晰可辨,其中有"IL DUCE HA SEMPRE RAGIONE"(领导永远正确)。二十多年前,一贯正确的墨索里尼,与他的情妇,影星克拉拉·贝塔西,从米兰一个车库屋顶上,倒挂着吊死,这个乞灵于他的口号,使我想起奥斯曼狄斯的一句命令:你这有权有势者,看看我的作品,失望吧!

要去菲力波要塞则更困难:几十年前,它外面那条深达二十英尺的壕沟上,桥早已崩塌,只剩下两根生了锈的铁制梁架。你要是有运气,也有决心,就能从上面爬过那道豁口,把在内墙石缝里做窝的那些蜥蜴和蛇都吓跑。

菲力波要塞面海的一侧,有几条走廊,其中一条通向一排囚室,每座囚室不仅不是愁惨的地牢,反而可以从它正在生锈的铁栏杆中,看到价值百万的风景,盘根错节的岩石直插第勒尼安海,平野般安静的蓝色海面向外延展,直到奇维塔韦基亚,从那儿伸向罗马。有几座囚室可以进入,其中的犯人——看样子,都是意大利和土耳其之间某场已经被遗忘的战事中的囚犯——在现已崩塌的灰泥墙上,到处用土耳其文写下了无法破译的涂鸦,同时还有令人感动的错综复杂的素描:悲惨幻想的色情,每只硬硬的乳头和卷曲的小小阴毛,都画得丝丝入扣,颇为到位,还把紧身胸衣上每一个螺旋形的花边都画了出来。

我在蒙特-阿根塔里奥一带漫游,只出现过一次危险,那是一个秋天,是因为当地那些动辄就爱扣动扳机的射手而造成的。从前,我在澳大利亚喜欢游猎,但还没喜爱到波尔图埃尔科莱的这些人的程度。我猎过兔子和野鸭(但从未猎过袋鼠,不过,牧羊场主都相当不公平,认为袋鼠是有害的兽类)。我喜欢用12膛径的猎枪,进行抛靶和双向飞碟射击。练习射击的时候,我在二十五个黏土靶子中,平均可打碎二十二个,但总的来说,射击不像钓鱼,我玩也行,不玩也可以。

然而,狩猎①却是每个热血意大利男儿痴迷的事。秋天,狩猎季节一开放,蒙特-阿根塔里奥森林覆盖的山坡上,就聚满了打猎的人。大家都装配得堂而皇之,下面是皮马裤,子弹带胸前一横,像土匪一样,还带着野味袋,身披一件林地绿的外套。猎人在枪(最好是一支全雕花式,枪托用切尔卡西亚胡桃木制成的双管立式贝瑞塔枪)上花的钱,可能比在车上花的还多,这并非罕见。必须在关乎名誉的事情上做得漂亮②。有一年的狩猎季节,我在《格罗塞托纪事报》的头版,读到一条富有教益的新闻,说在曼齐亚诺附近一个林中空地,一只孤独的鹧鸪——这种鸟在意大利中部当时几乎绝迹——正在到处觅食,却没有意识到,四个猎人正从四个方向朝它会合,每个猎人也都没有意识到,还有其他三个人在场。结果大家一齐举起12膛径的贝瑞塔枪射击,把那只可怜的鸟打成碎片,羽毛横飞,在就这只鸟是谁的战利品而发生的一场激烈的争吵中,实际上在好猎手③中,有三人被射中,其中一人不治而亡。一天早上,我看见艾伦·摩尔赫德的家务总管身穿全套猎服,坐在离灌木丛几码之遥的地方,往里面扔鹅卵

---

① "狩猎",原文为意大利语:la caccia。——译注
② "做得漂亮",原文为意大利语:bella figura。——译注
③ "好猎手",原文为意大利语:bravi cacciatori。——译注

石。终于,一只颇像鹧鸪的小东西飞了出来,马上就被无情地撂倒。快看呀①!猎人叫道,好像他射中了一只松鸡。

一个圣诞节,我朝我通常去的那家名叫 Da Umberto Fusini 的饮食店走去,它就坐落在安德里亚·多利亚海滨大道上,我是期望吃一餐不同寻常,比较有点节日气氛,但又寂寞独处的饭。女老板满脸堆笑。"Oggi, Roberto, oggi c'abbiamo la haccia."(意大利语:今天,罗伯特,今天我们有野味吃了)——我们今天有野味吃了。的确是这样,因为弗西尼太太的小厨房里,正冒出烤肉的可口香味。我坐下来,眼睛看着那株塑料冬青树和冬青树那边性冷淡的灰色波涛,它正单调沉闷地打在防波堤上。我内心那只眼睛充满了狩猎的前景,就像17世纪的一幅荷兰静物画中的情景——鹧鸪,鹌鹑,一两只毛茸茸的兔子,一头雄獐,横放在长椅上。我吞下几杯未经加工的阿根塔里奥红葡萄酒。这时,弗西尼太太微笑着走出来,端着一只厚厚的白瓷盘,上面放了一板更加厚实,墙壁基座一般热气腾腾腾的糊糊,用烤架烤得横一道竖一道的都是黑杠杠。糊糊上是四个小得可以的碳化尸体,分东西南北安放好。尸体上脑袋犹在,但铁丝样烧焦的脚都翘在空中:简直像幅稀奇古怪的微型画。我不想让人觉得太无礼,就半心半意地戳了戳那东西的小胸脯,我也只能做到这一步了。我竟然不吃头,这让弗西尼太太很失望。显然,我吃不下去,见我这样,她就拿起一头小尸体,把脑袋咬下来,吸干了汤匙上一半的脑髓。我问:我吃的是啥东西?Petti rossi,弗西尼太太说。Petto 的意思是胸脯,而 rosso 就是红的意思。甜蜜的爱食腐尸的耶稣啊:我在圣诞大餐上,竟然吃起烤红胸脯的知更鸟了!我要是让弗西尼太太,给我做

---

① "快看呀",原文为意大利语:Eccolo。——译注

点蛋黄培根意大利粉①,她会在乎吗?她会感到致命地受伤吗?

我想到艾伦时,是把我看做他的门徒,但他只是通过榜样来教诲我,而不是命令我办事。如果说他向我证明,工作很有必要,而且他告诉我如何做工作,那就太平庸乏味了:谁不知道想当作家,就得干活,就需要有一种特别的韧劲,每天坚持写作,而不需要老是有人俯在肩头,要他继续干下去这个道理呢? 然而,知道是一回事,真正动手做却完全是另一回事。在一个新的世界中,堕入一种新的生活,我几乎可怜巴巴,太容易被分散注意力,每分钟都在找理由,不去坐在打字机边,而是向一种潜在可能有用的新体验发起突击,其实只不过是吊儿郎当,无所事事而已。原来在澳大利亚时,我把我那本澳大利亚艺术史和关于唐纳德·弗伦德的小专论写完了,因为我知道,如果我不交货,我就会永远粘在跑道上,无法起飞了:我就永远也没法去欧洲了。但现在,这么紧迫的诱因已经不存在了。我现在在欧洲,从我澳大利亚卖的画中,赚了一点钱,足够随波逐流一段时间。我虽不能像公子哥儿样地生活,但至少能过得像个领汇款过日子的外侨一样。但是,艾伦过的生活这两种都不像。他要干活。他活得就像一个成功的工人。他是一个完全彻底的专业人士。我在摩尔赫德家②待下来后就发现,他有一个特点,那就是在早晨隐匿不见。无论天气好坏,他总是七点准时起床,这个时候,还没有一个人动弹(我肯定是没动弹的)。他用一只破过滤罐,为自己冲一杯浓得像墨水样的咖啡,把其中大部分喝下,拿一两片昨天的面包,涂上杏仁酱吃下,然后就跋涉上山,去他房后的写作棚里写作。这是一座很简陋的石制立方体,赤陶砖做顶。尽管本来可从那儿欣赏菲力波要塞上方和海那

---

① "蛋黄培根意大利粉",原文为意大利语:sphghetti alla carbonara。——译注
② "摩尔赫德家",原文为意大利语:Casa Moorehead。——译注

边出色出彩的风景,但我不记得它是否有一扇大型落地窗之类的东西,因为这会分散他的注意力,而不做手边的任务。对艾伦来说,这项任务就是把门关上,坐在打字机前,直到他把自己羞辱到写完一千个字,不羞辱到这个地步,就决不出门。有时候,文字来得很容易。有时候,就像他说的那样,他所做的努力,"就像把屎从短袜里'震'出来"一样。但他绝不会因为没有灵感,就不写东西,而这就是我们两人之间的根本区别。我几乎啥都愿意做,只要能够逃避写作就行。我会沿着海边或穿过灌木丛①,长时间地散步。我会带着一本书,一个人长时间地吃午饭,回到公寓时已经半醉,然后睡午觉,一睡就是两三个小时。

我还不是波尔图埃尔科莱唯一尚未成型或已经失败的作家。有一个抑郁沮丧,很不成功的意大利小说家,我已经忘记了他的名字,而残酷的世人也从未了解他叫什么,他有些晚上,会坐在巴多利诺的管状式塑料椅子上喝酒,直喝到扑通一声倒下地,得让人开车送他回家,除他之外,还有埃尔文·李和他老婆埃希。

摩尔赫德一家人和李家形成了一种很特别的友情。李家有一幢翻新过的小农舍,这几乎谈不上是一幢农舍②,而不过是一间村舍,与摩尔赫德宅邸隔着一座山谷。李家只在夏秋两季使用这间农舍。埃尔文是侨居外国的一个澳大利亚作家,年约五十二三岁,几十年前,他就加入了《时代周刊》杂志的行列,当时是其书评栏目的主书评员。埃希的工作要求稍微高些,她是《时代周刊》的领头研究员,这使

---

① "灌木丛",原文为意大利语:macchia。——译注
② "农舍",原文为意大利语:casa colonica。——译注

她在该杂志具有很大的权力,至少有人是这么告诉我的。

埃尔文面色苍白,模样似鹰,圣徒一般,像个孪生的圣十字若望。他和艾伦自从20世纪30年代,在墨尔本大学读书的早年起,就一直是朋友。艾伦根本不谈政治,但李不像他,是个很激烈的社会主义者,最终加入了共产党。就是他向摩尔赫德介绍了当年的"先进"写作:艾略特、庞德和乔伊斯,以及奥登的诗歌。就我所发现的情况看,他从来都没出版过一本他自己的书,不过,他的巨著是一部用抑扬对联体写成的英雄史诗,其主人公是一个剪羊毛工,他产生了上帝的愿景,皮肤上出现圣痕,后来成了一个人们崇拜的英雄。埃尔文喜欢从该书中引用不太清楚的片段。(不消说,埃尔文·李是一个离经叛道的天主教徒,他充满了绝不宽容的爱尔兰人的偏见,反对为教会自由化所做的一切努力。他摈弃教会之后,对改善教会的想法都无法容忍。)这首诗他一直没有写完,而我怀疑它根本就不存在。亨利·格伦瓦尔德当时在《时代周刊》,是他的编辑,后来成了我的编辑。他回忆起埃尔文为《墨尔本先驱报》写的一篇关于维多利亚一家麻风病院的报道,觉得那是他早期新闻报道一个相当典型的片段。该报道的一部分这样写道:"今天,一位首要的麻风病人说,'库德岛的情况很不光彩'。"1939年,埃尔文和埃希离开了澳大利亚,结果才看出来是永远地离开,然后去了美国。他们途中在墨西哥停留。在那儿,埃尔文造访了列昂·托洛茨基,他当时正在墨西哥城外,科遥坎的迭戈·里维拉的房里,过着流放生活(并持续受到墨西哥斯大林分子要刺杀他的威胁)。他被人很不礼貌地领进一间朴素的房间,那儿,从前的那位红军组织者正在工作。埃尔文一看见他的英雄,就突然一句话也说不出来了。"托洛茨基先生,你离家很远啊,对不对?"他终于好容易说出这句话。托洛茨基很仁慈地看着他,说:"是啊,听你的口音,你也离家很远嘛。"

但是,埃尔文与《时代周刊》做了一个很棒的安排。他不需要待在该刊的纽约办公室。这样,他就可以在波尔图埃尔科莱,不受打扰地住相当长一段时间。总是有一包包书给他转寄到《时代-生活》(即 Time-Life,发音却发成"Teemay-Leefay")在罗马的办公室。隔一阵子,他就请村庄的出租车司机,开车 140 公里,把他送到罗马,在那儿从这些崭新的出版物中,选取一些用来写书评,然后把书带回到波尔图埃尔科莱,通读一遍之后,就在他那台优雅的蓝色 32 型好利获得牌便携式打字机上,噼里啪啦地打出文字来,头上是颇有乡间风味的葡萄树,可以看到山下和菲力波要塞的风景。他和摩尔赫德都没有电话。当然,1966 年时,传真机还没有发明出来。因此,他那篇文章写好后,就又要把波尔图埃尔科莱的那位出租司机召回来,再到罗马的 Teemay-Leefay 办公室去,然后从那儿通过电传发往纽约。

在某些方面,对一个作家来说,这是一种理想的安排:收入有保障,地位稳定,只有最后期限要赶,但要求不高,又很轻松。埃尔文总是毫无例外地把事情弄得一团糟,因为他是个无可救药的酒鬼:他不是一点贪杯,因为任何人都可能贪杯,而是一个忠心耿耿的醉汉,第一次下山到港口来,到我公寓吃早饭时,他就坚持说要一半用牛奶,一半用伏特加,来冲泡他的玉米片。醉酒之后,他尽写些煞费苦心的双关语:我还记得,一天深夜,他瞪眼看着一只空空的基安蒂长颈瓶,援引《麦克白》中的话,朗诵起来说:"生命之酒已汲干,这一点酒泥,/就留给这穹窿去吹嘘吧。"如果比较清醒的时候,他就是个很会聊天的人,充满了奇闻异事(在我如饥似渴,没有文化体验的耳朵听来,简直就像仙乐),谈他认识的作家,谈他在《时代周刊》长期任职,所见的那个文学界的种种奇特之处。然而,无论谈什么,都有一脉绝不会弄错的忧郁之感,那是一个把如此之长的成年生活,用来评判他人书籍,评论他人,自己却没有写出一本书的男人之忧伤——而且,对于一个作家的自我来说,更糟糕的是,在写书评的同时,也就好像被宣告,自己的名声将永远湮灭,因为,根据发自上天的亨利·卢斯的帝国命令,《时代周刊》不发署名文章,你在其中无论读到什么,都是公司的声音,任何作为个人的作家,都不会得到认可。尽管他从未抱怨过这种命运——至少没有对我抱怨——我无法想象,这没有给他造成痛苦。

文章有成百万人阅读,作者却无人所知,这比隐姓埋名,为《泰晤士报文学副刊》小得多的读者群写稿,更加让人难受。《泰晤士报文学副刊》当年采取的也是同样的不署名政策。TLS(《泰晤士报文学副刊》)以为,不公开撰稿人姓名,就可以鼓励他们中间的"客观性",无论这个"客观性"是什么意思,而且可使书评保持公正。这完全是胡说八道。匿名书评若有任何意义,那就是它起到了口无遮拦,恶语相加,但又在上面薄薄地罩上一层面纱的作用。它所鼓励产生的是各种各样的刀活。20世纪60年代中期的《时代周刊》不是这样,或者说不像TLS那样,不过,从来不乏这样的作家,他们认为,被该杂志写坏书评,是因为亨利或克莱尔·布斯·卢斯对他们个人有仇,因为他们持有左翼政见。

我跟艾伦是朋友,有时候就会亲眼见到这种感情的实际爆发。每年春天和整个夏天,作家就会抛弃他们在伦敦的角落和曼哈顿或洛杉矶的猛禽巢穴,到欧洲漫游。他们会越来越频繁地在波尔图埃尔科莱做短暂停留,去造访摩尔赫德夫妇。1965年温暖的几个月里,这些人中比较引人注目的有长篇小说家欧文·肖——他当时名声和财富都如日中天——和一个意大利作家,前记者路易吉·巴尔齐尼,他的书《意大利人》刚刚成了一本抢手畅销书,译成了五到六种语言。这三个人二十年前,第二次世界大战结束之时就是朋友,都当过战地记者,都在同一战区,都附属于盟军,在重新征服那不勒斯之后,穿过意大利北行。在解放罗马早期的一个晚上,巴尔齐尼、摩尔赫德和肖正在某家罗马饮食店,开开心心地吃一餐黑市饭,这时提出了一个问题,即盟军显而易见要打赢这场战争,那么,他们自己的和平计划又会如何。到了这个时候,艾伦已经打定主意,要留在意大利,而且他觉得,他知道到哪儿去为自己弄便宜而又漂亮的一块土地①,罗马北部一座半岛,一个废墟一片、被炸得一塌糊涂的小地方去,也就是波尔图埃尔科莱。他说,在那儿,他要拥有一幢农舍和一条小船。巴尔齐尼当时为意大利一家日报当战地记者,薪水不高,他说,那我呢,我就要拥有一条比你更大的船。肖当时还没有写他那本第二次世界大战畅销书《年轻的狮子》,更不用说把该书电影改编权卖掉,他插嘴说,我要拥有一条比你们两个混蛋都大的船。随着夜深人静,这三个火枪手决定了一个计划,也就是说,在遥远的1965年夏天,他们三人要在艾伦说他要拥有一处地方的那座只有一匹马的小港口——波尔图埃尔科莱——划着他们的船来汇合。可以这么说,他们要在这儿比较一下各自船的长度。

艾伦并没指望打赢这场竞赛,而且他也输了。他拥有一条船,或者说拥有该船一半的股份,另一半股份为他的朋友,社会主义电视大亨西德尼·伯恩斯坦,英格兰格拉纳达电视台奠基人所拥有:这是一条很漂亮的三十二英尺长的斯鲁普单桅船,他们一直把船泊在波尔图埃尔科莱的港湾里,并把两人老婆的名字 Lucy(露西)和 Sandra(桑德拉)融为一体,命名为 Lucandra(露昂德拉)。(一个在联合王国建立第一座商业电视台并拥有其大部分资产的人,居然会满足于这样一条海扇般的小东西的一半股份,把它当成他的游艇,这在21世

---

① "一块土地",原文为意大利语:pezzo di terreno。——译注

纪初,似乎让人难以置信,但西德尼·伯恩斯坦属于已经消失的那一族人中的一员。)

露昂德拉挨着巴尔齐尼的船,就是一个谦谦君子了,巴尔齐尼的那条船的船主曾经是墨索里尼的女婿齐亚诺伯爵,它从船首斜桅到船舵,约有八十英尺之长,像一根黑色的牙签。巴尔齐尼趁着战后显赫的法西斯人物的财富全面崩溃之时,在一次火灾物品大拍卖中,好容易把它拿了下来。但是,肖出现时,就连这位海盗的游艇也黯然失色,缩成一团。肖从电影改编权和畅销书中赚了钱,腰缠万贯,他指示热那亚的一家造船厂,这家船厂是当时新贵游艇的造船中心,专门为他打造了一条梦之船。我现在已经不记得这条"金酒宫殿"的尺寸了,但船上有五到六个船舱,船身长到实际上要在船中央装一条铰链,才能驶进波尔图埃尔科莱逼仄的港口。现在,软件亿万富翁拥有利维坦一般的大船,是家常便饭,要是把他那条船放在这些船边,也许算不了什么,但这是1965年啊,船上闪闪发光的桃花心木、铬合金和旋转的时髦电子小摆设,那种样子,还不要说船员穿的都是一身白色制服,真是非比寻常,你若这么想一下,就更其如此了,即这一切都是一个作家用副词、名词、介词等,那些在卡拉瓦乔大街上我那间写作房里,掠来掠去而无人付酬的东西,打造了船身,铺就了船板,进行了三次打光磨净,实际上用文字买下来的。

我喜欢肖,他似乎也喜欢我,于是我提议到我那间小公寓吃晚饭,里面的餐室(稍微挤挤,再借两把椅子),可以容纳肖、摩尔赫德夫妇、埃尔文、我和我当时的女友阿德尔,以及一个英国画家。我的厨房并不宽敞,但至少能做一大锅意大利面条①,接下来还有水果和伦

---

① "意大利面条",原文为意大利语:spaghettata。——译注

巴第奶酪。桌面很窄,客人几乎是脸对脸地交谈,但这也无所谓。举座饮宴,皆大欢喜,直到上水果时,这时,人人都喝得有点醉意醺然,陶然自得,肖却开始滔滔不绝,谈起了书评的话题。这个话题很敏感,因为他挨批已经有很长一段时间了。本来他跟其他作家之间的关系一直都很好,直到好莱坞的仙女教母摸了他一下。他一直都是个"亮"仔,在一些人眼中,他在《纽约客》上发表的短篇小说,如《穿夏装的少女》和反法西斯的《布莱梅港外的水手》,都标志着他很有可能继承已故欧内斯特·海明威的衣钵。尽管海明威以《老人与海》于1953年获普利策奖,1954年获诺贝尔奖,但他明显堕入了酗酒和拙劣的自我模仿的漩涡中——而且,自从他最糟糕的小说,《过河入林》1950年发表以来,他就一直不断加速地堕入这种状态。但现在,一片尖刀也向肖戳来。在纽约文学群体的眼中,肖谈到这个群体时慷慨激昂,泛泛而指,《年轻的狮子》和以马龙·白兰度、蒙哥马利·克里夫特与迪恩·马丁等为主角,1958年根据该书改编的电影,简直是让人难以忍受。

但是,如果他在左翼的老友现在都转而倒肖,如果成功主要带来的就是敌人,那么,还有一些人也想把他打倒。这些人中最主要的人,是一个右翼怪物,即《时代周刊》联合公司的业主和独裁者亨利·卢斯。肖大放厥词,纵论卢斯,听起来就像马基雅维利在纵论凯萨·波吉亚,把邪恶拟人化了:就像翼蜥悄悄地在洞穴中吹口哨。他老婆也不想让我们忘掉克莱尔·布斯·卢斯,那是个敢割男子卵蛋的泼妇,剧本写得不行,还是个反犹的罗马天主教徒。这两个人肯定会仇恨附属于崇高事业,像肖这样的左翼犹太人。所以,他们做了什么呢?肖问道,提高了他夸夸其谈的嗓门。他们命令他们的那些奴才,也就是那些无名鼠辈的小爬虫,他们躲在《时代周刊》的无署名政策的后面,一有机会就以任何方式攻击我。他们想毁灭我的销售额并连带着也将我毁灭。他们不把我欧文·肖变成一小堆鱼丸冻,是绝不会罢休的。但是,要是我见到卢斯的一个刀笔吏,上帝帮帮忙吧,那我就要对他这样,对他那样,而且……

水磨石上有金属刺耳地尖叫了一声:埃尔文·李体重大约130磅,肖则是220磅,他把椅子一推,就从里面很快地舒展开身子,看起来好像成分段式的急拉动作,像只兴奋的鹳鸟。

"欧文,我来告诉你吧,"他带着拖腔,以残存的最佳澳大利亚口音,俯在狭窄的桌面上说:"你要是想这么做的话,最好现在就这么做,因为我在《时代周刊》最近一期上写过你的书评,也在之前写过,而卢斯跟这一点关系也没有。我自己本来就不喜欢你的任何一本书,到现在仍然不喜欢。所以,你要是想到外面来,那就来吧。"

说着,他倾侧着身子,堂而皇之地走出餐室,顺着过道走去。我们听见前门"嘭"的一声关上了。出现了一阵短暂的沉默。跟着,肖就开始哈哈大笑起来。"我也觉得,他妈的卢斯不会雇佣这种鸡巴东西,"他说着,就去追埃尔文。几分钟过去了,接着,门上传来敲门声。我把门打开,欧文和埃尔文走了进来,互相搂着对方肩膀。"我说的话都去他妈的吧,"肖显得很高贵地说。然后两人坐下来,把我剩下的那点威士忌喝光。

这之后不久,为了答谢我的晚宴,他邀请我和阿德尔出去,到他船上吃午饭。那是一个天堂般的日子,是那种让波尔图埃尔科莱令人难忘的日子,仿佛一张巨幅的生活明信片。船从码头倒出去时,为了不碰擦任何内河渔船,摆弄了一阵,才耀武扬威,浩浩荡荡地驶出了波尔图埃尔科莱,经过防波堤,朝大瀑布岛驶去,那是阿根塔里奥另一边的一座美不胜收、悬崖高耸的小岛。船长在这儿锚泊,戴着白手套的侍者给我们端上来美丽金黄的炸鸡、色拉和用维尼尼酒壶盛着的弗拉斯卡蒂白葡萄酒,扭曲变形的火山岩石成了一片红色的背景。"一个作家需要的就是这个，"肖大气地宣称，"一块肌肉，一杯葡萄酒。"他冲阿德尔露出微笑，样子过火得让人生疑，我心想。真想宰了他。更糟的是，一周之后，阿德尔消失了，上了他的船，一起去了克里特岛，借口到船上当厨师，这种借口一戳就穿。

这儿有封信，写于 1964 年 11 月，寄给我的老友，澳大利亚艺术家唐纳德·弗伦德，他刚在悉尼的一次画展中，卖掉了所有的画和素描，我写他的那本小书也将发表："现在你这么富有了，干吗不到意大利来呢？你要不来，那才是疯了。继续待在澳大利亚，简直是开玩笑。想想悉尼的郊区吧。然后再想想托斯卡纳和拉蒂纳的小山镇，想想圣吉米尼亚诺，皮蒂利亚诺，维泰博和曼奇阿诺，以及其他地方吧。你不可避免地会得出一个结论来。我租了一辆菲亚特 600，现正慢慢地扩宽我的远足行程，进入乡间地带……"

我渐渐发现了意大利外省，那些四十年前在旅游图上几乎都找不到，甚至都根本没有的地方，以及那些地方化、乡土化，非常不同于大都市和中心化的地方，所具有的种种乐趣和美学风情。例如，欣赏罗马圣彼得教堂贝尔尼尼的圣体伞，这是一回事，因为从巴士上下来的任何一批团体游客都能做到，但要到罗马以北四十公里的奥特厄加勒斯区的卡尔卡塔镇，去看圣高尔乃略及圣西彼廉小教堂，那就完全是另一回事了（我当时也是这么想的），在那儿，圣骨匣里保留着耶稣基督的三片可以匹敌的阴茎包皮。（据假定，耶稣在辉煌地复活之后，全身进入天堂，他肉体留在人世的唯一部分，估计除了他时不时要剪掉的一缕缕头发之外，就是在多年前，当他还是个婴儿时，寺庙的祭司长从他身上剪去的那一点神圣得无法言喻的圣包皮。）我付了神父一万里拉，这是当时的时价，就为了看它一眼。它看上去像剪下的一片指甲，在玻璃穹窿之下，休憩在一只很小的粉红色丝绸枕垫上。

我开着我那辆慢吞吞的、脾气不稳定的菲亚特车,到处游荡,开始喜欢上了阿根塔里奥内陆一带的乡野,也就是俗称"泥沼地",像被镰刀刈过一样的海滨脊背的地方,名叫"马勒马",即近海沼泽地。20世纪之前,没有很多人喜欢这个地方。它是罗马以北最荒凉,也最原始的地区。但丁在《地狱之旅》中提到了它,尽管很不客气——"siena mi fè, disfecemi Maremma"("西耶那造就了我,马勒马造孽了我")。几个世纪以来,海滨一带很多地方都疟疾肆虐,因此大半遭弃,回复到原来低矮森林和灌木丛地:从农业上讲很贫瘠,但却富藏野味,特别是野山羊和大野猪,其獠牙朝下弯着,给人留下深刻印象,它们喜欢躲在灌木丛中,有时候在夏末时浮现出来,把一座葡萄园摧毁,趁着葡萄成熟,就要收获时,把葡萄大吃大嚼一顿。马勒马一带大片地域在20世纪60年代初都无人居住,但是,这个情况当然已经开始改变。今天,"从前"那个马勒马已无多少留存,但1964年还有不少。这是一片奇异骨感的乡野,什么东西都主要是用这个地方的石头做成的——棚屋,房子,教堂,挡土墙,牛的食槽——这是一种多孔的火山石,名叫tufo(土佛)。刚从土里挖出来时很软,呈赭黄色,但很快就变硬,呈葬礼黑,像花一样布满暗红。春天,这种土佛形成的山峦一片闪亮,方圆几英里地都是黄色的金雀花。这里有羊放牧,羊奶便制作成佩科里诺绵羊酸奶,一种地方奶酪。这些羊就由有点儿像比利牛斯山狗,毛茸茸的马勒马大型白牧羊犬进行管理,它们速度很快,身体胖重,喂养的时候就要达到这种效果,以便赶走恶狼。(这种狗在摩尔赫德夫妇那儿,有一个很优秀的榜样,它温和得宛如一头羊羔,但一惹烦它,它就会很不高兴,这正符合它的名字Nubia[努比亚]——意即愁云。)当时没有拖拉机犁地(这还是相对较新的一种发明,只有合作社用得起),就用马勒马一带的白牛来拖动犁铧,这种牛力气很大，动作优雅，而且体积庞大，但同时又像幽灵一般，长着分得很开的牛角。这种高贵的动物很适合这片古风犹存的风景，看上去就像一种已经消失的耕作方式的幽灵，实际上也的确如此。

这儿从前是伊特鲁利亚，是伊特拉斯坎人的国土，他们从公元前8世纪到公元前4世纪，一直统治着意大利的这个部分，但被征服了他们的罗马人毫不留情地剿灭了。基本上来说，意大利中部所有的市镇，都有伊特拉斯坎的基础：这还不仅是锡耶那和佛罗伦萨，还有更小的市镇：维泰博，奥尔维耶托，阿雷佐，科尔托纳，格罗塞托和沃尔泰拉，它们从伊特拉斯坎时代以来，一直维持着一个绵延不绝的历史。其他一些市镇则简直像在时光中冻结，成了坟墓之城——这种死人的坟墓之城可能后来还会往上添加一个村庄，但那只不过是古迹而已。这包括曾一度强大的伊特拉斯坎联盟的大多数城市——吴齐，维伊，切尔韦泰里，塔尔奎尼亚和丘西。几乎所有这些市镇都在波尔图埃尔科莱附近，一个上午开车就可抵达。

常常有人指出，现代人更倾向于喜欢伊特拉斯坎人，而不太喜欢古罗马人或古希腊人。古希腊①的文化和政治成就也太奥林匹亚，太宏大辉煌，太原教旨，太无可辩驳，其典例依然高耸于我们的头上，更多的是引人景仰，而不是真正喜爱。荷马、柏拉图、亚里士多德、阿那克萨哥拉斯、索福克勒斯、埃斯库罗斯、伊克提诺斯……他们用伯纳德·诺克斯那句永垂不朽的话来说，就是最古老的已故欧洲白人。他们怎么可能不显得太遥远呢？特别当曾一度是教育之基础，发挥了根本作用的古典文学和哲学，现在幸存下来的只有残简断章的时候，就更其如此了。希腊的殊品早已从寺庙浮雕上坠落下来，你去求

---

① "希腊"，原文为意大利语：Hellas。——译注

证它们时,就会像路易·麦克尼斯在《秋天日记》里如此动人,又如此挖苦地描写的那样,你反而会想到:

> 那些坏蛋,那些冒险家,那些机会主义者,
> 那些不小心的运动员,以及那些极品男孩,
> 那些把头发一劈两半的人,那些学究,那些死硬的怀疑主义者,
> 以及阿哥拉广场和那种噪音
> 那些蛊惑人心的政客和那些江湖郎中;以及那些
> 往坟上倒酒,一酹死人的女人,
> 还有特尔斐的那些整修者,斯巴达的那些傀儡,最后
> 我想到的还有奴隶。
> 如何想象自己在他们中间的样子,
> 我也不知道。
> 这一切都是无法想象的不同,
> 而且发生在那么久以前。

古罗马人的情况也是一样,而且还有更进一步的一个不利情况,因为他们都是帝国主义"霸凌",喜欢把人推来搡去,如果人不喜欢被他们推来搡去,就把他们付之一剑。记住吧,罗马人,你们要用力量来统治各国……①

那伊特拉斯坎人呢?你心中肯定会有一个脆弱的地方,容易被

---

① 原文为意大利语:Tu, regere imperio populos, Romane, memento... ——译注

伊特拉斯坎人打动吧。我们的维多利亚时代的祖先就算没有把他们描绘成恶棍，至少也把他们形容成了不可取者：想一想麦考莱的《古罗马短歌》吧，它描述贺拉斯及其同伴，在台伯河上守桥，抵抗麇集而至的伊特拉斯坎人：

> 克禄西姆的拉斯·波塞纳
> 对着九神起誓
> 伟大的塔昆之屋
> 再也不会遭受冤孽……

但是，关于伊特拉斯坎人，或来自克禄西姆（丘西）的伊特拉斯坎人，或他们的国王塔克文·苏佩布，英国学校的孩子只知道这么多。伊特拉斯坎人在身后没有留下真正的文学、诗歌、历史、悲剧、喜剧，等等，只留下成千上万铅版印的铭文，大多都是碑文，仿佛是在布克凯洛黑黏土上抓挠出来，或在粗糙的岩石上切割出来的一样。伊特拉斯坎人没有罗赛塔石碑，但是，从这个事实中，倒是产生了一种信念——这个信念四十年前很盛行，今天还依然存在——即伊特拉斯坎语的字母表虽然很奇特，好像鸡爪一样，但它却是一种"神秘语言"，一个谜语。这倒使它在游客和公众那儿，带上了一种魅力和某种威望，但这相当不对。事实上，正如半个世纪之前，考古学家马西莫·帕罗蒂诺在他为 D. H. 劳伦斯《伊特拉斯坎的地方》(1927年)这本书的 1957 年版，撰写前言中所说的那样："我们……几乎能以完美无缺的理解力，读懂伊特拉斯坎语碑文中绝大部分的意思……我不认为，在人类知识的任何其他领域，已被科学确认的事实和公众不可动摇的信念之间，存在着如此愚蠢的分歧。"伊特拉斯坎语的主要麻烦在于，它不是不能看懂，而是它几乎没有什么有意思的东西可说。

它不像希腊语或拉丁语，提不出任何文化上的挑战来，这也许是许多人为何喜欢伊特拉斯坎人的一个原因：他们似乎热情，天真，而且都是半文盲。最好的地方在于，他们都是（或至少从前都是）受害者。现在要是喜欢伊特拉斯坎人，而不喜欢由所有那些罗马克隆人组成的蹂躏的士兵阵列，那就在政治上很正确了，我们可以看见他们无伤大雅地跳舞，饮宴，在他们墓地的墙上摔跤。这是 D. H. 劳伦斯认定的意见，他在《伊特拉斯坎的地方》这本书中，谈到伊特拉斯坎的大祭司如何走进他的村庄，"乘着他的轻便四轮马车，非常高贵，……他颇具神性，威严沉静地坐在他轻便四轮马车的座椅上。人民只要看他一眼，就能获得力量"。而且，不久，"整个地方就开始吃喝饮宴，尽可能地欢闹。现在不同了。单调乏味的农民，身穿丑陋的衣服，……拖曳着步子，走回家去，没有歌声，没有意义。我们已经失去了生活的艺术……我们是完全彻底的愚痴"。当然，劳伦斯对伊特拉斯坎人生活的了解，并不比你我多，而且，他对真正农民的纡尊降贵的态度，也是没有尽头的。不过，他的想法凝滞不变，就像许多受过教育的游客那样，从前如此，现在依然如此：这些都是地中海一带的高贵野人，他们充满了生命力，而我们已经失去了这种生命力，他们在尼采还未出生之前，就已经是尼采了。当然，这只是一种幻象：但却是一种经久不灭的幻象，它之所以能够持续下去，主要归功于一本现在几乎无人去读的书。

我在伊特拉斯坎去过的所有地方中，有个地方很奇特，最让人富有联想，但所拥有的古迹也最少：这就是庞蒂德尔阿巴迪亚，靠近吴奇的公墓，在蒙塔尔迪卡斯特罗地区。这是一条狭窄的单跨拱桥，桥下跨过菲奥纳河深深的峡谷，它曾一度是托斯卡纳和拉丁姆的罗马教皇国之间的边界。桥不宽，推一辆手推车过去都嫌窄，不过，桥很老了（可以回溯到 13 世纪），这桥肯定不是伊特拉斯坎人建造的。这是一个很浪漫的地方。菲奥纳河挤进一道窄窄的渠道里,河水在一百多英尺下面的岩石上,像开水般煮沸。水沉淀后,形成了一道奇怪的、起着褶皱的石灰岩帘,颇似一种名叫"魔鬼手绢"①的钟乳石,在桥的北面向下垂挂,很像一个毒瘤。桥的远端毗邻一座中世纪的要塞,它长期以来一直用做海关,几十年前,改成了当地一座博物馆,里面的确有些伊特拉斯坎时期的坛坛罐罐和青铜雕像,但没有一件太好。我到那儿去时,可能最有意思的东西,是墙上挂的几打工具,是从盗墓者②那儿没收的。这是带T型木柄的长尖铁钉,可往地上戳,如果戳空了,就可能戳穿了下面的坟墓顶壁。

在吴奇一带,偶尔也许还能找到一些古董,但若真能找到,那就似乎像一个奇迹:19世纪头十年,拿破仑的弟弟吕西安·波拿巴在教皇国避难,被授予坎尼诺王公头衔,自那时以来,这地方被人反复挖掘,一而再,再而三地筛选梳篦。吴奇是他领土的一个部分,而在1828年,开始在那儿制造所发掘的大量伊特拉斯坎材料。吕西安利欲熏心,决计把古董市场价格提得很高,便命令农民和农场经理,把出土的彩绘陶器碎片,全部保留并拼接起来,因为这些东西可能是"希腊货",有时也的确就是希腊货,具有再售价值,同时销毁所有非彩绘黑粘土布克凯洛器皿,而这才是伊特拉斯坎货。

伊特拉斯坎的精华地点当然是塔尔奎尼亚:也就是曾一度名叫科内托,后在墨索里尼时代改名,以提醒意大利人,要他们别忘记罗马的传奇式敌人,伊特拉斯坎的傲慢王塔克文的那个国家③。它距

---

① "魔鬼手绢",原文为意大利语:Fazzoletto del Diavolo。——译注
② "盗墓者",原文为意大利语:tombaroli。——译注
③ "国家",原文为意大利语:paese。——译注

离古代的罗马古道①,从罗马通往格罗塞托和离我在波尔图埃尔科莱住地最近那座大陆小镇奥博特罗的主道,不过几英里之遥。伊特拉斯坎的彩绘墓地破坏了塔尔奎尼亚市后面一带漫长的山丘,但说它很著名,也是很对的。它们其实只占塔尔奎尼亚市后面实际墓地的一小部分。到目前为止,已发现并制图的地下墓室约有五千七百座,但只有六十二座里面有彩绘——还不到百分之一。今天,由于安全和能源保护等原因,这些墓地几乎难以进去。有人告诉我说,即使有美术学院②颁发的许可证③,你每次参观的墓地不得超过三到四座,而且一般不是能够经常拿到这种许可。我为此而喝彩,但是,1965年时,我那么容易地就进去了,我至今仍不因此而感到后悔。那时候,有些墓地连门都没有,只有一个警卫,这是一个当地的小伙子,他的工作(虽然微不足道)就是不许游客、破坏者和未经授权的陌生人,进入地下,到几公里以下尚存的那座古墓里去。他要做的事太多了,反而显得无所事事。因此,如果你能找到他,给他一笔贿赂,那你就没有什么看不到的。

塔尔奎尼亚的彩绘墓冢与意大利的其他伊特拉斯坎原址相当不同,它所收藏的画作,是自古地中海世界以来,现存最大的绘画藏品。有一个很奇特的悖论,即我们连一个伊特拉斯坎画家的名字都不知道,但他们的作品却大量存在,相比之下,各位希腊画家的名字——宙克西斯,帕拉西奥斯,萨索斯的波利格诺托斯——都传到了我们这一代,但他们的作品却无一幸存。墓冢画有一个共同特点:这些画都画得很快,也很潦草,形成一种原始的湿壁画,在挖掘的空间,把石灰

---

① "罗马古道",原文为意大利语:Via Aurelia。——译注
② "美术学院",原文为意大利语:Istituto delle Belle Arti。——译注
③ "许可证",原文为意大利语:permessi。——译注

华抹平,上面浇上一层潮湿的灰泥,然后把油彩刷到上面。工作必须很快做完,因为伊特拉斯坎的墓葬礼仪不含木乃伊。墓冢似乎在墓中人去世之前,而不是之后,就已经托人做好,因此就得运用象征死者的设计图案,同时把墓室封闭起来,之后,墓中人的尸体腐烂下去,使得墓冢的空气无法呼吸。

所以,这些画跟你预料的差不多:充满活力,常很粗糙,几笔勾成,充满了生命的象征物,以抵消死亡的事实。画中有摔跤者和骑手,有大祭司和脚声訇然的舞蹈者。妇女——也许是高级妓女——在宴会中舒展肢体,躺在长沙发上,酒神巴克斯的女祭司在打手鼓。还有一些很迷人的场面,描绘的是潜水者和渔人,受惊的鸭子扑棱棱地飞往空中,以及梁柱的中楣上,带有纹章的海豚。还可以看见几件表现魔鬼和妖怪的作品,如在奥卡斯墓(约公元前375年)中所看到的那样,但这些是后来的,而自公元前6世纪以来的早期墓冢,几乎都描绘一种没有恐惧或不受惩罚的来世生命,表现的是人死后,依然能像生前那样,继续享受人生。在公牛墓(约公元前550年)中,甚至死后还能性交,里面有个男人似乎很害怕地越过肩头往后看,他的阳具已经勃起,正准备鸡奸另一个男人。

但是,你不必为了意识到伊特拉斯坎在"其"风景中的存在,就去经常造访墓冢。你只要驱车沿乡间道路而行,就可以看见路边切割墙中的洞穴,那是早就遗弃的墓冢废墟,后来改建成工具棚或鸡笼。利用石灰华雕琢的石棺,田野里散得到处都是,最后都用做了牲口食槽。有时候,伊特拉斯坎建筑物的废墟会被用于更高贵的目的,如山上俯瞰着托斯卡纳村庄的一座罗马教堂,却在正面安了一扇玫瑰窗,它的"窗杆"实际上是用多彩大理石的小柱子做成,带有不同的柱顶图案,这都是经过发掘和再生的伊特拉斯坎后期作品或罗马早期作品。我发现这种自然的持续性非常魅人,喜欢在教堂中殿消磨时光,在沉默不响,恭谨虔敬,如粉如末的光线中饮酒,欣赏地板上的哥斯玛特式马赛克图案,它那粉红色,赭色,黑色和灰蓝色等色泽,在经年累月渗透一切的灰尘遮盖下,变得晦暗不明,成了几乎清一色的油灰色,但你往上一溅水,它就对比鲜明,焕发出活力。

我在伊特鲁里亚一带游览,逛当地餐馆和酒吧(这些酒吧无一例外地叫做 Bar Centrale[中心酒吧],而且总是装有一种足球游戏,轴上有小小的前锋和后卫,把它一旋转,就可把有个凹痕的白球,踢到对手的球门里去),随着时间的推移,我逐渐建立一个小关系网,认识了一些农人和小镇的经销商——这些人在官方的眼中,都是一些买卖赃物的人和骗子。他们把埋在土中的东西,看做像土地本身一样,也是他们自己的财产。对他们来说,关于古董的法律不过是个笑话。他们知道,如果他们遵守有关伊特拉斯坎物体的严格法律,公众就永远也不可能看到发掘物了,因为这些东西无论对公众来说,还是在名义上对服务于公众的官员来说,都没有任何意义。他们就把这些东西在地下室堆起来,作为一般尚可到平淡无奇的古董①,这种东西就连地方博物馆都没有搁架展览,但低等的收藏人和古董商却很高兴购买。于是,他们作为盗墓人,就能讨生活,披着夜色的大氅,在他们自己熟悉的田野里干活。对他们来说,这种工作跟捡野蘑菇一样,在道德上属于中性。我有时会在半夜跟他们一起出动,而且能得到小纪念物的报偿——用表面不光滑的黑色布克凯洛器皿、希腊红彩陶器的碎片等制作而成的兔耳酒杯。有一次,我还得了一个沉甸甸的青铜皮带扣,这东西我至今还留着。托斯卡纳一家酒吧的老板,曾用假青铜做神祇、勇士和其他"伊特拉斯坎"的货品,拿到罗马的波特塞

---

① "古董",原文为意大利语:antichita。——译注

门市场去卖,这些东西从那儿又通过食品链,一路来到有钱的收藏人手中。这些崭新的青铜器在地方的车库里浇铸并打磨,然后用草盖上,埋在酒吧后面一条浅浅的壕沟里。这地方成了客户的小便池,尿液给金属表面带上了一层虽然浅薄,但却令人信服的绿锈。

这些稍微有些不正当的冒险经历,又因一些更正当的经历而充实。很自然,我当时尽可能多地把时间花在佛罗伦萨和罗马,但今天,我却在想,也许正是意大利外省的经历,及其各地的风景,才给我留下了历时最久,也最深刻的印象。没有什么比这句格言更正确的了(我当时正开始发现),即许多伟大的艺术都倾向于产自本土,意大利在很大程度上就是如此。(这个格言的对立面,即所有本土艺术都是伟大的,"纯粹的",而"国际主义"是危险的这个看法,则当然是不正确的,而且是我早已摈弃的那种为自己辩护的澳大利亚偏见。)

在北面,是皮耶罗三角区,或如约翰·波普-亨尼西为它命名的那样,是"皮耶罗·德拉·弗朗切斯卡小道",今日游客在那儿游览,远比60年代频繁——这是阿雷佐、圣塞波尔克罗和蒙特奇形成的一个三角区,互相之间仅隔几英里,都收藏了15世纪翁布利亚画家皮耶罗·德拉·弗朗切斯卡的杰作。皮耶罗最伟大的壁画组画就在阿雷佐,它叙述了"真十字架传奇"。他的两幅最有力的画作,即悲情祭坛画和《复活》壁画,现在都在圣塞波尔克罗,但我经常去看的他的一幅画,在一个小墓地,下面就是本来无足轻重的小镇蒙特奇:《分娩时的圣母》壁画,又称怀孕的圣母玛多娜。现不清楚,当时为什么把画放在那儿,但自从那时以来,画已经搬到了蒙特奇城。有一个很迷人的理论认为,皮耶罗的母亲来自蒙特奇,这有助于解释,他为何选择了那幅非同寻常,处于怀孕中期的圣母像:也许这幅画是为当地墓地画的一幅还愿的形象,他本来没有得到纪念的母亲就长眠在那儿,但关于这一点,谁都无从知道了。反正这幅画是从一座名叫莫门塔纳圣母玛利亚的教堂中,抢救下来的唯一一幅壁画,1785年,这座教堂的大部分结构都被拆掉,以便为墓地争取额外的掩埋空间。幸运的是——皮耶罗·德拉·弗朗切斯卡当年并像他当今这样,是个家喻户晓的名字,像个半人半神的人,他死后名声陡降——有人觉得值得把买玛多娜的那一部分教堂保留下来。这也许是因为蒙特奇的妇女对这一地方十分忠诚,她们当年看这地方,跟两百年后依然一样:将之视为她们作为母亲身份和她们对其歌颂的繁殖原则表示敬畏之必不可少的护身符。

如果怀有身孕的玛多娜带着惯例中的辉煌特征,如金箔和繁复的服装,下凡到她们中间和我们中间,就会发生这种情况吗?我有点表示怀疑。皮耶罗的形象之所以如此令人信服,是因为其画面庄重肃穆,明白晓畅,似乎与教堂外的普通生活联系在一起。

这幅玛多娜像直直地矗立在一座棚子一样的东西,也就是一顶布帐篷里。帐篷的边由两个天使——实际上是领报天使——撑开,以便让她呈现。两个天使一模一样,但正好相对,其做法是把原来那幅漫画折叠过来,以产生一种镜像的重叠效果。棚子外面经过彩绘,仿佛绣花,绣的是形式化的石榴图案,那是传统的丰饶多产的象征。(石榴与下界女神普洛塞尔皮娜之间,也有某种古代异教徒的联系,因为通过她的媒介,庄稼在春天生长:这么说来,在所有层面上,这都是特别适合乡间小教堂的一个象征物。)随着那座帐篷打开,露出圣母,她那件没有装饰,也没有绣花的常规的15世纪孕妇服,也就是那件灰蓝色的衣裙也在前面敞开,露出一件白色衬衣,后面暗示出母亲的孕体,孕体里即是子宫,这已事先通过帐篷给以预兆。当然,关于古代轮回,可以一直追溯到基督诞生之前时代那些死亡、生长和重生过程等的提示,这正是皮耶罗绘画的部分魔力所在。另一幅画是位于圣塞波尔克罗的《复活》。画中,相貌严峻的基督就像古波斯的光神密特拉一样古老,他举着大获全胜的十字架旗,不可阻挡地从石棺中升起,下面都是些睡意蒙眬的卫兵。

毫无疑问,皮耶罗最为持之以恒的作品,就是他位于阿雷佐圣方济各教堂的壁画组画《真十字架传奇》。它根据的不是圣经,而是方济各会视为贵重,年积月累的那些不可置信的愚蠢故事和传奇作品。我怀疑,要在今天,千分之一的人都不会知道,以如此磐石般坚固、阿波罗神般的形式和沉静,但却似乎在唱歌的色彩,在他眼前展开的那个故事实际上是在讲啥。当然,我第一次看见时,也不知道它在讲啥。

简单来说,它讲的是人类通过伊甸园一株树的木头而赎罪的故事,这根木头后来成了基督的十字架。亚当要死了,就派儿子塞特去伊甸园,向宽宥树讨几滴油。守护天堂的大天使米迦勒拒绝把油给他,而是给他一根苹果枝——亦即曾结了禁果的那根树枝。当这根苹果枝再结果的时候(也就是说,生出了基督的肉体时),人类就会得救。塞特把这根截枝种在他父亲的坟头上。实际情况是,该坟的原址就在各各他,基督最后就是在这儿被钉上十字架的。我们现在向前推移了一千年,来到所罗门的时代,他当时正一边寻找木料,一边建造他的寺庙。他选择了神圣的苹果树,但那株树就像海王星一样,老是改变形状,结果什么也做不成。所罗门王因该树没有任何结构用途而感到绝望,他的建筑师就把树丢到河的那边,于是成了一座桥。这时,示巴女王登台露面。她带着随行人员,来到耶路撒冷,向所罗门表示敬意。她在梦幻中预见,她刚经过的那座桥将来会成为十字架[①],拯救世界的人今后就会挂在这座十字架上。于是,她和她

[①] 英语的"经过"一词是 cross,跟"十字架"的 Cross 一样,只不过后者用大写。——译注

的女随从跪下来，向该桥表示景仰。她们如此效忠，颇令所罗门吃惊，就让人把那根木头埋掉，这样，看不见了，也就记不住了，但还是不那么容易就把它抛弃的。在埋木头的地方，奇迹般地出现了一座池塘，那根木头漂了起来——刚刚赶上被人做成真十字架，在上面把耶稣牺牲了。接着，把耶稣钉上十字架后，又把十字架藏了起来。只有很少的人知道藏匿的地方。一个是犹太人，名叫犹大（这不是背叛基督的那个犹大）。他受到惩罚，关在井底，直到他说出十字架埋在哪里，可是，他通过这么做，赎罪并赎掉了他的犹太人身份之后，就当上了耶路撒冷的主教。与此同时，十字架成了罗马帝国以基督形式复苏的象征。康斯坦丁皇帝夜里在帐篷里做梦时，梦见了十字架：In hoc signo vinces（你将凭借这个符号征服天下）。他宣称支持基督教，并在米尔维安大桥一役，彻底打败了野蛮人。这时，一个名叫科斯罗伊斯的波斯人把真十字架偷走，他的基督教对手赫拉克利厄斯便向他开战，把十字架夺了回来。科斯罗伊斯战败后，被赫拉克利厄斯砍下了脑袋。

方济各的赞助人期望，皮耶罗·德拉·弗朗切斯卡能在阿雷佐的圣方济各教堂的四壁墙上，用一种视觉的叙事方式，把这一堆糊涂不清，衔接不明的大杂烩似的传奇拼凑起来。它没有圣经的权威，而且大部分内容都极端愚蠢。对一个21世纪的参观者来说，十字架是否可信，已经不再是一个问题——反正已经没人相信了。剩下来可信，抓人，优美，而且真实的那些东西，就是绘画本身：即通过皮耶罗眼睛和手而造就的那些经过高贵整理而清晰连贯的画面。因此，从罗杰·弗莱到克里门特·格林伯格，这些20世纪早期的形式主义批评家也许实际上是对的？也许绘画讲述的故事无关宏旨，你唯一有权评判的，就是被视为色彩、形状和线条之美术安排的绘画本身？但这绝对不是皮耶罗或其雇主看问题的方式，估计他们的观众也不是这么看问题。皮耶罗是永恒的超级形式主义画家，这没问题。故事对他来说必不可少，这也没有问题。那么，跟着往下看故事的时候，干吗要带着一种现代主义对叙事的不信任，好像只有一半的面包，也跟完整无缺的面包一样好呢？非常明显，这一点也许说得太有道理了，以致把这个道理说出来，都几乎令人发窘。然而，我相当确信，确信到我都到了接近解决这个问题的程度，也就是在阿雷佐，站在皮耶罗画的这些有时显得很愚蠢的故事面前时，"纯粹"形式主义中潜在的伪神圣第一次从我身上完全地退去，从此以后，我在诧异某件艺术品在讲什么故事时，就再也不会感到窘迫了。

皮耶罗的画面中有大量风景，很自然地就把人引向外面更丰裕的风景。我喜欢这片风景中的种种质素：葡萄园庭院的线条的涡旋和回转，远处点点滴滴的葡萄本身，一簇簇形成空间的暗色常绿乔木，以及仿佛惊叹号上小逗点的柏树。所有这一切以树木、大地和树叶组成了一种甜美的书法！我游牧一般，从博物馆到博物馆，从教堂到教堂，以这样一种没有系统的方式观赏艺术，就已经弥补了美国人所说，作为艺术史家，没有学术"资历"的那种状况。也许，我要是去听教授讲课，在教室看幻灯，就会学到更多有关15世纪的知识，但我却去看了原装货：当然是打乱了秩序，但这种体验不知要丰富多少倍，特别是通过一种身临其境感而得到强化，而这是任何课堂都不可能给予的——简单点说，也就是你在阿雷佐看了《真十字架传奇》的壁画，开车出城离开那里之后，看见同画中一样的田野被人耕作、剪枝、塑造成同样永恒的形式时，得到的那种感觉是课堂所不可能给予的。

阿根塔里奥附近，有一个最奇怪，但以其自有的方式来说，也最美妙的地方，就是圣托尼娅村，它离开海岸，靠近内地，离塔尔奎尼亚的墓地不太远。它不像塔尔奎尼亚，当时的考古学意义较小，只有一点伊特拉斯坎石方工程，一两座墓冢（早就被人洗劫过了），以及几处罗马遗址。这是个已经破落，很小很小的地方。这个地方的房屋和看上去很原始的那座教堂，都是用因时光太久而发黑的石灰华建造，房顶盖着有青苔的赤陶波形瓦。在皮亚扎广场中心，有一眼细节很粗糙的八边形泉水。这地方的上空，飘荡着一股硫黄气味，它来自山下小镇的温泉。在圣托尼娅山下不到一公里的地方，就开始出现一片格外美丽的风景。流水大气汤汤，带着一种淡黄色，散发出强烈的硫磺味，从石灰华的缝隙里，永不枯竭地往外涌，形成一个个水潭，然后形成瀑布，最后又形成更多水潭。圣托尼娅的女人——永远都是女人，也许是经过某种源自太古的安排，我从未看见一个男子——常到这个地方沐浴，特别是在晚秋和冬天寒冷的时候。没人长得年轻漂亮，也没人穿类似现代游泳衣的东西，而是身穿暗色的棉质衬衣，有时甚至是羊毛衬衣，把她们从脖子一直包到小腿肚子上，带着某种乡野的威严，从古老的菲亚特车上下来，耀武扬威地一摇一摆，朝她们乡下的毕士大池走去，向温泉热水挺进，然后安静地没入水中，只露出上半身，宛似硕大的暗色锥形体，周围缭绕着蒸汽。她们待在那儿，几乎静止不动，仿佛雕像，仿佛小丘，这些从伊特拉斯坎出土的"人"物，有时候相互聊天，操着那种浓重刺耳的马勒马方言，把"c"发成"h"——"casa"成了"harza"，如此种种，不一而足——一直聊到要回家的时候。她们让我回忆起了任何有关艺术的东西吗？也许让我想起了毕加索所谓古典时期画的像患水肿病的乳房了吧，但仅仅只是想起了一点而已，但她们却要比那更奇怪地适合这片风景，这片风景上的那些更小的细节——如长期被窒息的灌木上的小枝条，它上面细瘦的枝叶很久以前就被持续不断沉积的灰色石质的硫黄催发得厚肿起来——确认了她们肉体的结实。后来，我去参观伊特拉斯坎的废墟和更北边的沃尔泰拉（Volterra，这又是一个有火山的景点，其地名实际上记录了地震的存在:"voltare"是爆发的意思,"terra"是土地的意思)时,伊特拉斯坎骨灰盒上那些不成比例,粗糙而又肥厚的维纳斯形象,要比毕加索的任何一幅画,都更让我回忆起那些女性。

圣托尼娅是一个牧羊中心,出产的羊奶奶酪闻名遐迩。因此,每年秋天,这个村庄就要举行一次盛大的节日①,庆祝这一美食。在意大利的那个地区,与其说这是一种美食,不如说它是一种主食。届时,皮亚扎广场上就挤满了破破烂烂的面包车,上面装满奶酪、火腿、橄榄和其他货物。有大玻璃罐子,装在棕色的油腻腻的柳条筐子里,里面装满了浓浓的绿色橄榄油。最引人注目的东西,也可说当天的英雄人物,就是一只烤乳猪。乳猪用一根手腕粗的铁杆穿过,在炭火上慢慢转动炙烤着,直到猪皮显出一种美丽闪光的栗色,颇像打光擦净的皮靴。猪肉一入口就化,几乎有点儿像黄油,散发出百里香的气息。但是,这场节日真正的话题,是奶酪本身,或各种奶酪。羊奶奶酪还嫩的时候,就又软又肥,几乎有点像莫萨里拉奶酪。它越成熟就越硬,味道就变得越加复杂,很有层次的感觉。因此,人们要面对的是种类繁多的选择,按月量测,分成小类:如30天的羊奶奶酪,从奶酪的角度讲,这不过是一个处女,然后又分成60天、90天、120天的羊奶奶酪。过了四个月后,就成了磨碎奶酪,但不仅仅只是磨碎奶酪,而是把它刮成细丝,洒在锅里捞起,热气腾腾,亲手切制的费突契尼宽面条上面,很精妙地就融化了,也许(如果你幸运的话),还可以更上一层楼,加上一汤匙在亚平宁森林中找到,用快刀切削的松露,这样,"老"羊奶奶酪吃起来,就是蛮不错的一件乐事了。而且,在当

---

① "节日",原文为意大利语:festa。——译注

年,松露泥①本身并不像今天这样昂贵,也不像现在这样难觅。1966年秋天,有一次,我在该地教堂,饱览了一番塔德奥·第·巴尔托罗关于地狱的那幅壁画,看了让高利贷者、鸡奸者和其他不肖子孙所受的种种恐怖折磨之后,到圣吉米尼亚诺的主要皮亚扎广场散步,这时,一个满脸皱纹的老者跟我打招呼。他身上散发出妙不可言的气味,既是一种土气,也是一种天堂之气。原来是他紧紧攥住的一只袋子,里面装了一半新挖的白色松露——约有一磅左右,他出价约为二十五美金,这简直低到了荒唐的地步。不算煤气费的话,这是我身上所有的钱,但我不打算讨价还价,我把钱付给他,就把那只袋子塞进了摩尔赫德夫妇的菲亚特500的小手套箱里,锁上后就去喝咖啡。几小时后,回到波尔图埃尔科莱,手套箱却打不开了,锁卡住了。艾伦和露西不在家,没有他们许可,我不敢撬锁。等到最后打开时,松露早已因炎热而变质,但接下去几周里,甚至几个月里,手套箱都散发出烂松露的异香,令人颇为丧气。

有一把钥匙,能通往我早年在意大利的体验,那就是博马佐。我1964年第一次造访那儿的花园时,意大利旅游图上还没有这个地方。哎呀呀,现在都上了地图。这地方把巴士和导游都带来了,他们通过手提式扬声器,冲着他们消极怠惰的群羊,从喇叭里喊出空洞无物的言辞。今天去那儿的人,是永远也不可能体验到四十年前是怎么回事了。文化势利眼老爱这么抱怨,但很不幸的是,这是真话。一些有毒的综合因素——即大规模旅游、地方上的贪婪和极为不敏感的"恢复重建"工作,这些东西加在一起的影响——把欧洲那么多的往昔经验都摧残了,把废墟也给废墟掉了,赶走了具有魔力的场所精

---

① "松露泥",原文为意大利语:tartufi bianchi。——译注

神,把原来本来是奇迹的东西改头换面,变成了一种迪斯尼乐园式的拙劣模仿。雕塑被移来移去,传道的小册子被清走,轴线也变动了,而且——在一种特别愚蠢的汪达尔式破坏行动中——博马佐的石像和建筑物上的铭文,都被人武断地填塞了橘红色油漆,有时太不精确了,以至于不是扭曲了意思,就是丢弃了意思。现在这儿被旅游搞得一塌糊涂,完全是个不结果实的地方。

我第一次读到有关博马佐的简要提及,是在一份建筑学杂志上,那是我姐姐康斯坦斯的。这想必是在50年代后期。那是意大利的一个怪异之地,长着地狱之口——那是啥东西呢?文中没有细节,但我留下了印象。我认识几个去过意大利的人,他们一个都没听说过博马佐。随着岁月的推移,这个地方逐渐登上了如果我去意大利,就最要看的地方那张单子的顶峰。于是,我在波尔图埃尔科莱搞了一辆车(艾伦·摩尔赫德多余的一辆,也就是那辆红色的菲亚特500),然后就上路了。它离维泰博不远,在罗马以北约60英里处。

花园进口的上面,是一道陡峭的石灰华悬崖,山镇博马佐就在悬崖顶端拔地而起(它最先是罗马人的一个小拓居地,名叫"Polimartium",意即"火星之城")。进口处有一道锈蚀的小门,穿过门上的铁漩涡,什么也看不见,只看见一丛丛暗黑的橡树和一座有门廊和穹隆的石头小庙。这座结构物宣布,要往下走,于是经过地狱监护狗塞伯鲁斯的三头石像,它好像在折断的石阶边吠叫。再沿着一座露台而去,这座露台处摆着一排乍看之下好像是随意散放的炸弹,但原来是从基座上倒下的石制橡实,高六英尺。接着朝一个巨大无比的宁芙走去,宁芙的裙裾兜着一池雨水。然后从每块岩石和楣石上依稀难辨的铭文旁经过,再走下更多残破的石级,就到了第二座露台处,这儿有一头跟真象一般大小的象,用象鼻把一个罗马士兵压垮,旁边山岩上,刻有一张一声不响,却在咆哮的面具,正注视着这一切。你可以从这张面具的石头嘴巴下穿过,上面写着"一切烦忧都会飞走"①的铭文,就刻在面具的上唇上,还可以在它的舌头上吃摩泰台拉三明治,舌头其实是张饮宴的石桌。外面,如果继续往下走的话,就会有一条龙跃身而起,龙翼上斑斑点点,都是伊斯兰的新月形,正跟两头马斯提夫犬搏斗。园中还有数泉,但都已干涸,水管堵塞。还有一座水神殿,一座斜塔,但那是建造的时候就有意倾斜的,其中小房间的壁炉都由石工直接安装了水管——这样,向下的小道就钻进了博马佐的圣林中。它继续沿着被水冲掉的各条小径,从挡土墙下穿过,挡土墙向外凸起,看上去再下一场雨,就会随时倒塌,再经过两座巨型雕像,好像要把对方撕成碎片似地锁定式搂抱在一起,继续向前,来到一只二十英尺长的乌龟和一条鲸鱼妖怪一样的嘴边,那条鲸鱼正从石灰华和黏土中浮现出来。我第一次去那儿时,深秋的博马佐静得出奇。没有溪流,没有游人,只有水的滴沥声,被偶尔传来的鸟叫声打断。这地方好像有鬼魅出没,但下午出来的是什么样的鬼魅呢?

这是西方最奇特的花园,它简直无与伦比,就连巴塞罗那的高迪公园,也无法与之比肩。尽管1964年时,很少有外人来访,但不可避免的是,它成了当地传奇中一个广为传诵的话题。三月份某一天的半夜,如果你有胆子,敢在通往上面地狱之口——博马佐人就是这么称呼那张面具的——的石阶上等待,它那张嘴就会抽动,说起话来,透露你的死亡时间和地点。(我很羞愧的是,我得承认,我没有把这个愚蠢的迷信加以对证。你敢吗?不敢,我想。)据说,小妖精以及更糟糕的东西在那座圣林中比比皆是。不过,把这些幻象放在一边不

---

① 原文为意大利语:Ogni pensiero vola。——译注

提,关于这个地方,实际上有什么可说吗?

起先并没有多少可说,唯一可说的是,博马佐与文艺复兴后期的花园设计,那种更泛泛,也更正式的趋势相比,形成了绝对鲜明的对照。这种风格样式最高级的一个例证,仅几英里之遥——就是维泰博附近的朗特庄园,它是建筑家贾科莫·巴罗奇,又名维诺拉的,为维泰博的主教吉安·弗朗塞斯科·甘巴拉规划和设计的。一般我去博马佐时,也会去造访朗特庄园,因为它们之间的对比十分鲜明,很说明问题。朗特庄园是一座十分精致的正式庄园,设计完美对称,两座亭子一模一样——实际上是两座小宫殿——就在一片作为中轴的水边。在长坡的顶端,水从喷泉中喷射出来,通过一连串转换变化而下降——从泉水区,沿着一条潺潺流水的水道,注入池塘和水罐中。水在某处跃起,进入一条长而窄的水槽,这就是室外饮宴桌位的中心。你循着水的行程下山,穿过一座座露台和一段段石阶,这一切的安排都很对称。终于,在这个场地终点的图案花坛群中,流水欣喜若狂,劲头十足,从一个青铜星状物中溅射出来,这个星状物由四个青铜摩尔人雕像抬着,他们很可能是雕塑家詹博洛尼亚的作品。

博马佐可没有这种秩序和对称,其形象颇具个性意味,但却散落在四周。你可以从一个"奇迹",漫步到另一个奇迹。这些奇迹就像16世纪的某种宫廷假面舞会,好像活动模型上的寓言人物一样,从你身边走过,唯一的不同在于,是你在动,而他们没动。很自然,那些石头都是石灰华出露在外面的部分,哪儿有就在哪儿雕刻。这种风景布置,这种一直向下的小径,这种让塑像在转弯处或一个很刁的角度,突然幽灵般的呈现——这一切都增强了一重惊讶和期待(接着还会发生什么呢?)。它总是这样,即便雕像已经不再新鲜,林木不再葳蕤,灌木不再丛生,情况也是如此。

20世纪60年代初,关于创造了博马佐的那个人,人们知之甚少。

自从那时以来,关于他的情况比当时知道得多得多。他诨名叫维西诺(Vicino),意思是"邻居",也许是"乡间表哥"。这暗示着一种边缘性,但其实他在复兴时期的意大利,直接来自有详实记录在案,最为强大的一个宗族。蒙特内罗、克特皮科洛和卡斯特尔维奇奥公爵皮埃尔·弗朗切斯克·奥西尼,约生于1512和1520年间,卒于1585年。他出身于一支高贵但却残酷的强盗大亨族系,这一支人的历史可追溯到10世纪,其纹章动物是母熊。维西诺的父亲是一个雇佣兵,名叫吉安·科拉多·奥西尼。他1502年买下了博马佐山谷,因该山谷统领了台伯河河谷一片宽阔的战略性风景,他就把一座现存的要塞,改成了一座有四百间房间的城堡,这座城堡至今犹存,矗立在悬崖峭壁之上,颇似腐烂牙床上一只曲径通幽的黄板牙。

现在已无记录表明,维西诺是否曾参与奥西尼家族贪得无厌的政治生活。也无任何迹象表明,他长什么样:既无肖像,亦无雕像。

圣林上有铭文说:"维西诺·奥西尼建于1552年"[①],这么看来,这项计划想必早在1552年就已开始,其工程可能轰轰烈烈地开展了三十年,并在公爵1585年1月去世时结束。1580年,维西诺进入六十岁,他在这年写的一封信中坦承,他对整个项目已经厌倦。他死后,没人想维护这个地方,于是就立刻颓圮,回到了以前的森林和灌木状态。最后,维西诺·奥西尼幻想中的奇迹,在接下去的三个世纪中无人问津。就连歌德到意大利旅游期间,在西西里的帕拉戈尼亚别墅,看到比这没意思得多的奇形怪状的人兽雕像列阵,感到心醉神迷时,都没人跟他提到过博马佐。

20世纪过半时,超现实主义者重新发现了这个地方。萨尔瓦

---

① 原文为意大利语:Vicino Orsini Fec. MDLII。——译注

多·达利 20 世纪 40 年代后期去过那儿,后面拖挂着一队记者和"啪啪垃圾"①狗仔队,他尝试着为他在卡达克斯的房子买两件雕像,但很幸运的是,他没有成功。就这样,博马佐鬼鬼祟祟,侧身进入了超现实主义的正式名单,被列为怪异而且具有魔鬼魅力的奇迹名胜,其结果却很不幸,直到最近,关于这个地方不多的作品,大多都是由精通超现实主义幻象思想的批评家写的。法国小说家安德烈·皮耶尔德·德·曼迪亚古斯 1957 年写道,在这儿,有"一种疯狂之美","一种有心机的畸变"。

事实上,它岂止是一座游乐园。无论维西诺·奥西尼可能还是别的什么,他绝对不是一个忧郁的疯子。他把他这座花园想象成一个休闲娱乐之地。Anima quiescens silentior fit(灵魂安静下来时,就更加沉默):维西诺的斜塔的涡卷饰上,写着这样一段拉丁文字。还有一段拉丁文字这么写着:Sol per sfogar il cor(只是为了卸下心灵的重负)。而这个地方充满了石头玩笑——煞费苦心的大玩笑。这儿有一只石头乌龟,它比当时尚未发现的加拉帕戈斯群岛的乌龟大四倍,背着一个基座在那儿爬动,基座上是一个球体和一个破损的形象,其随风飘动的衣裙拂在球体上,她举起膀子,托住一支早就消失的喇叭,把它举到自己已经磨损的唇前。这个形象在文艺复兴时期很常见:Fama(名声)或 fortuna(幸运女神)。一般对她的描绘,几乎都是把她形容得速度极快,乘风而去,很难抓住。但在这儿,她却以龟速缓缓而行,吹着她的喇叭:维西诺颇带讽刺意味地指出,他自己作为诗人的名声,在他作品中的存在,只不过是在祖先山谷的岩石上,亲手雕刻铭文的这个地方,来得实在太慢——简直是一个虚荣自

---

① "啪啪垃圾",根据英文 paparazzi(专拍名人的摄影记者)音译。——译注

费出版的极端个案。

他的作品并不指向一般公众,而是指向很小一批老于世故者——从维西诺这方面讲,看起来就是一个人。公爵的声音耳语着,持续不断地穿过他的花园,答应要让人进入一种麻醉昏迷状态,也要求人必须进入这种麻醉昏迷状态:

> 谁要是经过这儿,
> 居然不扬起眉毛,
> 居然不张大嘴巴,
> 那谁看到世界的七大奇迹,
> 也会更不惊奇了。

> 谁进入这儿,
> 都请把这点逐条考虑一下:
> 然后告诉我,这么多奇迹的制作
> 究竟是通过欺骗,
> 还是凭借艺术。

这首诗所要说的意思,当然是说 inganno(欺骗)和 arte(艺术)极为接近,难分难解。博马佐的这位隐士实际上拿出了一个无与伦比的艺术品,"圣林/只跟自己相似,而不像任何别的东西"。其他的东西不可避免地经过他人之手。根据人们猜测,参与的建筑师名字有,巴尔托洛梅奥·阿曼那迪,皮尔若·里格瑞奥和贾科莫·维诺拉,但就谁做了什么,都无法取得一致意见。雕塑家的名字现已佚失,而且很可能那些雕塑家本来就"无名"。就算他们用的材料是石灰华这种效果并不好的石头,局部细节也过于粗糙,形体也太臃肿。

风格主义的看客暗自惊讶,但惊讶的不是无意识之举(像超现实主义所表现的那样),而是有意识运用的技巧。维西诺不过是个半瓶子醋的业余爱好者,而在他那个时代,想长期当个半瓶子醋的业余爱好者,不碰到16世纪一本极其为人称道的书是不可能的,这就是那本题为"爱情,梦境和波利菲洛之战"的书(*Hypnerotomachia Poliphili*)。据信,其作者是威尼斯一个名叫弗朗塞斯科·科罗纳的修道士,书于1499年出版。《爱情,梦境和波利菲洛之战》这本书以寓言写出,很长,夸夸其谈,几乎无法读懂,但读者范围很广——至少在很广的范围内被人拥有——有意大利、法国和英格兰的人文主义者和学者,其中讲述一位男性寻找他的理想情人波利奥,他从一座没有道路、恐怖吓人的林中开始,从林中出来时无比焦渴,堕入睡乡,接连不断地穿过层层梦境,醒来时来到一片理想的花园风景之中,到处是奇特的纪念碑和古寺庙的废墟。原来,他来到了尤留特里尔达女王的仙境,波利奥这时终于出现,装扮成一个宁芙,于是,他们幸福地结合了。在某些方面,《爱情,梦境和波利菲洛之战》由于是一本有关思想意识之沉落、净化和再生的寓言,因此很像中世纪和文艺复兴时期的其他文学名著。

这本书里天女散花一般,处处都是木刻,一幅幅的木刻描绘着废墟、塑像、假面舞会、铭文和波利菲洛老是碰到的那些行进的队列。共有两百多条铭文,冗长到令人麻木的程度,那都是他和波利奥到一座墓地造访时,从墓碑上"记录"下来的。

《爱情,梦境和波利菲洛之战》中的这些木刻,对16世纪和17世纪人们对花园的看法,产生了很大影响,而且给人以灵感,建造了一些真正的时光丰碑——例如,罗马圆柱广场上贝尼尼制作的大象,就是根据《爱情,梦境和波利菲洛之战》中的一幅木刻而来。圆柱广场上的那幅作品,是把人造废墟作为花园建筑的一个源泉,它后来成为

18世纪花园的一个狂热追捧的对象。很有可能,维西诺·奥西尼在博马佐设计他的山谷时,曾参考过这本书。那座山谷成了一个文本,大量地铭刻下有关梦境、精灵和通过惊讶而进入绝境等的指涉。而且,这本书的木刻和那位公爵的设计之间,有着许多相似之处。山谷中的那尊石制塞壬,跟《爱情、梦境和波利菲洛之战》中的一幅画适成姊妹,只是尺寸不一样而已。就连博马佐的岩石上,所雕刻的大量文本和座右铭,也都让人想起波利菲洛梦境中星罗棋布的铭文。它们标志着故事中的停顿点,就像维西诺的铭文也是用来让你在花园中停住脚步一样。

但是,如果想在一本书中,找到维西诺的所有幻象,那就未免太狭隘了。博马佐的一些雕塑也可能有十几个书面来源。其他的则很明显来自历史:带着战争象轿,把罗马士兵压垮的那尊大象,很明显是指离开这座山谷不远,汉尼拔打赢的那场胜仗。翅膀上带着新月的那条龙,则可能暗指在勒班陀把土耳其人打败的事件。但是,我们永远也不可能读懂这座花园了,现在是不可能了,也许——由于它所遭受"恢复重建"虐待——永远都不可能了。时光较好的日子里,了解这座花园的人,一想到它就很怀念。我特别珍藏一段记忆,那是1967年五月的一天,我陪一个刚弄到手的美国女孩(她当然从没见过这样的东西),去了那儿。我们一起抽了大麻,喝了一点当地的白葡萄酒,就在地狱之口里面的饮宴桌上,铺了一块毯子,在没有园丁或查票员的骚扰下,脱下皱巴巴的牛仔裤,就在那个温暖的春天早晨,不时被鸫鸟打断的寂静中做爱。一切烦忧都会飞走,在森林的亲善精灵环绕下,在无忧无虑、芬芳可口的轻霭中,情况的确如此。

没人会说,在博马佐设计并雕刻了那座"妖怪公园"的人,都是伟大的艺术家,但就在我生命的这个时期,我开始有了一个第一手的想法,即什么样的雕塑可以称之为伟大的雕塑。意识到这一点,竟然花了这么久，这可能显得有点荒唐，但它只可能来自你为自己作出的发现。有时，一件伟大的艺术品被人赞美到单调乏味的地步，你可能就会固执己见，还不要说乖戾执拗，怎么也不肯接受，甚至可能固执到滑稽可笑的地步，就像我在世界博览会上看到米开朗基罗的《圣殇》时所感觉的那样。无论人们多么经常、多么坚持地告诉你，说某个艺术家如何伟大，这都无关紧要：除非你自己有亲身体验，否则，"伟大"那个词对你来说没有任何意义，那只不过是某人的盛赞之语。你唯一的办法就是以后再回来。即便这样，应许的那种体验也不一定会到来。对我来说，最好的一个例证，就是保罗·塞尚，人人都认为，他是现代绘画的绝对神祇、引路人和祖师爷。除了批评家和艺术史家之外，作品为我所喜欢的那么多艺术家也这么认为，仅就这一个事实，我就觉得，在塞尚方面，我是一个相当陌生的人。说实话，塞尚的作品（除了他的某些水彩画和某些风景画和静物画之外）在我身上，从未唤醒过任何销魂之感。别人都觉得，他在形象组合中所画的大幅笨拙的裸体，是他成就的顶峰，甚至毫不犹豫地将之比作米开朗基罗、普桑和其他大师的作品，但我感觉相当冷淡，毫不信服。并非所有的"杰作"对人人来说都是杰作，如果都是杰作的话，人们的趣味过了多少世纪也不会变，幸而情况并非如此。

我当时对雕塑还不习惯。哪怕你再爱国，意图再良好，你也不可能说，澳大利亚至今产生过任何可以称作"伟大"雕塑的东西。这个国家的文化，无论黑人还是白人文化，都没有产生多少哪怕是值得记忆的固体形式作品，不过，有几个原籍欧洲的艺术家，这主要有20世纪20年代的瑞纳·霍夫和20世纪60年代的罗伯特·克里普尔，还是做了一些优秀的东西。

因此，我当时对雕塑的可能性，基本上一无所知，直到我到了意大利。如果有一个艺术家让我睁开了眼睛，看到了雕塑，那应该是比米开朗基罗或多纳泰罗更早,也更不知名的艺术家。他就是13世纪的比萨艺术家乔瓦尼·皮萨诺,(约1250—约1319年),他曾在意大利中部几个地方工作过(皮斯托亚和佩鲁贾,比萨,锡耶纳)。关于他的一生——除了这个事实之外,即其父尼古拉·皮萨诺(约1220—约1284年)也是一个很出色的雕塑家,他会有时按照习俗,把他颇有天才的儿子,跟他一起干家里接的活——现在所知甚少。乔瓦尼·皮萨诺没有留下信件,只有几份没有透露任何东西的尚存文件与他有关,以及关于一次令人不快的诉讼的部分记录,但这就是中世纪艺术家的一般命运,当然,也正因如此,他们中间产生了"神圣而无名"的那种虔诚但又荒诞的传奇——也就是这样一种看法,即画家和雕塑家放弃了他们的名字,以便集体地沉浸在全神贯注于上帝的活动中。乔瓦尼·皮萨诺并没有受这种假谦虚的影响。他的一尊杰作是皮斯托亚的圣安德列大教堂的布道坛,上面有段铭文这么说:"乔瓦尼不做空洞之作,其父是尼古拉,但他有福,获得了更多知识,比萨是他出生之地,让他获得了所有可见之物的知识。"

这是空洞的吹嘘之词吗?不是。它更像是直陈事实。通常都认为,其父尼古拉·皮萨诺通过把罗马古典石棺浮雕的圆熟和明显的深度,与拜占庭形象那种生硬的僧侣尊严结合起来,创造了文艺复兴时期雕塑的饱满情感和强烈人性。当时把这些拜占庭形象与希腊风格①混为一谈,称作早期罗马式建筑的形象。然而,即便他的作品感情达到最强烈时——尼古拉的一些作品,如他在锡耶纳大教堂制作的布道坛浮雕,天使把一堆堆密集而痉挛的肉体往下推搡,由扮着鬼脸的魔鬼抬走的《最后的审判》,所达到的强烈程度,在雕塑史上几乎

---

① "希腊风格",原文为意大利语:maniera greca。——译注

没有先例——也未达到他儿子最佳作品中那种让人敬畏的人性高度。

1964年和1965年,我到锡耶纳的大教堂博物馆去作早期造访时,这一点算是让我心服口服。在这座建筑物中,当时有(现在依然有)乔瓦尼·皮萨诺在1287年后的十年中,为教堂正面所做的先知雕像和女先知雕像。现在已无法重新捕捉原来那种安排方式了,因为它把教堂高大而有条纹的正面,当成一个舞台,上有十四位英雄形象,都是《旧约》中受启发的先知和古典时期阴魂附体的妇女,他们互相对话,也跟下面的世界对话,把他们的启示对外宣布——经各自手中紧握卷轴上的圣经文字而得到证实。在中世纪,人们相信,是否能够意识到大救星即将出生,这不仅要看《旧约》中的某些先知(如以赛亚、哈巴库克、摩西、西缅,以及其他人)是否曾有预言,还要看库迈、厄里特里亚和特尔斐等其他地方的女先知是否在古代的异教中实际上已有昭示。因此,乔瓦尼·皮萨诺把这些扭曲变形、做着手势的形象组合在一起时,所提出的是用石头来冻结一种"神圣的谈话":谈救生主如何通过其母,即锡耶纳及其所有市民的女庇护人的媒介而来临。他想要我们知道的是,这些人物在谈些什么。我后来意识到,乔瓦尼在教堂正面放上的形象,其实是连环漫画中的一个祖先——一个威严高贵、口若悬河的祖先。每个人物都捧着一只卷轴,每张卷轴上都刻着一个文本,该人物就"说着"这个文本,作为即将到来的救星的预言。以赛亚就这样宣读了"看啊,一个处女就要怀孕生子了"。

从人的努力程度上讲,这个项目的规模,相当于米开朗基罗做(但没做完)的未来教皇之墓。当然,从下面看不到原来想让人看到的东西,但这些人物与人眼齐平,这就非常有利,因为从某方面讲,人就能更好地欣赏乔瓦尼作品的戏剧性和含蓄之处了。

这件雕塑的大理石不是来自卡拉拉,而是来自比萨附近圣格里诺一座采石场那种孔隙更大,更易受损的石头。几个世纪以来,早在把这些形象从教堂正面取下来之前,石头就因风吹雨打而侵蚀蜕变。亨利·摩尔曾从乔瓦尼·皮萨诺的作品中受到很大启发,我也曾有幸跟他见面,1965年,当我、他和一个英国艺术家迈克尔·埃尔顿同时都在锡耶纳时,他甚至都不认为这种风化有什么不利。他写道:"我甚至认为,经过风化,他那些形体大气而朴素的设计反而显露出来。它可能把我们看得见的东西,都削减到作品完成之前的那个阶段,简化到没有细节的原状。"

无论他这话对错与否——而我觉得是对的——圣格里诺的这种柔软的石头有一种能起抵消作用的有利性。它使得石块较易切割,特别当石头还是"绿色"时——也就是刚从采石场挖出来时。石头一在空气中暴露,就变硬了,但教堂场院的新鲜石头使乔瓦尼能够采用手头的工具——即在硬质合金片时代到来之前的那种钢凿——更深,也更快地进入其中。石头越容易雕除,里面的人物也就越容易显露——其姿势和手势也越富戏剧性。乔瓦尼的先知和女先知都不满足于只待在建筑物的表面:他们俯身朝外,扭着身子,指指戳戳,互相吵架,冲着对方叫喊,那时都是在石头上吵架,现在都不吱声了。甚至可以说,他那些生动活泼的先知,本身都带有预见性:它预见了一种尚不存在的雕塑,一种尚未想象出来的雕塑。

而且,这些形象的样子中,还有一点别的东西,从地面上几乎看不出来,但走到近处就一目了然。这是乔瓦尼·皮萨诺对石钻的运用。石头雕刻师都有石钻,包括乔瓦尼的父亲尼古拉,但乔瓦尼的用钻——这是一根钢棒,可用弓来拉动旋转——方式,有其特出之处。他喜欢钻进石头,制造一些阴影斑点,或把这些斑点连接起来,产生下切线,这就使得形体特别生脆,具有充满活力的"素描"效果,仅用凿子是无法产生这样一种强调作用的。

所有这些都产生了一种表现力,是我以前在雕塑中从未见过的。

如用一个懒惰的形容词来形容这种"表现力",或可称为"光彩夺目",但实际上它正好是其对立面。它不模糊视线,不勾引视线,也不对人凝视的实际真相提出任何质疑。它似乎使你能更鲜明生动地看,也更鲜明生动地感觉。石头毕竟是石头,粗糙的表面毕竟是粗糙的表面,实质具有实质性——而且都是粗重灰色的东西。锡耶纳教堂正面的任何一个形象,都表明了这种素质,其中最极端的就是先知巴兰,他一片废墟的嘴巴,带着那么凄楚但却又那么雄辩的忧伤大张着。在我记忆中,最美的是一个披着僧衣头巾的女人,俯身向外的形体,关于她的读解多种多样,或被看做玛丽,或被看做先知摩西之母的米冉姆,又或被看做一个无名的女先知。她面容骨瘦、紧绷,表现出一种庄重和迫切的勇猛,好像她说的话非得说出来不可。

如果乔瓦尼·皮萨诺创造的人物是锡耶纳最美,也最生动的雕塑,那最伟大的绘画出自谁手是毫无疑问的,那幅画就在这幢建筑物中。它是那幅奇大无比的双面祭坛画,约有五平方米,是杜乔·迪·波尼赛尼亚 1300 年之后不久,受委托为该教堂制作,用以赞美圣母玛利亚的。画作名叫"Maestà",意思很简单,即"庄严"。它取代了早先的一幅祭坛画,即吉多·达·锡耶纳画的《圣母之誓言》(Madonna del voto),转而展示了童贞女玛利亚的一个模拟像,长期以来,《大眼睛的圣母玛利亚》(Madonna degli Occhi Grossi)这幅画都被认为几乎能够产生奇迹,该画完成之后,于 1311 年 6 月 9 日堂堂皇皇地抬到大教堂时,人民倾城而出(据 14 世纪锡耶纳的一个纪事者这样说),观看这一盛事:

> 店铺关门,主教下令,在九个绅士和公社官员的陪同下,由神父和兄弟组成一个盛大虔诚的队伍,形成一个肃穆的队列,所有百姓和所有知名人士,都要到场,都要站到前述的油画旁边,

手里拿着灯,后面站着女人和孩子,大家都很虔敬,他们一直陪到米兰大教堂,队列按照习俗,绕田野广场一周,为了如此高贵的一幅油画,请谨以虔静之心,灿烂辉煌地敲响所有大钟。

杜乔受到如此赞美时,乔瓦尼·皮萨诺已处在他生命的最后十年。很难找到两个更不相像的天才了。尽管乔瓦尼比杜乔出道早,但在我们看来,他要把杜乔"现代"化:画面峭拔,悲怆,充满了极度受苦受难的形象。(例子太多,只举一例,即皮斯托亚圣安德列大教堂布道坛上乔瓦尼的石雕《谋杀无辜者》,只要想想那些母亲痛苦的眼神就行了:这些紧锁的眉头,整个眼窝都成了三角形,它们很可能出自乔托表现无法忍受的忧伤时,所用的那种面部标志,但我们知道,它们也来自六百年后毕加索《哭泣的女人》。)他浮雕中的每一个人物都真实地符合古罗马石棺两侧平板上的原型,与其相邻的人紧靠在一起——但一个人与另一个人会产生呼应,整幅画面都是关于拥挤和反应的叙述,谁都不能选择超然物外的态度,也不能选择麻木不仁的态度。相比较而言,杜乔的《庄严》一画中,群体和人群都更直立,也更有尊严,无论他们在体型上多么近似。它是这样一种作品,没有这种作品,就几乎难以想象作出这种作品的艺术家来,也更难理解他们:那是杜乔亲手签名,记录在案的唯一一幅作品,也是他最大、最复杂的一幅作品。该作品的基座上,有这样一行铭文:MATER SCA DEI SIS CAUSA SENIS RELIGUIE SIS DUCIO VITA TE QUIA PINXIT ITA(上帝的圣母,愿你是锡耶纳的平安之因,愿你是杜乔的生命之因,因为他如此描画了你)。

《庄严》一画是对基督及其母亲生平的绘画总结,它纪念了向圣母玛利亚表示敬意的那个仪式,在锡耶纳的生活——政治生活和宗教生活——中所发挥的巨大作用。锡耶纳人相信,他们从耶稣母亲圣母玛利亚那儿,得到了种种特权。她保卫这座城市不受敌人,主要是佛罗伦萨人的侵袭。13世纪的一个纪事者这样说道,那都是些"十恶不赦的狗"。对她的个人崇拜,与一种强烈的市民意识形态有关。几乎可以这么说,自13世纪蒙塔佩尔蒂战役,锡耶纳人打败了敌人以来,关于圣母玛利亚的绘画,是没有无关政治一说的。当然,这其中的政治意义对我们来说早就失落不明了。剩下来的是残余之物,是那个东西本身,是杜乔关于上帝之母的那幅庄严的画作,她身边环绕着上帝各个级别的圣徒,大家全神贯注地景仰着她。这种感情超过了景仰:它达到了祈祷的程度。他们在那儿,都是有目的的,是为了得到她的代人祈祷。那么代谁祈祷呢?很明显,代锡耶纳的公民祈祷。

结果产生了一幅复杂得令人惊愕,同时又野心勃勃的画作,把童贞女玛利亚和"她"的圣徒和推广者扫到一边,而把关于那些所作所为,耶稣的受难,钉上十字架以及她儿子拿撒勒的耶稣的复活之叙述,全部放在另一边,组成了一幅井然有序的形象。杜乔不可能以一幅画,画尽所有事件和人物,因为他一定请了助手,帮他绘制这幅大画,好在合同期内把它完成,但他一定对他们采取了高压政策,因此自始至终,风格绝对保持一致。杜乔从圣母玛利亚坐在中心的那座建筑学的巨大镶嵌(也不妨说石头一样坚硬,很不舒服的)宝座开始,在形式上保持了一种绝不动摇的等级制度。没有任何极端的手势,也不允许任何激烈的面部表情,来打断总体的平静叙述。后场把耶稣钉上十字架的那个场景中,当圣母玛利亚看到儿子受折磨的景象时,连她都格外优雅地晕眩过去,她那件暗蓝色袍子金色下摆的皱褶和波纹表明,她随着在悲痛欲绝中晕过去,肌肉组织在万有引力之下突然松弛崩溃。杜乔以他的红色、淡紫色、蓝色、赭色,以及淡绿色等,显得还不仅仅是个伟大的色彩学家。他还是个非同寻常的线条画家——他是后他很多,在文化上跟他相距遥远的那位佛罗伦萨人波提切利的先祖。人们常说,锡耶纳艺术的正式风格化,主要是从拜占庭的马赛克演化而来,但拜占庭马赛克的精髓也是在线条上。然而,一张张脸,一个个手势看过去,杜乔笔下麇集的人却没有随拜占庭艺术而来的那种刻板和僵硬。从锡耶纳的守护神申提乌斯、安萨纳斯和萨维纳斯,以及圣母玛利亚在那尊巨大无比的祭坛画前令其排队的维克多,到最后一头驴子和背上驮着的那个拿灰浆桶的人,所有这些人都各具个性。我们看到的是,天国之母平分秋色地主宰着男男女女。

到大教堂歌剧博物馆①参观时——必须记住,在 60 年代中期,避开旅游季节高峰期,一般来说这种地方都可独享——我会站在《庄严》这幅画前,在内心背诵 W. B. 叶芝《驶向拜占庭》中的诗句:

> 啊,先贤立于上帝的圣火之中,
> 仿佛立于墙上金色的马赛克上。
> 从圣火中出来吧,螺旋着上升,
> 做我灵魂歌唱的主人。
> 耗尽我心,欲望成病,
> 拴着一头将死的野兽,
> 它不知其为何物,拢起我吧,
> 让我进入,永恒之巧计。

---

① "大教堂歌剧博物馆",原文为意大利语:Museo dell'Opere del Duomo。——译注

一旦遁出自然,我永不会
让肉体脱离,任何自然之物。
如此形体,如希腊金匠所铸,
自锻锤敲打,上釉而出。
把昏昏欲睡的皇帝摇醒,
跃上金枝一展歌喉。
谨此献给拜占庭的先生女士,
集过去、现在和未来于一体。

在这种时刻——而且,这种时刻还不少——眼泪就会顺着我的脸流下来。要是忍住泪水不流,那反而就显得假了。我在教堂,进行仪式或做布道时,在剧院,甚至在电影院,也从来没有这样过。我此时意识到,艺术是一种象征性的话语,能够真正地进入我心——不过,我在澳大利亚亲眼见过和后来了解到的那种艺术,产生的这种效果只是很间断的,也很弱的。这不是把艺术与宗教混为一谈,也不是利用艺术创造宗教。正如有些人是音盲,而我则是宗教盲。事实上,如果把艺术变成一种辅助物,把它当成想象中、希望中某种幻象似的上帝的体验,我认为那是对艺术的滥用,甚至是降低艺术的价值。但我终于开始从艺术中,从建筑中,甚至从人为组织的风景之美中,获得了一种宗教组织曾经主动给我——但我从未感到——的超越之感。

英国的清教徒看见天主教的神龛和大教堂里充满了虔敬的形象——带雕塑的十字架画屏,彩绘玻璃上讲述的丰富的视觉故事——时,就会试图把凡是他们能触摸到的每件艺术作品都打碎,破坏其外观并销毁其面目。他们相信,只有这样才能从世界彻底根除偶像崇拜的罪恶。于是,他们推行他们的清教计划,在极大的程度上,毁坏了英国的视觉文化。基督教徒在砸偶像(破坏形象)和用偶像（使用形象）之间摇摆不定，这一历史几乎与基督教一样古老，有着深刻的历史基础，因为它建立在该信仰的两大对立的根基之上，即希伯来的一神教和希腊的人文主义。希腊也许充满神祇和关于神祇的绘画作品，但以原教旨希伯来人的观点来看，只有一个上帝，它是不能命名，也不能入画的。上帝唯一真实的表现，只能是圣餐本身，若用视觉形象表现，那只能是撒谎，不讲他的本质真相。这是一个极为有力的信仰，在西方，甚至在意大利，这个以人的形象表现神的特殊故乡，它有着一段悠久的历史，尽管也是一段富有争议的历史。只要看看12世纪，熙笃会派的本笃会修士修女，在修建伟大的亚贝教堂时，是如何完全彻底地排斥上帝和圣徒的绘画或雕塑，只要考虑一下，15世纪多明我会修士吉罗拉摩·萨伏那洛拉，是如何成功地说服佛罗伦萨的市民，把他们的宗教艺术，连同渎神的书籍和淫秽书籍，一起扔进火里，就知道这段历史与集体焦虑的表面有多接近。萨伏那洛拉的教诲，居然会在波提切利和米开朗基罗这样的艺术家那儿，产生如此大的良心危机，以致一个当众烧毁他的作品，另一个把他的雕塑，即隆达尼尼的《圣殇》五马分尸，这说明，即使在神圣艺术最伟大的一些实践者的心中，也有一种极深的不确定性存在。无论如何，一位艺术家的实际宗教信仰——假定他有这种宗教信仰的话——在敬神艺术的创造中，从来都不成其为问题。

　　天主教神学家坚称——尽管无济于事——教堂的神圣形象与偶像崇拜毫无关系。人们不是崇拜形象本身，也不是"对"这个或那个偶像祈祷，而是"通过"它来祈祷，对世外的超验现实祈祷。不过，我越来越坚信，这种现实并不存在——只有偶像算数，也只有偶像才是真实的。我亲见的艺术越伟大，这一点也越有意义。因此，我在意大利中部的这些年，主要是让我进行了重建：把我从一个在虔信天主教的家庭眼中，在父亲阴魂的凝视下，老是萦绕着自己什么都不行的想法,充满罪感的年轻前天主教徒,变成了一个相对没有罪感的不可知论者,能更自由自在地活在世上,对这个世界上人性的内容和无生命体的内容,所含、所说、所创造的意思,都能充满欢乐地去看待。

但是,还有一个问题。我还不是一个充分发挥了写作功能的作家——暂时还不是。我在意大利旅居的生活,使我学到了很多东西,但我还得严肃认真地对待如何谋生的问题。摩尔赫德对这一点看得很清楚。他已经看到,并向我指出,凡有天才的人,都能在几天时间里,大谈一本书的实质。我很危险,有滑入一种贪图享乐的伊壁鸠鲁式生活方式之虞。如果说得更粗野、更现实的话,我有成为一个很有美学细胞的酒吧苍蝇,亦即酒吧常客之虞。为美而生活的确很好,但是,它不可能让菠菜出现在盘子上,更不可能让黄油出现在菠菜上。两年来,我的蜂巢里积攒了不少蜂蜜,但我实际上写得很少,发表得也很少——而且也不大可能在一个我不可能用其语言写作或思维的文化里,过一种孤独的生活,写作很多,发表也很多。"你佩服西里尔·康纳利,"一天夜里,他边吃帕斯塔,边对我直率地说,"我也佩服——谁不佩服呢?但是,他有多久没出一本扎扎实实的书了?你也想这样吗?你没有私人收入,却又想试图像一个有私人收入的作家那样生活吗?"刹那间,我的未来出现了一个恐惧的裂隙。他说得对:我走这么远的路,到这儿来,不是为了让各种各样的允诺之敌,在我的路上把我打倒。正如艾伦向我指出,何时应该离开澳大利亚,他现在又向我指出,我必须离开意大利了。也许不是永远离开,但现在一定得暂时离开。就这样,我把不多的个人财物——文件,几箱子书,一些伊特拉斯坎的坛坛罐罐——堆放在摩尔赫德的地下室里,买了一张从费米齐诺到伦敦的单程经济舱机票,就动身上路了。

第七章

倾情恋爱之乐

适应伦敦生活,在那儿找到工作,我几乎没有碰到困难,这颇令我吃惊。我在贝尔塔莱维亚租了一间房,房里有电话,还可使用厨房,然后开始寻猎起来。我先是向《星期日泰晤士报》投稿,该报文化编辑杰克·兰贝特喜欢我的作品,就让我在该报艺术评论家约翰·罗素去欧洲和美国期间,暂时顶他的职位。跟着,通过摩尔赫德给我介绍的联系人,我得以把较长的文章卖给《星期日电讯报》彩色杂志的编辑约翰·安斯蒂。安斯蒂感觉很棒,就没把我只当做撰写艺术的作家。

他派我去干一些很奇怪的活,有时还带上某种宗教色彩。有一次,他派我去写一条关于伯利恒圣诞节的消息。接下来,他要我写意大利的古迹崇拜热,其中当然包括各种不同,互相竞争的圣包皮,还不要忘了一只南美金刚鹦鹉长而优雅的红尾羽。在台伯河边一座教堂圣器收藏室旁的房里,很庄严地展出了这只羽毛,作为大天使加百列翅膀上的一根羽毛,它与几本弥撒书共享一只玻璃匣子,匣子顶盖上有焦煳的指印。一枚标签①向参观者保证说,那是忏悔的灵魂,在

---

① "标签",原文为意大利语:cartellino。——译注

大弥撒期间,从炼狱现身,然后用火红的指头,抓顶盖时留下的痕迹。

这之后不久,他又派我去卢尔德。当然,我在受天主教教育的童年时代,就听说过卢尔德。那是童贞女玛利亚,在法国境内比利牛斯山峡谷,在一个农家小女伯纳德特·苏比鲁斯家庭附近显灵并使得一条小溪从附近一块岩石中,带着包医百病的力量,喷涌而出的地方(正如电影《伯纳德特之歌》所表现的那样)。我抵达卢尔德后,住进了山洞大酒店。显而易见,我的第一站就是这个奇迹之地。我很快就意识到,奇迹并不是水的出现,而是那儿只有一眼泉水,而没有二十眼或一百眼。潘神的激流①穿过的峡谷两边,都是石灰石形成的坡棱,比利牛斯山的山坡上面往下滴沥着一点也不奇迹的大量水滴。这个地方整个儿多孔多洞,仿佛一块海绵,但是,为了以防万一,出现紧急情况,天主教会或卢尔德市政府,在通往神圣洞穴的入口处上方,安装了一个隐蔽的泵站,涂了绿色的伪装,很好地掩在针叶树后。

每天清晨六点钟,无论晴雨,都有老弱病残者(他们都是乘坐火车、长途汽车和汽车成群结队而来),在山洞外面的人行道上排队。低声哼唱《圣母颂》的声音,仿佛一大群蜜蜂的嗡嗡声,从越聚越多的人群中升起。有时候,从盖着防水雨衣的轮椅里,会发出一种摇撼和摔打的声音,但这种情况很少见。一个生了大病的病人②,以为童贞女玛利亚会为他说情,正试图站起来。"我痊愈了!"③一个声音叫道。但是,那人却缩成一团,倒在人行道上,造成了一个小高潮,还是没被治愈,却被人抬起来,放回椅子里去。这种情况经常发生,已经成了一个很熟悉的景象,不过,好像并没人感到泄气。

---

① "潘神的激流",原文为法语:Gave de Pan。——译注
② "生了大病的病人",原文为法语:grand malade。——译注
③ "我痊愈了!",原文为法语:Je suis guéri!——译注

我也排在队中，打定主意要体验一下浸入童贞女玛利亚的圣水的那种奇迹感。可以脱光衣服，但为体面起见，不能脱内衣。排队的人缓缓爬行到洗澡处，那只是地板上一个很小的四方形洞穴，约长四英尺，宽三英尺。里面的水呈暗色，顶上看上去好像有彩虹色的斑痕——那是消毒液，还是什么更糟糕的东西，我也说不清，但我现在局促不安地观察到，站在我前面的那人，大腿上有一根瘘管，没有治愈，好像还在化脓。现在要胆小如鼠地跑出去，已经太迟了。澡池边，两个肌肉结实的担架兵①，卢尔德不可或缺的抬担架的人，一边一个，把我抓住，然后很不客气地把我架起来，"噗通"一声推进水里。水几乎冷到结冰的地步，我一受惊，几乎连气都喘不过来。我被架起来时，双腿还抖颤着，他们就把我放在一片瓷砖上面，让我站着。不让我冲澡，也不给我毛巾。必须让圣水在身上自干，才能真正显出灵验的效果。我穿着冰冷潮湿的牛仔裤，身子抖得像一根薰衣草，就一路回到了山洞大酒店，在几乎要沸腾的莲蓬头下，冲了半小时的澡。但是，我还应该把这一点记下来，即我抵达卢尔德的那天，本来还老在抽鼻子的，可这个情况第二天就消失了，这么说来，这种水浴②也许毕竟还是有点效果。后来，我在一个放纪念品的架子前停下，上面卖用童贞女玛利亚形体做成的塑料瓶子。她的顶冠已经旋转开了，这样，你就可以把她灌满卢尔德的真水③，容量有四分之一升、半升和特大的一升。对那些不想冒险，在行李中存放装满水的圣母玛利亚，还可以购买卢尔德水片剂④。一本小册子宣布说，这是一种甜甜

---

① "担架兵"，原文为法语：brancardiers。——译注
② "水浴"，原文为法语：bain-marie。——译注
③ "卢尔德的真水"，原文为法语：veritable eau de Lourdes。——译注
④ "卢尔德水片剂"，原文为法语：pastilles à l'eau de Lourdes。——译注

的白色药丸,系从山洞的水中蒸馏凝结,只要把你当地的自来水打开,就可溶解,一变而成货真价实的魔液。

在这座荒诞不经的宗教主题公园,我从一个只相识一天的爱尔兰人那儿,在山洞排队时,听到了一句话,这也许是一句最好的评语。他被截去四肢——我现已忘记,他那场灾难性的事故原因是什么了,不过,他当时跟我讲过——他躺在一只下面装了轮子的大柳条筐里,脑袋从一端探出来,颇像一只红葡萄酒酒瓶,身上盖着一条绣着金竖琴的绿毯子,他的一个兄弟推着这只筐子。他跟我说,这是他第九次造访卢尔德了,他每年都要来,而且打算一直都来。最后,我稍带迟疑,谈到了对我来说,似乎是这个情况的关键之处。他真的认为,由于童贞女玛利亚的说情,他失去四肢中的一根或多根就会长出来吗?他看了看我,好像我疯了似的。"你把我当成什么傻瓜了?"他厉声说,"我到这儿来,是因为我喜欢跟我这个阶级的人待在一起。"这是我当时和那时以来,听到有关卢尔德的最完整,也最逻辑的一种解释。

1966年,我为《星期日泰晤士报》写了第一篇后来重读时还能感到愉悦的评论,就好像这是别人写的。它谈的是皇家学院对皮埃尔·博纳尔的一次回顾展。直到那时为止,我没细看过博纳尔的作品,而只是像很多人那样,说真的,像大多数人那样,很懒惰地假定,他是法国人屈尊俯就地称为小大师①的那种人,而不像毕加索或马蒂斯那样,是个"重要的艺术家":主题太家常化,规模太稔熟,太缺乏对公众的把握。"他做的不是画,"毕加索曾对弗朗索瓦丝·吉洛说。吉洛则把这句傲慢不逊的蠢话忠实地记录下来。1947年,还不到二

---

① "小大师",原文为法语:petit-maître。——译注

十年前，最有影响的法国艺术杂志，《艺术纪实》(Cahiers d'Art)——该杂志此前从来不敢发表毕加索及其圈子中的人不赞许的任何东西——以一段凶猛的论断，迎接了博纳尔七十四岁去世的消息说，对博纳尔的尊重，"只有那些除了艺术的重重困难之外，对什么都一无所知，而且只是紧紧揪住不花气力、赏心悦目之物而不放的人，才能分享"。我在皇家学院，花了两天，看了这场宏伟壮观的画展之后，就意识到，这完全是冠冕堂皇的胡说八道。依我看，它发自这样一种思想，这种思想得到某种心态的马克思主义知识分子的青睐，认为凡是努力让人愉悦，记录愉悦，无论其沉思的层次有多复杂，多细腻，一定本身就很肤浅，而且，肉感的东西一定比知识层次低一档。我从来都不能同意这种愚昧无知、斩钉截铁的判断，而正是博纳尔的这次画展，使我的反对观点走到了前台。在澳大利亚，我只看过一幅博纳尔的画，那是他早期的《午睡》(1900年)。画中，马希·布尔森的裸体呈金色，面朝下躺在长沙发上，肯尼斯·克拉克为维多利亚国家画廊，把这幅画买了下来，那是该画廊收藏品中，最好的一幅法国画。这时，就可以好好欣赏一番，他那好像有病理学反应，特别害羞的老婆，颇似某种妙不可言的海洋生物一样漂浮，躺在澡池里，淹没在光线之中，后来通过试画，再加以扩展，变得更加抒情的调色板了。博纳尔从未受过立体主义影响，甚至都没被立体主义触碰过，但他的作品色彩极为自由，具有丰富的表现力，也远远地超出了印象主义范畴。事实上，它很难按艺术史的"主义"来分类，它是一套以狂热谦谨的态度，摸索出来的奇妙而又独创的表达方式。我认为，仅此一点，他就有权高高置顶，成为20世纪最伟大的画家之一。二十年后，再对博纳尔评估，就属老生常谈了，但我现在依然很高兴，1966年就很信任我自己的个人反应。

我通过自由写作，能在伦敦勉强度日，而我对艺术评论领域的杀入,也越来越频繁了。

在伦敦,我很少见到所谓的澳大利亚社区,那里面很少有人从前在悉尼是我的朋友,甚至连熟人都不是,而且,我走这么远,也不是为了新结识澳大利亚人。悉尼大学读书时的老朋友克莱夫·詹姆斯从剑桥过来时,我会不时跟他一起吃午饭。克莱夫当时完全沉溺于剑桥及其那种特殊的知识分子分级制度,以及剑桥的脚灯俱乐部,他实际上已经把那儿占领,成为主要的天才喜剧演员。他曾一度警告我说——这是在他从BBC2台上,看到我对西德尼·诺兰所做的那点小小的努力之后——不时在电视上露脸也许还ok,但如果出现太多,重要人物就不会把我太当回事。我现在很高兴,当时并没理会他的这个忠告,而我更高兴的是,他给了我这个忠告。

不过,我没跟澳大利亚人一起混。其实我从来都不明白,为什么直到现在还有人认为,20世纪60年代在伦敦,对澳大利亚人来说,主要的"旅英"活动或机构,就是一家名叫"Oz"的杂志。

这家杂志起初是一个热情洋溢,稍有反叛精神,名叫理查德·内维尔的人在澳大利亚发起的。他搬到伦敦后,把杂志也随身带去了,在编辑方面与另外两个澳大利亚人合作,即菲利克斯·邓尼斯和吉姆·安德森。有好几年,这家杂志成了伦敦的官方"地下"杂志,尽管我这么说可能有使用矛盾修辞法之嫌。

接着,由于英国的保守分子老是喋喋不休,认为《Oz》杂志赞成使用软性药品并宣扬以双性恋为主的性交,对年轻人很危险,理查德,吉姆和菲利克斯忽发奇想,把该杂志的一整期交给学校的孩子,大多都是男孩子,让他们撰稿、绘图并自己进行编辑,不让任何成人进行干扰。结果出的一期"校童特刊",成了一期淫秽杂志,这在早期的《Oz》杂志中是前所未有的。刑警队立刻从天而降,大黑皮靴一脚踏在了《Oz》的门上,把凡是能够找到的东西都没收了,同时把理查德、吉姆和菲利克斯三人拖进监狱,然后在老贝利审判,告他们犯了出版淫秽刊物罪和腐化未成年人道德观念罪。由于该案的未成年人很明显还处于前腐化状态,也由于他们是在没有成人建议、监督和干扰的情况下,选择了所有肮脏的材料并将其编入他们自己这一期的《Oz》,结果,该案成了一个像乌布王一样荒诞不经的法律闹剧。其中一个遭到投诉的形象,后来虽没有流芳百世,但却名闻遐迩:那是儿童连环漫画中,一个很受欢迎的英雄人物鲁珀特熊,长着一根很长很壮,也有点儿令人着迷的阳物。这在英格兰支持家庭价值观的人中,引起了极大公愤,不过,在那些花了大量篇幅,嚷着要喝干这几个不像话的澳大利亚人血的小报中,却为体面起见,而未将之重新刊登。

但这一点,以及几个编辑的判刑坐监,都要在很久以后的未来才发生。尽管理查德的确是我的一个朋友,我跟《Oz》的关系却很松散。我总要隔很久,才给它一篇谁都不要的文章——就美国人1969年登上月球一事,所写的一篇阴郁暴躁的沉思之作,或关于埃尔德里奇·克里夫那本极为种族主义,性别歧视,充满反对白人狂言,题为"冰上的灵魂"的书所写的一篇书评,但是,该刊的编务会,我从来都不参加——如果开编务会的话,但我很怀疑开过——而且,杂志在宫苑露台租的几间房,我也从不滞留,只是偶尔到某个友好的兼职毒品贩子那里,取一袋不多的毒品而已。

《Oz》基本上是一个学生刊物,供非学生阅读。它反映了英澳地下的愚蠢价值观,其中四分之三是无定型的嬉皮士乐观主义,四分之一是悲观怀疑的无政府主义或耸人听闻的启示录式的胡说八道,说所有的猪猡和其他有权有势的人,最后都会在历史的垃圾堆中消失,要不就会干脆被消灭掉。"死硬"的左翼人士有意避开这个杂志,因其没有意识形态的路线或内容,这相当正确,但理查德及其朋友对此并无所谓。有一次他跟我说:"我不过是为革命搞公关而已。"这句话太准确了,以致我过耳不忘。他是我认识的人中,脾气最好的一个。他不像大多数地下人物,事实上,他不像大多数人。他身体中没有一根贱骨,脑袋中也没有一个毁谤他人的念头。而且,他也不受那种疯狂愚蠢的自我中心影响,这种自我中心病传染了一批当年那些所谓的"革命分子",但他却能容忍别人这样。我认为,他现在已经完全超越了《Oz》杂志编辑部的愚蠢做法,开了一个博客,这是现存最凶猛,也最好的一家博客,它反对全球化的种种恶行和布什假神圣、真凶残的最高权力。

不过,他四十年前的基本精神气质,通过他第一本书的标题"弄权",就进行了较好的总结。他在该书中的论点——不过,用这个词来描述理查德印象式的嘟嘟囔囔、微含讽刺意味的风格,未免太强烈了一点——是,祖辈那个古老而理智的世界已经过去并且过时:青春,有福的青春,其本能绝对正确,愤怒而又渴望,拥有自己的种种权利,对一切有关义务的思想都不在乎,它有一套完全不同的社会契约,以自生自发的享乐主义为基础,享受吸大麻的乐趣,享受自生自发、没有承诺的性交,在摇滚音乐会上,跟众人"聚在一起"——所有这些做法虽在四十年后似乎如此荒唐,如此没有希望,但在60年代后期,看起来却很新鲜,很甜美,值得一试。"在那个黎明,如果能活着,那是有福啊,/但要是能够青春,那可是上了天堂。"华兹华斯的这句诗写于大约150年前,但诗中表现的感觉似乎依然全新,一旦这种感觉回来,就会是这个样子。再说,谁看华兹华斯的东西呢?那些地下年轻人在文化上都是文盲,对比自己年长的任何东西都一无所知。由于他们对过去没有多少感觉,他们关于未来的预测就没有任何根基。艾伦·金斯堡比但丁和拜伦都重要。这是一个集体自高自大的时代,它标志——但并不有效地标志——着一种对世界实际运作方式或可能运作方式的惊人冷漠。我在"地下"碰到的人中,几乎没有一个人到了最后,不被证明是愚昧无知或相当无聊,无论多么容易与之性交又多么好玩。吸毒吸得晕乎乎的,听着那些人恍恍惚惚地聊着天,说什么要把全人类联合起来,要通过爱情和吸毒,扫清人类的侵略本能,简直极度沉闷无聊,对没有受过这种罪的人来说,是几乎难以想象的,只有亲临其境,才能有所体会。

伦敦的这种地下现象,颇像60年代总的精神气质——是英格兰和欧洲在总体上几乎持续了两百年的一种思路、希望和信仰的结果——它达到了一种虚弱的顶点,却在很大程度上没有意识到自身的起源。它立足于忏悔、自我昭示和自我表现,而不设定限度,也不加以抑制。它的一个主要来源就是让-雅克·卢梭(1712—1778年)。卢梭的《忏悔录》为那些并不完美,甚至带有病理学特征的灵魂,提供了一种独一无二的标准。这儿有位作家,他以自己的敏感性而自傲,将其作为正直诚实的证明。他做的事情若以头天的标准衡量,在道德上是邪恶的——但却能通过承认和描述(采用拙劣模仿天主教庄严忏悔的俗世方法)而得到救赎。如此袒露胸怀,如此毫不羞涩地寻找自我的真理,成了浪漫主义的主要表达形式,无论表达的人是柯勒律治、拜伦、黑格尔、济慈、席勒,还是歌德。后来,这被弗洛伊德升华,成了一种科学和治疗学的原则,可以说,他的起点早已见于《哈姆莱特》中,波洛尼厄斯对雷欧提斯说的那句名言:"对你自己要真实",而且还可再往前一点,见于特尔斐的一句座右铭:"要有自知之明。"个人总是放在国家之前。在任何社会,必须为无拘无束的个人,也就是那个怪人、反叛者、空想者,甚至是(也许尤其是)精神错乱者留出空间,因为所有这些人都能触摸真理,而这使那些更有"节制"的人感到有义务,不仅要压制他们自己,也要压制他人获得的真理。随着个性发现自己的内部空间和自由,世界也会体验道德的复苏。结果证明,这种浪漫主义的谬误,这种对自我无拘无束的真理的崇拜,是一条什么样的死胡同啊!人们必须经历无限残酷,有着社会"重组"的疯狂幻象,致命的正统思想,以及统治者无限自我中心的20世纪,才能看到,在希特勒、斯大林或波尔布特的手中,不加限制的个人表现力,多么残暴地伤害了成百万普通百姓呀!对自己真实是一回事,但重要的是这个自我的质量和本质。这是"反文化"者倾向于绕而不提的一个问题,因为他们害怕听起来是在"讲道",从而会颠覆他们自己巨大的自恋讲道的能力。

好的澳大利亚作家中,没有一个经常给《Oz》杂志投稿。杰梅茵·格里尔偶尔会为它写一篇檄文,但从来都不会把最好的作品给它。她给该刊投的一篇最生动的稿子不是一篇文章,而是一幅照片,正面照片,靠得很近,是她又大又葳蕤的多毛私处,膝盖弯到耳朵背后去了。我想,那幅画意在为某种被称为阿姆斯特丹的"吮吸"节做广告或做纪念。杰梅茵本来想把它搞得很有威胁性,至少很有对峙性,但我从来没问究竟是哪种。你可以说,这个女人很有"卵子"①,尽管她很明显是没"卵子"的。毫无疑问,这么做有女权主义的理由,但我现在已经忘记她当时是怎么说的了。

从我这方面讲,我在60年代的伦敦,跟澳大利亚的"殖民地"几乎没有任何关系。我之所以说"殖民地",是因为有好几个这样的殖民地。一个在伯爵宫,那地方都是些具有原型特征,没什么教养,爱喝啤酒的人,巴利·汉弗莱斯曾在一幅(尼古拉斯·加兰德画的)漫画中嘲讽过他们,里面提到袋鼠谷的一个旅居国外,名叫"巴利·麦肯齐"的澳大利亚人的种种经历,那个地方不适合我。他们那些人,

---

① "卵子",英文原文为balls,以男人器官打比方,意思是有胆子。——译注

以及和他们一起胡混的那些健壮的女孩子,枯燥乏味得让我发疯——干吗跑几千英里的路,来跟这些我当年处心积虑都想逃离的人见面呢?

但是,我更讨厌的是那些澳大利亚嬉皮士。他们以为,他们一吸毒,也许还去了一趟加德满都,就获得了某种启蒙精神。我在这些软弱不堪,欣喜若狂的食草动物身上,看不到任何启蒙精神的迹象,他们戴着手镯,摇着铃铛,身披非洲羊皮外套,枯燥无味地保持沉默,嗡嗡有声地在那儿独白。我碰到的一些人,让我产生起鸡皮疙瘩的感觉。1969年,我去看《逍遥骑士》时(我一向都很喜欢摩托车),我很讨厌彼得·方达和邓尼斯·霍帕演的没文化的①角色,觉得"很有启蒙精神"地生活在公社的场面痛苦难受,让人发笑,而且,电影快要结束,在新奥尔良墓地那些迷幻之旅的段子之后,看到那两个在卡车里的"红脖子",把两个主人翁用枪轰跑时,我差点就要站起来,为他们欢呼了。

我对这种庸俗艺术永远都没有耐心。我宁可、一百次宁可,跟几个新结识的熟人,坐下来喝一瓶Old Jockstrap酒,讨论各种流动苍蝇鱼饵的效力,而不愿跟一群嬉皮士,就什么"卡玛"而弄得黏糊糊的,伤感敏感起来。60年代中,我的生活中曾出现了一个象征性的不快时刻,那是我未来的老婆丹·埃默森,带我到汉普特斯西斯,去参加"人类大聚会"(human be-in)的活动。她坚持要用一根系皮靴的皮鞋带,在我脖子上挂一只小铜铃铛(她觉得这只铃铛来自尼泊尔;不是那儿又会是哪儿呢?),作为和平安宁的一个象征。它叮呤当啷地乱响了一气。听啊,会乱写乱画的羊来了!毒品传来传去地吸了一两

---

① "没文化的",原文为俄语:nye kulturny。——译注

口之后,我窘得难受,就把那铃铛扔到一丛灌木后面去了。

关于英国的地下活动,我喜欢两件事,而且非常喜欢,一是反对越战,一是抵制任何形式的审查。这两件事都没有掺杂任何私心杂念。

说到战争,我那一代的澳大利亚人是很幸运的。第二次世界大战时,我们还是婴儿;朝鲜战争时,我们是十几岁的青少年,不能应征入伍;到了越战时,我们又年龄太大,不能打仗了。在学校上学时,我接受了一点基本的学生军训,脚蹬发亮的皮靴,在操场齐步走,扛着一杆点303口径的老式李-恩菲尔德步枪,甚至还——让我无比高兴——允许我用水冷式维克斯重机枪,打了几发子弹。我知道为了参加正式礼服阅兵,如何用管土漂白我的帆布皮带和绑腿套,也知道如何采用把开水倒进枪管中的方法来清洗枪膛,然后用两块长四英尺、宽两英寸的棉法兰绒布,一块是干的,一块是油的,从里面拉拉过。1954年,英国皇室造访澳大利亚,那是英国最高统治者这种规格的第一次访问,我还当了仪仗队的一名守卫。按照预定计划,女王及其配偶菲利普亲王要乘车经过离里维伏优不远的无花果树桥。因此,安排了一支由三十来名练习生组成的支队,身穿全套冬季军服,在桥上列队,准备在皇家戴姆勒车经过时,以军人方式举枪致敬,但是,在指定时间到来时,女皇却没有出现。我们站了又站,等了又等,羊毛制服下面汗水流成了河,直到有人决定,君王不来了,命令我们解散。我们大松了一口气,松了绑带,解开领口,把李-恩菲尔德步枪靠在桥栏杆上,有些人还蹲在人行道旁。就在这时,皇家的那辆豪华轿车和摩托车队转过拐角,从我们这批溃不成军的乌合之众旁边一扫而过。我还记得伊丽莎白二世的白手套,挥手挥到一半时,就无比恐怖地僵住了。

但是,别说实际战斗,就是对纪律严明的军队生活,我也没有任何体验,也不愿意有任何体验。这时,军队拿我没办法,尽管我们的总理哈罗德·霍尔特已经承诺,要参加肯尼迪总统开始的那场战争,出兵越南,以示对美国支持,并继续以越来越殊死的态度,越来越大的军费和越来越徒劳无益的努力,站在约翰逊总统一边。

我是否会因为自己是战争英雄的儿子,却没有参战,而感到内疚或灰心失望呢?一点都没有这种感觉。当时或现在,我从未因不感到内疚而感到内疚。我跟那么多美国人不一样的是,我并不假装憎恶或鄙视那些命运可怜、被投入东南亚赤道上的那场大屠杀中当兵的人。我不辱骂他们,也不认为他们都是"杀婴犯"或"谋杀犯",尽管有少数人毫无疑问就是这种人。

不过,我还是尽了自己的本分,参加了两次示威游行,一次很盛大,有上万人参加,汇集到格罗夫纳广场的美国大使馆门外。这一次,我唯一的激进的体验,就是被一匹镇暴警马撞了一下,但不太痛。除此之外,我从游行中也学到了一点东西,即我应该害怕并避免任何形式的聚众,无论他们聚集到一起,是为了什么值得一做的事业。我当然不会指望,把我自己这个分子加入到众人之中,就会缩短越战进程,哪怕缩短十亿分之一秒都不可能。

至于说到审查问题,我当时没有,也一向都不消费色情材料。一天晚上,我在饭桌边,对我曾一度佩服的文学偶像肯·泰南供认这一点时,他感到不可置信。吃惊的反倒是我(我也太天真了),觉得像他那么高智力的人,居然会从射完精后就"啪"的一声合上的杂志和小电影中获得刺激。我从不去色情影院看电影,连票都没买过,不过,我去外国城市独自演讲或拍电视期间,在有些晚上,我曾试图——但并非总是很成功,因为我是个专搞破坏的勒德分子,不会使用饭店的电视节目订购系统——从定级为"成人娱乐"的节目中,召唤那些无"爱"呻吟、舔舐抚慰、乳头弄得光溜溜的行业幻象。肯认为,色情有一种几乎达到神秘程度的重要性,但我并不苟同。我很有福,能够清楚地回忆起真正性爱的场面,而这种回忆如果到位,是很适合我的,再说,我也不用在饭店买单时多交十块钱。不过,爱管闲事的老家伙,还不用说神父了,居然有权,甚至被允许来管理别人的性幻想,这好像很让人受不了。当然,我这是旧话重提,因为肚子里还窝着火,怨恨耶稣会士当年不该控制我看什么书(说实话,倒不是说这种控制非常严格。如果是基督教兄弟会的话,很可能连星期日的报纸都不让我看),也怨恨天主教会的全面审查制度,但我无法宣称,我因此而斗志昂扬。我不想用一种虔诚来取代另一种虔诚,而且,对当时到处沸沸扬扬的"现在就闹革命"这句话给人的许诺,我从来都不相信——那不过是以救世主自居,侈谈以出世之途来改变世界。

简单来说,我有一个地方与20世纪60年代的时代风气暗合,那就是我憎恶撒谎。

我们的长者跟政治家一样,一直在对我们撒谎,而且是在巨大无边的行业规模之上撒谎。

多米诺理论——如果越南"陷落",亚洲的其他地方肯定也会陷落——完全是一个致命的幻象。西贡的阮文绍政府腐化堕落,病入膏肓,但如果能够支持它,让它顶住,就能防止东南亚不"变红",这种想法完全是幻想。说有中国干预的威胁,这也是撒谎。美国人——以及为他们助纣为虐的小澳大利亚人,以为帮助大哥在越南杀人,而且,更为重要的是,以为他们能让约翰逊政府吹嘘,他们不是"独自"在跟胡志明作战,就可以捞点忠诚奖金——有权强行闯入一场本是内战的战争中,这种看法是最大的谎言。

平心而论,这些谎言虽然令人作呕,但没有一个谎言像乔治·布什政府肆无忌惮的大谎言那样真正令人恶心,这个政府四十年后,为了证明美国针对伊拉克的石油战争正当有理而撒下弥天大谎——根据敷衍塞责,结果证明也绝对毫无价值的证据,宣称萨达姆·侯赛因拥有"大规模杀伤性武器",其实并不存在。

但是,光是撒谎本身,就已经够糟糕了,其结果是几十万人丧生,包括五万八千名美国人和不计其数,但比美国人数目大得多的越南人,全都白白送命。如果把20世纪60年代耗费在越战和空间计划这两大毫无价值的事情上,无法理喻、大得惊人的巨额资金,用于更有价值,对人类更有益的目的,那会给美国社会带来多大好处呢?也许,问这种问题没有意义。四十年后,历史似乎又在重复,这似乎很奇怪,但也确实如此。美国不仅陷入伊拉克的可怕泥沼,难以前行,也无法自拔,把成亿美金和成千上万美国年轻人的生命(还不用说几十万伊拉克人的生命),浪费在一场不可能打赢的战争上。骑在美国人头上的那个总统智商低弱得可怜,还不如林登·约翰逊或理查德·尼克松,却特别爱空谈他幻想中的空间计划——什么让美国人2020年重返月球,然后让美国人飞上火星云云。人能想象这么做有任何意义吗?月亮死了,枯燥无味,而且很明智地被母亲大自然挡在中间,隔着很远看才最好看。的确,过去和现在都一样,特别令人作呕的是,听见国会某个兜里装着一张院外游说人士资助的支票,眼睛像珠子一样的"充肉衬衣"讲话,再次大谈人类的命运就在星球之中,而在他讲话的同时,地球上一座座贫民窟正日益崩溃,稻田在死亡,饮水中流动着腐臭的化学药物。毫无疑问,对那些有钱造访星球的人,星球当然很好,但谁也没有这个钱,也许永远都不可能有这钱,而在今天,很难想象这种疯狂而又铺张的空间竞赛,能给美国人带来任何好处,就更不用说给全人类带来任何好处了——除非你把这项竞赛,为那些有时制造故障百出的硬件的各大合同公司,所产生的巨额利润也算进来。难道花费那么大的代价,就是为了能看到,零重力下长出了豆芽菜吗?"星球就是我们的命运"——这是多么目空一切,多么异想天开的一场骗局呀！就好像美国和苏联宇航员不容置疑的勇气和英雄主义，对我们这些真正命中注定，活要活在地球，死也要死在地球上的人，产生了任何永久的价值观一样！

关于我通过《Oz》杂志，还碰到了国际地下组织的那些明星级人物，还是少说为佳。蒂莫西·里尔利在伦敦露面时，受到了被人看成圣人的礼遇。我却觉得，他更像个粗俗的中年爱尔兰威士忌神父，很渴望被人爱戴，满嘴胡言，尽谈些拯救和超越的启示录之类的话。里尔利关于文化可通过吸毒，获得复兴的福音传道思想，把我认识的一些人的前途都给毁了，可他对此却一点都不感到歉疚：这些人的脑瓜子就像鸡蛋，必须敲碎，才能做成一盘未来乌托邦的炒鸡蛋。但是，四十年后，那盘炒鸡蛋什么地方都看不到了。我承认，当年我跟幻觉剂的接触并不多。LSD（麦角酸二乙酰胺）我只吃过三次，因为我希望能跟上我老婆丹的进度，因为她一刻不停地大口吞食。"橘色阳光"服用后，使我产生了非常强烈的幻觉，但那种感觉却是极其平庸的，把空间和色彩都狂野地扭曲变形。效果令人不安，但并不特别显灵。吸毒是否给我揭示了任何"真理"，我到现在都想不出来，即便有，也好像不能持久，而且，吸毒也没有改变我对生活的看法，不像很多人宣称的那样，说它可以改变，也应该改变对生活的看法。

我没见过艾比·霍夫曼，我想，我如果见到他，也许会喜欢他的——在某种程度上喜欢吧。但我倒是的确很不幸，碰到了杰里·鲁宾，这位自称雅皮士领袖，创作了一本虚张声势，反成年人口号文集《把这本书偷走吧》的人。鲁宾是好莱坞周边比较俗气的地方，常能碰到的那种低级趣味的家伙。事实上，我现在依然讨厌去洛杉矶的一个原因，就是不想见到鲁宾这种人。他是个只受过半瓶子水教育，喜欢撒谎的人，自尊自爱到没人敢对他说个不字，注意力的时限幅度跟跳蚤一样，同时伴以令人讨厌的自我膨胀。无论艾比·霍夫曼的理想主义多么乖戾,至少它还是真实的,但杰里·鲁宾的理想主义则完全是捏合而成,就像美国的很多其他福音传道者那样,无论是基督教的,还是犹太教的,无论是左翼还是右翼的,他们凭着天生的才具,在有线电视上慷慨陈词,推销佛罗里达的沼泽地,而不是宣讲"现在就闹革命"的虚构思想。

实际上,很有意思的是,60年代的这些革命主义者中,有些人无论在修辞还是在态度上,都跟美国那些在电视上做广告宣传,就算更不合人口味,但也更加传统的人很接近。埃尔德里奇·克利佛是一个"霸凌",他曾一度名声大噪,成为黑豹党领袖之一,跟着就陡然转向,有称帝迹象,然后成为右翼,最后,在他死前,却去试图推销一种黑种马的男士时装,如果我没记错的话,其中有一块下体盖片,是用钩针钩的阴毛做装饰的。美国那时和现在都一样,充满了贬值的许诺和拯救的奉献——那都是原来新大陆清教主义的排泄物。

《Oz》杂志这个圈子,也零零星星地吸引了几个黑人"激进分子",大多是牙买加人和特立尼达人,他们冒充"少数族群"的领袖,这些少数族群充满希望的名字(诸如"诺丁山-金斯顿毛主义爱情复仇人民军"之类的东西),一般都可从中看出,其成员只有一打,最多只有二十人。所谓激进行动,主要是写标语牌子,坐在诺丁山装水果的大篓子上,抽"干佳"(印度大麻)过瘾,上面就是安吉拉·戴维斯富有魅力的张贴画,与此同时,女人就在一只貌似邪恶的罐子里搅拌,里面装着羊头汤,汤很可口,但难以下咽,里面全是红辣椒,能把你的味蕾辣翻。

《Oz》杂志最宠的黑人是一个特立尼达人,名叫迈克尔。当年,在雄心勃勃的黑人领袖中,有一种改名换姓的做法很流行,他因此改掉了他自己的姓,认为是"奴隶的姓",为了向最近刚被谋杀的黑人穆斯林领袖马尔考姆·X表示敬意,他就自称迈克尔·X。我只见过他几次,但他好像挺和蔼可亲,特爱抽大麻,跳雷鬼舞,根本就不是英国小报形容的那样,是个"吃白货"(靠白人吃饭的家伙)。他不过是个傀儡,因此,伦敦警察和报纸对他进行起诉时,也是把他当成傀儡。不过,在他那批伙伴、兄弟和奉承者中,有一个凶巴巴的狂人,从前曾在波士顿为非法彩票赌博当下流胚,充当打手,后来起名叫哈金木·贾马尔。

哈金木多少算是被伦敦一家最知名的嬉皮士左翼家庭收养,即雷德格雷夫家,特别是瓦内莎(当时是个热得发红的马克思主义者)和她兄弟柯林。这是他们一家为了废除古老奴隶制而做出的个人贡献。至少哈金木就是这样把这个想法卖给他们的。有句老话说得好,一旦给丹麦人进贡,就再也没法摆脱丹麦人,没有什么能比上述例子更令人信服地证明这句老话的了。哈金木打定主意,一定要从这些虽很有钱,但却天真,喜欢装模作样的家伙身上,尽可能榨出每一个子儿来。

他是个语无伦次的妄想狂,患有非常明显的被迫害妄想狂症。很不幸的是,这些特征也对我产生了影响。我的第一个老婆(我们等会再谈她)是个迷幻药传教士,她坚信,迷幻药具有启蒙的力量,尽管我再三劝阻,她还是让哈金木进行了第一次迷幻药之旅。

这位后迷幻药的哈金木,在得知他是个黑人勇士兼英雄——除了没有豹子皮和南非茱萸之外——后,现在完全相信,他是黑人神祇,是救世主,也是弥赛亚。既然如此,那他就得有一个施洗者约翰在他前面走,在白人的荒野沙漠中,大声喊着他的名字,详细解释改变世界的种种思想,这都是先知哈金木忙得没有时间写下来的思想。既然他认识的大多数人不是没文化,或者(很明智地)在别处忙着,要不就吸毒吸到如此晕晕乎乎的程度,以致都没法把圆珠笔跟水枪区别开来,哈金木就决定,我这个曾经给他启蒙过的白种巫婆的丈夫,应该做这个幸运的人。

接下去,他不邀自来,日日夜夜任何时候,都会出现在我们位于摄政公园的公寓,大谈他的"哲学",还指望我们能把它写下来。记下的东西是一堆大杂烩,几十年后,我从中认出了以非洲为中心的"历史学家",如切伊克·安塔·迪奥普所宣讲,又为美国受人欺骗,或抱投机心态的各个黑人学者,如列昂纳德·杰弗里斯及其他人,所接受的那种意在补救的伪历史因素。它建立在一种很奇特的神话基础之上,认为古埃及人是非洲人,因此是"黑人",而古希腊人从这些非洲黑人,又名埃及人那儿,"偷走了"他们全部的科学和哲学知识。因此,希腊文化基本上是黑人发明创造出来的,这个事实被白人强行压制,但无创新精神的祖先所掩盖,不让白人知道。这种东西之于历史,就像"异邦泥客"(黑人英语)——即通过人为的做法,在学校教学,把黑人街头俚语,注入一种与英语平行的语言尊严的那种语言——之于英语的使用一样。简言之,这是垃圾文化,居然可怜巴巴地想出来,当成补救措施。不过,这种货色并不新鲜,哈金木真人现身时,听上去颇像伊夫林·沃小说《独家新闻》中那个阿拉伯总领事:"金字塔是谁建造的呀?血液循环是谁发明的呀?……美洲是谁发现的呀?第一次世界大战是谁打赢了呀?"

哈金木谈起更近的政治,偏执狂发作起来时,就连迈克尔·X对弗朗茨·法农的拙劣模仿,听上去都像恩斯特·荣格极度冰冷时说话的样子。哈金木见我不够相信他,就找了一个名叫盖尔,无伤大雅的白"骨肉皮",她倒是跟着他跑来跑去,把他的想法都记在笔记本上。这可怜的小东西:哈金木连同迈克尔·X及其一两个侍僧,把她带到牙买加去,然后在金斯敦市外的一个公社农场,用乱棍和砍刀把她打死。迈克尔·X没有参与她的谋杀,但却受到审判并为此而被吊死。哈金木这个杀人犯却连罪都没判。他获得自由后,就回到美国,在那儿(我后来被告知)被暴民杀死了。我很难说这让我感到悲痛。

理查德·内维尔是这样一种人,他怀疑一切,但不令人讨厌,尽管经常喜欢多愁善感。这个伪非洲垃圾说的话,他连一句话都不相信。他随大流,跟着地下那些人跑,很满足于提出一种关于他们的看法,然后在《Oz》杂志的书页间,以一种松散而懒散的方式凝结起来,其结果是把杂志办成了一种无法看出任何编辑标准的东西,而这也是这本杂志瘦不拉几,傻乎乎的魅力所在。当然,这个杂志不付稿费,首先是因为它本来就没钱(办公室的租用和印刷费用某种程度上都通过广告给冲抵了:什么性交指南、一种名叫"马哥那福"的阴茎胀大油,以及新发布的唱片等),然后又因为,它发表的任何东西都不值得花钱去买来看。如果杂志能卖钱,那他们就得付稿费,而这是完全不可能的。

《Oz》的突出特点就在于,它几乎难以卒读。即便根据地下出版社的标准,这个杂志读起来眼睛也很难受:色彩和印在廉价纸上,字迹又小,又难以辨认的字体,放在一起很不协调。话又说回来,设计的时候就没有考虑过让人读,而是让人把玩把玩,最好是抽了几口大麻后。用中年人的眼光来要求,这未免有失公允,因为我怀疑,凡是过了三十岁的人,可能都不会花工夫去看这个杂志(只不过到了1969年,只有几个充满敌意的地方法官和公诉官会花精力去看)。杂志里充塞着伪新艺术的艺术作品,据信,这种作品中波纹起伏,形似海带样的线条,很接近抽大麻或服用迷幻剂之后,产生的幻觉形体;不幸的是,这种装饰中,没有半点类似真正的1900年那种鞭子击打,轮廓鲜明的优雅风格之感,只不过它朝那个方向很笨拙地指指戳戳了一番而已。

《Oz》杂志投稿人中,唯一投过有创见之稿,并有才能的素描艺术家,是一个年轻的澳大利亚人,名叫马丁·夏普。我虽跟马丁不熟,但认识他很久了。我们不仅住同一座城市(悉尼),同一个郊区(玫瑰湾),而且还住在同一条大街不同的两边:我在克兰布鲁克大街26号,他在25a号,他的寡妇母亲在那儿有一幢很大的房子。要我形容的话,我几乎不会说,马丁在素描方面,有杰拉尔德·斯卡夫或拉尔夫·斯台德曼那样的才具,但他有才,这是毫无疑问的。他有一幅素描,画得华美绚烂,交叉平行线的阴影很棒,把宗教愤怒地戏仿了一番。这幅画名声远播(也实至名归),大大超出了《Oz》杂志的有限读者群。该画题为"凝固汽油弹的圣母玛利亚",画中,奇大无比,在空中飘浮的LBJ(林登·贝恩斯·约翰逊),长着一双黑色的魔鬼翅膀,怀里搂着当时说出"一路跟着LBJ走"这句名言,澳大利亚总理,胖乎乎的小哈罗德·霍尔特。这幅画很快就成为60年代反战漫画的一幅经典名画,这么说一点也不为过。但是,哎呀呀,马丁的这种政治锐气没有维持多久,也没有继续发扬光大,后来,他发展了他的所谓"宇宙野心"。他内心自我的搏斗对象不是LBJ,而是LSD(麦角酸二乙酰胺)。他为"奶油"乐队这样的乐队,绘制精心设计、耸人听闻的歌曲集封面。他跟埃里克·克拉普顿一起混,后者把他创作的一首曲子还录了音。他趁着吸食"干佳"之后唤起的心醉神迷状态,为吉米·亨德里克斯画了一幅头像爆炸一样的画。他把凡·高的自画像,画成各种变体。他的作品成了一盘大杂烩,里面都是自称的神秘象征物和宇宙象征物,一会儿意义晦暗不明,一会儿又充满陈词滥调。

他而且还迷上了一个名叫泰尼·蒂姆的美国娱乐演员。

那人的密友当年都叫他"泰尼",至今还有些人记得,他是个"典型的"60年代怪种。他原名叫赫伯特·考利,来自布鲁克林,是个样子看上去很特别的"鸟",肌肉松弛,脸色苍白,用一对黑眼圈的突暴眼睛盯着人看,头发一串串的,形成一大片,瀑布般流泻下来,喜欢怪怪地低声傻笑。他抱着一把塑料的尤克里里琴,以他特有的方式,弹唱《踮着脚尖穿过郁金香花丛》这类小儿科般的经典乐曲。

他最初出名,是因为他20世纪60年代后期,在打破新天地的那场表演,即《罗万和马丁搞笑秀》中露面,那一个十年结束时,他的名声大到这种地步,以致他跟第一任新娘"维基小姐"结婚——他们是在华纳梅克百货公司第一次见面的,那时,她请泰尼为新书《美思》签名——时,约翰尼·卡森的《今夜秀》庆祝这对新人结合,舞台上装饰了十万支郁金香。据说有两千万人收看了这次仪式,这就意味着,泰尼·蒂姆的电视收看率,在那一个十年中达到了第二高,仅比美国人登月收视率低。这个喜欢吃吃窃笑、雌雄同体的怪人,好容易才借维基小姐生了一个女儿,但最后还是离了婚。他1995年再婚,却因这一年从尤克里里琴名人堂舞台上,倒栽葱跌下来,导致心脏病发作,兼有并发症而死,时年六十四岁。多年来,马丁·夏普一直在帮助、支持他。

人人都想当颓废派时,那就很难有人出人头地,但泰尼做到了这一点。"你们已经很熟悉这种声音,"记者安东尼·哈登·格斯特狂热地写道,"那种飘逸、怪异的声音,恍若吹过北极的一股轻风,……于是,声音过后,你被他那双手撩拨得眼花缭乱,……这是拉斯普京,又或许是珀西·比西·雪莱,尝了尝吸血鬼德拉库拉的永恒生命之吻。"他在《Oz》杂志的某一期的后面,就这样写了整整一页。

到这时为止,马丁吸过的迷幻药,已经超过了人脑所能承受的程度,他也被这一怪举弄得眼花缭乱。他说服自己相信,泰尼是个精神领袖,一个文化先知,他掌握了世界的音乐钥匙。尽管已经拍了一部关于泰尼的短电影,名叫"吃什么,是什么"——制片人是拍过《毛》的迈克尔·巴特勒和"彼得、保罗和玛丽"音乐小组的彼得·亚罗——

但马丁觉得,电影对他不公平。因此,他开始投入大量时间和继承的遗产,制作一部关于他偶像的更长的片子。结果证明,这太昂贵了,因为泰尼·蒂姆住在明尼阿波利斯,得让他飞往悉尼,才能把他关于生活、艺术、精神、音乐、成功,以及其他重要话题杂乱无章的想法录制下来。

我很怀疑,泰尼实际上是在剥削马丁,他虽然自视过高,颇为疯狂,但这也没有任何让人恶心的地方。他相信自己,也相信他对世界负有使命,他的这种信念清晰明朗,几乎到了弥赛亚的程度,只有最糟糕的艺术家,如朱利安·西纳贝尔和马多娜,才似乎有这样的信念。很明显,他似乎感到,这个世界,至少这个世界被命名为马丁·夏普的那个部分,在生活方面是欠他情的。一卷卷、一盒盒十六毫米的电影胶片,在克兰布鲁克大街25a号逐渐堆了起来,此时这幢房子的抵押贷款高筑,已经码到了房檐那儿。他曾做出一定的努力,以便制定秩序,遏制这一大堆赛璐珞胶片的混乱蔓延,但想必这是一项没有希望的任务,比拉奥孔与尤克森沿海的海蛇搏斗还要糟糕。马丁就像我们其他人一样,也逐渐年纪大了起来。他头发一片灰白,苦盖在头上,门牙都掉光了,看起来就像一个已被撤职,上了年纪的拉丁文老师。他把时间分成几块,一块用来画画,一块用来编辑泰尼·蒂姆的电影胶片,另一块用来一厢情愿地追年轻女孩,这足以证明——就像马丁自己对迷幻药的精神力量一样——他自己还是个孩子。

很奇怪的是,伦敦那批地下艺术家中,没有任何其他素描画家的作品很有意思。你本以为,由于吸毒文化强调视觉幻觉,情况应该两样,但不是这样。美国的地下出版社,在美国悠久而颇具活力的连环漫画传统激励下,至少有两个人阐释了这个形式。一个是吉尔伯特·谢尔顿,他曾画过一段时间的连环漫画,叫"蓬头怪兄弟",讲述三个嬉皮士的奇形怪举,他们具有签名风格的老生常谈或曼特罗符咒是："有'都扑'①没钱，日子也好过，有钱没'都扑'，日子就难熬。"谢尔顿相当有才，但无可争辩的天才人物是罗伯特·克兰姆（其作品有时通过报业辛迪加的形式，在《Oz》上出现）。我当时非常欣赏他的作品，到现在依旧如此。

克兰姆瘦得像根豆架，活得也像豆藤，四处攀缘蔓延。他不限于仅在昙花一现的杂志——如《怪诞》、《元漫画》(Zap Comix)、《摩托城漫画》、《黄狗》和《抓漫画》(Snatch Comix)——用订书机订起来的书页上发表复制品，而是扩大而转移，进入法国的正宗艺术画廊（他在法国被视为漫画②史上的一个英雄，从巴黎到昂古莱姆，到处都举办画展），甚至还到德国办过画展。在德国，科隆的路德维希博物馆曾于2004年，举办过一次克兰姆回顾展，同时还搞了一个正儿八经的艺术史学术讨论会。过去几年中，关于他的书像潮水一样涌来，大部分都是他的素描集。日本甚至被授权，做了塑料的洋娃娃，表现他笔下那些稀奇古怪的人物。根据他的作品，还拍了电影，但通常都让克兰姆极为失望。（日本观众特别喜欢他，或者不如说，有一类日本观众特别喜欢他，但是话又说回来，在日本，几乎任何东西似乎都有某种公众喜欢。）

电影方面，最大的成功不是他拍的片子，而是一部关于他的片子：特里·茨威戈夫的电影《克兰姆》于2001年发布。该片对他的作品不仅有很好的感觉，而且还描述了作品下面暗藏的某些巨大伤害——如他患有深度神经病的哥哥查尔斯之死。查尔斯对连环漫画这种媒介的迷恋，后来帮助弟弟罗伯特成了一个漫画家。从某方面

---

① "都扑"，即英文dope（毒品）的音译。——译注
② "漫画"，原文为法语：bande dessiné。——译注

来讲，这是我看过的一部关于活着的艺术家及其作品的最佳影片，而且，我指的还是在我多年来拍的那几部电影中，这是一部最佳影片。除此之外，我还在其中（短时地出现过）。

你几乎可将克兰姆看做迪斯尼的一个怪异的对应物，不同之处在于，他完全是独门独户开店——什么"想象工程师"呀，修补着色工呀，文字雕刻工呀，等等，这些工作人员他都没有。克兰姆搞的是村舍工业，而且是一个小之又小的村舍。公司生产的做法，是他特别害怕的噩梦，其所代表的是他至为憎恶的一种现代性。"克兰姆乐园"充满精液和人粪的滚滚洪流，且不说还表现了流着口涎的老汉和青少年潮湿的阴部，这种乐园不大可能马上就开门营业的。（毫无疑问，克兰姆可能会说，也许不会开门营业，但不必非要开门营业不可——这种乐园他一生都在对外开放，免费停车，没有限制，名字就叫美国。大伙儿，快把车开过来呀！）

为什么60年代那么多人没有成功，而克兰姆独独一帆风顺呢？这是因为他对那个时代占主导地位的幻象并无同感。他也幻觉丛生，但并不沉湎一气，更不中途退场。他天生就是一个悲观主义者，一个怀疑一切者：也就是说，他天生就是一个现实主义者和诚实不欺的人，不像那些被公认为伪革命领袖、装模作样的弥赛亚和迷迷糊糊的家伙。如果你正视那个年代的地下文化，它其实高居在地上——迷恋摇滚乐和能改变心灵的化学药物；迷恋爱情聚会；迷恋那种以为潜藏的人性会自我显露，展现出所有光彩灿然的合作、互相友爱、慷慨大方，以及性爱自由等注定会失败的疯狂期望——你就不可能把它看成那种一直潜伏在美国文化核心，重新爆发的乌托邦主义之外的别的任何东西。17世纪曾有一种幻象认为，在新大陆，一切都有可能复苏复兴，或应该有可能复苏复兴。（这种信念既非左翼，亦非右翼之财产，而是超越了所有的政治结盟。）

克兰姆从不相信这一点。也可以说他相信这点,但仅仅相信了十分钟而已。1967年,他才二十三岁,就已逃离了工作、婚姻和家庭的三角铁掌。他搭便车,来到加利福尼亚,有点儿像后毒品幻觉时代的某个"奥基"(俄克拉荷马州的流动雇农),就像约翰·斯坦贝克《愤怒的葡萄》中,那个小说人物汤姆·久德一样,参加了涌往海特-亚许伯里的大出逃。但是,克兰姆在旧金山得到了他想要的所有的性交之后(克兰姆对他的极度性需求,他的肮脏心思,以及他特别喜欢屁股又大又结实,大腿长得像红杉的姑娘,从来都不保密),似乎很早就倾向于认为,乌托邦的一切许诺,全都像月光一样很不实际。无论是否服用"爱吸得"①(麦角酸二乙酰胺),人类这个动物不会改变本性。它始终劣根性,锁链一样拴在毫无希望的欲望上——无可救药。真正的大罪就是原罪。由于他自己下过"爱吸得"地狱——我的大脑会漂进一个地方……里面充满了粗野、粗砺、低级、卡通、俗艳的狂欢幻象……我的自我中心分崩离析,碎成片片,因此不会在中间挡道——他就不打算相信那种通过迷幻药,振兴社会或精神的幻象。

相反,他要拥抱他的魔鬼妖怪,通过文字和图片来理解它们。"我的大多数很受欢迎的人物——白痴先生,弗莱奇·富恩特(Flakey Foont),安琪芙德·麦克斯帕德(Angelfood McSpade),爱格斯·艾克里(Eggs Ackley),斯诺伊德先生(Mr Snoid),秃鹫女魔(the Vulture Demonesses)……"在1966年初,都突然出现了。自从那时起,就一直在不断出现。到现在为止,它们已经成了完全属于我们这个时代的意大利式即兴喜剧中的人物:我们能从中认出我们自己,我们与世界、与失去的父母、与目前当局等的关系。曾有人说,经常有

---

① "爱吸得",英文为 acid,即麻醉药品,此处音译。——译注

人这样说,而且也说得很对,即谁有能力随心所欲地再现童年,谁就是天才——但这还得包括童年的种种恐怖和欲望,而不仅仅只是童年阿卡迪亚般的纯真。

克兰姆作品中独一无二的力量,就在这儿显现出来。

我们看事物,不可能带着超人 X 光一样的视觉,也不具备迪克·特雷西那种才华横溢的推理能力,但我们非常确定的是,人被当权者蹂躏,会是一种什么滋味,无论当权者是父母、警察,还是某个令人恐怖、食人妖怪样的修女,几乎半个世纪前,小罗伯特在天主教会学校,就这样被人蹂躏过——因此,他在素描中创造血淋淋的复仇场面,就能让我们也产生同感。这就是为什么说,克兰姆是个真正民主的讽刺家,他的那种凶猛过激的方式,就是詹姆斯·基尔雷的方式,过分夸张,过分凶悍,中间短暂地休息一下,以一点温情来做调剂。他进入了梦境互享的领域,这么做的时候,他使用了一种并不假装是"激进新鲜"的语言。他干吗要假装呢? 如果他假装,人们就不会知道,他画的是啥东西了。正如三十年前,他在一次访谈录中指出,"人们根本不知道,我作品中的材料来自何处。我并没有发明任何东西。所有的东西都在文化中。这不是什么神秘莫测的东西。我只不过把自己的个人经历,与经典的卡通滞定型结合在一起罢了"。与其把某种先锋思想安在他身上,还不如把他看成是一个致力于反对现代主义的人。他把"R. 克兰姆艺术宇宙"的居民——也就是影响了他的优秀艺术家——列了一张自己的清单,其中包括博斯、彼得·勃鲁盖尔、鲁本斯(那些佛兰芒金发碧眼的女人,腿子又大又肥①)、霍加斯

---

① 括号里模仿克兰姆的美国口音,把这句话发成"them Flaimish blondes with fahn big laigs",翻译时未直接译出,因汉语里没有类似的发音。——译注

和戈雅。现代艺术家中则有爱德华·霍珀、雷金纳德·马希、乔治·格罗茨、奥托·迪克斯，等等，但一个活着的艺术家都没有。克兰姆对当代艺术界的看法是决不宽容，充满偏见的，认为那完全是一场农神节，里面尽是骗子和时尚的牺牲品——里面95％的人现在都是这样。当他被人只当做漫画家时，他很生气，认为不该把他排除在"艺术家"这个类别的门外。跟着，人们的口味又发生了变化。艺术界里，克兰姆又受青睐了，不是因为波普艺术，而是因为已故伟大的菲利普·加斯顿的"哑默"造型，对收藏家和博物馆产生了巨大影响，这种影响本身主要基于乔治·赫里曼的《疯狂猫》(Krazy Kat)之类的连环漫画。克兰姆被"一脚踢上楼"，进了博物馆后，又坦言说，他不想进去了。"我不明白，他们怎么会把我跟塞·托姆布雷放进同一个精神空间。这对我来说简直是个不解之谜。"这对托姆布雷来说，可能也是一个不解之谜。

但克兰姆在《Oz》出现时，只通过辛迪加方式——当然，这总比完全看不到他的作品好，但就是这样，本身也没能使《Oz》杂志，跟其他一些也发他作品的地下杂志有太大区别。

总的来说，《Oz》虽然经常看上去很好玩，但作为杂志来说，却乏善可陈。没有任何值得一提的新作，插图方面也不大有独创性的好作品。如前所述，除了格里尔之外，60年代后期，在伦敦生活，真正有才华的澳大利亚作家和艺术家中，没有一个跟这家杂志发生关系：无论西德尼·诺兰，还是亚瑟·博伊德、柯林·兰斯利，还是布勒特·怀特利、彼得·波特、巴利·汉弗莱斯，还是克莱夫·詹姆斯，都没与之发生关系。他们走过半个世界，不是为了参加一场虚构的革命。他们过来，是为了参与过去和当下，为了以在澳大利亚不可能取得的方式，来丰富他们的作品。60年代早期，澳大利亚好像一片死水微澜，这一点谁也无法改变。没法集中心思创作自己的作品，也没法集中心思发展自己的作品。如今,我跟澳大利亚及其媒体,也只零零星星地发生关系,但有人告诉我,继约翰·霍华德被选举、再被选举、再再被选举之后,新保守主义风起云涌,流行一种针对孟席斯时代的"修正主义"时尚,好像从文化和政治角度讲,那个时代并不像人们形容的那么糟糕。鉴于霍华德全部政治价值观的感觉,都建立在孟席斯的政权基础之上,这其实并不奇怪。但事实上,他们跟过去一样坏透了。他们制造出一种麻木不仁、自鸣得意的胁迫性气氛。自由党/乡村党连续执政二十四年,结果产生了一种极度停滞不前的状态,在这种状态下,澳大利亚一切错误的东西——种族主义,缺乏公共想象力,对英国君主立宪制荒诞不经的崇拜,对越来越殖民主义的美国俯首称臣,无法想象世界其他地方,特别是亚洲,等等——都被内化,成了正常的东西,不可避免的东西了。《Oz》杂志嘈杂刺耳,愚蠢无聊的做法,必须放在这个背景下看。在国外的每一个澳大利亚人,但凡有独立思考倾向的(当然,并非人人都如此),都还记得从前曾有一只缺乏光彩的保守主义笼子,不得不经常摇撼笼子上的铁杆。

对我来说,毫无疑问,《Oz》杂志有其价值,不过,从作者发展的观点看,这个杂志的文化态度经常是很空泛的,其价值通过对该杂志几位编辑的那场著名诉讼案而得到了强调,它所具有的象征性,几乎达到了几年前《查泰莱夫人的情人》一案的程度。皇家公诉局通过判定理查德·内维尔、菲利克斯·邓尼斯和吉姆·安德森有罪,对英国清教主义所产生的有益的嘲笑和破坏作用,要比把他们无罪开释时,可能产生的这种作用还要大:本来是未成年人自己制作并发表了被人指称的淫秽刊物,成年人只是让他们自己选择,想做啥就做啥,结果却导致这些成年人被起诉,告他们败坏未成年人的道德观念,这种做法太愚蠢,简直荒唐到蒙蒂巨蟒的地步,过去是这样,现在依然还是这样。

我是在60年代后期，失去了我敬爱的良师益友艾伦·摩尔赫德的。他的晕厥症一直发作：也许不太严重，但始终让人担忧。在一次体检中，医生注意到，他脖子上把血液输往大脑的颈动脉管壁上，有一个很小的阻塞物。很有可能，动脉会缩得更小，也许还会崩溃，造成严重堵塞。因此，他需要动手术了。他和他家人被告知，这个手术很简单，按照当年的心病学标准，甚至是相当家常便饭的手术。手术内容是，把他的动脉跟一只旁通泵连接，把出现毛病的部分割除，然后代之以一到两英寸的塑料袖管，再把正常的血流转接回来就行。没有什么需要担忧的。这种手术外科大夫做过很多，这次手术也不用做任何实验。于是，艾伦就到伦敦一家一流医院开了刀。

那只旁通泵未起作用，花了几分钟才修好——很短的时间，但在这段时间里，艾伦的大脑缺氧。他的病情相当于得了严重的中风，已经超出了能够治疗的范围。他还不到六十，而且，作为作家，正处在他事业的巅峰。这件事情很惨，但特别可怕的是，艾伦相当清楚究竟发生了什么，尽管他再也不能写作了。他不是一个"幸福的植物人"，不像那种做过脑白质切断术的人，无法知道究竟发生了什么，而是一个愤怒的囚徒，囚禁在自己肉体的巴士底狱中，灰心丧气的状态很可怕，满腔怒火，依然能够进行内心反省，至少我是这么看的。他的困境使我想起了威廉·布莱克的感官神，他无边无际的绝望通过一声叫喊发了出来："丢了！丢了！我的'射气'都丢了！"——所谓"射气"，就是布莱克描述自我表现力的用语。

艾伦只能说很少几句话。如果他不喜欢什么东西，或不同意别人说的话，他就说"bloody awful"（太可怕了）。如果是相反，就说"bloody wonderful"（太棒了）。为了治疗，他开始学画画——我想，这一定是在模仿温斯顿·丘吉尔，他跟丘吉尔很熟。他老婆露西和儿子女儿一起,以无私奉献的精神、很好的心情和慷慨大度的胸襟,在他周围团结起来。这不可能都那么容易,因为艾伦自那次不幸的手术以来,性情忧郁了很多。这就特别要求露西利用她储藏的巨大感情力量:我永远也忘不了,一个冬夜,在波尔图埃尔科莱起居室的火边,当时艾伦不在,可怜的露西——她对艾伦不忠行为的了解,远比艾伦想象的多——一想到"那个狗日的澳大利亚婊子",也就是艾伦当时到罗马一家饭店,去看望的一个澳大利亚金融家的老婆,就突然崩溃,痛苦得抽泣不止,让人揪心。但当艾伦处于无助状态,不能好好照料自己时,露西却对他一片忠心。我也尽我所能,给予帮助,去探望他,和他聊天,天气晴好时,把他放在轮椅里,推着他到摄政公园去逛,我当时也在那儿住。每次一出门,他就指指点点,费力地说出东西的名字"duck"(鸭),"rose"(玫瑰),"pretty girl over there—that—that—that(那边有个漂亮女孩——那——那——那)。"

我们观赏水鸟嬉戏时,艾伦就会情绪低落,大嘴巴的嘴角就拉了下来。我想象他在非洲,周围到处都是飞禽走兽。我想象他在南极,站在极地的积冰上,出神地遥望着皇帝企鹅。他曾告诉我,在周围没有色彩的冰天雪地上,这些大鸟身上,像小孩围涎一样的黄色羽毛,好像从它们身上游离开来,轻飘飘地在空中萦绕。我曾一度希望,去看看这种马蒂斯一般的奇迹,但却一直都没有办到。

有一次我们出去,在一条渠道的窄桥上暂停了一下,这时,他朝我转过身来,用手指指他的脑袋,说了一句话,这是多年来我听他说过的唯一一句完整的话。"If you only knew how *bored* I am. In here."(要是你知道,我在这儿有多无聊就好了。)他说这话所花的气力,好像把他累得筋疲力尽,跟着就堕入喃喃低语的状态,说:"鸭。鸭。"这时,我觉得我的心都快碎了。

后来,我那本关于殖民澳大利亚的书,《致命的海滩》出版前,为了纪念艾伦和露西，我把该书题献给他们，并引用了但丁《地狱之旅》中的一个片段。该片段中，但丁邂逅了他敬爱的老师布鲁内托·拉蒂尼的影子，就在弗列格通水边滚烫的沙地上："你亲爱的、善良的父亲形象，已牢牢记在我的脑中和心中……只要我还能呼吸，我的舌头就必须说谢谢你，而这是你应得的。"

与此同时，我本人也成了父亲。我着手办了婚礼，婚姻之初尚不乏大喜过望的小插曲，甚至也不乏定量分配的小启发，但很快就给我带来了从未感到过的那种极度而持久的痛苦。

她名叫丹：丹·帕翠霞·埃默森。1942年，她出生于悉尼植物区一个中产阶级家庭，就在植物湾的海滩边。她受的是天主教教育，也许没我受的天主教教育那么严格，但还是很正宗的。她曾经是一个很优秀的学生：在兰德威克的布吉丹女修道院读书时，门门科目都拿最高分，是女生中的老大。

她后来因患脑瘤，于2003年在澳大利亚去世。她因吸毒上瘾，长期服用可卡因，而导致身体过胖，她的蕾丝边女友一直很费劲地与之搏斗，但最后总的来说还是很成功地帮助她戒除了毒瘾。这事是在我们唯一的儿子，丹东·维达尔·休斯（1967—2001年）去世后不久发生的。他是在悉尼城外的蓝山，比他年龄大很多的情人家中，把一氧化碳接到车中，用毒气把自己毒死的。

我怀念丹东，永远都会怀念他，尽管我们痛苦不堪地疏远了多年。随着时间的流逝，儿子去世造成的痛苦也多少磨钝了一些。我一点都不怀念丹，但有很长一段时间，我认为，没有她，我就活不下去：觉得在这个世上，不可能再有任何别的女人，可以像她那样给我同样强烈的性欲和感情。她也经常误解，时不时地对我抱有同样的幻想。

事情就是这样：互相而言，都是幻象。如果两个高度情感化，像狼一样不成熟的人,还能错误地结合在一起,那就是我们的婚姻。我不适合她,就跟她不适合我一样。我没法满足她的需要,甚至都无法预测她的需要,她对我也是一样。我们双方都需要过安稳日子,在这种需要的推动下,我们两眼一抹黑,瞎得就像蝙蝠,却大睁着眼睛,一头扎进这个婚姻。当然,这种需要——不过,当时这一点对我俩来说还并不太清楚,而且,我们又不想让人觉得我们很不老练,因此谁都不肯向对方承认这点——又因我俩都侨居国外,在一个陌生的世界生活,而变得更加强烈。我们心里很不安,嘴上又不肯说,就老是挖对方墙脚,完了之后又把对方扶起来,结果完全是一场灾难,以致直到现在,过了四十年和两次婚姻之后,我一想起当年,心里就齾龈不已,不过,我也并不否认,也不能否认,我们曾一度有过好时光——在最开始时。

我们在一次酒会上第一次见面,那是一个名叫斯特凡·格里夫的澳籍匈牙利人,在他位于诺丁山的公寓里开的。酒会上到处都是澳大利亚人,其中大多数人我一生都没见过。"你想跟全伦敦最值得泡的人见面吗?"主人很微妙地问了一句。说着就指指沙发,上面坐着一个又高又瘦,下巴方方正正的金发女郎,手里端着一杯温伏特加。于是,我们介绍认识了。两人一拍即合,小齿轮转动起来,跟着大齿轮也啮合了。她在大学时事讽刺剧中看过我演出,先在 *Honi Soit* 上,后又在《国家》杂志上看过我的作品和漫画,甚至还在英国电视台——BBC2 台——上很短暂地见过我。她是做什么的?我不知道。这这那那的好像什么都做过。她在悉尼大学拿过一个文科的学位。我俩都同意,拿到这样的学位,等于说你够资格,什么都做不了。她刚到伦敦,出来"玩玩",没有特别的计划。她坐澳航经济舱,走这么远的路,可不是为了在他妈的某个牙医诊所,找个秘书的活计干干。她想不久以后去意大利。

我估摸了一下,我与这个说话很冲的美人儿距离不远,就立刻扑了上去。我尽量显得很随便地说,正好我过几周也去那儿,要给《电讯报》彩色杂志去做一个业务。其实是去威尼斯,就威尼托的帕拉迪奥别墅,写一篇横跨几栏的长文。她是否觉得,也有时间一起过来?"唔,干吗不呢?"她说。跟着又说:"帕拉迪奥别墅究竟是什么啊?"我们说着就去了一家印度餐馆。这样,从前建筑学校的那位中途退学者,一边吃着羊肉咖喱,一边给悉尼来的姑娘解释帕拉迪奥是怎么回事。要给她解释的事还真不少。两周后,我们一起出发去了威尼斯。这之后不到一个月,她就拿着仅有的几件随身带的东西,搬进了我在康沃尔花园SW7的公寓:一幢只有两间卧室,很干净的小公寓,外面是一座冬天掉光树叶的广场。

有树叶还是没树叶,我们都无所谓。1967年的头两个月,我俩除了买食物和拿邮件,偶尔看场电影或戏之外,平时很少出门。我们进入了一段狂热兴奋,永不疲倦的发情期,好像陷入了某种恍恍惚惚的色情状态:我为公寓买的第一件东西,是一张国王尺寸的床,这也是我有生以来所拥有的第一件东西——现在我也不清楚了,但我觉得,那是一张国王尺寸的床垫,当年在澳大利亚根本就不存在。正如约翰·堂恩所说,"本床系汝之中心,本墙则系汝之势力范围"。在这幢小公寓里,除了床和我俩,好像就没有放别的东西的空间了。

我还犯了一个大错。我在谈到生活、自由和追逐幸福的过程当中,曾说结婚没有意义,除非你想要孩子。我这个人呀,管不住自己的嘴巴。几周后,丹宣布说,她不来月经了。到了二月份,显而易见,她已经怀孕。

就我所知,在此之前,我只把一个女人的肚子搞大过,结果我怀着深深的内疚,为她打胎付了钱,但现在为这个孩子我们绝对要走完全程。我没来由地对自己感到很满意,好像我实际上有了某种成就。

丹一旦确信，我想要她把孩子生下来，就感到兴奋异常。平常说话带刺，对什么都持怀疑，现在这种表现也似乎不复存在了。令我吃惊的是，她成了一个多情善感的准妈妈。既然打消了害怕怀孕的所有疑虑，我们做起爱来，就比以往任何时候都更饥渴，也更无所顾忌了，做爱的地方也是以前想过，但从没试过的地方，大多都算不上舒服：如电影院的最后一排座位，出租车的后座，等等。还令我吃惊的是——她从前对毛茸茸的小动物从来都不感兴趣——她甚至不断表现出对小猫小狗的酷爱。

这么一来，我俩要结婚了。这一切都以翘曲速度在发生，其发展势头令人难以理解。她子宫中那块组织化的组织正极为缓慢地生长并迅速摆脱控制。它似乎是一根通向某种非同寻常的冒险经历的线索，其异国情调不亚于坐在一根木头上，顺着亚马逊河往下漂流。我既感到陶醉，又深感隐忧。

从任何现实的意义上讲，我之前从不需要对任何人负责。一负责，我作为家里的老幺，作为半个独生子的半个天堂生活就结束了。我不是还太年轻，不能结婚么？当然不是这样，我跟自己说。我已经二十八岁了，跟我哥哥汤姆一样。（到那时，他的第一次婚姻很明显已经失败，但我告诉自己，我和丹的没有失败，也不可能失败。）现在，我也可以像汤姆一样，做一个男子汉大丈夫。那颗以时光做引线的炮弹，早已通过我的教养深埋在我体内，此时它微微地发出一声崇高的嗡嗡声，就吼叫着爆炸了。婚姻：这是唯一的、不可避免的选择。

那么，请谁来给我们主婚，又在什么地方结婚呢？这个选择极为简单。当时我俩谁都没有想到采取非宗教仪式结婚。鉴于我们天主教信仰已受侵蚀的状况，这种结婚方式似乎是很自然的选择。我们反正并不反对教权——我们只不过是经常犯"罪"而已。我们只有一个神父朋友，此人名叫西里尔·巴勒特，是个很有魅力，智力很高，思想开通的耶稣会教士,他因对当代艺术很感兴趣而进入我的生活。他隶属法姆大街的耶稣会学院,就在科诺特饭店的后面,该学院有一座小教堂,他于1967年5月,在那儿主持了我俩的婚礼。丹身穿一件米色的白丝织衬衣,由她的一个嬉皮士设计师朋友设计,衣服专门为她稍微出怀的隆起肚子留出了一点地方。她使我想起中世纪后期绘画中,所看到的一种美人儿,肚子有那条向外的弧线——用伊丽莎白时代作家托马斯·纳徐的话来说,她是那种"凸露肚子,庄严威仪,颇似一只鸵鸟"的少女。

我们的婴儿是个活蹦乱跳的孩子,于1967年9月30日出生。当时,丹和朋友对天秤座的人的种种优点,曾经大惊小怪过一阵,但我现在已不记得,那些都是什么意思。对我来说,孩子哭得很欢,四肢齐全,器官完整,高兴(他经常高兴)的时候,能露出迷人的微笑,这就足够了。我为他而骄傲,也为丹骄傲,同时也为我能成为他的父亲而骄傲。

不过,为孩子起名却成了一个问题。60年代后期除了其他不利条件之外,还是一个嬉皮士喜欢给婴儿起无比愚蠢的名字的时代。不知道当年那些崇信花的力量的父母,把自己的阳光孩子万劫不复地命名为温德(Wind[风])或菲尔(Fire[火]),菲利克斯(Phoenix[凤凰])或(尽管我不愿意相信,但我被告知,就有这样一例)卡玛·塔拉·霍利·罗金·耶稣·格拉默风(Karma Tara Holy Rocking Jesus Gramophone[卡玛·塔拉·神圣·摇滚·耶稣·留声机]),已经到了身体发胖或肌肉松弛的四十岁,现在是怎么想的?现在再也碰不到他们了,可当年,似乎每隔一只摇篮,里面就装着一个。他们想必早就溜回到正统的命名中去了吧?("我叫威尔-奥-泽-维斯普·伯恩斯坦[Will-o'-the-Wisp Bernstein(鬼火·伯恩斯坦)],你就叫我威尔好了。")我们考虑并拒绝了正统的姓名,如约翰或吉尔斯,或者甚至艾伦(露西和艾伦·摩尔赫德作为孩子的教父教母,主持了他的命名仪式)之后,决定根据法国革命者的姓名,叫他丹东。丹以前没听说过丹东(她的历史一向都不行,要想真正受她尊重,让她感兴趣,政治家就必须是黑人,以一支 AK-47 步枪武装起来,而不是一个 18 世纪的白人),但是,当我把丹东在绞刑架上临终时,用食指意味深长地敲敲自己的脑袋,对绞刑执行人说:"让人们看吧,这很值得一看",那个众所周知的故事讲给她听后,她决定,她喜欢这个主意。至少,我们还比较温和,没有给他起个罗伯斯庇尔或圣茹斯特的名字。

我们请了一个西西里的"欧派尔"国际互惠生,名叫蒂勒塔·沃农诺,搬进了一幢更大的公寓。鉴于伦敦这个当今世界上可能最昂贵的城市,房东收费之巨,我不妨在此记一笔说,当年情况并非如此。伦敦的确曾一度生活低廉,而我们那段时间就是这样。我像篦头发一样,把分类广告篦了一遍之后,在邮政编码是 NW1 的公园路,找了一幢空的宅邸公寓,街对过就是摄政公园。公寓里有一间起居室,一间餐室,一间保育室,三间卧室,三间洗澡间,一间巨大的厨房,装修得就像邱纳德海运公司旧船上的厨房。房租每三个月七百英镑,当时这可是好价,现在则无法想象。你若出门,沿着树枝垂挂的窄巷子走去,就会来到摄政公园的外圈,四周都是枝头结满白色香甜的圆锥形花苞的栗子树和一座座玫瑰花坛。若在早春,还有大片浮动的黄水仙。我觉得,这看上去就像城市天堂。我们除了那张大床之外,没有任何家具,但我们还是签了租约,在那儿安了身,从而头上有了一爿屋顶,可是,跟着就有一爿屋顶塌了下来。

无论是丹还是我,都没有照料孩子的经验——她就像我,在兄弟姐妹中也属老幺——不久,她就发现,在某些方面,她讨厌照料孩子。"欧派尔"国际互惠生蒂勒塔是个凭良心做事,很有母爱的女孩,但丹这两样一样都没有。她开始进入这样一种时期,一会儿强烈地投入到丹东的身上,一会儿又多少对他漠不关心,有时甚至到了好像完全漠不关心的地步,而且这种情况持续的时间越来越长。很自然的,这种漠不关心的态度,又因天主教徒的那种特别心理而更复杂化,也就是因漠不关心而感到内疚。事实是,几乎从我们一结婚起,她就觉得好像落入陷阱之中。怀孕是一种方式,能够保证结婚,但接着,婚姻成了一座监狱,具有暴君气质的狱卒就是丹东。如果不是为了他,她也许早就走掉了。于是,她就决定一走了之,想回来的时候再回来。我这人天性乐观,但性格脆弱,没有策略,而且很傻——换言之,也就是"充满希望"——因此看不出来,我被人操纵,已经到了何种地步。与此同时,丹也太懒,连想都不想一下,要如何理家,或为这个正在分崩离析的小家①贡献点什么。我不停地告诉自己,等她熬过一段痛苦的反抗期,否定了她教养中的那些清规戒律,她就会把这一切从她身体中排泄掉,就算不能成为《澳大利亚妇女周刊》作为样板的模范妻子——这是不可能的,我也不指望她这样,因为这毕竟是60年代——至少也能做个讲道理的妻子,而且爱子爱夫的妻子吧。这机会也太肥了点吧!② 按罗伯特·克兰姆的话来说,丹"已经加入了毒瘾熏昏的大军"。她体内并无需要清洗之物。需要清洗的就是她的身体。

就这样,我们的婚姻开始解体。在接下去的十年中,它一直在持续解体,其间时不时地重逢相聚,过上一段比较幸福的生活。短期内,我对这种事,总算能够自欺欺人对付一阵。我的想法是,如果我

---

① "小家",原文为法语:ménage。——译注
② 英文原文为 fat chance,意思是根本没有机会,直译。——译注

们都坚持下去,情况也许会自动好转,但情况当然没有这样。我下决心的能力,因早年的天主教而削弱,因为天主教教导我,离婚从道德上讲是不能容忍的,是滔天大罪,对孩子会造成真正的伤害。而且,我很害怕丹东会因我和丹的离异,而在经济方面遭罪。我几乎没钱,就算有,也不够支持两家人的生活。丹在英格兰没有能够打工的证件,她也绝对不想工作。即使想找,也没有希望。至少她是再三跟我这样讲的。

我觉得,我、丹和丹东一起离开英格兰过一阵子,也许不是一件坏事。

我们没回意大利,而是前去西班牙。以前,我只去过马德里,从来没有到巴塞罗那的南边去。但是,不久之前,兰斯利一家就去那儿过了一段时间,然后从格拉纳达往南走,到阿尔梅里亚的海滨地区去,然后在那儿的莫哈卡村找一家村舍住了下来。他们邀请我们去住。于是,我弄了一辆车,这是一辆有点磨损受伤,破破烂烂的菲亚特1100车,车上的空间够两个家长,一个"欧派尔"国际互惠生和一个婴儿——等我们回到英格兰,就磨损受伤,破破烂烂得多了——然后就出发上路了。

四十年前,我关于西班牙及其社会的观点,主要是通过前三十年的左翼文学而形成的:奥威尔、安德烈·马尔罗、杰拉尔德·布瑞南,以及总的来说,那些在内战中失去了民选政府崇高事业的人,所写关于西班牙内战的作品。这方面的文学汗牛充栋,经常令人牵动肺腑,让一个二十五岁的青年在心中毫无疑问地相信,只要造访西班牙,就会踏上染上一重暧昧的道德色彩之旅。人成了一个游客(这是无法避免的一个词),来到一个自1937年以来,以凶猛的极权主义,把教会、军队和国家结盟,并以恐怖和审查制度,把历史冻结的国家。我的一些年龄较大的英国朋友,脑中关于西班牙内战的记忆,就跟我那一代人中的一些人,关于越战的记忆一样痛苦,因此他们坚决拒绝去西班牙,因为把钱花在那儿,他们觉得好像是默认了佛朗哥政权——好像游客花一点小钱,在华盛顿把大量钱财往马德里倾泻的大背景下,就能起一点作用似的。至于说到我自己,我只想看看西班牙。

路边的砖坯墙上,FRANCO FRANCO FRANCO(佛朗哥、佛朗哥、佛朗哥)这几个黑色的大写字母,已被安达卢西亚的光线晒成了灰色。这是佛朗哥本人的宪兵①用模板印上去的,以示敬意。你走到哪儿都能看见这几个字。跟着就是非官方的手匆匆写下的这一行潦草的字迹:MÁS AGUA PARA NUESTRA TIERRA——我们的土地要求更多的水。然后墙上出现一个豁口,充满了扁平耳垂般多刺的霸王树,前面站着一个青年农民,面色黝黑,像个阿拉伯人,手里挥舞着一大把橘色的仙人掌。我想起孩童时代背诵的艾略特的诗句:在这儿,我们围着多刺的霸王树、多刺的霸王树、多刺的霸王树转圈。多么荒凉啊!跟着,那句像应答祈祷的句子又出现了:MÁS AGUA MÁS AGUA MÁS AGUA——更多的水,更多的水,更多的水。

在任何墙上看到任何标语,都给人一种奇怪的感觉。在军事独裁者的统治下,抗议属于非法,赞美属于多余,我们在巴塞罗那南部驱车五百多英里,很少看见能让人想起愤恨佛朗哥的东西:阿尔梅里亚这些涂鸦的存在,表明了一种苦难,是我在加泰罗尼亚、阿拉贡和卡斯蒂利亚的墙上,都没有看到过的。不过,无论走到哪儿,都能看见权力的象征:宪兵的黑漆皮帽,以及红色木牛轭和箭,那是长枪党的标志,每座村庄的进口都立着这个东西。在政治舞台之外,这儿那儿都能看见20世纪西班牙的公共雕塑,这些雕塑当时给人留下深刻

---

① "宪兵",原文为西班牙语:Gardia Civil。——译注

印象，直到现在，尽管有巴斯克的爱德华多·奇利达等雕塑家所做的努力，这些雕塑在很大程度上依然给人留下深刻印象——路边耸立着黑色的钢牛剪影，有的高达三十英尺，默默无言地为维特拉诺·奥斯本白兰地做着广告。

但是，在阿尔梅里亚这儿，灰色剥蚀的山冈上矗立着的每座村庄里，都能看到求水的呼喊。1963年，佛朗哥在统治南方各省期间，仪式性地驱车经过时，农民就把这些呼喊声在那儿描画下来。

这个独裁者对西班牙这个地区的农民，拒绝提供任何国家援助——这是对他的军队曾遭到阿尔梅里亚共和政府的抵抗，而给予的额外报复。

因此，山里有清泉，但却没钱修水坝。干涸枯竭的小溪年年发洪水，但由于没有水坝蓄水，造成更多的水土流失，全部冲进海里。到了20世纪50年代后期，整个农民社会大伤元气，他们把房屋拆掉，把房梁卖了当柴烧，然后上路，成了日间打工者和流民。

阿尔梅里亚沿海的空山呈条带状，宛似金字形神塔，从前这儿一度是肥沃的梯田，现在却是一片片废墟。似乎令人难以置信的是，14世纪在阿拉伯人的统治下，这个地区曾一度像座鲜花盛开的花园，生长着柑橘和椰枣，灌溉纵横，矿藏丰富，几千年来，为这座地中海盆地的文化，供应了青铜和金银。但是，我们在格拉纳达已经造访过那个文化的遗存，那儿，阿尔罕布拉精美的喷泉和宫廷，以其石头和水构成的窗花格式线条，以及具有催眠效果的花砖做工图案，在在证明了曾一度属于艾尔安达卢斯的辉煌，但很快就要被费迪南和伊莎贝拉的无情之手，在收复失地运动①中一扫而空——佛朗哥自己的宣传

---

① "收复失地运动"，原文为西班牙语：Reconquista。——译注

家喜欢把这一事件比作他打赢共产党的胜仗。

西班牙南部的衰落,就是从如此驱逐摩尔人,产生出像寄生虫一样,围绕在马德里宫廷周围的一整个阶级的外居地主而开始的。佛朗哥不过强化了这种衰落。"这儿的农民,"一位英国居民跟我说,"对农业的了解,远不如中世纪的阿拉伯人。"这句话的确说得比较中肯。

我们在莫哈卡住了一个月,这地方仿佛是一本关于这种持续衰变的教科书。它像搂成一堆的白色立方体,俯瞰着大海,在50年代后期和60年代早期,几乎成了一座鬼镇。我被告知,不过几年前,残留的摩尔人影响如此之大,以致农妇都戴黑色面纱,才敢进城,到喷泉旁洗衣。当时,莫哈卡的居民不超过150人,大多都是妇女:几乎所有的男人都移民到北方去了,成了在工厂打工的客籍工人[①],把薪水寄回家里。

1962年,这个即将衰败的社区的市长打出了他的唯一一张王牌。由于莫哈卡周围没有一样能够吸引游客的东西——没有饭店,没钱盖饭店,也没有多少吃的——他宣布说,外国人只要有足够的钱,就可以在村中或村庄附近盖房,盖房的地是免费的。于是兴起了一小股买地热,领头的就是伊丽莎白二世的外交大臣迈克尔·阿迪恩爵士,接踵而来的有杂色纷呈的电影写手(他们还来到海边,去找邻近一座同样凄惨,名叫卡博勒纳斯的村庄,该村曾被用做大卫·里恩的史诗巨片《阿拉伯的劳伦斯》中亚喀巴城的摄影场),甚至还有一个真正的战争罪犯,一个邪恶的鸡奸犯,他作为OAS(美洲国家组织)的前官员,在佛朗哥那儿享受了政治避难,在阿尔及利亚,他因谋

---

① "客籍工人",原文为德语:Gastarbeiters。——译注

杀罪和折磨罪而遭通缉,但在这儿,他却开着一家餐馆。

在这场小小的繁荣鼓励下,流放的莫哈卡当地人开始回流,当即兴建筑师、水管工,而且——让新过来度假的人颇不安全的是——当即兴电工,做起生意来。不过,新建筑的质量虽然很差,但红葡萄酒不错,每公升仅一毛钱,而且还有非常棒的金枪鱼和飞鱼(鱼身上爬满了苍蝇),从市场买回来,一磅仅两毛五分钱。莫哈卡的唯一一个医生,为人慷慨到了匪夷所思的地步,他从来不开账单找我们要钱。这对我们来说简直是福从天降,因为丹东这时接二连三地出现很厉害的皮疹。在无情的阳光照射下,无论谁,也无论什么东西,就连宪兵在内,都好像被晒中毒了一样。很不幸的是,尽管丹东特别喜欢在太阳下四仰八叉地躺着,尽可能把自己晒黑,但我讨厌晒太阳,兰斯利也不太喜欢晒太阳。他画不了画,我也写不了东西,因为我每次拉开箱子拉链,准备用那台蓝色的好利获得牌小打字机,就成了一种标志,表明又要毫无意义地吵一场架了。

而且,莫哈卡周围没有太多要看,也没啥事要干。即便到地方上的西班牙储蓄银行①走一遭,看看期待的那张小汇票,是否从伦敦到来,过了不久之后,也失去了它的新鲜感。我们曾一度落到这种田地,竟驱车北行,去附近一座名叫帕洛玛热斯的村庄,它与别的地方唯一的区别在于,1966年时,一架美国轰炸机偶然扔了两颗氢弹,一颗落在帕洛玛热斯附近的土地上,另一颗就在附近的海里。当然,这两颗氢弹没装引信,所以没有爆炸,不过,一位驻外记者赶到现场,这是一位意大利的斯大林主义者,为《团结报》(*L'Unita*)撰稿。当他看见帕洛玛热斯外一片荒凉,都是弃置不用,一片废墟的采矿建筑

---

① "西班牙储蓄银行",原文为西班牙语:caja de ahorros。——译注

物——那是四十年采矿业失败的遗存——时，以为这是炸弹爆炸的结果，就发回去两千字的反核战恐怖的文章，结果让他在罗马的主编给他改正了。美国人花了一大笔钱，派遣小型潜水艇，到这片海面搜索炸弹，但却找不到。终于，炸弹被一个渔人的网捞住了。不过，落在地上的那颗炸弹碎裂开来，泄露了少量放射物质。在接踵而来的恐慌中，美国人被责成要把他们在身后留下的垃圾打扫干净。他们用巨大的推土机来做这件工作，把田野上一英尺的表土都刮掉，而且不知用什么方式清除掉了——这使农民大为恼火，又无能为力。这样，这块本来就像月球表面的地方，就几乎了无生趣。我想起了塔西佗谈起古罗马军团时，所说的一句很阴郁的话："他们把这地方变成了沙漠，却说带来了和平。"

不过，如果你继续往下走，进入帕洛玛热斯附近与大海相接的安塔斯河三角洲，你就会来到一个具有很大考古意义的世界，就连那儿的海滩都铺满了腓尼基和罗马的陶瓷碎片。在远古留下的痕迹方面，西班牙没有一个地方比阿尔梅里亚更丰富。奇怪的是，至少据60年代的一些考古学家称，这地方据说很可能是英格兰作为一个文明的发祥地之一。沿安塔斯河往上再走二十英里，就是埃尔加塞尔——一座平平的黄土方山，它是被幽深而干燥的峡谷分开的这类迷宫般的山峦中的一座。

这座毫无特征的高原也许长三百码，宽一百码，是新石器时代一个小人种的家园，据考古学家根据他们陶器的形状考证，这个人种叫钟形杯人。他们在那儿的拓居可追溯到公元前1700年。他们不仅制造陶器和碎燧石，而且还掌握了早期的金属铸造技术知识，能够利用铜，最后还能用青铜，来制作武器和小型装饰物品。他们一代代地越过比利牛斯山北迁，最后好不容易才（据猜测，是乘坐鹿皮小船）渡过英吉利海峡。他们在身后的埃尔加塞尔，留下了一堆陶器和燧石，其风格与英格兰南部新石器时代发现的陶器和燧石一模一样。很可能这些钟形杯人把金属制造技术介绍到了英格兰。我和柯林把成小时的时间,都花在这座山顶翻翻找找,用信封装满燧石刀的碎片,小刮刀,甚至一整支箭头。牧羊人看着这两个疯狂的英国人①,在一个只有尖利石头的地方寻找金子。四十年前,在埃尔加塞尔风吹日晒的山边边上,曾经有两颗氢弹,落在离氢弹制造者远古祖先留下的精致而又破碎的石制武器的紧旁边,一想到其中的这种讽刺意味,很难不让人感到有点儿不寒而栗。

夏天结束时,我们一路回到伦敦。对我来说,这次长途旅行的主要插曲,就是在马德里停留了一周,去欧洲,也可说全世界最伟大的博物馆,即普拉多博物馆,饱览了一番纯绘画。有时候人们会问我:"你最喜欢的博物馆是哪座博物馆?"但我从来都没法回答这个问题。这就好像是在请你说出你最喜欢的餐馆名字一样,只不过是问题问得更大一点而已。(事实上,第二个问题我有答案:那就是我跟我老婆桃丽丝所在的任何一幢房子的厨房里。)但如果有一个未来,我无法经常去普拉多博物馆,那这个未来是无法想象的。就像所有伟大的博物馆,不可能把它完全看尽。它取之不尽,用之不竭,就像水晶柳树,即奥克塔维奥·帕斯那首崇高的爱情诗《太阳石》开篇那道流泉一样,穿越时光、绝望和心醉神迷的和谐:"它永远都在抵达。"但是,任何旅途都必须有个开头的地方,而在我对什么都不知道的情况下,有三幅完全互不相干的绘画可以作为开始。一幅是博斯在很大程度上难以理解,但很伟大的杰作《尘世乐园》——这幅画总是提醒我,对绘画形象的完全概念化理解,对是否欣赏一幅艺术作品,并不

---

① "英国人",原文为西班牙语:inglés。——译注

总是必不可少的——理由很明显,因为这是20世纪60年代,不过,如果能够钻进斯海尔托亨博斯那位专事炼金术的分裂教派一员的大脑,洞察里面的一切,那无疑会很有帮助。(至少有一件事是肯定的:无论博斯在他关于地狱、审判和天堂的巨幅画中画的是什么,他都没有——像那些在他作品前面安营扎寨的嬉皮士幻想的那样——"吸毒吸得晕晕乎乎,鸡巴葫芦瓢脑瓜已经疯掉了。")

第二幅画是戈雅《五月三日对叛军行刑》。我看到这幅画时,根本没有想到,四十年后,我会试图写一本戈雅传记。如果1966年我就产生了这个想法,我会觉得不可想象。这幅画令我激动得落泪,这种情况时有发生,但不经常发生。即使你觉得,你在亲戚葬礼上应该持重,你也应该学会在博物馆里哭泣。年代更早的人懂得这种事情。看到滑铁卢或阿尔布埃拉尸横遍野场景的人,内心可能不平静,但外表可能无动于衷,但这种人却很可能一看见雅典的红彩陶器,或一听见《麦克白》爱德蒙·基恩的声音,就大放悲声。

第三幅画是《侍女图》,而这是不可避免的。

今日的普拉多博物馆早已不是四十年前那样了,其藏品基本上还是老样,但公众不一样了。很幸运的是,大规模旅游即便在高峰期水泄不通的时候,也没有像乌菲兹美术馆这种机构在夏天那样,把造访普拉多博物馆的经历,变得痛苦不堪。有时可能会很难受,但很少会到绝对难以忍受的地步。再过四分之一世纪会是什么样子,这难以预料,但肯定会很可怕。不过,我所属于的那一代人很幸运,他们受的大部分美学教育,都是在空荡荡的博物馆中进行的,里面的画室发出回声,墙上挂的作品没有多少人真正想看。你没法假装情况不是这样:我们去看艺术品时,只想跟艺术品独自待在一起。音乐会和剧院好就好在那是一种集体经验,足球比赛也是这样,当然,政治集会亦复如此。巴伐利亚国王路德维希二世之所以被骂做"疯"国王,原因之一就是,他建造了一座私人歌剧院,委托理查德·瓦格纳为一个人的听众作曲:也就是他一个人。我私下很怀疑,这一点是否真能证明他疯掉了,但如果我们对自己以诚相见的话,一谈起视觉艺术,我们大家就都是路德维希二世。我在庞培一看见一巴士一巴士的人,就由不得要退避三舍。我敢肯定,凡是神志清楚者,都不愿意穿过陌生人的头发和胳肢窝组成的森林,去欣赏波提切利。从前在公共场所,自己独享伟大艺术作品的时代,早已一去不复返了,但我对那个时代还记忆犹新,这就像虽然大片非洲旋角大羚羊或狮子早已不再,但当年它们在非洲内地漫游的那种景象,头发灰白的肯尼亚导游到现在都还记得。普拉多博物馆的情况也是如此。里面的人足够多,能够使你确信,爱看艺术的恶习并不为你所独有,但又没有多到妨碍你看画的地步。大部分时候,情况都是这样。

于是,我就站在了《侍女图》面前,画面上的井然有序令我心荡神驰,直到突然听见一个刺耳的,很像鸟的声音聒噪起来,打断了我的浮想联翩。"对不起,先生,"这个声音以一种半礼貌半不礼貌,专横霸道的口气说,"请往前走。我这一队人看不见镜子中的画了。"

我转过头来,后面有一个普拉多博物馆的讲解员,这是一个个子很矮,像麻雀样的女人,身穿棕色的衣服,脸上带着一副冷峻、敷衍的笑容,身后跟着一群到博物馆参观的人,约有十二三个——看样子都是美国人。跟着,我把目光再往前看,就看见了一面镜子,可能就是她说的那面镜子。镜子就在挂《侍女图》那个房间的一角,挂的角度可让站在门道的人看见镜中反射的画。这些游客正伸长脖子,脚在地上拖曳着,想看委拉斯凯兹那幅画的镜像。这时,我想起曾在某处读到过,某位西班牙艺术史家早就被人抛弃的一种幻想,他认为,委拉斯凯兹画中的整个场景,都是一个镜像,只有从另一面镜子中,才能重新组构其"真相"。当然,事实并非如此。这幅画是对委拉斯凯兹在埃斯科里亚尔皇家宫苑那间画室的虚构,有人在那儿看见他在画一幅我们看不到的大画,身边陪着他那位金发碧眼的小因凡塔,她的两个首席女傧相,伊萨贝尔·德·维拉斯科女士和玛利亚·萨米安托女士(即该画标题中的侍女①),侏儒玛丽-巴博拉,以及矮子尼古拉斯·帕图萨托,用调皮的脚去逗弄的那只睡意蒙眬的大马斯提夫獒犬。那么,是谁在目睹这个场面呢?我们通过谁的眼睛来看这幅画的呢?不是别人,而是刚刚走进王室的菲利普四世及皇后。委拉斯凯兹,因凡塔,两个侍女所辨认出,而狗子没加理会的就是他俩。为了保证你看清楚,他们两人的镜像——涂灰掉了,模糊掉了,但绝对不会弄错——从一面画出来的镜子中显露出来,镜子就在这间房远端的后墙上,即委拉斯凯兹画作的消失点上。

那么,在普拉多博物馆的管理人员中,谁有权定夺,《侍女图》是该馆成千上万幅画中,唯一一幅要在镜中反看的画呢?看起来,某个负责人是这么认为的。没关系。我很礼貌地跟讲解员说,看这幅画的方式,就跟这幅画的创造者意图中想的一样:就是直接站在前面,像我做的那样,直接看着画面,跟画面成90度角。我还不如去跟一堵墙讲这话呢,而且是一堵脾气很坏的墙。

"先生,你必须从那幅画边站开,让别人能从镜中看。"

"No way, José."②(不行,不行)。

"先生③,你以为你在哪儿?这里是博物馆!"

好吧,请原谅,女士④。我真傻,我还以为这是一座废车场,或者

---

① "侍女",原文为西班牙语:meninas。——译注
② 这句话英语和西班牙语参半,互相押"way"的韵,无法翻译,意思就是"不行"。——译注
③ "先生",原文为西班牙语:Señor。——译注
④ "女士",原文为西班牙语:señora。——译注

也许是一个塔帕斯酒吧。

"先生,请你记住,这里是博物馆。你从那幅画前站开吧!"

我再也没有忘记这条命令。

回到伦敦后,我跟丹的关系越来越糟。丹东几乎一断奶,丹就以一种无可辩驳的方式宣言,说她要"探索",要"看看",要跟其他恋人"实验实验"——这种宣言使得我这个在内心某个地方,依然是天主教徒的人——产生了一种近乎恐惧的焦虑。此时,她认认真真地探索起来,好像一个麦哲伦,准备扬帆远航,横跨尚未绘制海图的荒漠大海,到某座性欲太平洋去。我原想通过结婚,重组一个安全的避风塘,这座避风塘在我孩童时代曾因父亲去世而被粉碎:梦寐以求能毫无麻烦、确信无疑地得到女人的爱,同时以我自己铸造的保护钱币来给以回报。但丹不肯承认,她想得到保护,而她把我对情感安全的欲求,视为一种软弱。"我要找自己喜欢的人做爱,"她曾一度以习惯的口气,直率到近乎野蛮地说,"你也应该这样。"如果说我俩都相信,我们都这么做过,那也没什么意义。我对婚姻的看法就是,把它当成一种承诺和忠诚。这并不意味着,我是一个圣人——它只意味着,我希望过得平安无事,双方都很充实。我记忆中那双眼睛所看到的样板,永远都是我的父母亲,他们从来都没有"实验"过。可现在,命运不知出于什么恶意,让我娶了一个正好跟他们相反的人。丹只要来了"性"情,就要找人日,而且,没"性"情时也要找。对她来说,寻找就是意义所在。她以为这就等于自由,管它是不是圣杯。她为了追求这种刺激,无情无义,无法无天,让我结结巴巴,痛不欲生。一到晚上她就出门,打扮得靓毙了:上穿一件轻薄透明、古风犹存的上装,上面绣着异国风情的甲虫的彩虹色鞘翅,那是她在国王路某个地方找到的,下穿一条有点磨损的黑色德国吊带花饰皮裤,配着一根名叫"嚓哩哇哩嘈杂小夜曲"的装饰性金属皮带，嵌花式的高筒皮靴，有各种各样的皮色，去给某位小摇滚明星或者某位来访的美国地下人士充当一碟小菜。她去哪儿呢？哦，去看从来不说名字的朋友，或者去看一场我不会感兴趣的音乐会(这一点肯定是对的：我对摇滚音乐会的集体歇斯底里，是没有一点胃口的)，不过是在圆房举行的又一场"急勾"晚会罢了。别担心。我会回家喂丹东的。再说，蒂勒塔也可以喂孩子。看在上帝的份上，别担心了！说着她就出了门，次日早晨才回来，灰色的眼睛一片茫然，大嘴巴抽搐着，因为吸毒而脾气暴躁。要不就一两天都不回家。我好像是跟陋巷的一只疯猫在生活，而且是只把自己疯狂的力比多，形容成富有意识形态目的的陋巷之猫。有一次，她走进公寓，歇斯底里又发作起来时，我为了安慰她而抚摸着她的头发，不料摸了一手某个陌生人已经干得结了壳子的精液。

她喜欢反文化的偶像，但一般来说，她倾向于对平庸之辈嗤之以鼻，但有一个例外，这就是吉米·亨德里克斯。这一点她没跟我讲。她的一个女朋友告诉了我。我想，在豪华轿车后座上，给她留下他俩邂逅纪念物的那人就是亨德里克斯：也就是让她得了"可拉瀑"(即花柳病)。她也没跟我讲这事，就把这病传染给我了。这种病毒性很大，吃了好几个月的抗生素，才把它甩脱。亨德里克斯的"可拉瀑"几乎比他本人还活得久，他是1970年9月因服毒过量而死掉的。

她对我的激情——也够真的，因为丹既无法假戏真做，也不会克制情绪——也有其反面，那就是她与别人关系完全处于无政府主义状态，一味讲求冲动。她智力很高，但在智识层面上还尚未成型，于是就成了一张飞行试验"床"，凡是她从伦敦空中一把抓住的任何"革命"幽灵，都要拿到这张床上体验一下，当时那片空中挤得满满的都是这种幽灵。她什么都走极端，最后宣布她要同性恋了，但她不是仅仅出柜而已，而是一冲而出，把柜门都闯脱了白。不过，那是后来20

世纪70年代后期发生在美国的事。60年代和70年代早期,她主要还是双性恋,凡是能够动的东西,她都要日,只要这些能够动的东西是男的就成。

我当然也不是吃素的。部分出于自卫的心理,同时也希望能得到一点小小的情感慰藉——因为丹的不忠几乎达到了电脑编程的地步,特别让人崩溃——我在这段期间,也跟几个女人发生了关系。但是,我很高兴的是,我对当时伦敦司空见惯,别处也是一样的那种"想日就日,你才自由"的意识形态,一向都不买账。我当时已经感觉到,而现在已相当明确地知道,认定性滥交就能帮助产生个人自由,这完全是一种幻象。自由的条件和对任何人都不负责任的条件这二者之间,是有着天差地别的。

有些地下人士曾就爱情问题,乞灵于超现实主义,但他们都搞错了。嬉皮士的爱不是超现实主义的爱。超现实主义者把爱想象成具有排他性、浓缩性和解放性,因为一旦做出了自由的选择,爱情就会令人着迷。超现实主义者至少部分正确,但嬉皮士一向都是错误的。尽管我无权自称我是个超现实主义者,也从未这样做过,但我觉得——我出生于天主教背景(因为天主教是超现实主义反抗的伟大刺激力),与60年代后期伦敦那些麻木不仁,胡扯什么"卡玛"的食草动物相比,我跟超现实主义者有更多共同之处。

丹生就一副喜欢滥交的德性,却特别容易轻信。大多数流行的迷信,无论是精神方面,还是政治方面的,她都相信。她对占星学这种伪科学非常注意,很喜欢把她对陌生人的态度,对已故的历史人物的态度,以及她对宠物的态度,都依照她以为她知道的星座构成、星象,以及其他根据这个那个业余智者所认为,出生时伴随的星球发生的其他偶然事件来进行衡量。我知道希特勒是室女座吗?贝多芬的上升星座是啥?也许,如果国王路时兴起肠占卜,她可能会忙着把山羊绵羊的肠子割出来,细细查看一番的。她按照各种食物的阴阳内容,如羊排、洋蓟或粥等,毫无意义地做出努力,试图改变我们的饮食结构。我徒劳无益地尝试着向她指出,历史上一些最坏的屠夫,如德国元首(希特勒),都是吃素的,因此从理论上讲,都是充满爱好和平的阴的。但是,正如她所指出的那样,这种话只有我这种法西斯分子才说得出来。

她就像当年伦敦的许多其他嬉皮士一样,特别迷恋 I Ching,又称中国古书《易经》,把它当做行为指南。一连几个星期,她哪怕动一下,连上个厕所,都要掷个硬币看看,在她那本翻烂了的 I Ching 里查找一番,看相关的六线形是个啥意思。如果投掷的硬币没有产生她预想的效果,她就一投再投,直到产生效果为止。我愠怒地想,难怪天朝王国的变化如此缓慢,原来古代中国人都像丹这样,无能到令人厌倦的地步,连动一根指头,也要查看一下硬币、欧蓍草的茎秆、有裂缝的骨头,或占卜时用的任何东西。

不过,她并没有把从真正文化背景下生吞活剥的古代迷信,然后产生的这种说不上是尊敬的容忍态度,延伸到万事万物上。1971年,我们全家①在巴厘岛,与唐纳德·弗伦德在一起时,这一点就比较清楚地向我呈现出来。据唐纳德说,该岛对做好思想准备的游客来说,有着种种奇妙之处,因此敦促我们去参观神圣的蝙蝠洞或象窟的克隆宫。在巴厘岛东海岸的这座巨大无比的洞穴中,生活着不计其数的几百万只蝙蝠,吸引着成千上万游客的到来——这倒不是因为游客喜欢蝙蝠,而是因为这地方无甚可看,而到里面充满令人厌恶、长着翅膀的小哺乳动物的神圣空间去,这种想法本身就似乎很怪

---

① "全家",原文为法语:en famille。——译注

异。而且，洞里还有一个林伽，即神性阳具柱，上面时不时地会缠绕着一条巨大的白化蟒蛇。"一旦它产生了饥饿感，亲爱的，它就会一跃而出，吃掉一只蝙蝠！"话一落地，一片战栗。于是叫来一个男仆，让他安排一辆车和司机，第二天上午带我们去。

蝙蝠洞沿着海滨路，要走六十英里，车在巴厘岛交通的主要成分，也是其祸根的三轮车、小卡车、牛等中间穿来穿去，最后才抵达该地。等我们到了象窟时，我已经有点晕车了，但还没有晕到洞穴里的臭气把我熏昏的程度。在那热烘烘的潮湿空气里，有一堵瘴气之墙：纯粹都是鸟粪。洞里有无数小亭子，每间亭子都结了蝙蝠粪便的壳子，其表面似乎是活的，粼粼波浪般的一层蝙蝠，互相揪住不放，同时扒在石头上面。空气中是浓重的蝙蝠气味，它们飞来飞去，发出急促不清的声音，对我们的侵入怀着不出声的怨恨。洞穴的地面上覆盖着一层厚达数英寸，也许数英尺的棕色的蝙蝠粪便，很黏稠，就像一种特殊的太妃糖。在洞穴入口处，有一块字迹潦草的牌子，用英语宣布说，这是一个神圣的地方，"凡有月经的女士"禁止入内，以防她们在场而亵渎圣地。这地方也许有人专门检查月经吧？丹觉得好笑，对之嗤之以鼻，然后继续往前走，把唐纳德借给我们的手电拧亮。果不其然，里面就有那根林伽，竖在一块岩石上，上面缠着一条蛇。这条蛇给人留下深刻印象，好像至少有八英尺长——正如唐纳德许诺的那样，真是一种大蟒，颜色死白死白，小眼睛闪亮，令人不寒而栗，反射着外面的光线。我身子本能地缩了一下。我本来就怕蛇，哪怕无毒蛇和一般认为是无害的蛇我也怕。即使现在，也没有一条蛇在我看来是无害的。不过，丹却朝前走了一步。"耶稣基督啊！"她崇拜地吁了一口气。"这东西的皮要是拿来做靴子该有多好！"

她纵身一跃，离我而去，这件事发生在1969年，适逢生活剧场

(the Living Theatre)进城演出。嬉皮士的人都爱简称它为"The Living"(生活),它早就解散了,但在1969年,却在伦敦轰动一时——的确也在整个戏剧界轰动一时,特别在那些不常看戏的人当中尤其如此。

该剧院于20世纪50年代开始,发起人是两个搞实验剧的演员兼导演,即朱迪丝·玛丽娜和她丈夫朱利安·贝克。1959年,他们上演了美国青年剧作家杰克·格尔博的一部剧,结果大为轰动。该剧名叫"关系",写的是吸毒上瘾。肯·泰南说,该剧努力再现硬"都扑"的神秘性,是"有行动——或者不如说,有神经,没行动",可能正因为这句话,或者尽管他说了这句话,使得这个剧本极其有力,成了热门戏,这在很大程度上要归功于泰南,因为他很上心,谈起这场戏就始终热情不减。

生活剧场早期上演的剧本中,有些元素在大众文化中,演出很久之后依然保持着生命力。《布里格方帆双桅船》就是一个佳例:其中有一场戏,能透过铁栅栏的"透明墙壁",看见囚犯在囚室中排成队列。结果这场戏成了那个时代关于监狱生活的一大隐喻,后被猫王埃尔维斯·普雷斯利抄到他的大型序列舞《监狱摇滚》中去了。几十年后,在《芝加哥》的电影版本中,又被抄到更加精心制作的一个片段中去了。

但是,从60年代角度看,更为重要的是贝克和玛丽娜的转向,他们不再依据戏剧脚本,而是转向一种松散的集体演出,主要靠口头和身体的即兴创作。演员很少有专业人士。他们更多的是"演出",而不是经过训练的舞台出演。到了60年代末期,他们到欧洲巡回演出时,贝克夫妇就已整合了一批怪异的杂牌军,其中有些是演员,但大多数都是情绪超激昂的怪人。舞台和听众之间的隔阂崩溃了。在他们演出的最大一场戏,即《现在就是天堂》中,演员走下舞台,进入观众席,从里面找出个别人来,抚摸他们,拍拍他们,抓摸他们:"神圣的乳房,"他们会如此吟咏。"神圣的手。神圣的唇。"这种接触让人非常难为情,除非你也进入当时那种意境,这一点并非人人都能做到——也并非人人都想做到。一天晚上,在圆房演出时,"The Living"中有个人不找别人,偏偏零距离地接近了出版商乔治·威登菲尔德爵士。他本人的道德观和文化观,与生活剧场的道德观和文化观,相距何止十万八千里,然后开始了他的这也神圣,那也神圣的老一套。乔治大惊失色,但仍能保持冷静。他把钱包拿出来,对着那个来势凶猛的演员晃了晃,就像把大蒜对着吸血鬼晃了一晃一样。"神圣的钱,"他毫不畏缩地说。

丹只看了第一场戏,就爱上了生活剧场。不久,就跟其中一个演员好上了:这是一个个子很矮,肌肉结实的美国人,名叫梅尔·克莱。我从没见过这人,对他知之甚少,只知道他写的一两句话,欣喜若狂地大谈超级毒草的奇效,后来那段话出现在不知名的文集中,题为"毒草书"——一个很有魅力,很惠特曼的标题!——该书主编是荷兰瘾君子赛门·温克鲁。(二十年后,在芝加哥的一次签售会上,一个依然个子矮小,依然肌肉结实的美国人跟我打招呼。"嗨,伙计,还记得我吗?丹怎么样了?"我大吃一惊,告诉他说,她现在已经成了一个正式的蕾丝边。结果轮到他来大吃一惊了。)不久,她就想搬过去跟克莱一起住,搬进该剧团在伦敦戏剧季节期间的临时住地:当时在帕丁顿的一幢供膳宿的房子里,名字起得很有点讽刺意味,叫维茨恩德房(Witts End House,意即"智穷技绝之屋")。克莱对这一做法很抵触:从某方面讲,丹太让他受不了,这一点也不奇怪。她跟我讲,他俩之间曾有一次非常暴力的口角,结果他推了她一下,把她推得滚下楼,从大厅的玻璃门冲了出去,把玻璃门撞得粉碎,自己却只破了点小口子,充分证明她几乎坚不可摧。无论究竟发生了什么,这件事就像她让我看她膀子上的伤口一样,就是他俩关系暴烈的明证。

与此同时,蒂勒塔很勇敢地照料着小丹东,我则螺旋般地堕入一种既无助,又无法平息的嫉妒状态,成天悒悒不乐。我戴了绿帽子,成了一只杜鹃鸟(意即疯子)。我迷惑不解,像患了炮弹休克症一样感到震惊,也缺乏必要的无所谓态度来进行防御。接着,当 Le Living(当时,那些崇拜法国文化的激进分子,就是这么称呼这家跳蚤马戏团的)剧团前去巴黎,又从那儿去北非时,丹坚持要把还不到两岁的丹东留下,自己一个人去。因为我对照料丹东的种种需要不太有信心,所以,当一个住在乡间,家有保姆,富有母爱的朋友居间调停,愿意在她家育儿室,给丹东留一间房,等丹明白过来——如果她真能明白过来的话——回到英格兰再说时,我感激之至。

丹计划先去阿尔及尔,因为那儿正在举行激进的泛非大会。她想为《Oz》报道这个会议。丹对次撒哈拉政治的知识,如果写下来的话,放在一张来自廷巴克图的明信片上,都不会嫌多,但另一方面,《Oz》杂志及其读者对该地区也一无所知。她去那儿的真正理由,其实是有一组黑豹党的人住在那儿一家饭店,暂时处于离开美国的流放状态,据说他们戴着子弹带四处逡巡。他们在埃尔德里奇·克里夫的领导下,把所有白种男人都视为魔鬼,所有白种女人都视为渴望被人强奸的"锄头"①。丹很希望体验一下,跟这些怒气冲冲的典型彪形大汉在一起生活,会是什么样子,但她抵达阿尔及尔,把自己送到克里夫的饭店去后,他就感觉到会有麻烦,结果在1968和1969年间,始终没跟她性交,他是少有几个没这样做的著名男性激进分子之一。

丹被拒绝之后,又重新打回生活剧场。该剧团刚刚到了北非另一边的一个地方,准备稍事休息,恢复一下,这个地方叫索维拉,是大

---

① "锄头",即英语俚语"hoe",指随便滥交的女人。——译注

西洋海岸边一个风景秀丽、阳光明媚的渔港。我刚意识到她的行踪（不过，我得在地图上查）时，来了一封语无伦次的信，上面盖着当地邮戳，指责我独断专行，家长作风，是个白人，以及其他各种各样的短处，但却不问我丹东怎样了。她跟克莱重新过上了幸福生活，但最后还是不得善终，因为隐身不见了三个月后，她又在伦敦露面，行李中带了一扎摩洛哥的纺织品，一只摩洛哥皮马裆裤，以及一件为丹东买的摩洛哥"杰拉巴"连帽外袍。他穿上后，把那顶绣花帽子一戴，看上去就像个疯也似的小妖精。她还买了一面很丑的摩洛哥小镜子，嵌在有厚皮覆盖的饰板上，约有两英尺见方。结果发现，里面装了颇大一块分量很足的棕色大麻，足有一公斤重——因为她鬼运很好，当时机场又没有嗅探犬——她居然带着毒品，未受侵扰地闯过了西班牙和英国海关。

　　这些"都扑"中，她有些留了，有些卖了，还用其中一点点做了一块蛋糕。她去北非的很长一段时间里，我跟巴黎一个法国女孩发生了关系，她当时在索邦大学读书，靠做兼职模特自己维持生活。妮可儿对嬉皮士[1]虽然说不上是假装正经，但她对这种人很紧张，却又对"都扑"很好奇。由于她是个高雅的少女[2]，在1968年五月那个欢乐之月到来之前，还是十六区的一朵鲜花，所以从未试过"都扑"，毕竟对巴黎中产阶级的子女来说，毒品文化尚属早期。于是，我把那块很大的大麻蛋糕，装在从福特南买来，用精美绶带束起来的一个糕点盒子里，打好包后，就到巴黎去了。妮可儿一看就有点畏缩。里面放了多少大麻？我不知道。我真的不知道。老婆做蛋糕时我不在场。妮

---

[1]　"嬉皮士"，原文为拼错的法语：les eepies。——译注
[2]　"高雅的少女"，原文为法语：jeune fille bien élevée。——译注

可儿极为怀疑地看了我一眼。最后,我们每人吃了一小块,比婴儿的小手指头还小,就出门到她喜欢的一家勃艮第餐馆吃晚饭。当晚上的第一道菜,一大块又厚又浓的馅饼端上来,放在我们面前时,我才意识到,出了什么严重的大错。我盯着看我那块东西的表面时,发现它分解成很多小块。一个个形体完美无缺的分子小牛、小猪和小鸡,每一个都很完整,十分和谐地迅速繁殖起来。妮可儿看见什么了,只有上帝知道。她坐在那儿,中了毒瘾,一直毒到了腮边,一句话也说不出来,动都没法动。丹在蛋糕里放的那么一点大麻,毒性大到能把一整支摩洛哥军队都毒垮。我开了一个关于查尔斯·波德莱尔和印度大麻俱乐部①的玩笑,就站起身来,一下子晕了过去,倒下地来,额角撞在桌角上,砸开了一个口子。我一下子血流成河,餐馆几个非常敌意的侍者嘴里骂骂咧咧,说:这些肮脏的英国傻子②,半是扶我起来,半是把我扔了出去,让可怜的妮可儿殿了后。夜里剩下的时间,我在她雷阿尔区的公寓里度过,但她再也不想见到我了,永远都不想见到我了,事情到此为止。她怎么处理剩下的那块蛋糕,这我不知道。她也许把它扔掉了,但要是巴黎的老鼠吃了,那晚上可就有好戏看了。

回到伦敦,我依然胆小如鼠,不敢离婚,害怕我会失去丹东——英国法律有个几乎永远不变的习惯,那就是把婴儿的抚养权和控制权交给母亲,道德卑鄙者除外。毫无疑问,我可能也会被证明是个道德卑鄙者——吸毒、极度滥交——但我既没有胆子,也没有道德信念,来提出离婚。反正如果丹背水一战,她也会找出足够的证人,证

---

① "印度大麻俱乐部",原文为法语:Club des Haschischins。——译注
② "这些肮脏的英国傻子",原文为法语:ces sales cons Anglais。——译注

明我也吸过"都扑",而且吸得也很起劲,让我在任何法官眼中,也被看成是个道德过于败坏者。那怎么办?丹东会不会从我俩身边被夺走,成为法庭的受监护人?我无法面对这种情况。

有种人特怕打针。我就是这种人。当我还是个孩子,在悉尼有医生要给我打针时,我会畏缩不前,怕得要死。当牙医把针扎进我的牙龈,一边像念经一样地说"不过是很小很小的一根针,不会很痛"时,我就会充满恐惧。(不过,当某个批评家,特别是澳大利亚批评家,写了一篇关于我的恶评时,我也会把这当成一句很有用的话,不断地对自己重复。)

但也有一种人非常喜欢打针或进行皮下注射的感觉,丹就是这种人。她能从中得到性的刺激。

究竟谁让她打针上瘾,我一直不能百分之百地确信,但我想,这一定是我的一个朋友,即名叫布勒特·怀特利的画家。我在澳大利亚时跟他认识,但不熟,但我们的友谊始于20世纪60年代早期的伦敦。当时,他无疑是澳大利亚艺术的金童。1961年,布莱恩·罗伯特森在白教堂画廊举办的那次画展,他的作品就在其中,曾引起一场小小的瀑布般的称赞。名望很高的马乐伯画廊跟他签约,让他成了他们的画家。在这个时候,我跟布勒特过从甚密。他在W14区的艾迪逊路,住一幢很大的画室,这地方曾一度是约翰·拉斯金朋友兼盟友,创造出《替罪羊》和代表维多利亚时代想象力的其他偶像,拉斐尔前派画家威廉·霍尔曼·亨特,约翰·拉斯金的工作之地。画室门外花园中,一株满身木瘤的大树上,就有一块牌子为证,上书:"威廉·霍尔曼·亨特爵士,皇家艺术学会会员,拉斐尔前派同仁会会员,从前曾在此树周围,与孩子一起嬉戏。"布勒特与他那迷人的金发女儿阿基,也曾在此嬉戏过。他忙着画一连串朋友称之为"澡池新娘"——都是他年轻可爱的妻子温迪淋浴时,性感可餐的裸体——的画,这个系列的色情内容,远远超过了以前任何澳大利亚艺术家所画的人体画。

这些幸福的幻景继而一变,成了某种少了很多天真之气的东西,也就是关于新闻报道中,妓女性谋杀案的系列画。英国有个一直都很有名的性变态者,名叫约翰·克里斯蒂,他用含毒的家用汽油毒死少女,把她们奸污,然后在他位于伦敦雷灵顿10号的贫民窟房子里,把她们分尸解体。后来,他又把一些尸体塞在地板下面并埋在后花园里。这些尸体中,有克里斯蒂一个傻乎乎的年轻朋友蒂姆·埃文斯的老婆,那个朋友只有不聪明的幼童智力,结果因被误判为犯有这些谋杀罪而遭绞刑。他绝对清白,克里斯蒂的罪行,以及达到古怪程度的杀人规模,都只是到了后来才被发现。这一切在很多年前(即克里斯蒂最终被绞死之前)都已发生,而且进入了民间传奇的领域:它成了歌曲的主题,其中有首民歌,题为"下去吧,你这谋杀犯",最后一段如此唱道:

> 他们把蒂姆·埃文斯押到绞刑架前,
> 可他并没犯罪;
> 克里斯蒂才是谋杀犯,
> 法官和陪审团也都是。
> 所以说呀:下去吧,你这谋杀犯,下去吧!

这个肮脏而又很英国的恐怖故事,让布勒特兴奋若狂。他把这个主题一把抓在手里,当时也许并没意识到,这个话题能让他与澳大利亚绘画中的那首伟大民谣决一雌雄,即西德尼·诺兰歌颂的罪犯英雄纳德·凯利。(不过,布勒特并没有把克里斯蒂当做英雄处理。事实上,如果要说布勒特画笔下的克里斯蒂像谁的话,他倒颇像额头很高,样子像办事员的阿道尔夫·艾克曼。)但这也让他能够(完全不是无意识地)指认,他在活着的英国艺术家中,与他最佩服的弗朗西斯·培根这个人物,有着某种心理上的亲情关系。布勒特热情洋溢地羡慕培根,盛赞他能慧眼独识邪恶,这是很真实的,绝对不是勉强装出来的。在布勒特那双通过艺术过滤的眼中,这也是非常富有魅力的。布勒特对这一点采取偶像崇拜的方式,就跟粉丝偶像崇拜"斯托克"赛车①车手的方式一样。他觉得,他能从中吸取教训,从而学会避免"存在主义的"风险。他自己后来吸海洛因越吸越有瘾,就是以这种方式来为自己找借口的。他而且还以这种方式证明,他那种愚蠢而又凶狠的看法是正确的,即他有权判断海洛因是否对别人有益,也有权敦促他们试吸。有天晚上在伦敦,我俩吸大麻都吸晕了,他还想吸得更"高",花了好几个小时,大谈吸毒的好处,想劝说我吸,最终还是没有说服我。但是,我从丹的几次暗示中,产生了强烈的怀疑,他可能说服了她,这等于就把我们的友情拦腰斩断了,结果我很后悔,因为如果怀特利不吸毒,有他这样的朋友做伴,还是一件赏心乐事,甚至会蓬荜生辉。吸毒之后,人会产生一种负疚感,而且是一种咄咄逼人的负疚感,很容易把瘾君子变成喜欢说教的人。他们不仅喜欢,也希望把他人一起拉下水。他们如此一进攻,就等于补偿了他们自己的缺点和对毒品的依赖心理。

依我看,布勒特之所以最欣赏作为人的培根,而不是作为艺术家的培根,是因为培根不可否认特别厉害,敢于生活在极端边缘:他赌博,他狂喝滥饮,他乱搞男男关系,他好像全然置他自己的心理安全

---

① "斯托克"赛车,英文为 stock-car,即原厂改装赛车,因网上网下均无满意的解释,故采取音译。——译注

于不顾。培根怎么看布勒特呢？我对培根不太了解，没法去问他。我跟他的相识，仅仅限于在苏荷区一个艺术家常去，老板是个糊里糊涂，但性格宽厚，名叫穆丽尔·贝尔切的老人开的殖民房饮酒俱乐部喝了几个晚上的酒而已。多年来，培根给她画了几幅肖像。但据那些的确了解他的人说，他认为布勒特像头活泼的幼犬，毫无疑问很有才，但作为一个道德的人，还不够狠，不是特别有意思。而培根这人虽然是个出了名的浪子，却又是个正人君子——他自己坦承是个非同寻常的正人君子。

有一点是一目了然，确信无疑的：布勒特吸毒上瘾，对他的艺术无济于事。当然，他以为有帮助。瘾君子通常都喜欢这么认为。他曾一度爱把这两个缩写字母 WS——"With Smack"（抽过海洛因）——写在他一幅获奖的澳大利亚画上，目的就是为了让那些知道内情的人知道。无论瘾君子因吸毒上瘾而迫不得已地遭受什么损失，他们都爱宣称，其实他们有净失也有净得，因为他们在一定程度上感觉加深，艺术的感觉也随之加深，这实际上就是一种补偿。事实证明，情况从来都不是这样。他们辩护时经常援引的例证——最典型的一个例子就是，柯勒律治的《忽必烈汗》一诗，是基于他抽了鸦片烟后做了一场半途中断的梦——从来都不足以压倒作家、画家和音乐家，在使用毒瘾过重的药物之后，所发生的才具畸变、才具流产和才具混乱的无数事例。有任何真正了解音乐的人，敢把手放在胸口，诚实不欺地发誓说，查理·帕克或瑞·查尔斯是因为打针注毒，能洞察幽微之后，音乐才变得更伟大的吗？还有些作家和艺术家的作品更不是逞一时之狂兴，即兴发挥的产物，因为这样的产物要求持之以恒，精心制作，复杂而又理性地构成系列，对这样的作家和艺术家来说，海洛因的效果就更加说不过去了。就更不要去说，吸毒上瘾给沉着镇定的心境、沉思默想和自我批评的内心力量，这些创作严肃艺术所不可或缺的素质,造成多么可怕的影响了。随着布勒特继续吸毒,他作品中的这种信心被一种绘画的欺瞒哄骗和虚张声势,一种粗砺的极端主义绘画修辞学——尽管我很不愿意用这些词——一种为自己辩护的俗不可耐的心理所代替,这对许多人,也包括对我来说,充满了虚假之音。就算画的感觉有深度,那也没有关系。

布勒特当感性诗人,可说才华横溢,但他作为哲学家,他也很想让人把他看成哲学家,那就基本上是爱搞东方主义的小人一个,冒牌货一个。他画得最好的画——我在这儿也许讲得太笼统了一点,因为这些画并不是他唯一的好画——都是画的悉尼港和海滩的风景:如白色游船激起的尾波,仿佛用针线缝上了画面,一桥巨大的拱形横跨其上的那一片深邃、暗蓝色的欢悦田野,或有着马蒂斯一样的裸体,上面缠着花毛巾的金黄色沙滩。

他画得最糟糕的画,则是他在其中为了大谈特谈生活的意义,而自逞其性、自炫其才的那些东西。其中糟糕到极点的(至少在我看来是这样,可能还有更糟的,但我没见过),是一幅巨画,长五十多英尺,标题是"炼金术",被悉尼继承帕克财产的一个人,在一个非常错误的时刻买了去。他一刻不停地谈论禅宗——倒还没到令人恶心的地步,因为谈起来还相当俏皮——但他对禅宗的欣赏,根本都不比一代人以前那些美国"垮掉的一代"更深刻:只知夸夸其谈,不知沉默不语。像布勒特过的那种生活,周围都是噪音,那是任何老禅宗都受不了的。当然,滥用任何毒品,也绝对是违拗禅宗精神的。

不幸的是,澳大利亚艺术市场却急不可待地跟定了一个命途多舛的诗人①,对真正有钱的人和真正俗不可耐者——市场靠的就是

---

① "命途多舛的诗人",原文为法语:poète maudit。——译注

这些人,因为澳大利亚欣赏者少,懂行的也不多——来说,那其实是一个只学到凡·高皮毛,没学到凡·高精神的人。随着布勒特越近中年,野孩子名气越大,他的作品就越有人追捧,从地产投机商,到黄金海岸可疑的不成熟的业务员,什么样的人都有:他出类拔萃,是澳大利亚半有教养半愚昧者的文化吉祥物,他也需要做这种吉祥物,因为吸毒上瘾的第一条规矩就是,海洛因是要钱买的。很少有任何迹象表明,他的后期作品中,还有早期怀特利作品中那种凶猛无比,吞噬一切的好奇心,以及一头扎进去的那种优雅线条。他的风格开始变得邋里邋遢,没有出人意料之处,过度地充斥着确实不动脑筋却又矫揉造作的个人情调。我总是想起亚历山大·蒲柏那句双行诗:"燃着火焰的灵魂,要夺路而出/却惹烦了即将衰朽的侏儒肉体。"布勒特一头金红色的卷发,眼睛闪闪发亮,鼻子似在探问,动作十分快捷,就在澳大利亚炎夏也要戴黑羊毛无指手套,为的是遮住手背打针留下的痕迹,他看上去就像丛林里跑出来的某种哺乳动物,也许是个袋狸或负鼠。他死后才达到荒谬至极的巅峰,这时,早就跟他离婚的寡妇,居然跟新南威尔士政府做了一笔税务交易,把悉尼一家房产装扮一新,成了怀特利画室,搞得就像对跖地类似德拉克洛瓦在巴黎的富斯坦堡小广场或墨西哥城的弗里达·卡罗纪念馆那样的东西。这地方后来成了一个小朝圣地。我去造访时,好像还有点意思——一间带有特定时期风格特点的房间,不过,那至多只能让人产生些许模糊的记忆。不过,我永远也不会忘记他,尽管离那个糟糕的夜晚还不到十五年。那天晚上,他在悉尼南边海岸一个假日汽车旅馆里多打了一针,结果毙命,时年五十二岁,孤零零的,无人安慰。

第八章

涉水佛罗伦萨

除写作之外,我此时还开始在英国电视上露面。我去伦敦前,几乎没做过电视,尽管我在早餐聊天秀中出现过一两次。上电视这种想法似乎很异国情调,离我也很遥远:我从来都没有一台电视机。电视这种媒体不构成我成长中的一个部分。我看第一次电视节目——颗粒很重的黑白电视,放的是一部西部片,名字已经忘了——时,才二十岁。诺厄琳的父母有一台电视,我有时会到他们在悉尼郊区的一幢房去,跟她坐在沙发上。他们一般晚上10点就上床了,把我和诺厄琳留下,在电视淡蓝色的摇曳光线下接吻交颈,漫无头绪地看进口美国节目,如《77号日落大道》,和侦探秀《龙战士》,主演是长着一张像侏儒塑像脸,面目可憎的杰克·韦伯。别说从这种很奇怪,很愚蠢,也没有前途的媒体赚钱,就是在它上面出现这种想法,我都没有产生过。

我去伦敦后,情况发生了变化——倒不是我有意为之。也巧,西德尼·诺兰正要在伦敦举办一场画展。BBC想做一个关于他作品的短节目。那儿没人了解他的作品,唯一似乎了解的艺评家,又不知何故,上不了电视。这时,有个人(我愧对该人,因为记不住是谁了)对文化杂志节目制作人提到说,鹅鹕出版社要出一本澳大利亚艺术的书,该书作者是个二十来岁的澳大利亚人,刚从意大利迁往伦敦。轮子转动起来，电话打了过来。制作人很快就直捣我的老巢，找到我了。

她名叫罗娜·佩格拉姆。在接下去的十五年中，我们就要有一阵没一阵地合作了。在如何做电视方面，我学到的大部分知识，以及现在了解的情况，都要归功于她。她是我的良师益友，我的妈妈桑，我亲爱而又不可替代的朋友，她去世后，在我生活中留下了一个任何人都无法填补的创口。她有时会把人逼疯——但那也不过是有时而已。有时候，她也会觉得我无法忍受。我直到现在依然十分怀念她。

你若想看她一眼，就必须想象一个相当矮胖的英国金发女人，年约三十七八或四十出头——我从来不问她年龄。她上唇很长，长得像马唇，看上去颇像伟大的法国电影喜剧演员费南戴尔娇柔一点的女性版本。她嘴尖舌利，很没安全感，母性十足，对朋友忠心耿耿，总是特别害怕大大小小的各种背叛行为。我后来才发现，她的爱情生活通常都是灾难，大部分时间里，她老是把安定药和单麦芽苏格兰威士忌混起来喝。（也许，为了公开，也为了公正，我还应该加一句，我们认识这么多年来，我和罗娜从未发生过关系，连在外景地一夜风流都没有，而且，这样也很好，否则，很可能给我们的工作关系造成很大破坏。）如果要她自由选择的话，她可能会选择全日写作小说。可是，她有孩子要赡养。尽管她写过几部长篇小说，从英国报纸批评家得到过不冷不热的称赞，如"很严肃"和"很敏感"等，没有一本卖得好。英格兰的小说写作——也许到处都一样——是这样一种职业，只有很少人能成功地赚钱度日，大多数人都是要撞南墙的。

所以，她当制作人和导演，主要制作文化纪录片，我们认识之前，她已经做了十年。此时，她受雇于BBC2频道，也就是BBC电视台的"高眉"（高品位）分台，该台于20世纪60年代开始播放节目。她做的工作，跟美国（不消说，也跟澳大利亚）电视的任何节目都毫无关系，因为，正如当年BBC制作的大部分节目一样，它要假定电视观众有一定的智力水平并尊重他们的这种智力水平：这种价值观直接来自BBC的奠基人里斯爵士。里斯爵士坚持认为，尽管人数重要，但质量更重要。这一点从上到下都认为是颠扑不破的真理。BBC自毁形象，制作一些低能的儿童（或者不如说胎儿）节目，如《天线宝宝》，又让澳大利亚敲击板演奏能手，《好汉：把我这个袋鼠捆起来吧》节目作者罗尔夫·哈里斯频频出镜，乔装打扮成文森特·凡·高，但很幸运，这都是很后来的事。我1966年漫步徜徉，走进的那个BBC，更像悉尼一家高质报纸的文化版面，也像这种报纸的文化版面一样，在很大程度上都由与社会格格不入的人，被杂乱无章的新闻界流放的人，以及被舰队街小报的澳大利亚编辑毫不迟疑，极为准确地称作虚弱无能的伪知识分子和混账精英的人来制作和管理的：简言之，跟我一样的人。那是一生从未追星，或跟着救护车跑，也绝没有想过这样做的人的避难所。

　　当然，为BBC2台做事，也有其不利的一面。首先，你不可能发财。我想，我做的首次关于西德尼·诺兰的六分钟节目，只拿到十五个基尼，这之后涨了工资，每"贡献"一个节目，就平均拿二十个基尼。费用倒是极少。"真人秀"电视里的人可以痛饮玛歌葡萄酒，就着苹果舒芙蕾①，大吃烤牛肉，坐着豪华轿车到处跑，但在BBC2台，菜单上更多的是在印度餐馆，喝不冷不热的啤酒，吃羊肉咖喱。Beeb-Two（BBC2的谐称）很节约，不随便发免费出租车券，更希望你坐地铁（尽管嘴上不说）。（伦敦地铁有一站很方便，就在白城的BBC电视台主要入口附近。这是一座环形大楼，BBC的雇员在它中间令人

---

① "苹果舒芙蕾"，原文为法语：pommes soufflés。——译注

困惑的环形走廊里,漂来漂去,漫步徜徉,那样子让我经常觉得,他们就像炼狱中的鸡奸者,在他们那一圈燃烧的沙滩上永远地奔跑。但我在BBC2的大楼附近的任何地方,都找不到一个地铁站。)

罗娜完美无缺地融入了这种环境。她工作的地方有个酒吧,她就把那儿当成她的安身立命之所,在那儿开庭审理,在那儿计划节目,还在那儿不时大倒苦水,抱怨薪水不高,不能跟美国电视网工作人员的收入比。她不喜欢BBC内部提升之慢,慢如冰川之变,但如果要她到更割喉宰人的生意场去干,她会更开心一些吗?我很怀疑。她给人一种强烈的学生社团工作人员之感,有时让我想起一个女学监,手里没拿论文课题,却拿着一台照相机。如果Beeb-Two不存在,我不可能想象她会做电视。回忆中,20世纪60年代中期,对英格兰的智性和严肃电视来说,是一个妙不可言的时代。在Beeb-Two,我从来没听人提起过"打分评级"。一个假定很简单地就做了出来,也就是你要尽可能做得最好,为智力尚可的电视观众,制作出高质量的节目来,而且你对这些观众不能采取屈尊俯就的态度。当时,很快就要进入电视媒体,牙齿长得像军刀的那些技术官僚尚未出生,或者至少还没长大。这个组织内部和周围有才的人,对自己的向往——默多克的子女现在把这个叫做"自命不凡"——并不害羞。这些人中的一些"导航标灯"(最有影响者)大多都是三十来岁,其中有小说家安东尼·鲍威尔的儿子特里斯特纳姆·鲍威尔,他制作的一些"文学"纪录片,在BBC的历史上是最优秀的;有麦尔文·布拉戈,加文·米纳尔——这是一小帮人,他们(尽管时间很短)不仅得到允许,而且得到了积极的鼓励,制作有真正文化品位的电视节目。虽然我从未跟他拍过一部电影,但我觉得特别幸运,因为能够了解朱利安·杰博并经常见到他。

朱利安现在已经基本上被人忘掉,除了那些认识他,也爱他的人外——这帮人自他1984年去世之后,就越来越少了。他是身个细瘦,动作灵活,颇似小精怪的一个人,看那样子,你以为,任何机构的重量都会把他压垮,但他却能在机构的裂缝中活得很滋润:就像跟利维坦很不相称的儿子亚利。原来,他就是我天主教孩童时代,遭人嫌恶,喜欢滔滔不绝讲长话的西莱尔·贝洛克的孙子。他姐姐是修女。他在唐赛德这个本笃会学院接受了教育,后来,他哥哥成了该院的院长。① 这么说来,我们共同享有一个天主教文化,以及对这个文化的反叛:朱利安比我更强烈,因为他是同性恋(不是"gay",他对这个字的仇恨甚于一切)。朱利安想当作家。如果说他迷恋这种想法,那是不公平的。他也的确写过东西——偶尔为之——但只是短文和评论,从来没有写过书。他的文章妙笔生花,文句华丽,甚至整段都生气勃勃,但数量不足以汇成一部选集。在英格兰的人中,他是撰文赞扬不讲情面的伟大讽刺家巴利·汉弗莱斯,以及电影评论家伊夫林·凯尔的第一人,或者说几乎是第一人。他做过的电视纪录片和采访的对象有伊夫林·沃,克里斯托弗·衣修午德,约翰·奥斯本,米特福德四姐妹,即帕美拉、戴安娜、黛博拉和杰西卡,但书呢——书一直都没写成。这本书(无论它是什么:小说吧,他希望)几乎都没开始动笔。他的日记反正也不经常记,在一场大火中摧毁殆尽。当他说"魔鬼会在懒惰的手掌上下蛋"这句话时,他明白他说的是什么意思。

因此,除了别人的记忆之外,朱利安身后留下的东西极少。他是一座温良的丰碑,纪念着他的自疑自虑和(偶尔的)自怨自艾。他几

---

① 英文为sister和brother,但未具体点名是姐姐还是妹妹,也没具体说明是哥哥还是弟弟。由于此人资料网上没有,只能暂时存疑,分别译作"姐姐"和"哥哥"。——译注

乎无所不谈,谈起话来,常常闪现出特别惊人的才华,因为他几乎无所不读,凡是记得的东西,也几乎无所不爱。他的大脑就像一座记忆宫殿,全是不可预料的联想,其中,一间内室通向第二间内室,再通向第三间内室,又通向第四间内室。他喜欢自疑自虑,但这种自疑自虑有着一种史诗的特质。

日子好的时候,朱利安看上去像彼得·潘。日子不好的时候,非常不好的时候,如他的一个朋友所说,他就很像 E. T.(即外星人)。据另一个 BBC 的朋友戴维·切希尔(也自杀了,哎呀呀)说,他让别人给他开了一个证明,证明他是侏儒,这样就可以躲过服兵役。没人说他长得英俊,这就使得他的性爱生活变得很不稳定,也很不确定:我想,他很难相信,会有人真的爱他,但的确有人真的爱他。他能激起别人对他动情,因为他把太多的感情到处传播。他不是那种不爱抛头露面的人,但把饥饿的自我强加于人,对他来说,就是一种无法忍受的侵略行为。因此,即使在美国住了那么久,我还是常常想起朱利安,他 1984 年自杀,当时仅仅五十岁(安眠药和依云矿泉水,我听说,因为杰博不喝自来水)。每当我听见某个自恋的傻瓜艺术家,吹嘘他当前如何独创,将来在历史上有如何重要的地位时,我就会想起他来。每当我陪着某个刚刚买了一幅杰夫·库恩斯的画,但却以为帕米贾尼诺是一种奶酪的笨蛋收藏家时,我就会想起他来。每当我看见某个一心往上爬的博物馆馆长,舔着将来可能成为他受托人的那些人的靴子时,我就会想起他来。每当我读到,或者更糟的是,听到某个批评家臭气熏天,唾沫四溅地把他那些行话四处乱扔时,我就会想起他来。我想念他吗?是的,依然想念,永远想念。

我当自由作者,为 BBC 干活拿钱,所干的基本工作,就是为文化杂志节目,撰写不太长的文章。所有这些节目不是由罗娜·佩格拉姆制作,就是由她以某种方式监制。一般来说,会用一卷黄纸,在一台奇大无比的打字机上,把文本打印出来。相机镜头前,安着一个匣子,黄纸就在里面一套镜子后面徐徐展开。这样,你就可以直接看着相机,以一种坦率、自然而且男子气的方式,对着在家看电视的人说话,同时边看边读。这对那些大权在握的政治家和其他人,是一个极大的福音(你只要想象一下,如果没有自动提词机,像乔治·W.布什这种诵读都有困难,话都说不清楚的蠢货,就算发布一篇短短的政策演讲词,可能也会错得一塌糊涂),对文化记者这样一些小人物来说,也很有帮助——对我们来说,唯一的不利条件,就是60年代的自动提词机过于笨重,只能在控制很好的播音条件下使用,而无法在大街上享受到它的好处。

我们的团队永远很小——摄影,声响,"抓握"(也就是搬东西的人),灯光,导演,等等。有时候,当我看到其他广播公司,尤其是美国公司相对巨大的设备①时,我就感到很嫉妒,甚至不无鄙视。他们的装备、机件,以及交通设施跟我们原始的配置相比,就像美国的第六舰队跟格里姆斯比拖网渔船相比一样。不过,我们并不经常看到那些东西,因为"商业"频道也好,当然美国公司也好,对报道画展或采访作家一点兴趣都没有。对一般大众来说,那又有何意义呢?

但至少我们经常在动,尽管乘坐的都是游客级别的交通工具。我对当时巴黎尚属新鲜的一个运动,即动态艺术做了一次报道,采访了瓦沙雷利、索托、波尔·布瑞,等等。(我特爱布瑞的作品,黑板上有洞,洞里有小茬子往外冒;每隔一阵子,黑板盖住,里面都是铁丝和绳子的一个古怪机械装置,就会把这些小形状中的一个弄动,以致你纳闷起来,刚才看到的是啥,甚至怀疑你是否真的看到任何东西了。

---

① "设备",原文为法语:équipes。——译注

这就好像是在看一只海胆在岩石上，偶尔会把脊梁动一下，动的方式很出人意料。)

我给马塞尔·杜尚做了一个节目，以配合他在泰特画廊举行的回顾展。在做节目的过程中，我问杜尚是否能给我的目录签个字。这位老绅士很帮忙，就签了字。"这么说来，这也是现成品了？"我问。(所谓"现成品"是一种物体，杜尚多少是其发明人，这种物体被艺术家因其美学意义或其他意义而选择，并由该艺术家指定为一件艺术品。这方面的例子有：杜尚在纽约展出，命名为"泉"的著名陶瓷便器，或尖利的瓶子晾干架。)"哦，不，休斯先生，"他温和地反驳道，"是你选择这个的。"这次画展的重头作品，是根据英国艺术家理查德·汉密尔顿的《大玻璃》，非常仔细制作的一幅虔诚的仿作。该画原作本在美国费城，但多年前在装运过程中被打破，而汉密尔顿的这幅仿作——因杜尚赐福而有了一种特别的真实性，尽管杜尚并未在制作过程中插手——在各方面，如制作方式、玻璃、灰尘、铅箔，等等，都一模一样，除了玻璃中的裂缝之外。这些裂缝后来在原作中带上了偶像特征，但当然无法仅凭偶然而重复再现。就我所知，在所有现代艺术中，这是一个艺术家对另一个艺术家的作品，所做的独一无二，最为忠心耿耿的抄袭行为。在16世纪和17世纪，以如此方式表示敬意并不罕见，但在20世纪，汉密尔顿的这幅仿作却是绝无仅有的。

我跟超现实主义画家马克斯·恩斯特见过面，聊过天，还在一起喝过啤酒，其刺激之巨，就像如果我在十二岁时，见到南极探险家斯科特时一定也会感受到的那样。我到纽约做了一个波普艺术的节目。当时采访的几个人，现在都死了：罗伊·里奇特斯坦、安迪·沃霍尔，乔治·塞加尔。我亲眼看过吉姆·罗森奎斯特在他长岛的画室画画，当时觉得很好玩，他边画边听美国音乐小组爆响的音乐，这些小组我以前从没听过,现在也不记得名字了。

我在英格兰很少见到美国艺术家。在卡斯明画廊或罗伯特·弗雷泽画廊的赞助下,偶尔会有青年艺术家露露面。我见到的几个,都是克里门特·格林伯格的追随者。据我所知,唯一一个他们对其作品发生兴趣的英国艺术家,是雕塑家安东尼·卡罗。他们很看不起亨利·摩尔,认为他对坚固形体,而不是开放结果的精通,已经老式过时到没有希望的地步——老福勒德·燧石——我听见他们之中有个人这么叫他。他们——如果能够这么一概而论的话——都有一种倾向,喜欢表现得像罗马军团的军官,造访被他们征服的土地。他们有一种让人不快,傲慢不逊的确信无疑的神气①,给人一种印象——追随格林伯格的那些人在60年代中后期巡展时,就喜欢这么做——好像欧洲基本上完蛋了,历史的主流已经与英格兰擦肩而过,把它留在后面,尽量享受自己那种温暖艺术泥潭的边缘生活。这完全是胡说八道,他们的作品也没给我留下深刻印象。

我更喜欢霍华德·霍吉金和布里吉特·赖利这些英国艺术家的作品。霍吉金后来成了一个斑斓绚丽的色彩画家,但当时还不是。我跟他的友情也只是到20世纪80年代初才充分发展起来。但是,我跟布里吉特·赖利一起拍过片子,与他做伴,我诞生了一种终生不泯的钦佩之感:这位智力让人钦服的女性,说话字斟句酌,动作严谨精确,干净得就像猎狗的牙齿,过去是(现在依然是)一个伟大的抒情艺术家。那些设计"摇摆"服装和织物的人,把她的设计图案变成了一种让人眨眼的装饰形式,野蛮而又机会主义地戕害了她的版权,令她吃尽苦头,尽管如此,她还是始终保持着她的尊严和作品的尊严。

---

① "确信无疑的神气",原文为意大利语:certezza。——译注

布里吉特一点也不势利眼,但她讨厌别人邋里邋遢,特别是在讨论艺术时。我们有过多次长谈,不是谈"视幻艺术",这是她讨厌的一个术语;而是谈乔治·修拉。她认为,修拉的绘画和颗粒状黑白蜡笔素描,是她自己绘画的起源。

我没有见过巴尔蒂斯,又名巴尔萨沙·克罗索沃斯基·德·罗拉伯爵(完全是个虚名,不过,现在也无所谓了),但是,他在泰特画廊的回顾展,经《星期日泰晤士报》的约翰·罗素优美绝伦地安排了一番之后,倒在无意中,令我蒙受了一生从未有过,极为残忍的一场羞辱。记者到场的那天,我们在画廊拍片,不过一百英尺之遥,就在闪光的镶木地板那边,是我文学的半个上帝,即老舵主帕里鲁努斯本人,也就是西里尔·康纳利。现在就去行吗?我问自己。还是永远也不去了?我身子有点发抖,便接近了这个可怕的所在,然后开始了一场拙笨至极的自我介绍,那都是澳大利亚年轻人最拿手的东西。我欠他太多了,实在是太多了。如果我没看过(反反复复又看过)他的《不平静的坟墓》,我几乎就没勇气离开澳大利亚。这段演讲花去了相当长的时间,讲完的时候我才发现,康纳利的蛙眼闪现出一道寒光。"我觉得,"他终于说,"我不应该为我青年时期写的东西,在遥远殖民地偶然产生的效果而负全责。"就那样,一句话就完了。令我难受的是"遥远"的那两个字,其打击力量犹如清澈的丧钟敲响。话说完他转身就走了,把我留在那儿,体会湮灭的滋味。结果发现,我选择的那个时刻还很恰当。他正在细看的那幅画——巴尔蒂斯画笔下一个裸体的早熟女孩,舒展身体,躺在椅上,在烤火,用火温暖她可爱的无毛私处——曾一度属于他。他花300英镑买下来的,几年后卖了,赚了3000英镑,目的是为了还清几笔更加迫在眉睫的债务。我们见面的时候,那幅画大约值30万英镑,但康纳利依然身无分文。

Beeb-Two制作的节目中,有一个比较成功,那就是文学问答游戏，1967年始播，名叫"要看就看，不看拉倒"——节目很好，题目不好，只是比较好记而已。它是特里斯特纳姆·鲍威尔，以及播音员兼小说家，后来当了文艺部长的麦尔文·布拉戈的脑产儿。文学界的各种名人都上过这个节目：康纳利不时露面，但也有爱丽丝·默多克、菲利普·托因比、安东尼·伯吉斯、玛丽·麦卡锡，以及其他人。罗娜由此产生了一个主意。也许可把同样的方式（不说作者名字，大声朗诵段落，然后让人辨认，接着谈这些作者和他们的书），用到视觉艺术中去。

她做了一个节目，名叫"艺术游戏"，每周请一组专家——艺术家，批评家，历史学家，博物馆馆长，等等，不过，永远不请画商——在播音室坐下，由我主持节目，同时在屏幕上显示一幅艺术作品的一个细节，这可以是一个加蓬偶像的小小部分，可以是观景阁的阿波罗左脚的大脚趾，也可以是乌切洛的《圣罗马诺之战》中一把石弓的一个部分，还可以是罗马军团百人队队长，在某个中世纪基督肉体一侧，留下的形似阴道的刀口。我的工作是，让大家高高兴兴地玩猜画游戏，并使谈话源源不断地进行下去。这个介绍性工作只有一个规则，细节的走向必须正确：也就是说，你不能把奥利索·巴多维内蒂画的15世纪女性肖像倒挂，再显示一束波浪形的毛发。讨论组的任务是，先猜细节是啥，再猜来自何处，然后再猜画家是谁，最后——等到整幅画的形象都揭示之后——参加一场圆桌讨论，谈谈该作品的艺术意义和社会意义。当时把英格兰的一些学识最渊博、讲话最俏皮的人都请来了，有能力很强的雕塑家伊丽莎白·弗林克，有爵士乐手（和老牌超现实主义者）乔治·梅里，有文艺复兴时期历史学家约翰·黑尔，还有国家画廊馆长迈克尔·列维。唯一的"不为人知者"就是我本人。BBC2台当时受人尊重到这种程度，以致这些人都愿意，甚至很热心来参加这个很低级的问答节目，上述情况就很说明问题,不过,英国人一向都喜欢晚饭后的派对游戏。

我觉得,当时的困难倒不是说服小组成员,要他们发言讲话,而是要他们闭嘴不言。他们中间,有些人很爱说话,最能讲的一个是英国艺术家兼作者迈克尔·埃尔顿,他之前就做过很多播音和电视(又是BBC)工作,他叙述之流利,定会令柯勒律治的老水手也不敢多言。有一次,我们放了一本敞开之书的形象,书就摊开在地板上,书页用黑色糨糊罐压着,里面插着一支毛笔。迈克尔花了三分钟,才确定该物的身份,原来是委拉斯凯兹为宫廷侏儒"埃尔·普利莫"画的一幅肖像(1645年)中,一个静物的碎片,该人名叫唐·迭戈·德·阿切多。于是,他一发不可收拾,大谈起侏儒的话题,先谈西班牙的侏儒(是否有人停下来想过,埃斯科里亚尔建筑群中,那无穷无尽的走廊里,从三英尺高的眼线往下看,会是一种什么景象?),接着又谈起英国侏儒。他颇带感情地谈起一个名叫理查德·吉布森(1615—1690年)的英国侏儒,此人隶属于查尔斯一世和亨莉埃塔·玛丽娅女王命途多舛的宫廷。

吉布森也曾当过画家。他学彼得·勒利爵士的样,在纸牌上画肖像。1639年,他吸引了查尔斯一世的注意,于是要求他根据提香的《维纳斯和阿多尼斯》,画一幅袖珍(侏儒?)画。他名声特别卓著的一点在于,他是在皇家宴会上,置身于馅饼之中,而被送上餐桌的唯一一个宫廷艺术家。(当然,并没有把他放在馅饼中烤。)馅饼的壳子据说是某种建筑学幻想的烤布丁,由不朽的依理高·琼斯所设计,因此跟馅饼分开来烤,其四壁用糠麸撑了起来,先将之挖空,然后由糕点师①把吉布森插进去。他们把馅饼和吉布森一起抬着,走进宴会

---

① "糕点师",原文为法语:pâtissiers。——译注

大厅，在国王面前放下。这时，在一片掌声之中，吉布森把盖子一推而开，浮现出来，不停地打嗝，忍不住地打喷嚏——那是因为残存的糠麸粉尘钻进他鼻孔的缘故——手里紧攥着一张纸牌，上面画着女王的肖像。吉布森的皇家赞助人死在绞刑架上后，他就接着去画弑君者奥利佛·克伦威尔（除了他还能有谁呢？）的肖像。他跟一个侏儒结婚，跟她生的正常尺寸的孩子不少于九个，他活到七十五岁的族长级高龄才死。等到迈克尔讲完这个难以置信，但绝对真实的故事时，我和其他成员已经笑得歇斯底里，很难再把这个秀拉回正道了。

我跟迈克尔在 BBC 播音室里结下了友情，这友情到了 BBC 外才成熟起来。当然，有些人我们虽然钦佩，但不总是真心喜欢，我倒是非常喜欢迈克尔，也很佩服他的工作——尽管仍然有所保留。他是局外人，脾气很坏。很有意义的是，他还不过是个孩子，就结交了一位最亲密的老友和良师，即一身而兼数任的编辑、小说家、批评家和画家，英国漩涡派创始人及灵魂人物温德汉姆·路易斯，他因毫无节制地攻击当地现代主义的美好之处①，很不应该地生于贫困，死于贫困。布鲁姆斯伯里认为他是魔鬼的化身，而开明人士都试图抹黑他的名声，说他是个法西斯——这件事又因路易斯自己的一些姿态，而变得愈发容易起来，如（很具讽刺色彩的是）把他的一本书命名为"犹太人：他们是人吗？"。路易斯从来都不是法西斯，尽管 W. H. 奥登说了一句很正确的话，让人记忆至深，说他是"右翼的一座孤独的老火山"。

此话大致也可用在迈克尔·埃尔顿身上，他自己关于艺术应把

---

① "美好之处"，原文为法语：le beau et le bien。——译注

什么放在首位的感觉,与20世纪60年代"发生的"大多数情况都不合拍,有意对抗。路易斯告诉埃尔顿,要他别随大流。埃尔顿意志坚定地吸收了他授意的精神。他生于1921年,还是个愣头青时,就中途辍学,去当画家。到了20世纪40年代,他已经在伦敦的各画廊举办画展,并为《旁观者》杂志撰写艺术评论文章。在BBC广播电台,他是个早熟的人物,在伦敦的文化界里,他什么人都认识,凡是重要的人都认识,无论是如卢西安·弗洛伊德这样的新抵达者,还是像奥古斯塔斯·约翰这样令人生畏的老"无畏战舰"。(关于约翰的一个伟大故事,出处就来自迈克尔。一天晚上,他俩在苏荷区痛饮一番之后,就退而求其次,回到迈克尔住的地下室里,约翰在沙发上晕过去了,迈克尔则晕倒在床上。突然,迈克尔被空袭警报声惊醒,表示德国人要空袭了。就在那个恐怖时刻,他耳朵里感觉有根毛,身上有什么很重的东西压着:那是英格兰尚在人世的最著名的画家,此时已六十好几,正试图搞他。"奥古斯塔斯,"迈克尔义愤填膺,说,"奥古斯塔斯,你究竟想干吗?"出现了一阵很难堪的沉默。"迈克尔啊,亲爱的小伙子,"羞涩的约翰小声说,"我很对不起,太对不起了。我还以为……你是我女儿呢。")

1966年的深秋,发生了一件事,它证实并确定了我对过往艺术价值的信念,也证实和确定了我关于未来艺术推测的愚蠢。这就是佛罗伦萨的那场洪水,现在,那场事件已经十分遥远,只在小小的陶瓷板上才有纪念,但很少游客会注意到它:一条表示水的波浪线,以及一段铭文:阿诺河水曾于1966年11月4日夜晚涨到这么高。[①] 其中有些铭刻在墙上,在你头上很高的地方,你还没往前走时就在想,

---

[①] 原文为意大利语:Qui arrivo l'Arno al notte de 4 Novembre 1966。——译注

那段铭文也许弄错了,但其实并没弄错。

但丁·阿利吉耶里曾如此形容他家乡佛罗伦萨的这条河:"一条该诅咒的倒霉阴沟。"①我看他的《地狱篇》时,始终都不太清楚,他这么说究竟是啥意思。我主要把这条河与阳光联系在一起,而且也总是把它与美学欢悦的允诺联系在一起。我了解的阿诺河和在炎热月份看到的阿诺河,可算是一条阴沟:只有一条流淌的细流,不过是几个互相沟连的水潭,孩童在里面溅着水玩,发出海鸥一般的尖声喊叫,老人永远乐观,天知道是什么支撑着他们,长钓竿上晃荡着鱼线,好像从来都没有钓到任何东西。没有什么比这更安闲,也更无害了。不过,在1966年的那个深秋,雨下得很大,而且一直不停,淹没了托斯卡纳的大部分地区,特别是阿诺河流域。河水陡涨,有些地方还淤塞起来,因为几十年前修建的排洪渠不是不起作用,就是被官僚人员所遗忘,他们的任务就是开渠减压,以便泄洪。河水浑浊,咆哮着一冲而来,把城北上游几座桥冲垮,又把两岸几座村庄淹没之后,此时便开始舔舐城市的胸墙,跟着就从胸墙上漫了过去。11月4日黎明,佛罗伦萨圣塔克罗齐地区,这个靠近河水、地势特别低的地区的水,就已经比人行道高出六米(二十英尺)了。当然,水势也不平缓。它咆哮着冲进了古城迷宫般的宽街窄巷,以及歪歪斜斜的大小广场,就像把水龙头对着蜂窝冲了一下一样。流水夹带着漩涡,其中有些漩涡的力量很大,把各种各样的碎石垃圾往前面推。汽车举了起来,倾倒在别的车身上,好像交尾的猪,继而砸碎商店玻璃,破门而入,把一件件雕塑冲倒。流水瀑布般冲下电梯楼道,顺着地下室的楼梯往下流,把地窖灌得满满当当,那可是佛罗伦萨家家户户存放一罐罐取暖

---

① 原文为意大利语:La maladetta e sventurata fossa。——译注

油的地方。罐子立刻撞翻,流出的油形成厚厚一层,漂在波涛汹涌的河水上。这座古老城市的大片地区都无法通行。大雨继续倾盆而下。

这次洪水泛滥,很快就酿成了一场灾难,相关新闻甫抵伦敦,谁都不知道该如何看待此事——消息都是片段性的,而且经常显而易见是不可置信的。(最早的一段记载曾描述说,阿诺河水泛滥,淹到了圣米尼亚托教堂的中殿,该中殿位于正常河水水位三百多米的山坡上,大大超过了大教堂上布鲁内莱斯基的穹窿顶部。如果真是这样,那整座市镇就会像里昂内斯的淹没之城一样,永远处于滚滚波涛之下,游客只有戴着水下呼吸装置,才能进入城内。)唯一的方法,就是下去自己看看——这不是隔着一段距离进行报道可以解决的。当时,佛罗伦萨还没有电视新闻报道。因此,我问BBC2台的上级领导,是否能带一个最基本的小组,到那儿拍个片子。令我相当吃惊的是——从原则上来讲,BBC2是里斯爵士一群子息中最穷的,几乎在什么事情上都不愿意多花钱,包括花钱支付我菲薄的薪金——他们居然同意了,给我派了一位好友,即迈克·麦金泰尔,要他为新闻杂志型节目《发行》而导演该片——我们被严格地告知,全长不得超过二十分钟。迈克一接到通知,便就地组织了一支基本队伍,其中没有照明人员,这方面的人员要到罗马租用,然后就到佛罗伦萨与我们会合。我觉得自己就像伊夫林·沃《独家新闻》一书中,那个拿着树杈,划着折叠橡胶船,到阿比西尼亚进行战地报道,但运气不佳的威廉·布特,我从一个好心的苏格兰朋友那儿,也好不容易地借到一双大马哈鱼色的高统防水靴,外加一件带帽子的防水夹克衫,这东西更适合用渔网捕捞鲱鱼的渔人,而不适合一个风流倜傥的文化记者,然后就在希斯罗机场,加入了那支勇敢无畏的BBC"兄弟会"。

我们在米兰租了一辆福特陶努斯牌汽车,经过一段梦魇般漫长的旅途,沿着索勒高速公路,穿过滂沱大雨,驶过博洛尼亚,跨过弗塔关,在夜幕降临时分,来到了佛罗伦萨城外。高速公路的条条出口都被意大利卡宾枪骑兵封锁了,但我们最后还是找到了一个开口,但这条通道很快就被卡车堵死,卡车司机垂头丧气,烦躁不安地走来走去,面对越来越多的卡宾枪骑兵队,周围一片漆黑,只有汽车大灯的远光灯和闪烁的红色信号灯把黑暗刺穿。呱唧呱唧作响的泥巴、雨水和总的混乱局面,令我想起托比亚斯·史沫莱特的那段描述,说他如何在一场风暴中,想利用驿车渡过阿诺河,但屡屡受挫。似乎没有一个卡宾枪骑兵知道该怎么办,连他们人在哪都不知道。结果发现,他们都是从西西里岛抽调来的援军,其中无人到过佛罗伦萨。终于,我总算找到了一个卡宾枪骑兵军官,无论此人是否真的负责,他毕竟慈眉善目。我从 BBC 和意大利驻伦敦领事那儿带来的文件,都弄得透湿,他阅读起来都很费力,不过,这些文件至少看上去不像假的,但仅凭这些文件,我们还是进不了城。据他解释说,要想进入洪水泛滥的城市,我们需要许可证。那我到哪儿去领许可证呢?到 Palazzo Pubblico,他说,也就是市政厅去领。可是,我哀鸣着说:Palazzo Pubblico 就在城里啊。Ecco,他说着,两手一摊,用的是那种开天辟地以来就有的手势,意大利官员对世上的悖谬现象,从来都是用这种手势来认可的。Ecco il problema, signore. 这就是问题之所在,先生。①

好像有啥东西"啪"地响了一下,或者不如说我突然明白过来。

---

① 这句意大利文后,作者自己做了翻译性的解释,但漏掉了 signore(先生)一词,特补上。——译注

我回到车里，坐在陶奴斯的方向盘后面，把车挂上一挡。"那就开枪朝我们射击吧！"我像歌剧演员一样说道，"但请记住——如果你射击，你开火的对象就是BBC本身，伦敦的BBC！"我们向前爬行起来，那名军官往旁一站，这位卡宾枪骑兵并未从肩上取下他的9毫米"注油枪"。我们终于通过了。我在想，四十多年后，在后贝拉斯科尼时代的意大利，BBC的名字是否还能如此引人尊重，我有点怀疑可能不会了。

佛罗伦萨是一片看了让人害怕的陌生景象，黑暗得就像地狱。没有电，没有街灯，而且（最诡异的是），连路人都很少。这儿那儿的一扇窗中，可以看见一盏油灯在闪亮，或某家人家的手电在移动，但再也没有别的动静了。说起来，这儿的街道大多都很狭窄，此时已因街道两边堆积的淤泥和瓦砾而变成了甬道，从塑料瓶到菲亚特车和马车扭曲变形的残骸，什么垃圾都有，仿佛一张熟悉而可爱的脸皮上，遭到了丹毒的可怕袭击，使之几乎难以辨认。

我们差不多花了一个小时，才抵达市中心，也就是杜莫广场，这儿的景象尤其可怖：杜莫广场周围的店铺都被洪水冲开，橱窗中的塑料模特儿被水冲得一丝不挂，横七竖八地堆成一堆，挤在大教堂的正面，就像经过风格化处理的滑稽可笑的人祭。在不确定的黑暗中，一开始还不大容易意识到，这些都不是真正的肉体。它们只因古怪的艳容丽姿，才对人别无伤害。在大教堂的中殿，考古学家一直在发掘原来教堂的基础。随着洪水的冲入，这座洞窟的四壁坍塌，一大块大理石马赛克地面垮了下去，造成了一个约有六十英尺深、八十英尺宽的大洞，洞底还躺着更多的模特儿。所幸大教堂中，水未冲到米开朗基罗的那幅未完成的巨作《圣殇》，这幅画就立在底座上，但祭坛上巴齐奥·邦迪奈利的雕刻却已浸透了油和水。大教堂博物馆中的不少收藏品也浸透油水，如阿诺尔福·迪·坎比奥和多纳泰罗的雕刻，就浸入水下深达八英尺。总共有一百座雕塑遭到破坏,杜莫广场原始模型的藏品,其中有布鲁内莱斯基为穹窿和灯笼制作,不可替代的木模,却都被灌入水的力量砸得粉碎。

而且,大教堂周围的洪水,呈两股互相冲突的流水奔流,在大教堂正面和中世纪洗礼池前端所形成的巨大漩涡和沸水处汇集。制作和铸造这座洗礼池高大铜门的人中,有几个是那个时代最伟大的雕塑家:南门的几扇门是安德里亚·皮萨诺做的,侧面对着大教堂的,俗称"天堂之门",是洛伦佐·吉贝尔蒂于1403—1424年做的。后来,负责这座大教堂的神父,蒙西埃诺·波利跟我描述了他亲眼见到的情况。大约早上7点30分,一个高达10英尺的油浪闯进了杜莫广场,冲上了吉贝尔蒂的几扇大门(以及皮萨诺的几扇门,这几扇门是他看不见的)。波利看见,那几扇门在水的压力下,向内弯曲了大约九英寸。他因站位很好,就在杜莫广场的正面,能看到门在激流的冲击下和大教堂流动的靠背长椅的打击下颤抖不停。

突然,天堂之门朝内炸开了。"起先,我以为,门挣脱了铰链,"蒙西埃诺·波利说,"你知道,来得太突然了。此刻门还在那儿,可下一刻,就出现了一个大洞,传来那种恐怖的声音,好像一声大叫。原来是青铜被撕开的声响。但我意识到,门还矗立着,与侧墙连在一起,就在这时,我看到,顶板在往外掉落。它发生的过程非常缓慢,就那么掉下来,落入水中。"

门的构制非常简单:用的是厚重的青铜板,每块青铜板都有一个来自《新约》的画面,做成深深的浮雕,并以青铜为框。洪水反复不停地摇撼冲撞,一把门的侧墙和竖框撞裂,青铜板就出现松动,继而一块块掉落下来。黑暗中,只看得见暗黑青铜掉落后的空块。吉贝尔蒂讲述的那个优美绝伦的故事,就从那儿被一抹而光,仿佛牙齿被从一度完美无缺的口中被打掉一样。这时,我下车,走近来看,看见一根金属犄角，从门侧柱底部周围堆积起来的那堆淤泥中凸露出来。我把住它拉了一下，很费力地拔出了一块青铜板。在黑暗中，我手中握着佛罗伦萨文艺复兴时期一件较为受人珍视的大师作品，感觉傻乎乎的。我拿这件东西究竟要干吗？周围一个人都没有，无人监管。最后，我还是把它留在找到它的地方，也就是泥巴当中，然后就去寻找救援。有几个加拿大学生正试图抢救他们的大众牌甲壳虫汽车，却找到了四块失落的青铜板。他们的车被洪水冲进杜莫广场，搁浅在洗礼池的墙上。其中有个学生因撞在藏在泥巴里面的一只青铜板，而把小脚趾撞断了。

我们开车去主权广场，这儿同样空空荡荡，然后沿着瓦沙里的连拱廊走去，这条连拱廊把乌菲齐画廊分成两半，并通向与河流相接，高过河面的伦卡诺路。在晦暗不明的光线中，阿诺河面似乎肿胀起来，发出青光，仿佛新烫过一样，河水流动着——这个流动的景象几乎难以置信——离维琪奥桥的拱顶仅有一二英尺。瓦砾随着水流辘辘而过，像跳芭蕾舞样踮着脚尖在漩涡中慢慢旋转。最奇怪的景象是，有一棵常绿树长而渐细的树身，它从上游的土中连根拔起，树根与维琪奥桥上一座商店的橱窗相撞之后，撞在桥上就陷在那儿，此时，它像一根枝叶繁茂的鱼竿，呈水平地伸展在激流的水面上。树的尖端上戳着一头小死猪，颇似耶罗尼米斯·博斯所画炼狱中的一个细节。乌菲齐画廊的公共大门被撞开一条大缝，在往上进入黑暗建筑物的浅石头梯级上，匆忙之中抢救来的物体都乱堆在一起。博物馆的工作人员，在画藏保护馆长路易莎·贝卡路奇教授和助手乌戈·布罗卡奇博士的带领下，一直在疯也似的挖掘用于保藏的艺术品，这些东西都藏在地下室（又能藏在别的什么地方呢？）：面墙的镀金画框里被虫啮噬的绘画，陶瓷饰板，陶罐和雕刻品。我穿着高筒防水靴，踩在石阶油腻腻的泥巴上滑了一跤，朝旁边倒了下去，差点倒在一张很熟悉的脸上——它的头部因为有几十种复制品而广为人知：多纳泰罗为15世纪的尼可洛·达·乌扎诺所制作，鼻子如刀片样的彩绘陶土半身像。在高高的水线上方，沿着四壁，堆叠着成打的古代沉箱①、装潢精美的大橱、箱子柜子、仰面朝天的桌子、雕花镶嵌的椅子，以及饰有细木镶嵌工艺、木制镶面极薄、嵌层五颜六色的橱柜——樱桃木、梣木、桃花心木、栗木、胡桃木、紫心木，以及望加锡乌檀木，每片木叶经过刨削切割，正好嵌入那块七巧板的细小缝隙中，这块七巧板后来成为脸、诗琴或拱门带阴影的曲线，镶嵌到位后，就带上了一种兽皮般的颜色。但是，所有的那些胶水见水就溶，于是，这些细木镶嵌工艺此时都发生了翘曲、挠曲、裂缝和分层现象。粘上的衬底或木板也都饱蘸着水，但干燥速度都不一样，挠曲弧度也很不同。面板上的画画在椴树木或栗木板上，现在也漂浮开来，失去了很耐心地涂抹上去的那层细灰浆涂层，以及上面涂绘的颜料。在佛罗伦萨全城，无论在一楼，还是在地下室，有时甚至在帕拉齐公共建筑物、博物馆、仓库和教堂的二楼，一场不可逆转的画藏保护梦魇正开始攫住该城，以及该城不可胜数的宝藏，这些东西曾一度看上去坚不可摧，此时却原形毕露，不堪一击，而且还有人丧生：二十九个佛罗伦萨人，其中大多是女性，因为无法说服她们，要她们离开公寓，要不就是在桥上或街上陷入车中的男性。如果洪水袭击再晚三个小时，街上就会有更多人和更多的车，死伤人数就会高得多。因此，从这个角度讲，这个城市还是很幸运的。

佛罗伦萨受灾最严重的地区，莫过于圣十字教堂一带，因为该地地势最低。圣十字教堂广场本身看上去就像一座怪异的垃圾场，堆

---

① "沉箱"，原文为意大利语：cassoni。——译注

着几十辆小汽车(大多都是菲亚特500和600型,因为这是工人集聚区),洪水一来,就车叠车了,都在广场中心阿利盖利·但丁雕像周围。广场上的三座主要历史建筑物是圣十字教堂、教堂所属博物馆,以及布鲁内莱斯基设计的帕奇礼拜堂。这三座建筑物都部分浸入了洪水中。

在圣十字教堂内,水位上涨到十六英尺。该建筑物相当于意大利的圣保罗大教堂:别的不说,米开朗基罗、马基雅维利和伽利略都葬在那儿。水位与米开朗基罗的石棺齐平。我们抵达时,水已排走,但教堂还是一片淤泥瓦砾的海洋,祭坛已被砸毁,多纳泰罗和德西德里奥·达·塞蒂尼亚诺设计的墓冢上,碑文都被磨灭。巴尔迪小礼拜堂和佩鲁齐小礼拜堂中,乔托的壁画下面,有一圈高水位线油水形成的环线——相机闪光灯的明灭中,照亮了一片黑暗的凄凉景象。外面,即使是正午,也暗淡无光,里面则阴郁晦暗。在圣十字教堂潮湿洞穴般的空间里,往哪儿走你都几乎看不见路,更不用说找到足够的摄影光线。以前应允的照明小组终于从罗马抵达,但他们随身带来的东西,没有一件比手动"太阳枪"——这是一个很可怜的小东西,以电池驱动,比大手电好不了多少——更强大。我在某幅被油泥弄得面目全非、适合拍摄的浅浮雕像前就位,准备描述一番所发生的情况,好让电视观众揪心动情。"照明[①]!"迈克·麦金泰尔以他最好(也是他唯一的)意大利语命令道。于是开了灯,阴暗中几乎什么都没有显现,只有批评家那张忧心忡忡的脸,脸上带着适合这个场景、不苟言笑、担心文化受影响的面容。我试图把约翰·伯格的存在主义的严肃性与肯尼斯·克拉克的父权式权威结合,真心实意地大谈

[①] "照明",原文为意大利语:Accendi。——译注

一番文化受损的情况。摄影机与其说是看着,不如说是盯着那幅遭到破坏的杰作,但只看到一片黑暗,上面有几个模糊的斑点。关灯[1]!迈克喊了一声,于是,灯关掉了。谁都不知道是怎么回事。一整个下午都在做这事,拍了一张又一张,但都无济于事,穿胶靴的脚几乎冻僵,让人真想找个工作,到桑德拉·迪主演、以夏威夷为背景的某部傻瓜喜剧片中,去当群众演员。

令人更加恼火的是,就在外面的修道院里,有一台又大又红的发电机,运转绝对正常,装在一辆卡车的后面。好像没人使用它。它属于著名电影兼歌剧导演佛朗哥·泽菲雷里带到佛罗伦萨的设备[2]。他向世界媒体宣布,他作为佛罗伦萨人,而且也作为列昂纳多·达·芬奇的直系后裔(他并未解释这是怎么回事),将就他这座城市的悲惨命运,制作一部重要的[3]纪录片。影片叙述人将是他的亲密挚友伊丽莎白·泰勒和理查德·伯顿。两人此时都在罗马,但随时都可能抵达佛罗伦萨。当这部电影在全世界的银幕上放映,它不会在全球制造一场洪水,但却能唤来洪水般的同情援助,以支持这座患难之城。我想,他已经完成了那部片子,但我并不确定。我隐隐记得,伯顿以他富于感情的声音,吟诵了但丁《地狱篇》中的头三句诗行——正道已经失落[4],所以,这部片子也许已经播放了,但这对我们的小小作业并没有很大帮助。

洪水造成的破坏,最为壮观处不在教堂,而在旁边的博物馆。圣十字教堂博物馆装有双门,高十四英尺,但涨水过高,漫过了门框上

---

[1] "关灯",原文为意大利语:Smorza。——译注
[2] "设备",原文为意大利语:équipe。——译注
[3] "重要的",原文为意大利语:importantissimo。——译注
[4] 原文为意大利语:chè la diritta via era smarrrrita。——译注

的门楣,以致一度很难看到博物馆内的情景,更不要说进去了。圣十字教堂的教区神父古斯塔佛·科齐神父一直高度焦虑,因为除了佛罗伦萨各种各样的其他祈祷画——安德里亚·奥尔卡尼亚和塔迪奥·加迪的壁画——外,该博物馆还拥有意大利艺术史上的一幅关键作品,即乔托先师契马布耶在十字架上所绘的那幅巨大而悲惨的耶稣受难像。他笔下的救赎者处于痛苦时,奇大无比,痛苦异常,但却不知怎么好像没有骨头的体态,曾一度被弗朗西斯·培根生动地比喻为"一条蚯蚓——沿着十字架往下爬的蚯蚓"。在博物馆中,洪水已将它淹到发际线,画像被水和11月5日黎明前的黑暗隐匿起来,因此绝对无法看见画,更不要说预估洪水造成的破坏程度了。科齐神父进入不了他的教堂,就一路来到当地一家卖体育用品和玩具的商店。这家店被洪水掏了肠肚,但里面有条小橡皮船,那种可在游泳池里使用的船。焦虑得一塌糊涂的神父"扑哧"、"扑哧"地大吹了好一阵后,才把船吹足气,能载动他的身体。他随手抓来一件油布雨衣,以作进一步的保护,跟着就上路了,先是涉水而行,跟着就笨拙地在皮亚扎广场里划起水来。他抵达博物馆的门前时,发现水位太高,还是无法进入,于是别无他法,只好划着他那只小鸭鸭,穿过院子,来到他教堂的台阶上,在那儿等候,在依然落着的毛毛雨中,很不开心地哆嗦着身子,直到水位低到足以让他从门框顶部的下面进入。在黑暗逐渐撤退的光线中,他看到的情景令他充满恐惧。耶稣的头和躯干此时已经暴露,但若干部分已经不复存在。在水下浸泡了几小时后,契马布耶的石膏粉基座和下面木头的黏结已经溶解。随着水位的下落,石灰开始剥落,把契马布耶画的表面也带走了。泥泞油腻的水面上,星星点点到处都是软软的、多孔的斑块,不久前,那曾是上帝肉体的一个组成部分。正如科齐神父后来对记者所说的那样,他对如何保护绘画一无所知,但是,他的确知道,无论把这幅十字架受难画恢复到原样的机会有多大,都不能把眼前这东西弄丢,否则就会大大减少这种机会。因此,他把小鸭就地一转,尽量不去扰动水面,划着水又回到教堂,然后一路来到体育用品商店,果然找到了他需要的工具:一张捕捉昆虫的网子,还配着一支长长的木柄。他以这个纳博科夫式的器械武装起来后,又有两个图画复制员加入了他的队伍,便在接下去的几个小时中,很不容易地抢救了相当多的契马布耶石膏粉正在脱落的作品,因为没有更好的表面,就把它们小心翼翼地放在一只又大又脏的陶瓷盘子上。他们还尽可能地筛掉了染上色的淤泥。

科齐神父的双腿因成小时地蹲伏和保持平衡,而可怕地痉挛不止。他亟需在稳固的东西上坐下来。有一张木椅在水中漂浮,他一把抓过来,就把它四脚朝地放起来,坐了上去,表情阴郁地盯看着从前曾是契马布耶的耶稣受难像,现在却是一片废墟的东西。等他感到双腿能够承载他的身体之后,他才站起身来,把那只陶瓷盘子和上面放着的一堆可怜的石膏粉放在椅子上,然后一跛一跛地走开,去找地方换一身干爽的衣服,以及一个能够睡觉的暖和的地方。

他和复制员找到一台尚能工作的电话——这可能是整个圣十字教堂地区唯一一台还能用的电话——不知怎么就跟市政会工作负荷超载的权力机构打通了电话,让他们注意教堂博物馆内发生的灾难。大家都同意,把契马布耶的作品从那儿搬迁出来,搬到一个较为暖和干燥的地方,这是至关重要的——比较合适的地方应该是有暖气设备,全长350英尺的利默莱亚,即阿诺河的另一边,靠近皮蒂宫的柠檬温室——在那儿,博物馆的保护员可以开始工作,进展稳定,加以修复。于是,作为当务之急,派了一辆卡车和一队人员,去把那幅画从墙上取下来。花了好几个小时,小心翼翼地又是加以支承,又是用弓锯锯,又是抬呀搬的:这件东西有几个世纪没有挪过窝,是用生锈的老铁环端螺栓固定起来的。救援人员被告知,要不惜一切代价,避免冲撞或撼动这个极为沉重、古老而又娇嫩的结构物。终于,它活动了,被抬下来了。我们从上往下,拍摄了把它抬到卡车上的场面,看上去就像一架坠毁的客机,在湿漉漉的半明半暗中,它奇大无比,可怜巴巴,上面蒙了一张油布,卡车极为缓慢,又极为小心地驶出了修道院,开始朝利默莱亚柠檬温室驶去。科齐神父此时已筋疲力尽,蹒跚地走去上床睡觉了。队员中有几人留下来,在博物馆打扫卫生,他们谁都没有时间吃午饭。再说,圣十字教堂附近,也没有一家酒吧或餐馆开业。但是,其中有一个人带了一大块色拉米香肠和一把餐刀,博物馆唯一的一把椅子上,还放着唯一的一只盘子,上面看上去好像有几堆上了色的泥巴,但谁都没有心情挑三拣四,这些东西很容易地就被清除干净。科齐神父醒来,听说这个故事后,据说他大笑起来,随后又控制不住地哭了起来。

并非一切都混乱到这种地步,不过,佛罗伦萨的二楼下面,没有多少东西能够幸免于难。在该市的主要雕塑博物馆,即巴杰罗博物馆,约有三分之一的古代武器藏品被损毁。不过,尽管放着一些杰作,如米开朗基罗的《巴克斯酒神》和他的圣母与圣婴圆形浮雕等的展厅洪水曾一度深达十二英尺,地板中间急剧沉降,但其内容也未受到永久损坏。在该市的另一边,十英尺的水进入了新圣母教堂,所幸水只涨到离马萨乔三位一体浮雕底部仅三英寸的地方,但不幸的是,水把该教堂的绿色修道院,以及其中保罗·乌切罗和助手所绘的壁画(颇具讽刺意味的是,该画所讲的也都是关于大洪水的圣经主题)都淹没了。我到访这座修道院时,已是发洪水的六天后,一支修复员的队伍从美国飞来。他们用Q牌棉签,蘸着溶解剂,在被油水弄得面目全非的巨大墙壁上,擦洗着一块六英寸见方的地方。一平方英尺至少要花一个小时。这表明,他们要面临一个近乎疯狂的数学问题。

如果一个修复员在一小时内，可清除一幅壁画的144平方英寸表面，那需要多少修复员和多少小时，才能抢在油水深深进入石膏、无法再进行修复工作之前，清除长二十英尺、宽十二英尺的二十五幅壁画呢？这简直是对儿童时代数学的拙劣模仿，而佛罗伦萨艺术遗产的命运，似乎就维系在这个上面。

当然，并非所有遭劫的艺术都挂在墙上。到了11月中旬，已有13世纪、14世纪和15世纪的大约五百幅木板上的画作，在利默莱亚柠檬温室里接受紧急处理，但这只是阿诺河水浸透的材料中很小的一个部分。据乌菲兹美术馆馆长乌戈·布罗卡奇说，修复员和博物馆馆长最害怕的就是霜降。冬天即将到来。布罗卡奇说："如果佛罗伦萨的气温降至零下，损失将无法想象。如果水结冰，它就会膨胀，木板上的油画表面就会裂缝，大理石的表面就会脱落。"直至此时，命运对佛罗伦萨都很吝啬，但这次却加以干预了：冰冻的天气并未来临。

在一些博物馆中，洪水造成的破坏几乎不可理喻。皮蒂宫很高，高到水都无法触及，而乌菲兹美术馆也比较幸运：其中的大部分藏品都在二楼或更高的地方，不过，因洪水破坏程度之大，处理这场危机的技术熟练的保护员之匮乏，在匆忙分类挑选艺术品时，不得不报废地下室的一些材料。但是，在另一个极端——如考古博物馆——所发生的情况，就完全是另一回事了。佛罗伦萨的考古博物馆是意大利比较重要的一个收藏古籍的地方，但它缺乏"签名风格"的物体，至少在与罗马的久利亚别墅博物馆的巨大宝藏相比时是这样。除了专家学者之外，大多数人过去和现在去佛罗伦萨，都要看它文艺复兴时期及其之后的绘画作品、壁画、雕塑和建筑物。当年（现在我不知道怎样了，但我怀疑这个比例可能并没多大改变），每有一打人到考古博物馆孤独寂寞的展厅去，就会有上千名游客穿过乌菲兹美术馆，结果,考古博物馆总嫌人手不够,长期缺乏经费。它部分是博物馆,也部分是——在街面以下——一座拥挤不堪、杂乱无章的垃圾场,存放着成千上万的物什,这些东西来自最近或遥远的过去,在意大利发掘出来,都是意大利的国家财产,但却被视为二流,因此基本上无家可归,在博物馆内无处可以展示。这种问题只可能有一种解决办法:举行一次严格控制的大型车房售卖,销售次要的罗马、希腊和伊特拉斯坎的古董,但从政治上讲,这是永远也不可能的。把任何文化遗产①拿去卖掉,那就等于做了一件可怕至极、臭不可闻的事,而且会并非偶然地把限制出口艺术品的法律漏洞,变成洞开的城门,让所有马匹都逃往苏富比拍卖行。因此,佛罗伦萨考古博物馆②保留了许多意大利博物馆的古典形式,即一座冰山,其中顶多只有十分之一的东西在名义上对外开放。

尽管在洪水暴发之前,这地方就相当混乱,也把人弄得糊里糊涂,可阿诺河水倾泻而入时,那就完全天下大乱了。当然,地下室和副地下室首先灌满了水,但因洪水灾难性的速度,陷入地下室和副地下室中的空气无法及时逃逸,于是,大部分地面楼层向上爆炸开来,导致房梁和地板塌陷,坠入地下室,大多数展示箱也随之滑落,玻璃板也都跟着碎裂,里面装的东西瀑布般流泻出来。所有的东西最后都来到地下室的地板上,成了一堆湿乎乎的碎片和碎屑——破碎的希腊红彩陶器,砸烂的布凯罗黑陶器,碎成片片的石青色梣木五斗橱,本来就是碎块的雕塑,现在变成了更小的碎块,什么东西都压在另外的东西上面。完全不可能拣一条路,穿过这座放了水的凄凉的

---

① "文化遗产",原文为意大利语:patrimonio culturale。——译注
② "佛罗伦萨考古博物馆",原文为意大利语:Museo Marcheologico di Firenze。——译注

水族馆，这块臭烘烘的布丁，古董插在布丁上，就像葡萄干和无核葡萄干，要想穿过，就得把脚下更多的陶罐和花瓶打破。这些东西原来是埋着的，后被发掘，现在又被埋了起来——像从前在托斯卡纳和拉提姆的土中一样，依然默默无名：它们曾一度被贴上标签，大多来自19世纪，还用墨水写在卡片上，当然这些都被水湮灭了。更糟糕的是，结果发现，大多数的索引目录、用钢笔填写的成千上万张卡片，等等，都存放在地下室里（还能存放在别的地方吗？），这些也大都被剿灭。

当然，遭受如此厄运的并非仅仅是博物馆。对佛罗伦萨众多的图书馆和档案馆来说，洪水绝对是一次灾难。例如，国家图书馆长达五十英里的书架——就像大多数图书馆，其书库都在地下室——都被摧毁。到了月底，据估算，损失可能在三十万本书（官方估算）和一百万卷（根据涌往佛罗伦萨，去做抢救脏活的学生估算）之间。近期的材料情况比古旧的卷本更糟。现代用纸——即印刷报章杂志的浆纸——很不稳定，见水就化。旧的布浆纸则很挺括，而古老的栎五倍子墨水就不很容易溶化。因此，佛罗伦萨1875年后的报纸档案损失惨重——三万卷装订的报纸都被毁掉了——而乌菲兹美术馆国家档案馆中，精制羔皮纸装订的四万卷对开本中的大部分，以及该馆拥有的五千多万古代文件都未因浸水而损坏。这真是幸运，因为这些东西都没留副本，而国家档案馆①是佛罗伦萨过去九百年历史的主要资料来源。

其他形式的印刷文字和手写文字也都销声匿迹了。

多年来，我一直有一个最喜欢的餐馆，名叫布卡·拉比，就在帕

---

① "国家档案馆"，原文为意大利语：Archivio del Stato。——译注

拉佐安东尼庄园的地下室里。四十年前,它是一座地下堡垒,储藏着保守的、传统的意大利葡萄酒和食品①。我喜欢这家餐馆浓浓的蔬菜面条汤,里面满是帕玛森干酪;我喜欢它的布鲁斯凯塔蒜蓉烤面包,里面有鸡肝;我还喜欢它丰满的蛋黄色南瓜拉维奥利馄饨,但该餐馆最伟大的一道菜,对那些付得起这个钱的人来说(我不时忝列其中),就是那古典的翡冷翠大牛排②,全称是翡冷翠T骨大牛排。这块孔武有力、年代悠久的牛排至少有两英寸厚,肉里抹了油,撒上大量海盐(别的一概不要,胡椒可以后来加),然后撂到狂火肆虐的烤架上,就像受难的圣劳伦斯,把外面几乎烤煳烤黑,里面却是红蓝色,还带着丝丝缕缕的白油脂。你不可能单枪匹马地吃掉一块翡冷翠大牛排,除非你是巨人高康大本人,或者你是早就死掉、令人生畏的雇佣军领袖,有着像乔凡尼·阿库托或卡斯特鲁乔·迪·卡斯特拉凯恩样的马背上的名字。因为需要两人才能吃掉一份,这块牛肉虽然超大,却是一道十分亲密的菜肴,因此绝对不适合口味精细者,特别是上菜时,上面还要装饰一道小山似的土豆,煮过后切成斜块(请不要切成柔弱无力、四四方方的小块),嫩嫩地煎一下,表面煎成金黄的壳子,撒上大蒜,再加一堆菠菜,并淋上几大口托斯卡纳橄榄油,把菠菜浇得绵软下来。无论何时,只要吃一口布卡·拉比做的翡冷翠大牛排,我就会很轻蔑地想起澳大利亚童年吃的烤肉。这倒不是说,40年代或50年代,澳大利亚所理解的那种烤肉原则上有什么问题,而只是说,烤肉的艺术并不为人理解。它基于把牛后腿的肉切成薄片,其厚度很少超过半英寸,因此不可能外面烧糊,里面还充满浆汁。物

---

① "葡萄酒和食品",原文为意大利语:vino e cucina。——译注
② "翡冷翠大牛排",原文为意大利语:fiorentina。——译注

理的法则对你不利,但在布卡·拉比餐馆烟气腾腾的铁烤架上,抽油烟机在头顶咆哮不止,颇似不民主的当年,菲亚特公司制作的墨索里尼时代战斗机过时的引擎,这些物理法则却绝对适合你。

一旦把阿诺河水用水泵泵出了布卡·拉比餐馆,该地干爽,重又开业时——这一过程没要十天,尽管年龄更大的侍者频发预言,说厄运即将降临——食物方面就再没出现麻烦了。问题出在葡萄酒上,因为葡萄酒也经历了考古博物馆馆藏所遭受的轻慢行为。布卡·拉比餐馆的酒①相当有名,不仅品种繁多,而且有些酒年高德昭,这很适合一个在安东尼庄园宫殿下面开业的餐馆,因为该庄园是一个家族,自16世纪后期以来,一直在瓦尔德奇安蒂地区生产优质红葡萄酒和白葡萄酒。在意大利,至少在托斯卡纳,可能找不到比它更好的意大利葡萄酒酒单了。不幸的是,正如在考古博物馆中所发生的情况一样,洪水不仅把葡萄酒的主酒单——长期以来,一系列的管酒侍者都用笔墨保存着这张酒单——浸染得无可辨认,而且消解了把标签粘在酒瓶上的胶水。因此,当餐馆工作人员和帮助打扫卫生的人能够进入帕拉佐安东尼庄园抽干水的地下室时,他们面对的是搁架上成千上万的酒瓶,以及在泥泞的石制地板上躺着的成百瓶破碎的酒瓶。其中一些无名的酒可以回溯到40年代、30年代,甚至20年代,但似乎没有任何人——包括管酒侍者的头头,此人把他稀疏的发卷弄得像个来自《新约》的古人,嘴里冒出一连串(在我听来好像是)听不懂的咒语和亵渎话②——知道哪瓶酒属于哪个年代。因此,布卡·拉比餐馆的管理层允许与其相熟的客户,以很低的价格品尝其

---

① "酒",原文为意大利语:enoteca。——译注
② "亵渎话",原文为意大利语:bestemmie。——译注

酒,很幸运的是,我也属其中一员。这么做有一个优点,就是你可以廉价喝上好酒。缺点是,我几乎不知道我喝的是啥东西,这样,那些酒鬼所说的"口味记忆"中,就啥也没有留下。不过,由于我从来就没有这种记忆功能,直到今天也几乎不知道品酒讨论中那些博大精深的要点——关于鼻力雄健、果味余香之类的琐谈,对我来说毫无意义,就像形式更纯粹的艺术行话,对艺术界之外的有识之士来说,也是毫无意义一样——在布卡·拉比餐馆的深处盲目地品酒,教我学会的知识,可能还没有教给那些更了解酒的人多。不过,喝酒之后,度过了几个很值得记忆的醉醺醺的下午,我由是了解了一点佛罗伦萨的亵渎艺术。

意大利语的 bestemmia——相当于英文的 blashemy(亵渎)——是一种别具意大利特色的东西,在任何地方,都没有像在托斯卡纳那样,达到污言秽语、扭曲变形、错综复杂的完美高度,至少有人会这么说。(很自然,罗马人、那不勒斯人和其他地方的人都很起劲地否认这点。)由于根据这种亵渎的本质,它就是要侮辱天主教的圣人,要侮辱天父、天子、圣灵、诸圣,而且要最频繁地侮辱圣母玛利亚,所以,在天主教国家之外,根本没有 bestemmia 这种东西。没有大信,就没有大罪。自启蒙时代以来,法国的这种亵渎传统已经可怜地式微,但在 20 世纪 60 年代中期的托斯卡纳,这种亵渎传统依然热烈而强悍,其形式都比较琐碎:如果爆胎,叫声玛利亚猪猡①,那不能叫俏皮话。但我听到的一些话,特别是在 1966 年大洪水暴发后说的话,可真是发明创新到极致,达到了高级民间诗歌的高度。一个工人搂着一沓书,从国家图书馆的书库往楼梯上走,把油腻腻的一堆浸透泥浆的书

---

① "玛利亚猪猡",原文为意大利语:Porca Madonna。——译注

从怀抱中滑落时,眼睛就冲着屋顶看去,好像直接对着造物主喊了一声:"圣母玛利亚是一只大桶,里面装满了圣徒,上帝就是一只塞子,……塞在她的屁眼。"①这类话也不是一时冲动而说出来的。不过,当我和一位神父看着洗礼堂里的残骸和污垢时,神父对我说了一句最简单,也最真实的亵渎话。这位可敬的、处于绝望的人说:"最大的破坏都是上帝自己一手造成的。"②

我们带回到 BBC 的电影很有限,由于缺乏光线,有些地方发灰,几乎到了看不见的程度。不过,这部电影还是起了一点作用,调动了公众对该市的同情心。我为此而感到骄傲。有人告诉我,这部电影对鼓励学生和其他年轻人去佛罗伦萨,并对进行灾后的清除垃圾工作有所帮助。他们的确来了好几百人,就像他们后来到欧洲各地参加政治示威游行一样。这些孩子没有技能,甚至还不一定都是学艺术的学生,但他们无偿而又英勇地做了大量驴活③:没有什么工作比抢救达·芬奇或波提切利的作品更富有魅力了,但把一卷卷浸透泥水的书,从地下室的档案或水唧唧的地板,拽上狭窄的楼梯——这种活儿真是又脏又臭,他们一直工作到筋疲力尽,倒在角落里睡起觉来。佛罗伦萨的人民感激不尽,给他们起了一个诨名,叫泥巴天使④。

那年冬天晚些时候,我又回到佛罗伦萨,加入到这些慷慨大度的青年工人中间,在这次旅途中,我做出了两项发现,老实说,这两项发现可说具有改变生命的意义。第一项发现与一件艺术品有关——这不是一件佛罗伦萨艺术品,也不是一件意大利艺术品。我选择与一

---

① 原文为意大利语:La Madonna e una botta con tutti santi dentro, e Dio come tappo... in culo. ——译注
② 原文为意大利语:Il piu grande vandalism e quello di Dio。——译注
③ "驴活",英文为 donkey work,意即单调而无趣的工作,此处直译。——译注
④ "泥巴天使",原文为意大利语:angeli del fango。——译注

个摄影家朋友,坐他的车从英格兰出发,前去南部,我计划的路线还能带我们穿过阿尔萨斯,前去科玛,这地方我以前从未去过。这是一座极为罕见的小镇,因为它拥有一件真正重要的艺术品,但那幅画是一位艺术家所说的一句最为生动,也最为可怕的话。这就是所谓的伊森海姆祭坛画,它由德国画家马蒂亚斯·格吕内瓦尔德在1522年完成。委托他画的是科玛的圣安东尼修道院的修道士,该修道院有一家附属医院,其功能是救死扶伤——特别是治疗那些患有最近进入北欧的一种疾病即梅毒,现已进入晚期的人。20世纪后期,很少有人知道——我肯定是不知道的,因为我与花柳病最坏的遭遇,也就不过是几次"可拉瀑"(淋病)而已,很快就被抗生素所征服——梅毒达到全盛期,会引发何种恐惧。19世纪中,梅毒成了一种文化迷恋症。正是梅毒这个鬼魅,造就了毒美人①的神话,在那些无法抵御其诱惑的人中,播下了无情的死亡种子。文学以及绘画的整整一连串"致命女人",都要归功于梅毒,这些女人给受害者送去短暂而虚幻的欣快之感,随后就将其悉数杀戮。一系列文学原型的起源,都来自梅毒螺旋体②,如济慈的《无情妖女》,只要被她稍微触摸一下,误入歧途的武装骑士就成了一个孤苦无助的影子。梅毒就是19世纪的艾滋病,而该病在肆虐欧洲的早期,所引发的最强大的恐惧表现,无疑就是这幅伊森海姆祭坛画。画中,人体——亦即基督自己的肉体,带着所有潜在的超验力量——被描绘成一个处于毁圮、遭到污损的受害者,遍体鳞伤,全身到处都是淫荡的创痕,仿佛体内有某种罪大恶极但鲜为人知的剧毒,正从里往外扩展。这是圣经文本中那个沮丧

---

① "毒美人",原文为:giftmadchen。——译注
② "梅毒螺旋体",原文为:Spirochaeta pallida。——译注

潦倒的救赎者:我是虫,不是人。这家伙因过度牺牲而被残暴,你都不敢想象去触碰他剥落的皮肤。然而,我意识到,这个形象力量如此之强大,它与锡耶纳的杜乔在心荡神驰的情况下,构思的《庄严》那幅作品中的圣母玛利亚有着某种相同之处。它言说的对象是整个人类社会,在深层意义上,它代表的也是这个社会。正如《庄严》上的铭文祈求圣母玛利亚成为锡耶纳和平的起因并成为杜乔本人的生命之源,"因为他把你画成这样",格吕内瓦尔德所绘的基督残体,一定是意在激励人们同情科玛圣安东尼修道院医院里那些残疾人和不幸染病者,尽管任何健康者都不可能与之产生同感。不仅画中央的十字架受难像,而且祭坛画的许多其他画板——有一个形容枯槁的助手,像翻着一本沉重无比的大书,一页页地翻着——描述了一个骇人听闻、误入歧途,但同时又具有无可辩驳的真实性的世界。这就是为什么格吕内瓦尔德魔鬼幻象中的那些病态的怪种一直在我心头萦绕不去,就像耶罗尼米斯·博斯笔下的那些人物一样。正如锡耶纳的金色圣母玛利亚,对向她朝圣的人伸出手来,告诉他们可以永远获得这种和好和静态平衡一样,科玛的憔悴基督也向患有疾病者和奄奄一息者保证,他们与耶稣也有共同之点,上帝也在他们身上,尽管他们的肉体刻满了丑陋无比、罪大恶极的斑点。

我以前从未看过这么可怕的画。当然,就像博斯画的画一样,这幅画中让人恶心的力量,也以高超的技艺编织进了该画的结构之中。但是,你无法想象把这幅画挂在澳大利亚的教堂或医院,因为那儿的艺术从来不谈真正的痛苦,更不用说怪诞的疾病或畸形了。美国或现代世界的其他任何地方,会为这幅画留出任何公共空间吗?我只是在凝目注视格吕内瓦尔德这幅巨大而又精心绘制的杰作时,才意识到,委婉回避之根,是多么深地扎入现代生活之中,而对于我这个在澳大利亚长大的人来说,现代艺术的整个"表现主义"传统又是多么异类——我若在北美长大，情况也会一样。我在澳大利亚成长期间，当然没见过格吕内瓦尔德的画，但我除了偶尔看到一张出自马克斯·贝克曼或奥托·迪克斯之手的图片外，也没有见过其他现代"表现主义"艺术家的画。我所了解的过去的艺术，而且了解得也不全面，几乎只有绘画的阿波罗传统①，它所谈及的是秩序、理想主义和让爱神心满意足。在这个传统的那边和下边某个地方，伸展着美学经验的另一座大陆，必须通过某种途径找到这座大陆才行。可能这么说并不为错，即我可能生活得太幸福，太健康，所以难以真正理解此点。这也是我为什么非得离开澳大利亚，到欧洲来的部分原因。要想得到证明，就得到科玛去看。

我从这次旅途中发现的第二件事情，如果算是发现的话，则有更广泛的意义。在佛罗伦萨度过几周之后，我就再也无法加入文化幻想的大合唱了，而那是人们在60年代经常听到的——也就是这样一种看法，觉得古老的艺术中，有着某种本身固有的压抑的东西，好像往昔是一种死重死重的东西，必须用新艺术、年轻的艺术予以摆脱之。当然，文化也在变化，但认为文化可以很简单地自我发明，就像蛇会蜕皮一样的想法，则天真到可怕的地步。这种想法无论在过去，还是在现在，都被嵌入了现代主义关于自身的种种思想之中。我所说的"现代主义"，仅指现代文化的某个区域：仿佛就是其中气势汹汹、大叫大嚷、很好战的一支羽翼，它承诺于俄狄浦斯的杀父工程，其典型就是未来主义的艺术总监菲利波·托马索·马里内蒂，他呼吁摧毁威尼斯。他认为威尼斯长期积累的杰作沉淀，阻碍了后科学时

---

① "阿波罗传统"，英文为 Apollonian tradition，据《英汉汉英艺术词典》（外语教学与研究出版社2000年版）第17页所示，即梦幻的艺术世界表现传统。——译注

代和现代主义的发明,在汽化器、马克沁重机枪和美丽而富于启发的炸药等的时代,不过是苟延残喘、完全不相干的东西:"开闸放水,把博物馆冲垮!能亲眼看见老旧的画布在水上漂浮、褪色、碎成一条条的,那是多么大快人心啊!"嗯,我在佛罗伦萨看见了类似的情景,可那看上去并不令人快乐,而是令人毛骨悚然。难怪,当马里内蒂的某个钦佩者被问到,这位未来主义者是不是一个天才时,意大利一个持有怀疑态度的人——我忘记他叫什么名字了,但这件事应该被记住——回答说:"他不是天才,他是一个闪着鬼火的白痴。"当然,特别具有讽刺意味的是,推销未来主义的人吵吵嚷嚷,要摧毁历史,但就连未来主义的大师作品,也未能逃脱这段历史。例如,翁贝特·波丘尼最优秀的雕塑作品,就是那座大步行走的强大形象,题为"空间连续体之独一无二的形式"(1913年)。它其实不过是公元前2世纪一尊希腊大理石像的翻版,该石像现在就矗立在卢浮宫入口台阶的顶端,名叫"萨莫特拉斯的胜利女神"。过去无所不在,渗透一切,它是艺术家及艺术公众呼吸的空气。然而,因为过去无法替换,不能重新来过,这个过去而不是现在或未来,就十分精贵,十分脆弱,极易磨灭。与此同时,过去又是我们所拥有的最真实的东西。现在在某种程度上依然是一种假定,未来则并不存在,因此至少在文化领域并不真实。科学家可以假定未来,这么做也是他们工作中的一个必要的部分,但这不是艺术家的事。我已经开始相信,艺术家并非先知,也不应该把自己想象成先知,因为那只不过是一种自我膨胀。他们的作品并不能像占卜或天眼通算命的行为那样,来"预示"以后的绘画或雕塑,而只能成为后来作品的基础,被后来的艺术家使用之、模仿之、学习之。换言之,它成为过去的一个部分,带上了能与过去产生联想的价值。要走极端,也只能走到这一步,也就是按那个拉丁词汇的原意来办,即 radix(root,根)。这个根能吸收营养,给予支持,给人一种扎根之感，一定程度上的安全感，否则就只有一个让人莫名其妙、只能假定的未来了。也可能你说"保守"的东西，我却称之为"激进"，但这并不排除这样一种可能性，即我们两人看到的都是某种全新的东西。真正激进的艺术品是这样一种作品，它在动荡不定的可能性中，能为你提供某种能够抓握的东西。因此，无论伦敦皮耶罗·德拉·弗朗切斯卡的《基督受洗》，还是卢浮宫伦勃朗那幅崇高而又内向的《沐浴的芭特叶巴》，其激进方式之深刻，是达米恩·赫斯特之流所不能企及的——这也就是为什么在同一句话里提到这两种人，甚至都有点滑稽可笑。

我开始意识到——这种感觉倒不是突然产生，而是一点点地悄然而至——未来可以自己照料自己。企图改变未来的航向，那不是批评家的责任。批评家若做出此类努力，那是不应该给予鼓励的，因为历史反正会对他们一笑置之。20世纪60年代后期在美国，有一伙批评家——可说是酒神式批评家吧——忙着宣称，必须终结艺术中的理智和分寸，必须让绝对的自生自发性嬉游无度，趾高气扬地主宰一切。与此同时，另一帮批评家，即克里门特·格林贝格的追随者，却以真正的后马克思主义风格宣布，的确有一个不可避免的未来，这个未来就在于抽象，按照海伦·弗兰肯萨勒、莫里斯·卢里和肯尼斯·诺兰等的方式，在未涂底漆的粗帆布上，用抒情的丙烯，薄薄地抹上一层，但却泼洗大量的水彩。这就是绘画的圆满之境。正如格林贝格学者（迈克尔·弗莱德，我想是吧）所说，这种画为艺术打开了"不可想象的可能性"。这种画的第一批始作俑者一旦把作品做出来，它当然就成了一条死胡同。话又说回来，根据其自身的有限条件，其中有些作品还是相当美的。

佛罗伦萨的洪水在我心中淹掉的，是对先锋力量的信仰。从此我再也不信仰这个东西了。今天，当我看到艺术界仍在越来越微弱地做着努力，企图将其最新产品命名为"尖峰"、"锋快"、"激进"等时，我一点都不后悔我已失去这个信仰。一些新艺术作品有着这样那样的价值，但大多数作品价值很小或根本没有价值。不过，艺术中的这种新颖从来都不是价值。

我第一次见到我未来的出版商乔治·威登菲尔德，是通过杰弗里·基廷这个常在波尔图埃尔科莱和伦敦来去、性格生动的老常客。基廷是摩尔赫德许多朋友中的一个。他也当过战地记者，他们跟着盟军不屈不挠地推进，一起走遍了北欧。杰弗里什么都不怕，往往人还没到，名声先到，说他是个厚颜无耻、无所不用其极的家伙。他喜欢生活得像模像样，所以，当占领军大踏步进入一座城市，把德军打得丢盔弃甲，在前面驱赶，盟军的军官和总参谋部老是设法弄到最好的饭店房间时，他总是很愤怒。正当盟军向一座被占领的城市推进时——是鹿特丹吗？我忘记了——杰弗里就决定扭转他的动向了。他作为战地记者，军衔上有几颗星，他把这个亮了一亮，就征用了一架侦察机，这是那种奥斯特侦察机，很小，又没有武器装备，引擎比澳洲郊区割草机大不了多少。接着，他说服飞行员，也可以说是吓唬他，可以理解的是，他把飞行员吓得要死，要他把这架飞机飞进鹿特丹的中心，然后在两边都是林荫大道的一片公园中着陆。飞行员不知怎么避开了树木和头顶的架空线，基本上毫发未损地停在了鹿特丹最豪华的饭店外面。"你在这儿等着，"杰弗里命令道。说着他就从奥斯特里蹦了出来，身穿英国军装，一路穿过车水马龙的德军队伍（其中有坦克、装甲车、参谋部的车等，这些车上都毛发倒竖般地立着杀伤性武器），这支队伍正向城外走去，总的方向是往家走。他蹦蹦跳跳地走上豪华饭店的台阶，在大堂斗胆面对该饭店经理。"我要订房，"基廷宣布道。他订了房后就走了。飞行员又不知怎么从公园那块草地上起飞,毫发未伤地飞回到盟军前线。于是,当盟军主力部队进入这座此时已摆脱德意志国防军的城市,高级军官派副官去征用该饭店时,却大为恼火地发现,其中最好的两层楼早已被基廷、摩尔赫德和他们的记者朋友"占领",他们马上就要好好享受自跨过阿尔卑斯山以来的第一次热水澡,哪怕温斯顿·丘吉尔本人来,他们也不会放弃他们的套间。

尽管二十年后我所认识的那个杰弗里已经秃顶,肤色泛红,气色很好,人很壮实,但他厚颜无耻,依然如故。他此时已是英国石油公司的首席公共官,在该公司有人背后叫他"阿拉伯的佛罗伦萨"。他的主要工作,是当海湾国家那些相当原始的酋长到伦敦来时,让他们过得开开心心,为他们安排饭店套房,安排嫖妓,并联络高级社交关系。由于常规所称的"文化冲突"(别忘了,这是四十年前),这个工作并非总是一帆风顺。有一次,他出了一个问题。一位有权有势的人,算是一个酋长吧,此人就是按海湾国家标准,也非同寻常的粗鲁愚钝,决意要在杰弗里为他安排的豪华五月花酒店套间,举办一次小小的沙漠好客宴会。这位酋长的手下人比较习惯在阿拉伯的空旷地带烤羊,而不善于利用饭店预订客房服务。不过,他们考虑十分周到,把套间起居室破损的欧比松地毯卷了起来,烤了一头小山羊(是从哈罗兹的肉店①买来的,该店专为阿拉伯客户进货,销售这种山羊),就在这时,楼面经理破门而入,疯也似的打着手势,后面跟着一队饭店工作人员,手里拿着红色灭火器,把火堆、山羊、酋长和他那群派对的人,喷溅得满身都是白色化学泡沫。

杰弗里一眼就看出,我没有出版社——我因《非理性形象》一书

---

① "肉店",原文为法语:boucherie。——译注

未能交稿,不可避免地导致哈米什·汉密尔顿出版社不再与我打交道了,但他却为我找到一个出版商,此人就是他的朋友乔治·威登菲尔德,即威登菲尔德和尼科尔森出版社的老总——他现在已被授予骑士头衔,这是因为(据谣传说),他为哈罗德·威尔逊总理尚未动笔的回忆录,支付了一笔慷慨到奢侈的预付金。(他此时尚未成为切尔西的威登菲尔德勋爵,但几年后,他就被擢升到这个爵阶。)我们两个怎么碰面呢?很简单:乔治爵士刚与第三任妻子结婚,也就是那帮美国佬中极为富有的桑德拉·惠特利。他们已在海德公园大门那座维多利亚时代的大厦里安顿下来。这位新威登菲尔德夫人一头扎进重新装饰住房的工作之中,意志颇为坚决。接下去的一周,准备进行一系列暖房派对,把全伦敦的人[①]都邀请来了。杰弗里说,把我悄悄塞进一大群寻欢作乐者中,是件再简单不过的事,只是有个小问题。倒不是说,我在那儿什么人都不认识——我倒的确一个人都不认识——也不是说,我没见过男主人和女主人,这我也的确没见过,而是说,我就像灰姑娘一样,参加威登菲尔德舞会,却没有适合穿的衣服,但是,杰弗里像一个意志坚定的仙女教母,把这个问题解决了。他把他多余的一套无尾礼服借给我。我俩个子差不多高,不过,他当时体重250磅,我体重150磅,这就似乎有点问题,但杰弗里摆了摆手,对此不屑一顾。这一袭优质黑布料披挂在我尸体般的身架上,这儿一兜圈圈,那儿一轮花饰,还处处都是皱啊褶的,裤子像系马肚带一样系牢,颇似一艘充气不足的软式小飞艇,我的脖子支棱棱的,仿佛一只骨瘦如柴的鸡脖子,从杰弗里的凸纹布晚礼服衬衫像翅膀一样的领子里钻出来,我那样子真是特别得很,但当我们到达海德公园

[①] "全伦敦的人",原文为法语:le tout Londres。——译注

大门时，人都挤得水泄不通，似乎并没人在意，甚至都没人注意。就在那儿，在台阶的顶端，站着桑德拉，也就是威登菲尔德夫人，她迎候着客人，高高的个子穿着紫褐色天鹅绒、钻石首饰炫人眼目，光彩照人，一副女王气派。"是你呀！"她拉着我的手，热情洋溢地说，"你一定是莫德卡伊·里奇勒吧。欢迎啊，欢迎！"我们跟着就把这一点更正了，但结果发现，尽管我不是那位著名的加拿大犹太裔小说家，但我们的座位安排在同一张桌边，就在威登菲尔德家那间奇大无比的棕榈阁餐厅里。这张桌边的人，我俩当时一个都不认识，但当我们环视房间四周时，觉得人人都好像有点面熟，原来这些人都曾在报章杂志的照片上出现过。"这肯定是叫花子吃饭的桌子，"莫德卡伊愁眉不展，却又幸灾乐祸地说，结果发现果然如此。

我和桑德拉的老公至少在最开始时，似乎相见甚欢。"我满肚子都是好主意，都是为你想出来的，罗伯特。"当我们在他棕榈阁桌腿像纺锤形、镀了金的租用桌边坐下来后，没过几分钟，他就开门见山地宣布说。从来没有一个出版商想出这种方式来接近我。而且，圆胖鼓眼的乔治爵士形象，有着某种特别相宜的特点，他像一台蒸汽锅炉，穿着一尘不染的白色亚麻布衣服，热情洋溢，不停地往外冒着小股高压蒸汽。我考虑过列昂纳多·达·芬奇没有？当然考虑过呀。那好，那我必须把这些想法写成一本书。我是天主教徒（估计杰弗里事先跟他介绍了这个情况），那我一定考虑过天堂和地狱的情况。那我在意大利一定看过所有那些妙不可言，又无比可怕的壁画了！一定看过所有那些袖珍画、那些镶板画，看过科玛的伊森海姆祭坛画，看过比萨纳骨室的最后的晚餐：任何清教徒，任何犹太人，都不可能充分理解这类形象的重要性。威登菲尔德为了向世界和比较宗教提供服务，需要出版一本书，把来生的种种折磨，也不要忘了还有来生的种种崇高的欢乐，一股脑儿写下来，加以陈述、加以比较、加以评估。还有谁比我这个年轻的前天主教徒,这个已经走出了教条约束的范围,但害怕遭受诅咒的恐惧之感,似乎依然新鲜得就像雏菊一样的耶稣会小伙子,更适合做这个工作呢?再说,还有列昂纳多呢!列昂纳多·达·芬奇啊!还有哪位艺术家比列昂纳多更能引起广大公众的兴趣呢?为广大公众用英文所写的关于他的东西实在太少了(当然是相对来说)。如果你真想知道,的确想知道这个伟大的斯芬克斯,那目前关于他的书,尚未绝版的是哪本?(回答是几乎一本都没有,除了肯尼斯·克拉克的那本之外。)要想通过我这一代人的眼睛,重新审视列昂纳多,就像克拉克为他那一代人再造了一个列昂纳多,现在不正是时候吗?

话到此时,我的非年份克鲁格香槟酒已经喝到了第六杯,我本来就属于一有人吹捧,就会飘飘然的那种人,此时更是自我膨胀起来,仿佛蒙高菲儿乘坐的一只热气球。我当然可以跟乔治写一本天堂地狱之书,也可以写一本列昂纳多之书,任何东西都可写,例如,为业余爱好者写一本灌木修剪法,或写一本希伯来神秘哲学史,哪怕几乎一无所知都行。乔治并没像梅菲斯特那样,在受害者身上钉一根钉子,马上从内衣兜里掏出一支派克钢笔和一份空白合同——他太狡猾,是个很会演戏的老手,可不容易上当——不过,不到两周之内,我就签了两本书的合同。

其中一本我写完了,而且多少也是按时写完的。《西方艺术中的天堂和地狱》是我自《澳大利亚艺术》一书以来,完成的第一本完整之书。该书于1969年出版后,按这种书的情况看,算是一个成功。没卖几本,没赚啥钱,艺术书籍就是这种路数,但它颇得好评,有些书评比本身应得的赞赏还高。我在大英博物馆的阅览室做了调研,还写了其中的一部分文字,我的头顶就是悉尼·史默克设计的那座宏大的分层穹窿,那儿,不计其数的其他作者,把他们的一粒粒沙粒,添加在不可胜数的知识沙丘上。

能够做这件事,我感到好像长大成人:也许还只是一只蚂蚁,在岩石的表面爬行,但至少是一只成年蚂蚁。我钻入我那充满教义的过去,处处都发现,其中那么多的内容都荒谬无稽:早已死灭的教士和神学家残酷不已的迷恋,详尽地描述如何以最恶心、最疯狂的方式,来折磨异教徒和持异见的罪人,而且一切均以他们热爱的仁慈的上帝的名义。在天堂和地狱的现实无人质疑的时代,关于天堂的许诺和地狱的威胁,想必给全体教士提供了一种权力之感,其他任何方面的满足感,都无法超越这种感觉。我以前从未研究过末世学(关于死亡、审判、天堂、地狱最后四事的学问)。我在中途停了下来,因为我从细节中发现,这种神话的巨大积累简直赤裸裸地被教会用做一种社会控制的方式:从真正的意义上讲,天堂和地狱还没成为别的东西的时候,就已经是政治的造物了。

因此,我认为,从我需要进一步远离天主教会的冲动这个层面上讲,撰写《西方艺术中的天堂和地狱》这本书,就足以提供这种冲动。不过二十年前,欧洲刚从难以想象的苦难中浮现出来,其典型特征、其原型,就是纳粹组织并管理的死亡营,但早在这之前,在亚当和夏娃死去之时,如果你相信那些曾就此题写过东西、为天主教辩护的人的话,上帝就已经在开办他的集中营,无人能够逃出这个集中营,也不可能豁免任何折磨,对灵魂进行折磨也不是为了报复(因为报复是庄严崇高的神性所不齿的)。你只能想象毫无希望地匍匐在这样一个神人的面前。但是能向它祈祷吗?能从它那儿学习道德之课吗?如何才能崇拜这样一个神呢?你还不如在奥斯维辛集中营的总司令官鲁道夫·赫斯面前跪下双膝来呢。也许,从真正的意义上讲,我长期以来,一直都坚守着在我身上培养起来的那个信仰,但撰写《西方艺术中的天堂和地狱》一书时,我意识到,我只可能称自己为前天主教徒，而不可能称自己为任何别的东西。这并没有把整个教会从我的生理系统中清除出去——现实地讲，任何东西都不可能把它清除——但至少这么一来，从前曾是崇高无比的东西，现在却原形毕露了。

这也是整整十年来，我写的最后一本书。接下去的那本书，即《新的冲击》①，要到1980年才出版。我的产量怎么会如此之低呢？回答恐怕是我结婚了——或者不如说是因我同丹结婚的那种婚姻性质。婚后，已经没有任何情感精力来做任何别的事情了，只有小股小股的爆发，主要都是创作。有些人结婚和结成伴侣，连房间和灵魂都会充满氧气。还有些人结婚之后，连房间的空气都会烧着，而我的第一次婚姻就是这种。没有丹，我的生命似乎是一片荒野，但有了丹，我的生命又黏糊糊的一团糟，只是一种拖累，而由于我自己胆小怕事，愚蠢无能，一直无法将之摆脱。我已经三十岁了。我在电视上露面，装得像个很有信心的作家，我去参加晚餐会，成了一个"多余的人"。丹总是拒绝去，理由是这种晚餐会是搞社交的，因此古板得一塌糊涂，但实际上，我就像一个船翻了后，陷在船下的人，试图在翻船船舱的空间里呼吸空气，求得生存，但心里知道，空气很快就会耗尽，却又没有勇气克服内心的恐惧，一头扎得更深，从船体游开，然后获得解脱。

我就是在这种糊里糊涂、迟疑不决的心境下，开始为威登菲尔德写第二本书的，也就是列昂纳多·达·芬奇传记。某方面讲，这是一个很不明智，甚至可说是很愚蠢的项目。现在，我只能形容它比较傻

---

① 截至2012年6月前，此书在中国共有两个版本，一个是1989年上海人民美术出版社的《新艺术的震撼》（刘萍君等译），另一个是2003年百花出版社的《新的冲击》（欧阳昱译）。——译注

而已。我掌握的意大利语尚可,但我就是再怎么想象,也不是一个文艺复兴时期的学者,而且也没有任何学历资格。我的所有动力,无非是我无人支持的满腔热情,以及对一个人的十足好奇,此人是艺术家、思想家、科学家和作家,是文化史上最神话的一个人物:我想,这就意味着,人们对他一定有着巨大的误解。我应该搜集关于列昂纳多的所有材料,才写第一句话,这种想法对我毫无意义,在我所写的任何作品中,这种想法从来都没有任何意义。

此时,我意识到,我写此书的主要冲动,就是逼使自己,去寻找自己不知道的事情。情况一直都是如此。撰写这部回忆录的理由也是如此,那就是把我已经忘记或压抑的东西,以及一直处于我意识前锋的那些东西,全部开掘并曝光。否则写书干吗?正如小男孩在孩子气的笑话台词上所说的话那样,在所有那些垃圾下面的某个地方,一定会有一头小马驹。我想,要写列昂纳多,可能就得从中间开刀,然后以某种方式写进他本人,开始时考察一下他名声的特殊性质,其中,最典型的特别之处,就是他《蒙娜丽莎》这部作品的名声:究竟是什么使得本来画一个不为人知的女性的画,成了整个西方美术史上最为著名的画呢?一些东西并不是自己想著名就能著名的。形象并无意志力。

《蒙娜丽莎》这部作品在它那个时代当然没有名气,几乎不为人知。19世纪,这幅作品进入路易十四的首席部长安托万·科贝尔的藏品之列后,也并不很受重视。很奇怪的是,它直到19世纪才成名,令其成名的是浪漫主义和对"致命女人"的崇拜。最原来的那个丽莎·德·焦孔多,无论她究竟是谁,跟这种固恋是不可能有任何关系的。以这种方式,把托斯卡纳一个中上层阶级稍嫌肥胖的人妻,表现成一个兼有斯芬克斯和吸血鬼特征的人,这肯定是全部文化史上一个很大的误读。如果焦孔多可以这种方式来神话化,那么,她的作者也可以这么神话化。列昂纳多本来就有很多兴趣爱好,被认为是"文艺复兴人"的原型,但实际上,文艺复兴时期的重要人物中,很少有人学识渊博:很自然,他们都比较有专业倾向,列昂纳多则是一个杰出的例外。

为此他付出了惨重的代价。他有一句口头禅,可以从中看出玄机。人们用鹅毛做一支新笔时,会随便写几个字,来试试东西做得如何。列昂纳多试笔的那句话,在他成千上万页的手稿中,已经重复了不知多少次,有时用简缩语,有时稍有变化,是这么说的:"跟我讲,跟我讲讲,是不是做成了什么事。"他的这种怀疑,他对自己探索、探测和研究价值的不确定之感,(很悲哀的是)完全是有道理的。列昂纳多的作品中,很少取得成果。他梦想做大项目,但却完成不了。有时,这些项目因他过于热衷技术实验而遭到挫败:他在米兰做的《最后的晚餐》就是如此,这幅画因为不用正统技法,所用技法又未进行检验,因此现在成了一张几乎看不清楚的废墟。他本想为他的赞助人弗朗西斯科·斯夫尔扎(约1485年)铸造一匹巨大的青铜马,作为一座丰碑,但从未着手浇铸,结果,用来做马的那一全套尺寸的模型①,总有二十四英尺高,最后在露天下成了一堆泥巴,全给雨水和法国射箭手毁坏了,他们把它当靶子练习,就像《格列佛游记》中的利利普仙小人国的人,冲着倒卧的格列佛射箭一样。他作为建筑家虽然很受尊崇,但他的设计一样也没形成建筑。他的飞行器从未起飞,他的大部分战争机器,如那个用人力肌肉推动,很像帽贝的坦克,即使做成,也不可能工作。列昂纳多并非一时受阻,而是永远受挫,因为不可能进行高比例能源转换——这个问题一直要到蒸汽时代才能

---

① "模型",原文为意大利语:modello。——译注

解决。这个人的一生富有高度的创造发明精神,但却是个失败,其最惨之处在于,即使在人体解剖方面,他的研究本可对推动科学发展产生很大影响,但由于他笔记本记录混乱,更谈不上发表,因而从未产生影响。这些笔记本后来零落分散,转经多人之手而流失,内容基本无人所知,直到后来的其他思想家重新发现为止。

撰写一部列昂纳多的传记,主要障碍在于,或者说我所发现的主要障碍在于,他作为一个人,缺乏同情的素质。他有天才,这毫无疑问。经常有人说,也许说得太经常了,如果有人值得称为天才,那就是公证员与农妇结合而生下的这个私生子,该农妇的情况人们一无所知,只知道她叫卡特琳娜,家住托斯卡纳一间默默无闻的芬奇农舍,但在列昂纳多写下的成千上万页书稿中,从未有一字一句透露出,他喜欢另一个人,更不用说他爱另一人或需要另一个人了。滥情总是很可恶,被滥情淹没则令人沮丧,我们今天都有同感,但列昂纳多却走到了反面,所达到的背反程度,有着某种几乎令人恐怖的特点。他冷得像条鱼,漠然得像座山。他不承认跟男同胞之间有任何同胞关系,跟女同胞之间关系更淡。他虽然是个佛罗伦萨人,但他对地方上的爱国主义毫无感觉或感觉很小。他为米兰的公爵鲁多维科·斯夫尔扎干活,此人并非佛罗伦萨的朋友。他还为佛罗伦萨共和国不共戴天的一个敌人,即恺撒·博吉亚干活,当然,他死的时候是在遥远的法国,属客死异乡。至于说到家庭关系,可从他写给弟弟多门尼柯的一封极为奇怪的信中,看出他的家庭价值观来。他弟媳刚刚生了一个儿子,"据我所知,这种情况给你带来了莫大的快乐"。正常情况下,这应该值得全家喜庆一番,但列昂纳多不是这样。听说多门尼柯充满欢乐,列昂纳多写信说,他意识到,原来他一直错看了他。他说:"我跟你一样,我判断失误,而你则很不谨慎。"多门尼柯所做的事,就是"生出了一个敌人,这个敌人会为了争取自由而耗尽所有精力,这个敌人只有在你死时才能生成"。西格蒙德·弗洛伊德根据一段译自意大利语(弗洛伊德看不懂意大利语)的错误译文,写了一篇关于列昂纳多的毫无用处的文章,很遗憾,他当时并未意识到该信泄露的这一惊人的俄狄浦斯天机。

生而为人,却又很不情愿——要吃要喝,要拉要撒,还要纵欲——这种种情况都让列昂纳多充满憎恶。他曾一度注意到,人类肉体的作用,无非是"填充厕所"。他厌恶人类肉体散发出的所有气味。他为了知识而用于抵御并克服这种恶心现象的力量,可说是真正具有英雄气概。维尔康姆博物馆是伦敦一家主要收藏医学标本的博物馆,我曾就列昂纳多的解剖学工作,问过该馆的首席解剖员,他指出,他所做的一些人体结构解剖,需要几个星期的高强度劳作,而15世纪根本没有福尔马林这样的防腐剂——只有酒精而已。就我们所知,对于列昂纳多这个挑剔成性,几乎到了神经质地步的人来说,做这种工作,肯定需要极大的自律和超然之态。

列昂纳多是同性恋,这一点几乎毫无疑问,但目前尚无证据表明,他有一个男性恋人。唯一的一个候选人是名叫萨莱的画室助手,关于此人,我们一无所知,只知道这样一个事实,即他有时把列昂纳多恼火得无法忍受,而且他长着一头美丽的卷发。其实,列昂纳多热爱的不是人,而是大自然,这并非因为大自然是上帝意志和存在的表征——如中世纪的思想家所认为的那样——而是因为大自然本身巨大无比,自给自足,取之不尽用之不竭,极为神奇,非常复杂。(关于上帝的思想在他作品中几乎从未提及,可以感觉出,即便上帝在他笔下出现,也不过是因为常规原因。至于以敬神形象为中心,对圣徒进行崇拜的问题,列昂纳多从不掩饰他的鄙视。"人说话的对象根本听不见他说话。他们睁着眼睛,却看不见东西。人对他们说话,但却得不到回答。")他迷恋的东西成了他作品中反复出现的一个主旋律,也就是水的运动——潮流、回旋、瀑布、奔泻——这一运动从小草波浪翻滚的生长，到让人烦躁的萨莱的小发卷，无不以许多其他自然形式反复出现。但就算水能产生世界、塑造并营养世界，水也能摧毁世界。就是在这儿，可以看到列昂纳多最为可怖，也许最缺乏同情的一面。他的想象力真正具有启示录的含义。他有一幅画几乎无人问津，题为"Profetie"（"预言"或"梦境"）。他很喜欢把怪异而具性虐待特质的谜语和笑话写下来，这一点就很说明问题：

> 要把很多孩子毫无怜悯地毒打一顿，从母亲怀中夺走，扔在地上，然后弄成残废。（《关于坚果、橄榄、橡实、栗子，以及诸如此类的东西》）

但是，这类感情的真正极端例证，却都反映在他的素描中：也就是那些很细节的小幅试画，画的都是人世皆有的死亡和灾难，史称"大洪水"素描。他写道："可是，我采用何种方式，才能描绘无论用什么人类资源，都无法使我们逃脱的可惧可怕的种种邪恶呢？这种种邪恶能以滔天浊浪毁掉大山，它能跨越犁过的良田，以挟带泥浆、肆虐一切的波涛，把在土地上劳作者无法承受的劳动悉数掳走。"列昂纳多好像不止一次，而是强迫性地多次产生一种海啸幻觉，尽管在他那个时代的地中海从未出现过这种地震造成的恐怖景象。他通过一种绝对无情的抽象过程，在比四开本还小的纸上，描绘世界的终结，也的确这么描绘了世界的终结。列昂纳多的幻景好像是，要说出所有艺术中最具毁灭性的想象来，比李尔王的不朽谩骂还要极端：

> 风，吹吧，把脸吹裂！吹吧，狂吹！
> 瀑布和飓风，泼吧，溅吧。

把教堂的尖顶淋得透湿,把风信鸡淹死!
你这能对思想行刑的磷火,
把信使吹捧到劈开橡树的雷霆上去!
把我的白头烧焦吧!而你,震撼一切的雷声,
把又厚又圆的地球擂平吧!
把大自然的模子砸开裂缝……

列昂纳多在对人类毁灭生态平衡、互相谋杀的力量进行沉思之时,感到陷入绝望,产生了一种现代的绝响,这在五百年前,可能要比直到最近以来,更难为人理解。下面,他谈到了那种恐怖之极的景象:

这对他们的恶意不会有任何限制……地球的上上下下,包括水里,凡有留存之物,都会被穷追、被侵扰或被摧毁。一国所有,将被带往另一国。他们自己的肉体将成为他们杀戮的所有生命体的坟墓和导管。地球啊——还有什么能约束你,使你不把他们打开,一头扔进你巨大深渊和洞穴的深深豁口,再也不让天堂看见这种野蛮而又无情的妖怪呢?

我想,我现在可以开始写列昂纳多了,尽管我还并不完全确信。不过,有一点是相当确信的,即我四十年前没有这个能力写。他超出了我的能力范围。当然,我尽了一切力量,想把他抓住。我把他画的所有画都仔仔细细地看了一遍(除了圣彼得堡那幅很不幸的、画糟了的《柏诺瓦的圣母》,怀里抱着肿胀的婴儿。当时我没钱,去不了苏联。)除了别的东西之外,我还尽一切可能,查阅了温莎城堡的素描和米兰的《大西洋古抄本》。我对复制的书籍、达·芬奇研究文集,以及绝版的专论等进行了大量投资。我采访了医学史学家、科技史学家、军事

发明史学家、植物史学家,等等等等。我在佛罗伦萨先是过了数周,接着就过了数月,还顺道去了他老家芬奇村。手稿的页码厚了起来,很慢,也很不规整,与其说是流水一样稳步向前,不如说是断断续续,有一搭没一搭。我有一种不祥的预感,觉得心不在此项目上,但我不断与这种感觉作斗争。列昂纳多有很多东西我都觉得很有意思,首先是他享有文化名士这个美誉的奇怪事实:除了他画作和素描的质量外,他为什么会在那么多的19世纪和20世纪早期作家中,激起那么狂热的反应,为什么反应会采取那样一种形式?——再怎么做,你离那个伟大的自然奥秘还是没有靠近一步,而那就是列昂纳多本人所思所想、所行所动、作出反应的方式。也许谁也不可能找到答案。简言之,我没能抓住他,我的这一失败在将来的岁月中,一直萦绕不去,让我窘迫:我不能允许自己写一本肤浅的列昂纳多之书(尽管能够写到发表的程度),我也写不出一本配得上他的书。随着时间的推移,这一点对我虚与委蛇的能力,进行了最大的检验,让我永远同情所有的青年作家,因为他们由于这样那样的原因,嘴里咬下了太多东西,却发现没法咀嚼下咽。

第九章

去美国

意大利并不是英吉利海峡那边、我对20世纪60年代后期产生兴趣的唯一地方。直到那时为止,我对西班牙或西班牙艺术知之甚少,只对16世纪这个"黄金世纪"的主要人物,有一点正式的浮泛的了解:委拉斯凯兹,里贝拉,祖尔巴兰,桑切斯·科坦,以及牟利罗——以及一百年后的戈雅。我只能讲一点点西班牙语。我若试图说一句像样的西班牙语句子时,就会老是不知不觉地说起意大利语来。我的所有精力几乎都被意大利垄断了,剩下的就被法国拿去了。(这倒不是说,我一直都那么为法国或法国人疯狂,不过,那是另一回事了。)然而,这种情况很快就会发生变化,造成这种变化的人,就是加泰罗尼亚雕塑家扎维尔·柯贝龙。

扎维尔是我一向以来最亲密的朋友。这一不确定的荣誉只有一个竞争对手,那就是柯林·兰斯利,但柯林住在澳大利亚,而且,我们自20世纪60年代以来,互相之间极少见面。但我很幸运,认识扎维尔有四十年。在这段时间里,我俩都亲眼看见两场婚姻坠落而烧毁。我俩在欧洲和美国共享了同样的女孩,有时是明知故犯,有时是不知就里。我想,我曾教过他几手。我也知道,他对我透露过不少秘密。他比我大四岁,生于1934年,是在西班牙内战中奶大的。光说他像"我的兄长"还不够。我几乎从一开始,就跟扎维尔产生了一种深厚的同志情谊和患难与共之感,而这是我跟我两个嫡亲哥哥所没有的。我们在很多问题上都有不同意见,但从不为任何事情吵架。有时候会发生这种情况,一个澳大利亚人问我,在海外生活,除了艺术之外,有什么是我在"家里"找不到的,我首先就会想起我的老婆,画家桃丽丝·当勒斯,其次就会想到扎维尔·柯贝龙。

我们第一次见面不在西班牙,而在伦敦。那是1966年。我曾经提到过,通常发生的情况好像是,我不记得在哪儿或何时碰到一生最重要的人,对这个令人恼火的定律,扎维尔也不例外。我想,我们是通过他非常漂亮的英国老婆介绍认识的。

不过,我们的第二次见面我倒是还记得。那是在一次晚宴上,我吃过晚饭,有点小醉,开始滔滔不绝地大讲加泰罗尼亚雕塑家安东尼·高迪·科尔内特起来。

当此时,高迪不仅是西班牙之外最知名的西班牙雕塑家——他也许是名声跨过了比利牛斯山脉之外唯一的雕塑家。不过,尽管人们都熟悉他的名字,但在非加泰罗尼亚人中,对他的无知也很深,除了几个专家之外——但就连这些专家也不能给人太大帮助。他唯一一座建筑物几乎人人都听过或(在照片上)见过,包括我在内,就是那座神圣家族赎罪教堂,一座样子很怪、当时还没有屋顶的巨大建筑物,上有凸出的尖顶,表面滴落着大量雕塑,从远处拍摄的照片看去,颇似从巴塞罗那出土的吉安蒂酒瓶上滴落积累的蜡泪。

在60年代早期,我对高迪知之极少,因此谈他的时候,都是鹦鹉学舌地照搬法国批评家的话:说他是个走在文字之前[①]的超现实主义者,设计的建筑物虽有独到之处,但很疯狂,令人不安,而且相当天

---

① "走在文字之前",原文为法语:avant la lettre。——译注

真,也许有点像超现实主义者最喜欢的那个"原始"建筑师费尔迪南·舍瓦尔,即奥特里夫市那个特别迷醉于自己作品的邮递员,但无论你怎么给现代建筑学下定义,他都肯定处于其"主流"之外云云。我对这个愚蠢的主题正谈得上劲时,突然注意到,晚饭后到来的柯贝龙正探究式地盯着我看。

柯贝龙的那张脸,即使在平静的时候,也写满了狐疑。他看上去就像一个皮肤熏了烟草、疑心极重的吉卜赛人。就在当时,当房间里都是牛仔裤,长头发,扎染的破布烂衫①,那种 60 年代不合群的统一制服时,他的穿着也很引人注目:一套裁缝剪制得很美的西装,上面是相当花哨的玻璃窗花格子,棕色的鞋子明显是手制的,把他那双山羊小脚包了起来,颇像擦得铮亮的钱包。他头发不长,也不嬉皮士,用润发油擦得光光净净,向后梳去。而且,他总是叼着一支烟:那种没有过滤嘴的英国 Players 牌香烟。

"你这么喜欢高迪,这很好,"他操着他那仿佛嚎叫、不连贯的加泰罗尼亚口音说,"尽管你对他好像知道得很少。"

那天晚上的结果是,我们吵了一架,我被打败,而扎维尔这个人对别人是否了解加泰罗尼亚的确很在乎——而在当时那个时候,除了加泰罗尼亚本地人之外,又有谁会在乎呢?——就邀请我到巴塞罗那来,到他家做客,这样就能亲眼看看高迪作品并了解其背景。说真的,我对他——对巴塞罗那本身——究竟了解多少?约翰·奥尔森曾在马约卡住过一段时间,他后来在澳大利亚跟我谈到过那个城市,因此我对该城产生过一种浪漫的画面想象,混合着乔治·奥威尔的《向加泰罗尼亚致敬》(但那已经写了三十多年了)和奥尔森赞颂该

---

① "破布烂衫",原文为意第绪语:schmates。——译注

城一些艺术家,主要是安东尼·塔皮埃斯和米罗时所写的狂热诗歌。结果发现,该城的现代现实根本不是这么回事。尽管我对它的真正发现属于20世纪70年代和80年代,但我从最开始所发现的一切,都要归功于扎维尔。

他家在城外南面几公里处,往塔拉戈纳方向,所在村庄名叫埃斯普鲁嘎斯(加泰罗尼亚语的发音是"埃斯普鲁古斯")·德·罗布热嘎。从大多方面讲,我住的都是最奇怪的房子。它名字的意思是"蜗牛之屋",这肯定是暗指它上上下下、左曲右环的蜿蜒曲折特征,看上去就像蜗牛壳里面的螺旋构制。或许该房的一个房主特别喜欢蜗牛,这也是加泰罗尼亚乡间的一道主要美味,特别是当它配上了百里香,吃的时候再浇上那种浓浓的大蒜蛋黄酱料,或萨尔萨罗美斯口酱,那就更好吃了。

无论像蜗牛还是不像蜗牛(或许是既像蜗牛又像房子),这地方都是一座建筑物的宝库,因为它是巴塞罗那一带所剩无几、货真价实的加泰罗尼亚农舍,又称村屋的典型,即加泰罗尼亚乡间的父系农屋。我想,巴塞罗那市内只有三幢这样的房子留存下来,但由于埃斯普鲁嘎斯·德·罗布热嘎已多少被该市向外的扩展所吸收,又与该市核心的埃克萨潘区之差别不再泾渭分明,这座"坎卡戈尔"就使该城有了四幢这样的房子了。

这种村屋是一种卓尔不群,但又很易辨认的建筑物。它通过砖头和石头,表现了两种主要的社交欲望,这两种欲望也都互相关联:家庭团结和防御外侮,其中心就是壁炉,一家人就在这儿围炉而聚。这等于是公共房间之中的一间起居室,有十五英尺宽,火焰冒出的烟通过很大的烟囱喷出去,炉子里有铁风挡、链条和能转动的巨大的黑色烤肉铁叉——有时候,它由家里养的一只大狗,在一只轮子里跑动着提供动力——这只烤肉铁叉可以烤一头山羊,甚至一头中等个头的猪。壁炉的周围,放着长凳和椅子,在古老的加泰罗尼亚,家庭成员严格地按照辈分次序,坐在这些长凳和椅子上,以祖父为起首,一直往下排到孩子。家庭的这种传统尊卑表达方式,随着城市取代了作为加泰罗尼亚社会生活焦点的农庄,在 19 世纪开始消亡,但村屋中公用火炉的形象却保存下来,为加泰罗尼亚城市的保守"家庭价值观"政治(除了他物之外),还提供了强大的隐喻"基金"。

围炉而建的房子强大坚固,足以抗衡任何入侵,无论是摩尔人、卡斯提尔人,还是充满敌意,住在隔壁山谷,但相距就像火星人一样遥远的 xarnegos(这是一个对外国人极带侮辱意思的字眼):墙壁很厚,窗户很小,窗槛极深,房顶用的是陶瓦灰浆,仿佛盖了一层巨大而厚重的蛋糕。从外面看,这个村屋像座要塞,里面又黑又凉,发出固体的回响,感觉十分舒适。

除此之外,这座"坎卡戈尔"地下还有藏身之处——楼板下面横七竖八,到处都是暗道和洞穴。它们形成了一个石灰石洞穴系统,从而产生了一个名字:罗布勒嘎洞穴。其中大部分似乎都属自然形成,不过,由于几百年的使用,农民将之扩大改造,用来储存食油、谷物和青贮饲料:巨大的陶土罐在有些地方陷入了地表以下,看上去就像——也许原来就是——罗马的储藏罐。扎维尔安装了几只光线暗淡、似在摇曳的电灯泡,但大多数洞穴都漆黑一团,成了蜘蛛和蟑螂的滋生之地,我因害怕黑暗和虫子,就不敢进去探索。不过,我在那儿期间,柯贝龙家族有一个来自皮纳迪斯葡萄酒地区的朋友,给扎维尔送酒不是送几箱,而是送了大约一千瓶红酒和白酒,其中有些酒很棒。这些酒必须在房子底下的洞穴中储藏起来,但里面没有酒架,无法搁放酒瓶——卡车沿着蒙特塞拉特大街辘辘驶来,在"坎卡戈尔"的门前停下时,已经没有时间安装酒架了。于是,扎瓦尔采取了最直接的方式,让送货人把酒瓶直接放在洞穴的地上。这些酒在那儿一躺就是数年,混乱地放成一堆,逐渐被消耗掉了,与此同时,因虫子啃咬,湿气侵蚀,标签上的字迹全都模糊一团,这有点儿像我在佛罗伦萨布卡·拉比餐馆的地窖里,在洪水过后辨认酒标时颇费周折一样,你根本不知道喝的是啥酒。对我来说,这在我们吃饭时,又添加了一重可喜的不确定性。

这幢屋里充满了财宝,这倒不是西班牙中上层阶级的传统古董①——扎维尔太穷,买不起这些东西——而是从加泰罗尼亚应有尽有的跳蚤市场,买来的大量物品。只要会砍价,眼睛又尖,就能不值一钱地把这些东西买回来。

我觉得,他在收藏艺术方面,有两个堪称典范的人物。一个是萨尔瓦多·达利,他当然也是一个加泰罗尼亚人——他的巢穴就在巴塞罗那的北面,就在菲格拉斯,扎维尔有时会去那儿看他——另一个人也是加泰罗尼亚人,名叫弗雷德里克·马勒斯·伊·都罗沃尔。达利收藏的是各种豪华的异国情调玩物和色情玩物,他想创造一间奇妙小屋②,里面全是梦境之物。马勒斯则不同,因他是个雕塑家,一个有点儿像小老鼠,只是有一点儿成功的艺术教师,在加泰罗尼亚国家艺术学校工作了几十年。他有天才,但他的天才全都耗在了他像口袋老鼠一样迷恋不已的活动中。20世纪30年代中,特别是在内战期间,他私人收藏的宗教雕塑,可称西班牙之最。红军臭名昭著,专烧教堂,而马勒斯却似乎总是知道,哪座教堂或修道院会在何时何地被焚之一炬。他会按时出现,跟当地部队政委讲一个故事,说他主动承担了一个义务,专门收藏名誉扫地的迷信之物,要把某座雕塑或

---

① "古董",原文为西班牙语:antigüedades。——译注
② "奇妙小屋",原文为德语:Wunderkammer。——译注

神龛①拿走，以便最后建成一家博物馆。经常的情况是，他最后总能颠簸地开着他的小卡车，把东西运走。有时候，他会趁着红军到达之前，就直接去找神父，把他在国家艺术学校的招牌亮出来，然后送他几个比索，允许他"拯救"一个圣母玛利亚像或十字架，以免遭到进犯的汪达尔人破坏，然后把东西藏在一个安全的地方，直到恐怖结束之后。在这一点上，马勒斯绝对真诚。他的确想拯救国家遗产，也从来没想过要从中渔利。反正西班牙的宗教艺术市场已经成了一个无底洞。

但是，马勒斯的成名还有一个更好的理由，那就是他对人家视为的垃圾之物，有一种鬼迷心窍、不可遏止的渴望：不可胜数的古董，来自资产阶级和手艺人的家庭生活，又从他们的家庭连根拔起，通过死亡或困窘，转手跳蚤市场，（在那遥远的年代），几乎不值一文。他是西班牙纯粹收藏家的一个最伟大的榜样。他想重组一个已经失落的世界，也就是（大约）从1800到1900年间失落的那个西班牙世界，把那个世界散失的骨头重新装配起来，通过顽强执拗，反复不断的方式，使之活转过来。他对历史档案方面的"信息"不感兴趣。他感兴趣的是其实际外形，也就是人们用过、穿过、装饰过、互赠过的那些东西。有些收藏家对收藏的物体之美，一点也不关心：曾有人把一生花来获取成千上万个电灯泡或玻璃眼珠，但在马勒斯的收藏工作中，却含有强烈的美学因素。他作为艺术家，要的就是赞美成千上万男男女女的创造性，并帮助他人从中获得乐趣，因为这成千上万男男女女的技能都从每件物品中体现出来，都能在无名的状况下继续发挥活力，而在机械生产的时代，这些技能正趋于消亡。

他收集扣子和弓、纱巾和绶带、花边手绢、衣领、蝴蝶结、链扣、绣

---

① "神龛"，原文为西班牙语：retablo。——译注

花拖鞋、扣带式女式长靴,以及领扣等。他一箱箱地收集香烟搁架和烟斗,这些东西都被雕成凡是可以想象出来的各种形状,从豹子头,到两个用黑珊瑚雕刻的性交小黑人,从一根玉米棒子,到一个马志尼的滑稽像,用的材料从欧石楠的根茎,到象牙和玛瑙,也是什么都有。他收集西洋象棋棋子、国际跳棋棋盘、扑克牌、帕奇西棋盘和麻将牌。他搜集的手杖、牧羊人的弯柄杖、笤杖、有装饰的拐杖、雨伞、内藏刀剑的手杖、太阳伞,以及诸如此类的东西,总有几千来件。他还收集了香烟盒、火柴盒、脂粉盒、小盒子、胭脂罐、牙签、细细的银挖耳勺、指甲剪、镂刻精美的修眉剪和修胡剪,没有这种剪刀,就不可能过上优雅的加泰罗尼亚生活。说到这儿,我们都还没谈到钥匙、削笔刀、用成千上万只小贝壳粘在一起的阿尔钦博托式桌饰、萝卜钟、镇纸、玻璃水瓶、烫皱褶熨斗,以及其他的一切,因为我在此也找不到一个合适的词。弗雷德里克·马勒斯把他收藏的东西,都留给了巴塞罗那市,该市感激不尽,奖给他一份厚达一英寸的目录,以及旧城区一座中世纪宫殿,在那儿展览了他相当多的藏品,尽管还不是全部。我和扎维尔有时会去造访马勒斯博物馆,该馆还有一个相当迷人的诨名,叫多情善感博物馆。看过之后,我们都感到心旷神怡。那种愉悦不受嫉妒的污染。你无法嫉妒弗雷德里克·马勒斯的成就,正如你无法嫉妒国王路德维希二世或法老拉姆西斯的成就一样。你只能惊叹不已,惊奇在巴塞罗那以宫殿来收藏这些东西之前,它们究竟保存在何处。

不过,柯贝龙既不想模仿达利,也不想模仿马勒斯,但这两人都启发了他。他以洞察幽微的眼光,把各跳蚤市场篦头发一样篦了一遍,带回来的东西虽不一定与他自己的作品有关,但有一种不落俗套的特殊魅力,一种优雅的造势,克服了原有的那种又旧又烂的样子:这都是来自 Renaixença 时代的东西,加泰罗尼亚人使用该词时,是指

1860年到1910年这段时期,当时,加泰罗尼亚独立运动有一股强大的反马德里潮流,流过了巴塞罗那;这时,该文化真正具有国际性,与巴黎和德国的距离,要比与相对土气的西班牙其他地区更近。其他东西则更加现代:我记得他收藏了一批很令人羡慕的锡制发条玩具,源自20世纪20年代和30年代,从小丑到斗牛士到希斯巴诺-苏莎车,什么样的玩具都有。他收藏东西与巴塞罗那当时的流行口味大异其趣:当时的大多数加泰罗尼亚人对日本不感兴趣,凡是日本的东西都很廉价,而因为加泰罗尼亚人的亲英症,凡是英国的东西都贵得让人买不起。柯贝龙弄来了几口用日本有花纹的扁柏制作的箪笥柜子。19世纪有一家制作工业陶瓷的重大公司,在离"坎卡戈尔"不到半英里之处建有烧窑。尽管该公司早已破产,但遗址上到处都是瓷砖瓦片,其中有为多米尼克·伊·蒙达内尔和安东尼·高迪等建筑师干过活的陶艺家,为自己项目烧制的试彩瓷砖。扎维尔就像一个在海滩上捡拾贝壳的拾荒人,在这些东西里翻翻找找,然后把找来之物铺满他厨房的四壁,像一幅十分迷人的拼贴画。不过,整幢屋子都像一幅巨大的拼贴画,而且,随着时间的推移,越来越像拼贴画了。它逐日壮大起来。扎瓦尔开始逐年购买埃斯普鲁嘎斯狭窄而又弯曲的大街两边,设计有拱门的游廊、露台、地下室、游泳池、高台花园,等等,这一切都隐藏在高墙的背后。他对建筑着迷,唯一与之旗鼓相当的,是他对容器花园的热衷:现在,到处都耸立着棕榈树、丝兰树和尤加利树,而据他自己的计算,他有五千多个陶土罐,里面繁殖着玫瑰、多浆植物、含羞草、仙人掌,甚至还有银桦属植物。

60年代,扎维尔让我看到了一个不可能以其他方式看到的巴塞罗那,他对这座城市了如指掌,因为他是该城最后一个公子哥儿。他颇像何塞普·普拉为召唤一座消失之城而写的很有意思的小说,《巴塞罗那的绅士》中的主人翁,拉斐尔·普杰——唯一不同的是,普杰不是一个富有创造性的艺术家，而柯贝龙则完完全全是艺术家。他是该城唯一一个有记忆的人。当然也还有别的人，但我要么从未见过这种人，要么他们英语不够好，无法弥补我讲得不好的西班牙语和加泰罗尼亚语。

其中有一人我深悔没有更好地了解，他是个精神病医生，名叫马里亚诺·德·拉·克鲁兹。因心理疗法在西班牙实在非同寻常（不过，西班牙诸市中，天主教色彩最淡，也最"欧化"的巴塞罗那，则对此稍微熟悉一些），他就成了艺术家和知识分子一崩溃就会去找的人，因为更虔诚的人会到忏悔室找他们最喜欢的神父去忏悔。由于他的病人中很少有人有钱，他们就用画、图片和素描等来充钱。结果，他收藏了一大堆东西，把他在扩展区那间不大的现代公寓的四壁挂得满满当当。本来这也没什么非同寻常的地方，但马里亚诺也是一个博闻强识、狂热爱好斗牛的人。因巴塞罗那有两座斗牛场，他就多少过起了一种双重生活，同时还是《先锋报》（La Vanguardia）的斗牛评论员。这位看上去肤色红润得像桃色，留着一圈白发，上了年纪的魔术师，是世界上第一个，也是唯一一个，一半靠着弗洛伊德/拉康分析过日子，一半靠着斗牛戏度日的人，我这么看总该不错吧？但愿不错。他的确是唯一的一个"脑缩水"（即心理医生），（他而且还是个伟大的美食家，巴塞罗那的餐馆对他是又拉拢，又害怕，而且还很尊重。他还很有名气，因为他曾做过一道名菜，叫灌肠蔬菜炖汤①，这是一道水煮肉的节日菜），只有在他那儿，才可能见到埃尔·柯尔多布斯，并在其之前的很多年前，见到伊格纳修·桑切兹·梅加斯，正是这位斗牛士之死，给加西亚·洛迦以灵感，写出的那首悼诗中出现了这个

---

① "灌肠蔬菜炖汤"，原文为西班牙语：escudella。——译注

叠句:在下午,在五点。

柯贝龙既喜欢游手好闲,又是一个干起力气活来就没命干的人(雕塑家必须这样才行),他本人的巴塞罗那就有好几个。

其中有几个巴塞罗那很高,还有几个很低。高的几乎因海拔高度而石化:例如,在兰布拉大道上,坐落着该市的歌剧院,名叫里西奥大剧院,是通过私人赞助,在19世纪建造的:这是一座妙不可言,但相当粗俗的宏大建筑物,金箔和天顶壁画像泡沫般舒展开来。但那至少还对外开放,而在它的紧隔壁,就是里西奥俱乐部,即歌剧院俱乐部,这是那些赞助人为他们自己建立的,那却绝对不对外开放。说实话,当扎维尔(他当然属于该俱乐部)有天晚上带我到那儿去吃饭时,我有一种强烈的印象,觉得好像该俱乐部的成员都死光了,把我们独自留下,置身在它装饰得千奇百怪的现代派①的会室中,从彩绘玻璃和金箔中投下暗淡的光线,室内散发出帕塔加斯雪茄和甲壳虫牌雪茄经年累月留下的古老而细腻的幽香,壁上挂着巴塞罗那上层社会一流画家拉蒙·卡萨斯,约于1890年画的一套表现上流社会生活的画,他在上面画了一辆古典的——当然也是崭新的——德翁-潘哈德牌敞篷游览车,这辆车在一位加泰罗尼亚的吉布森女孩驾驶下,好像直接从墙上对你冲了过来。背景上,你能看出一间亭子,那是建造歌剧院的那些腰缠万贯的赞助人组成的上流社会,为1888年巴塞罗那世界博览会所建起来的。在亭子前,卡萨斯画上了首席指挥的一个剪影,他在一场露天演奏会中正在指挥交响乐团。

现实生活中,掌握方向盘的那个女孩其实是卡萨斯的情妇和模特儿,比他年轻二十五岁,之前曾是个名誉有点儿问题的卖花姑娘,

---

① "现代派",原文为西班牙语:modernista。——译注

但很咸①，很阴郁，很放胆直言，也很好玩——就像亨利·希金斯的伊莱莎·都利特。不清楚她究竟是否会开车，或者卡萨斯会让她独自开车。卡萨斯在他那个时代因潇洒而出名，这种潇洒在他所做的一切事情里都表现出来……：他甚至拥有巴塞罗那的第一部跑车，他甚至是达达派画家兼诗人弗朗西斯·皮卡比亚极想模仿的一个人，那人对昂贵的快车特别疯魔。

把我们领进这间房的服务员按了一下开关，汽车的大灯就打开了。把艺术品的一个部件用做电气照明，这可能是第一例，而这事早在20世纪60年代的克里莎、马歇尔·瑞斯和吉姆·戴因等半波普人物之前就已发生。

我迷上了这整个地方。就连餐厅都让人感觉到，时间好像停了下来。桌子空空的，藤条椅子空空的，亚麻桌布白得好似冰川的冰。我们是唯一在其间用餐者。端上来的菜肴有烤羊羔，还有美美的一盘新鲜而又甜美的新豌豆，伴以切成块的塞拉诺火腿，侍者看上去很老，动作也很慢，就像加拉巴格群岛的乌龟。我到现在都还记得映衬着白色亚麻桌布的那种鲜绿的青豌豆的样子。我问扎维尔说，俱乐部的人都到哪儿去了？"当父亲的都在家里快要死了，"他突然说了一句，"做儿子的都跳迪斯科去了。"

扎维尔不可遏止地怀念这个丢弃了一半的世界：他的艺术也许很现代，其实的确也很现代，而他的社交范围和好奇心也很大，但他的趣味即使在当时，也属于即将死绝的那种，现在则几乎荡然无存。他曾有一次带我去看一幢奇大无比的现代②公寓，该公寓就要在扩

---

① "很咸"，原文为西班牙语：muy salada。——译注
② "现代"，原文为西班牙语：modernista。——译注

展区出售。这间公寓是19世纪90年代为一个印地阿诺①人建造的，这是到南美后无论做啥，卖烟草、贩奴还是卖机械，最后发了财，风风光光回到家乡的那种加泰罗尼亚人。扎维尔指出，一眼就可看出，这一定是印地阿诺人的房，因为公寓里有一道巨大的屏风，约高八英尺，把主客厅一分为二。房中，绞贴在一起的新艺术玻璃板间，插入了南美大闪蝶的彩虹色翅膀，共有几十只彩蝶，每只都有甜点盘那么大，时光过了大约一百年，它们还像标本一样保存在实验室的载物玻璃板上，闪着非尘寰的钴色和绿松石色。

扎维尔坚信，而且也轻而易举地说服我相信，这个独一无二的地方，不要多少钱就可买下来，然后改装成一个有利可图的"猫房"（即妓院）。他说他知道怎么去弄娘们儿来，而且也知道从哪儿去弄。我敢肯定他知道：当其时，令我大惑不解，也颇得其乐的是，"坎卡戈尔"老有一群源源不断、移民而来的青年脱衣舞蹈演员，她们在巴黎的"疯马"夜总会干活，然后就会从天而降，在埃斯普鲁嘎斯叽叽喳喳，因为她们工作地方的老鸨是个加泰罗尼亚的女子，名叫阿嘎丝，她嫁了一个很著名的加泰罗尼亚建筑师，名叫里卡多·博菲尔。此人也是扎维尔的朋友②。她们都喜欢银色假发，这倒不是因为她们想模仿安迪·沃霍尔，而是因为她们都喜欢芭芭丽娜。她们之中有些人相当正儿八经，但并非所有人都如此。因此，在这些互相连通的房间里，你永远都无法知道，你可能会碰到谁，也不知道碰到谁后会发生什么情况。但是，通过拉皮条（proxémétisme，这是法语中一个正式的法律词汇）来牟取暴利，这个梦想最终还是没有实现。我和扎维尔都没钱，更不用说找来足够的钱，把这个未来的妓院买下来。现在，

---

① "印地阿诺"，原文为西班牙语：indiano。——译注
② "朋友"，原文为加泰罗尼亚语：amic。——译注

我连那个地方的地址都不记得了,也无法猜测,那扇精致的蝴蝶屏风究竟怎么样了。

至于说处于低位的巴塞罗那,对我来说,其具体体现是一家名叫埃尔默利诺(El Molino)的机构。

这是一家音乐厅,建在平行大街(这条街就是这么叫的,尽管我从未发现,它究竟与哪条街平行),在兰布拉大街的尽头下面的码头边。

显而易见,埃尔默利诺是根据巴黎红磨坊那座具有原型特征的音乐厅而命名的。19世纪90年代后期,在卡萨斯、鲁信尼奥,甚至还包括很年轻的毕加索的时代,总的来说,对法国的东西有一股波希米亚人的狂热,这家音乐厅就是在这种狂热之中成长起来的。迟至20世纪50年代后期,巴塞罗那的"好"人家依然认为这是一家风化场所[①]。扎维尔第一次去那儿时才十一岁,他穿得很大胆,以为自己穿的是一件大人衣服,外加一条长裤子——但那条长裤子大了四号,这么一来,他看上去一定颇像埃尔热《丁丁和白雪》这部不朽的漫画系列中,那个法国男孩,只不过是那个男孩较黑的一个版本罢了。他在舞台下面第一排搞到一个座位——结果恐怖地发现,他就坐在他祖父身边,他独自一人,整个晚上拒绝跟他说一句话,走的时候也不让他搭便车回家。

我去巴塞罗那前,兰布拉大街的这个部分有两座音乐厅,另一座就在埃尔默利诺的对面,名叫阿尔瑙,那是为了纪念中世纪巴塞罗那一位著名的伯爵。不过,里面提供的娱乐节目根本不像中世纪的任何节目。主要演员是个名叫卡米罗的男子,他在舞台上露面时,裹着一件黑色大氅,活像一只真人大小的"羽毛老鼠"(rat-penat,在加泰

[①] "风化场所",原文为法语:mauvaise lieu。——译注

罗尼亚语中有蝙蝠之意,它是巴塞罗那一种具有纹章意义的动物,不过,因其历史意义太复杂,可能也实在难以置信,此处就不细讲了)。接着,随着钢琴弹奏出琶音和一阵铙钹的震响,他把膀子伸展开来,大氅下一丝不挂(大多数夜晚都是如此),一根又细又长的鸡巴翘了起来,跟筷子一样硬。一根肉眼不可见的细线把他从舞台上拔了起来,飞过大厅,对着大卫开心的观众不断飞吻,这些观众多是上了年纪、领养老金的人。他们都喜欢他们的卡米罗。

就像其他音乐厅一样,埃尔默利诺早已不复存在了,它那种形式的娱乐方式已在西班牙绝迹,就像它在英格兰早就绝迹一样,尽管它在20世纪三四十年代,繁荣昌盛、粗俗却有活力,甚至一直延续到50年代。电视一出现,就要了它的命。活着的人中,还记得马克斯·米勒这样的音乐厅明星的人,所剩无几。但是,埃尔默利诺持续的时间比其他大多数都久,因为巴塞罗那控制不住的粗俗传统,因为该市思想淫秽、喜欢讽刺艺术的特点。这是除了修女和神父之外,几乎人人都要去的一个地方——观众中时常可见穿着修女和牧师服饰的人,但估计那都是些变性人。

我呀,因为不会说加泰罗尼亚语,没法真正地欣赏舞台上的剧情,但好像还是妙不可言。门票不贵。只要往一个形容枯槁、名叫琼斯顿(这不可能是他的真名)的引座员手里,悄悄多放两百比塞塔,他就会给你弄个靠近舞台的包厢。琼斯顿不管引座时,有时就会打扮成一只龙虾,起劲地挥舞着他用卡纸板做成的触须。但是,作为引座员,他看上去跟《明斯特一家》中,尸体一样白的赫尔曼一模一样,身穿一件闪闪发光、相当油腻的燕尾服。他把你引到一座包厢。包厢里挂着绿色天鹅绒,边子上缀着绒线球和流苏,跟他那件燕尾服一样旧,一样疏于保养。你要是想的话,可以把幕帘拉上,想怎么不透光都行,趁着舞台上一片欢闹之时,这叫 rauxa,柔情蜜意地跟女友或男友搂抱一番（埃尔默利诺的管理部门不会冒犯他人，硬性做出男女有别的规定）。若交一千比塞塔，少一点可能也行，《明斯特一家》的引座员就会给你拿一瓶有点儿甜的劣质Cava，这是一种冒泡泡的葡萄酒，能导致很野蛮的宿醉，一般都很不正确地以为，这种酒像香槟酒：东西很经典，特能让女人开腿，就像巴罗莎菠萝珠那种又加酒精又加味的劣质酒，它在澳大利亚我老家曾令五十万处女陷落。Cava干邑更贵，想喝威士忌（蒸馏该酒的地方，可能还看得见埃布罗河，但其制造厂家是尊尼获加红牌瓶装厂），则要花一大笔钱。

基本来说，戏分两种：唱歌和独白。唱歌的是浓妆艳抹的女士和打扮得像鲁道夫·瓦伦蒂诺，上了年纪的绅士。舞台背景有时是几株摇摇晃晃的棕榈树（我是不是还记得，有一头用卡纸板做成的骆驼呢？），这些歌与歌的关系，就像Cava与香槟酒的关系一样：甜得发腻，用颤音唱着月亮、六月、含情脉脉、陶醉晕倒等诸如此类的东西，还动不动就扇动着塞维尔扇子。这种东西人的耳朵不能听得太多，因此，当酋长和负荷沉重的林芙退场，滑稽剧开始时，人就感到一阵轻松。这些幽默小品我不大跟得上，但能从观众那儿激起一阵阵大笑声。有两个小品角色令人难忘。

第一个是"仙女"埃尔·马里康，他在舞台上神气活现，装模作样地走来走去，拙劣模仿同性恋，是我所看到的最歇斯底里的表演。他说的是什么，只有耶稣知道，但他把观众逗得笑疯了——不是时时逗疯，而是时时刻刻逗疯。现代的巴塞罗那绝不可能允许上演这种戏。现在如果把人叫做maricones, mariquitas, 或用专门称呼第三性的一打其他传统名字来叫他们，那就属于违法，事实上还可能处以重罚，因此只能很无聊地叫他们los gays（同性恋）。

第二人不能与第一人混同一谈，他是埃尔·英格雷，即"英国人"。此人的表演者是个个子很高、象皮腿、性情阴郁的演员，他身穿一套姜色的毛茸茸的粗花呢衣,头上戴顶高筒帽,手里拎一根胡桃木的高尔夫球杆,在空中起劲地指指戳戳,挥舞不停。现在回想此事,我觉得他样子有点儿像——除了他那套剪裁不合身的西服之外——成年后的查尔斯王子,但在60年代中期,是几乎不可能预见到这一点的,更不用说在40年代早期了,因为这种表演当时可能刚刚诞生。他高视阔步,走来走去,拿腔捏调,似乎在模仿哈哈爵士的口音,一字不差地大讲什么东西,据扎维尔说,几乎都是肮脏得难以置信的笑话,大多跟马有关。澳大利亚人经常爱拿"庞米"开玩笑,因为这是我们殖民时代留下的遗产,但很奇怪的是,我以前倒从来没有想到过,英国人居然也能成为如此具有广泛意义的滑稽形象,就像卖冰激凌的意大利人,谁都搞不懂的穿短裙的苏格兰人,或在仙人掌的阴影下打瞌睡的墨西哥人。这本身就给我上了一堂很有价值的课。你必须永远记住,如果你粗俗地嘲笑他人,他人当然也会粗俗地嘲笑你。

在埃尔默利诺,几乎什么人都能碰到。显而易见,这里面不包括未来国王胡安·卡洛斯二世,也不包括正当权的教皇,但至少有一个诺贝尔奖获得者常去那儿,此人就是卡米洛·塞拉,他最近刚获得诺贝尔文学奖。我从来都不是塞拉作品的粉丝——他之获奖,似乎比达里奥·福的获奖还要让人莫名其妙,尽管这两人都滑稽得让人难以置信。话又说回来,诺贝尔文学奖从来都不是文学质量的一个可靠指南:只要想想赛珍珠就够了。不过,塞拉对妓女可说是极为偏爱①,与扎维尔的偏爱几乎势均力敌。一天晚上,扎维尔把塞拉带到埃尔默利诺去,介绍他认识了皇家广场一个极为漂亮的性工作者,扎维尔特喜欢她。那女孩听说过塞拉,但不大清楚是怎么知道

---

① "偏爱",原文为西班牙语:afición。——译注

的。"你是干吗的?"她问,说着就把烟对着他吹,就像40年代电影中的塞壬。"我,"塞拉声音洪大地说,"是皇家西班牙语言学院的一名成员。""哦,是吗,"这位年轻女士说,"你需要厨师吗?"

如果我给人一种印象,好像我当时或后来,在巴塞罗那花去的大部分时间,都是用来追逐这些花花哨哨的东西,那就错了。这座城市的历史,以及加泰罗尼亚的一般历史,都是很悠久的。这地方拥有的罗马时期(10世纪到13世纪)纪念碑,丰富得让人难以置信。事实上,在欧洲任何地方,都看不到如此之多质量极高的罗马时期的绘画作品,其中很多——这要归功于20世纪20年代开始的大规模协调一致的文物保护工作,把巴塞罗那和比利牛斯山脉之间崩塌颓圮的教堂中,那些湿壁画集中精力抢救出来——都在位于该城和大海之间,蒙特胡依克山上的加泰罗尼亚国家艺术博物馆中展出。我在我的《巴塞罗那》一书中,曾就这些惊人之作写过几笔,因此无需再次赘言,只有两件事可说。首先,该博物馆不仅在加泰罗尼亚的罗马湿壁画方面,也在世界上的任何种类的罗马绘画当中,拥有最佳的例证。这些直立的圣徒和盯着人看,仿佛能令人进入催眠状态的全能的上帝像,其宏伟博大之风格,当年令人不胜讶然,今天依旧如此。这些加泰罗尼亚的绘画作品,一般都是由羁于旅途的无名画家,在遥远的教堂墙壁上画下来的,它之于湿壁画艺术,就像拉韦纳之于镶嵌艺术一样。其次,这些画作对加泰罗尼亚后来的艺术家的发展,再怎么高估也不过分。"没有加泰罗尼亚壁画,就没有米罗",这样说当然并不全对,但较为接近真实,我也就是在那座博物馆里,得到了那个生动印象,即古老的艺术正在转变为新艺术,而地域传统依然生生不息,这是我从未有过的印象。

扎维尔不是一个爱搞政治的人,但是,在当年,想要任何加泰罗尼亚人完全不参与政治,这几乎是不可能的,当然也是不合适的。当时,西班牙仍在佛朗西斯科·佛朗哥·巴哈蒙德将军这个军事领袖①的统治之下。1966年,他仍有十年好活,仍然操纵绝对大权。你在兰布拉大道的新闻摊上,可买到伦敦的《泰晤士报》,有时甚至还可买到《花花公子》杂志,但绝对买不到用加泰罗尼亚文字印刷的报纸。

  佛朗哥不喜欢加泰罗尼亚人,也信不过他们,因为他们曾在内战中,为了保卫共和国而和他的部队殊死战斗。就像他的几个前任,也就是曾在1714年,粉碎了加泰罗尼亚人为了反抗,而作出英勇努力,但却领导不力的卡斯提尔几个中央集权主义的君主,他认为,有关加泰罗尼亚的所有自治想法,都不过是颠覆的空谈。加泰罗尼亚直到15世纪,一直都是一个独立王国,但以后再也不是这样了。它的命运和性质就要成为西班牙的一个组成部分,而西班牙——用欧德加·依·加塞特的名言来说——是"卡斯提尔制作的一件物体"。长枪党关于加泰罗尼亚语言的官方路线是,这种语言只不过是一种退化的卡斯提尔方言,不是那种价值独一无二、有其自己的历史和文学、自成一体的语言,因此必须加以压制。加泰罗尼亚口语听起来就像狗叫,因此出现了这种鄙视的口号:"加泰罗尼亚,说基督语言吧。"书籍——特别是大中小学的课本——是不能用这种语言写作的。所以就不能出版加泰罗尼亚语的报纸。佛朗哥及其文化官僚们期望,只有采取这种方式,才能防止加泰罗尼亚人用分离主义的加泰罗尼亚思想思维,从而把这些思想从语言躲藏的地方驱赶出去。18世纪,处于占领地位的卡斯提尔人,也采取了一模一样的政策,但也差不多同样缺乏成功。事实上,只是到了60年代后期,佛朗哥反加泰罗尼亚语的禁锢政策才有所松动:以加泰罗尼亚语写作的诗集,还有

---

  ① "军事领袖",原文为西班牙语:el Caudillo。——译注

一些小说等,都能不受限制地出版,不过,加泰罗尼亚的学生、知识分子,以及作家等,都对普遍压制他们语言的做法表示深度反感,并起而反抗之。对他们来说,反佛朗哥不仅是一个文化事件——长枪党的政治审查和警察干扰、严刑拷打和暗杀行径等,威胁到每一个西班牙人——对他们来说,加泰罗尼亚的文化身份问题,相对美国虽然从未去过东南亚某个地区,也与该地人民毫无历史联系,却对那儿的人民为所欲为的问题而言,至少有着同样的重要性。他们更关心的问题,一是如何摆脱佛朗哥,二是加泰罗尼亚人所称的自治,因此而产生了某些相当荒唐的副产品:例如,一些加泰罗尼亚教育家试图坚持说,一旦获得自由,摆脱马德里的伟大时刻到来,在大中小学教书,就只能用加泰罗尼亚语写作的书籍——如果采取这种限制,大部分的高等教育就完全无法实行,因为从来没人用那种语言,写作有关分子生物学或天体物理学的书。

但是,这一时刻似乎被无限地推迟。尽管佛朗哥这个加利西亚人长着啤酒肚、个子矮小,但他患了一连串失调症和器官衰竭症,换了别人早就死了,却难以置信地依然紧抓住生命不放。关于他的下场,有个著名故事(哎呀,其实并不真实)说,他在马德里医院特别护理病房躺着,身体进进出出地插着几打管子,周围都是不断交接班的护士,这时,他听见忠实的老长枪党人乐队在下面广场聚集,传来的微弱声音。"再见,领袖[①],"他们无比崇敬地齐声叫着,"再见,领袖。"听到这儿,这个老独裁分泌着黏液的眼睛睁开了一半,结了硬壳的嘴唇动了一动。"Y aquellos, dónde van?"他耳语般地说,"他们这是上哪去呀?"

[①] 原文为西班牙语:Adiós, Caudillo。——译注

60年代在巴塞罗那,几乎所有年轻人都因反佛朗哥而带有某种共性:共产党与加泰罗尼亚民族主义者联手,又与社会主义者联手的情况遍及整个政坛。最勇敢的一个反佛朗哥分子本人是个保守分子——霍尔迪·普约,他后来浮出水面,成为汇合党狡猾而又强悍的领袖,该党把加泰罗尼亚省政府主宰多年;普约因音乐宫契约而成名。他和一组其他加泰罗尼亚分子一起,在音乐宫抓住佛朗哥进行官方访问的一次机会,作出了一个反对他的耸人听闻,但比较和平的姿态。当其时,佛朗哥及其一行刚在加泰罗尼亚音乐宫参加了一场音乐会。这座音乐宫豪华奢侈,装饰过于华丽,非常现代①,是由伟大的爱国主义建筑师多明尼克·伊·蒙塔内尔设计的。官方节目一结束,普约和他的朋友就出人意料地从前排座位站起来,齐声高唱加泰罗尼亚"国歌"《标准》(La Senyera)中的几句歌词:

加泰罗尼亚的国旗啊/
我们的心忠实于你/
你将像大鸟飞翔/
翱翔于我们的欲望和希望之上——
为了你能凯旋/
让我们举目望天。②

佛朗哥认为这是一次文化伏击,属冒犯君主罪,就因普约唱了一支

---

① "现代",原文为西班牙语:modernista。——译注
② 原文为:O bandera catalana/Nostre cor n'es ben fidel:Volaras com au galana/Pel damunt del nostre anhel——Per mirar-ti soberana/Alcarem els ulls al cel。——译注

歌,而判他入狱数年,但没有什么比这更能成全普约的事业了。

即便你不同意普约汇合党的某些政策,觉得该人迟钝无聊,他保守主义的地方民族主义做得过分,但你不可能不尊重他的胆量、正直和狡猾,我通过扎维尔认识的所有青年加泰罗尼亚人都这么看这个问题。(加泰罗尼亚主义从根子上来说,从来都是一个保守的运动,本来就反对马德里的中央集权主义,而且更反对马克思的跨国意识形态。)他们之中有些人是处于胚胎时期的政治家,其他一些人则是学经济学的毕业生,还有一些是作家、建筑家和历史学家。他们包括未来的国防部长纳西斯·塞拉,加泰罗尼亚最伟大的现代诗人何安·马拉嘎尔的孙子帕斯瓜尔·马拉嘎尔,他后来经选举成为巴塞罗那市长,他的主要助手马嘎丽塔·奥比欧斯成了我的密友,以及建筑家奥利欧尔·博西嘎斯、贝斯·嘎利和里卡多·博菲尔。他们心里想要的,当然不是普约那种土壤加种族的加泰罗尼亚主义。他们想象的加泰罗尼亚是"南方的北方",其精神中心就是巴塞罗那:可说是现代化和地中海化的欧洲之焦点,即使不是西班牙的政治中心,也应该成为西班牙的科技和美学中心,以及该国通往比利牛斯山脉那边北方的通道。这种要求也太高了点,但谁又能——在四十年后——说,这一愿景至少没在某种程度上取得成功呢?有一件事相当确定:在伦敦的地下组织里,"另类"文化要想替代现状,那是不可置信的,但在巴塞罗那却有可能。伦敦版的地下活动没有创立出任何东西,即使有也很少,全是吸毒、空谈、"病"①和冠冕堂皇的胡说八道。所谓"摇摆伦敦",是美国媒体的创造发明,其实不过是一星鬼

---

① "病",英文为 be-in,复数形式为 be-ins,特指 20 世纪 60 年代嬉皮士的自由活动集会,音译之。——译注

火,吹口气就消失不见,而"玩的力量"则是一种愚蠢行为,只可能迷住那些不问政治,对历史一无所知的人。

英国60年代的那种"反叛"完全是小儿科,因为在英国压抑极小。然而,西班牙人的不服却很有道理,也是必不可少的——捷克或匈牙利拒绝接受殖民马克思主义致命的正统教义也跟这一样,是有道理,也必不可少的。

不久之前,乔治·布什政府中一名保守政治家相当傲慢地问我,是否能举出一个"恐怖主义"也能产生值得赞扬的政治结果的单例。我暗示说,这至少有三例。一是美国革命。如果"恐怖主义"这个词当年就存在,英国当局和美国的亲英分子会毫不迟疑地称之为"恐怖主义"。二是以色列国的创立。如果没有针对英国人,采取谋杀和恐怖的行动,如轰炸耶路撒冷大卫王饭店,这种创立就几乎不可能发生。这次轰炸是由秘密组织伊尔根,除他人之外,在梅纳赫姆·贝京指挥下进行的。三是刺杀佛朗哥指定作为西班牙独裁的继任,海军上将卡雷罗·布兰科。1973年冬,一颗炸弹在他的汽车下爆炸,把他在马德里炸成了碎片。西班牙的民主通过这一毋庸置疑的"恐怖主义"行为而得到拯救。当然,这位美国政治学者绝对不会承认这一点。对他来说,犹太恐怖主义从来就不是恐怖主义,而永远都是自我防御,从道义上讲是合理合法的。被哈马斯自杀炸弹杀死的人,都是巴勒斯坦暴行的受害者。被沙龙坦克屠杀的人,不是值得后悔的间接伤害,就是巴勒斯坦宣传机器杜撰出来的虚构之词。而且,他从来都没听说过卡雷罗·布兰科——西班牙历史不是他的研究领域,再说,他也不认为这个事件的细节特别相关。

我在巴塞罗那那些年,以及以后岁月中的经历,帮助证实了我与日俱增的怀疑,即关于西方文化,特别是西方艺术"中心",以及该中心应该在何处的大部分谈论可能都是谬误。从历史角度讲,自从艺术界开始产生了一种国际主义感觉，就一直有两个帝国文化中心。一个是17世纪的罗马，这时，这座永恒的城市的原型作品所产生的巨大影响，特别是从中发掘出来的古典大理石制品，以及教皇及其赞助人收集的大理石制品等，使得该城成为艺术家必须到访和学习之地。没有罗马，没有罗马那个人口与日俱增的移民艺术家组成的社区，没有他们盛宴罗马的视觉源材料，为争得赞助而互相竞争，像蚂蚁争抢溅洒的食糖，就不会出现普桑，不会出现鲁本斯，也不会出现卡拉瓦乔。每一个艺术家都给这个中心的重力场添加了重量。接着，当巴黎在18世纪末也开始一个类似的过程时，又开始形成了一个新的中心。巴黎成了有关艺术、建筑学及其两者可能性的必不可少的毕业学校、伟大的配电盘、仓库和信息交换中心，而巴黎画派[①]在接下去的一百年中成了世界学校。现在，传统的智慧——特别是美国的智慧——坚持认为，还有第三个帝国中心（当然，他们不会用"帝国"二字）。这个中心1945年后成立，这时，欧洲的文化中心地位因战争而耗竭淘虚，往下传到了世界的拯救者和胜利者美国。罗马之于17世纪，巴黎之于19世纪和20世纪初，就相当于纽约之于后期现代主义。这个相当粗糙的图解中，有着足够的真实性，使之具有吸引力和可信度。毕竟纽约有着最伟大的现代主义收藏品，特别是现代艺术博物馆，可以毫不夸张地说，那是20世纪的卢浮宫。纽约越来越不仅是制造美国艺术大名声的地方，而且也是确认国际名声并最终将其奉为圭臬的地方。

但是，这是不是就自动把偏见嵌入其中了？我敢说是的。那些因种种原因而无法适应曼哈顿的品位结构，不符合纽约几个批评家、

[①] "巴黎画派"，原文为法语：cole de Paris。——译注

画商、收藏家和策展人等经常界限不明的标准的艺术家,仅凭此点就能说明,他们不如另外那些能适应、也符合标准的人,这样假定是不是没有道理呢?的确如此,但你试着这么说说看。60年代,曼哈顿艺术界反复吟诵的一段祷文就是,欧洲"完蛋了",再也不可能产生任何伟大的艺术家了。结果发现这是一种成见,就像其他任何成见一样——但这个成见的范围很广,规模也很大。

它坚持要求对美国的名声过度赞誉,这个名声始于杰克逊·波洛克的作品和其他抽象表现主义画家,如马克·罗斯科和威勒姆·德·库宁。它要求以艺术史"进步"的名义,毫无批评地接受波普艺术的各个方面,哪怕它再浮艳花哨。它要求具有一种专横的信念——与其说经过了论证,不如说只是一种假定——即色域抽象画(诺兰、路易、弗兰肯萨勒,以及其他人),在艺术史的"进步"或"进化"中,是不可避免的下一步。它要求含蓄地贬低,有时是不含蓄地贬低当代欧洲艺术家。当然,它也要求对艺术史帝国外缘,如澳大利亚所做的一切都保持绝对冷漠。一个以风景为基的画家,如澳大利亚的弗勒德·威廉斯(1927—1982年),实际上,而且也由于几个很好的理由,是可以被视为比诸如美国画家肯尼斯·诺兰更有意思的画家,几乎很少有人会这么想,因为这完全是——任何人,包括大多数澳大利亚人都——不可想象的。真理是,根本就没有什么"第三中心",而想有意义地把任何艺术形容为(还不说贬斥为)"外省艺术"的时代正在过去——事实上早已过去,这个真理在20世纪80年代和90年代中,很快就变得相当明显了。

是什么改变了这一切呢?是通讯手段的发达:通过复制、巡回展览、博物馆展品出借计划、艺术市场,以及商业画商展——总的来说,也就是随着国际"艺术界"的整架机器,在20世纪最后二十五年中的演进——关于艺术品的知识,在全世界循环传播的速度提高了。正如我在意大利的经历向我显示的那样,过去和现在没有冲突,也不必有冲突,它们之间可以互相滋润,慷慨大方地给予营养,一点也不需要保持俄狄浦斯的敌意,一点也不需要宣称自己的文化更"先进",未来更"激进"。我在巴塞罗那的经历也向我显示,关于什么是当代文化"中心"或可能是该中心的一切谈论都是放屁:也就是说,没有中心,只有一个巨大的边缘,围绕着一个网络,散布着一连串的斑斑点点。任何地方都不能对另一个地方发号施令,也不应该发号施令,但是,我要到去纽约本城之后,才会充分欣赏或体验到这一点——而在当时,我尚无能力这么做。

我得去伦敦,因为这是我生活的地方,至少暂时如此。尽管家里继续大闹天宫,我还是写完并交稿了《西方艺术中的天堂和地狱》,至少把列昂纳德那本书开了个头。但是,当《西方艺术中的天堂和地狱》这本书1968年出现时,有一件事对我来说,变得像水晶一样透明了:很少有作者能靠撰写艺术之书而过活,而我不属于那种能靠此生活的人。尽管书评写得很好,有时还很热烈,但《西方艺术中的天堂和地狱》只卖了很少几本,以致我甚至从来没有收到来自威登菲尔德和尼科尔森出版社的销售财务报告单,也许出版社赚的钱连邮资都付不起。不过,一个名叫索尔·斯坦因的精力充沛的纽约人买下了该书的美国版权,于1969年底在纽约出版。

这又是一次惨败①。如果我记得不错的话,斯坦因的销售额没有打破2500本的魔术界限,不过,他寄给我的大多数书评尽管很短,但还算热情洋溢。这的确不值得他花钱,把我请到美国去,更不用说让我参与耗资昂贵、炼狱一般的作者签售之旅。在现今美国超热的

---

① "惨败",原文为法语:flop d'estime。——译注

虔诚气候下,《西方艺术中的天堂和地狱》也许还能卖掉几本,哪怕是错误地卖掉几本,但在俗世化的美国人文主义文化中,这本书连赚一片雪花的机会都没有,唔,我是指在地狱中赚一片雪花的机会。

结果发现,有无销售根本无所谓。不可逆转地改变了我的生活,而且使之变好的,是把该书一本本送人。说得更准确点,是斯坦因和达伊出版社送给《时代周刊》的一本用作书评的书,他们送书是出于习惯,并没作任何指望。

当年,《时代》周刊是另一种杂志。它更讲究学识,而且,正如埃尔文·李的职业生涯所证明的那样,该刊至少总要保留一个经常写书评的人。它每周都要发表一篇带头书评和几篇小书评,这些书评虽不如《纽约时报》上的长,也不如其写得细,但对图书行业来说,总是不无重大意义,尽管书评(就像该刊其他文字一样)仍不署名。该刊也发谈艺术、戏剧的文章,尽管不那么经常(写文章的是一个名叫特德·卡勒姆,矮个子,酒瘾很大,但知识丰富的希腊裔美国人),也发谈古典音乐的文章,包括录音音乐和现场音乐。有时甚至还发篇把谈歌剧的文章——该刊主编因对贝弗利·西尔斯生机盎然、光彩夺目的才华非常狂热,竟然把她登上了封面,这在今天是不可想象的,哪怕她是真正的大歌唱家(以区别于麦当娜和碧昂斯这种假流行歌手)。这个杂志没有以一种马马虎虎、俯首称臣的方式,迷恋电视和流行音乐,也不迷恋为两者效犬马之劳和推波助澜的名人工业,它也不把电影——像现在这样——当成美国的主要艺术形式,尽管还是严肃地对待之。(不这样又怎么行呢?因为直到最近,该刊一直雇用詹姆斯·阿吉当电影评论,现在又请了令人钦佩的理查德·希克尔。但是,严肃对待电影,就意味着要谴责,要直说垃圾就是垃圾,但今天的时代华纳公司,因其本质就是一家大娱乐集团,要想做到这一点就很难。)总的来说,1969年的《时代》周刊与2006年的《时代》周刊相距遥远，就像奶酪（cheese）不同于白垩（chalk）一样。当时，这个刊物优先考虑的文化问题范围很广，它称其具有一种普泛的文化责任感并行使了这种责任感，而它优先考虑的文化问题依然反映了该刊奠基人亨利·卢斯，以及该刊时任总编亨利·安纳托尔·格伦瓦尔德优先考虑的文化问题。《财富》杂志的前撰稿人德怀特·麦当劳，曾就卢斯的几家杂志，极尽挖苦之能事——说："《生活》杂志是为不读书的人办的，《时代》周刊则是为不会思想的人办的"——但他当时并未得到先兆，能瞥见这两家杂志后来的情况：《生活》杂志死掉了，《时代》周刊越办越蠢。造成这种变化并加强这种变化的原因，当然是电视和互联网爆炸式的发展。面对这两大从前没有，又不断强大的竞争对手，时代公司（这家公司与娱乐巨头华纳兄弟公司合并之后，得到了一个羞辱之名，又称时代华纳公司，这次合并构想极不周全）的强大管理层犯了一生的大错。他们没有保持冷静头脑，却吓慌了神，决定试图与互联网和电视一争高低，在智力的标杆上一路下行，走得很远，采取了白痴印象主义的政策。如果《时代》周刊打定主意，坚守原来的阵地，做自己对手做不了的事情，提供一个另类的可行方式，来取代爱胡说八道、迷恋名人的软不拉他的网络和网络电视，把精力集中在某种诚信，某种智性的声音，通过真正的报道，对事件和思想进行智性的阐释，它也许能够成功，但这些事情它一样也没做，所以才成为我1970年有幸加入的那家杂志的有形无实的东西。

如果当年的《时代》周刊比现在的《时代》周刊重要很多，那有一个很小的迹象可以表明这点，即那间保存寄来书评用书的房间。这间房里有成千上万本书，成了一座忧伤而紊乱的图书馆，里面满是崭新的书卷，这些书的命运几乎相同，那就是永远也不可能被人书评。《时代》周刊那些掠夺成性的工作人员，会时不时地溜进这座金属空格书架分割成灰色空间的集体墓冢，经过门边秘书不太警惕的怒视，把装满书卷的手提箱带回家中,他们相当确信,这些书不可能成为将来文章要用的资料①。

《时代》周刊从不给烹调书写书评,至少一般来说不(不过,我想,它曾经给伟大的茱莉亚·恰尔德做了一个封面),不给花园书写书评,也不给谈艺术的书写书评,除了趁圣诞节就要到时,一股脑儿发一大堆每篇只有二十五行字的小短文。如果你是《不确定的命运:法鲁克国王和中东地区的埃及对外政策》或《感谢乳房:1970年乳头及臀部年书》等书的骄傲作者,那你的巨著要想上《时代》周刊,机会是微乎其微的。

但是,你被判死刑的书可能会暂缓执行,被一个激起了好奇心,东翻西找的工作人员,从后房的流放境地中请出来,拿到高级编辑那儿,作为"可以"书评之书,这种事情非常偶然,隔很长一段时间也许会发生。

我那本《西方艺术中的天堂和地狱》,在斯坦因和达伊出版社不抱希望,也不做指望,寄到《时代》周刊书籍部之后,就发生了这种情况。

我那本书是由主管书籍部的高级编辑,在《时代》和《生活》二刊大楼二十四层楼的地下密牢中抢救出来的,此人名字(真是贵人之名呀,如有可能,但愿永远留在记忆之中)叫作蒂姆·富特。

正如情况所发生的那样,富特知道的东西,这幢大楼里很少有人知道。原来,《时代》周刊主编亨利·格伦瓦尔德想找一个永久的艺术评论家。直至当时为止,这个职位既不是全空,也不是全满。杂志为了方便起见,有个被称作艺术作家的职位——基本来说,也就是一

---

① "资料",原文为法语:données。——译注

个记者,专就视觉艺术及其相关问题进行报道。但是,艺术作家其实不是艺术评论家:雇用其来,就是为了就艺术问题进行报道,而不是对艺术问题进行评论。

时任该职的是一个匈牙利籍的年轻女性,因为她本人写作都是匿名,我就权称她为简·莫尔纳吧。她在该刊干了几年,一向总是跟主编纠缠不休,提议要就某位艺术家写篇封面报道。尽管这些提议没被接受,但有一个提议差点被接受而走上封面——这在当时从推广角度讲,算是一次很意外的成功,在美国,这相当于在英格兰上了新年荣誉榜,而且或许能获得更多实利——也就是对海伦·弗兰肯萨勒做一个报道,她此前是克里门特·格林贝格的情侣,但此时是后波洛克美国色域绘画的绝对元老。这个时间点上究竟发生了什么事,我的记忆有点模糊,不止是一点晦暗不明。我只能把后来跟我讲的那个版本复述一遍,至于是否真实,我没法庄严宣誓,保证如此。

亨利·格伦瓦尔德并非一个对视觉特别敏感的人:他最大的美学爱好就是音乐(他父亲是维也纳一位知名的轻歌剧作曲家),这就足以保证,关于作曲家的报道并非很不频繁——阿隆·科普兰、列昂纳德·伯恩斯坦——以及音乐厅中的杰出人物①,如斯维亚托斯拉夫·里赫特和赫伯特·冯·卡拉扬。尽管他对把画家或雕塑家放上《时代》周刊的封面并不特别持有敌意,但这不是他优先考虑的问题。然而,莫尔纳很确信,她能说服老板,绝对有必要把弗兰肯萨勒放上封面。于是,她就着手调研写稿,也不事先征得二十五楼的人开绿灯放行,结果又是采访,又是看画,花去了大量时间。她做这个封面报道有一个遁词,那就是惠特尼博物馆马上要办一个海伦·弗兰

---

① "杰出人物",原文为意大利语:eminentissimi。——译注

肯萨勒的回顾展。当年,能在惠特尼博物馆举办回顾展,被视为艺术家的殊荣,等于是承认艺术家达到了创作全面成熟状态并充分肯定艺术家的成就。自80年代以来,因艺术市场在智力和财力方面存在的种种腐化现象,以及博物馆对之下跪磕头的问题,情况一直并非如此,但在1970年,这种事件依然颇有意义。因此,能通过惠特尼博物馆展览和《时代》周刊封面故事而登堂入室,这种双喜临门,能令任何美国画家(特别是在前女权主义的岁月,令一个美国女画家)都大为开心。这倒不是说,父亲是著名法理学家,母亲是持有正式证书,直至指尖都有皇家血统的犹太公主,身为他们女儿的弗兰肯萨勒对她自己是否应享其名而有丝毫怀疑。但是,在艺术界正如在现实世界,觉得自己有权得到的东西,并不就一定能够得到。

上述计划最后都未实现。不仅没有实现,而且,用已故诗人罗伯特·彭斯的话来说,还出了差错①。无论是否因为格伦瓦尔德不喜欢弗兰肯萨勒,还是因为他不喜欢她的作品,或因种种原因而不太在乎,至今已不太清楚。或许他在简·莫尔诺的报道抵达他桌上的时候,不喜欢那篇东西。无论是何原因,他都明确表态,不可能让弗兰肯萨勒上《时代》周刊的封面,事情于是到此为止。莫尔纳大发雷霆,跟他吵了一架——我从没见过她,但我被告知,她是一个比较爱动感情的人——但一点用也没有。格伦瓦尔德像许多讲求公平的男人,一旦打定主意,就不再容易动摇。这时,莫尔纳就要面对一件非常不快的任务,比跟亨利·格伦瓦尔德对峙还要糟糕,那就是把这个消息跟弗兰肯萨勒讲,她听说后不是一点恼火,她不仅气得脸色发青,还

---

① 苏格兰诗人彭斯把 went ugly 的音发成 went agley,休斯指的就是这个,但中文无法翻译,除非把汉语的"差错"的"差"(cha),发成"差事"的"差"(chai)。因此加注。——译注

要让所有人都知道她气得脸色发青。可怜的莫尔纳这时的处境就像谚语里说的那样,夹在岩石和硬地之间(而弗兰肯萨勒就像很多把她惹恼的人所证明的那样,搞得不好也能成为一块极硬之地,我是后来跟她前夫罗伯特·马瑟韦尔交友后,才知道这一点的),只好摊牌,跟格伦瓦尔德说,如果不让弗兰肯萨勒上封面,那她就辞职不干了。这个最后通牒下得不明智,也不是时候,就这样,格伦瓦尔德开始到处寻找一个艺术评论家了。

美国有些人很合适,但来不了,来得了的又不合适。就在这时,蒂姆·富特把他手中那本《西方艺术中的天堂和地狱》转交给格伦瓦尔德,并附了一张条子。格伦瓦尔德把书拿回家后看了,也很喜欢。很久以后,他在回忆录中写道:"有个人能写出这样的话来:'上帝并不住在汉姆斯台德,你也不可能指望他表现得像个自由主义者。'我怎能不试着雇用此人呢?"稍微做了一点发掘工作之后,并辅之以《时代》和《生活》周刊伦敦办事处的档案,就又找到了我的更多资料,如发在《旁观者》杂志、《观察家报》和《星期日电讯报》等报刊上的剪报。格伦瓦尔德越看,兴趣和好奇心就越大。他把字迹写得难以辨认的备忘录,交给主管杂志第三部分的编辑 A. T. 贝克,让他搜寻我在伦敦的行踪。

这个指令容易下达,但要照办却不容易。

我隔着整整一个大西洋,根本不知道有这样一些事情在发生。尽管格伦瓦尔德就像麦考莱《古罗马短篇叙事诗》中,那位伊特拉斯坎国王,克卢西乌姆的拉斯·波希纳,派他的信使东西南北地搜寻(把他们派往南方毫无意义,因为我不大可能在墨西哥),《时代》和《生活》周刊没人知道我在哪儿。实际情况是,他们猜得不错,我就在伦敦,但伦敦的电话簿上没有罗伯特·休斯这个人(或者说有好几个罗伯特·休斯,但没有一个是我)。有几条很好的理由,如果不是紧迫的理由,导致他们联系不上我。

第一条理由是,我不想跟任何人谈。我堕入了异怒、困顿的消沉状态,因为丹从北非回来,短时团聚了一阵之后,就又厌倦了家庭生活(或者不如说在休斯家谱树的这一枝上,徒有其名的那种家庭生活),跟着一个衣衫褴褛,不是吉卜赛人,就是别的什么人消失不见,这一次是跑到巴黎去了。到了这时,我已经彻底厌倦了婚姻,而且几乎厌倦了与人结伴。

第二个原因是第一个原因的必然结果,也就是我根本不想接电话,就算电话铃响了,也不想接电话。

第三个原因是对第二个原因的稍加修正,也就是反正电话从来就没响过,因为它不可能响。电话因我未支付过期账单而被切断。这些账单因我徒劳无益地打长途电话,到风沙摧残的北非各地,寻找我那永不在场的爱人而膨胀起来。起初,我电话打不出去,跟着,当这也没法使我吐出一张支票时——我账上几乎没钱——电话公司就把打进来的电话也给封了。安静,绝对安静,我所爱的人都在远方。

蒂勒塔忠心耿耿,一直留下来,照料着丹东。我在BBC的工作逐渐减少,以至于无。威登菲尔德出版社就《列昂纳多》一书付给我的预付金早就花完了,而我只写了一部分——我觉得这部分写得相当不错,但还不成其为再找他们伸手要钱的理由。我的文学经纪人默里·波林杰是个性格温和、十分耐心的人,但他已经绝望到不想再做我代理人的地步了。他的客户摩尔赫德不知在想些啥,怎么会把这头吸毒吸得糊里糊涂、躲躲闪闪的布谷鸟,像垃圾一样扔在他的鸟巢里呢? 我完全陷于绝境,把大部分时间花来独自一人吸大麻,喝单麦芽威士忌,能买得起多少就喝多少。我的主要安慰来自柯林·兰斯利,他已搬进汉诺威门大厦隔壁的公寓,跟另一个来自澳大利亚的艺术家列昂纳德·赫辛合住。

我遁世的最后一条理由,就是我欠这个世界,或者说这个世界的某些地方——还不仅仅是电话公司——太多钱了。在英格兰,如果长期严重欠款——凡是超过二十五英镑的款项——当提醒你呀,写信求你还款呀,最后威胁你呀等所有方式都不起作用时,就会派法警带着庭令上门,用法律词汇来说,就是来扣押你的财物。

对任何了解维多利亚时期文学的人来说,"法警"这个词听起来都有点凶险。它使人仿佛看到这种画面:粗野无情的男子兽性大发,把婴儿的小床扔到雪地上,跟着又把婴儿也扔出去,与此同时,租房摇摇欲坠,害着肺结核病的妻子抽泣不止,无助地靠在门框上,与此同时,借债人从致命的酒瓶中大口大口地灌酒。

60年代后期的伦敦不像这样。这些法警本人都是些相当快活的人。他们叫你先生,同情你的财务窘境,向你保证说,他们知道这一切只是暂时性的,如果你请他们喝杯茶,哪怕利用开支票的形式,当场付掉五到十镑,他们什么也不拿就走掉了,尽管他们跟你一样清楚,这张支票可能兑不了现。总的来说,60年代后期残存的那种英国阶级制度,还是有很多好处可说的,不过,总而言之,我宁可不要跟这些谦恭有礼的完人碰面。因此,如果门上响起意料之外的敲门声,我一般很少会去开门。

这时,《时代》和《生活》周刊的伦敦办事处联系了发表我作品的几家杂志的编辑,又很狡猾地弄到了我的地址和电话号码,便试图打电话联系,但却未果,跟着又派了一个信使,不是来一次,而是来了多次——但都没有结果。

于是弄成了一个僵局。跟着,《时代》和《生活》周刊的人简直狡猾得可以,竟通过这种那种关系网发现,的确有个澳大利亚朋友住我隔壁,就在汉诺威门大厦的底楼,于是跟他联系上了。是的,他确认说,罗伯特·休斯就住隔壁。赫辛本来就知道,哪怕他敲门,我也不大可能开门,就从他画室后窗爬出来,爬到公用走廊里,下面就是各公寓合用的投煤口,然后爬过去,上了我的窗口,在窗上敲了起来。他就他所知的情况解释说,他接到了一个电话,但这什么也没说明。他又强调说,他不会因为来了一个电话,就像他妈的一个神仙信使,从他后窗爬出来,又钻进我的窗户,特别是他这人还很恐高。而且,他还作出安排,让那些人——这次是美国的某个无名之辈,他不知怎么查到了他的地址和电话号码,又由于那人是来自切尔诺维兹的移民,当时正属共产党的罗马尼亚,所以令他感到有点儿心惊肉跳,像个不速之客——晚上八点,也就是纽约时间凌晨三点再打电话过来。赫辛说,我会在这时守候在电话旁边。这种事我们只能做一次,因为电话就在他的画室,而他画画的时候,不想让一个批评家在周围绕来绕去。

我根本不知道这一切是怎么回事。我在纽约认识的人很少,而认识的很少的人中,没有一个跟我有这种要事相商,除非索尔·斯坦因把《西方艺术中的天堂和地狱》一书版权卖给了米高梅公司,这好像极不可能。这只可能是坏消息。事实上,就在赫辛从窗户爬出去时,我就这么认定了,于是,我又把像亨弗莱·鲍嘉一样吸得上瘾的大麻点燃,好像把自己戴上盔甲一样武装起来,以抵御看上去压力可能会很大的那个夜晚。我心生恐惧,在揣摸是怎么回事。我一路来到赫辛的画室,坐下来后,这种恐惧几乎到了确信无疑的程度,我不时吸几口烟,等着电话。

我哥哥汤姆此时已回澳大利亚,在哈罗德·霍尔特的内阁当上了司法部长。他在任上,积极推行征兵制度,让适龄青年参军入伍,这样,作为美国的盟军,就可以派他们到东南亚去赶走共产党的威胁。另一方面,我却(肯定不是全心全意地)参加了示威游行,反对美国的越战。这个细节被澳大利亚的媒体用上了,结果发了一些消息,说大哥汤姆是鹰派,小弟鲍勃是鸽派。也许这个新闻引起了美国官员的注意。也许我早已被伟大的撒旦划到不受欢迎的人①中去了。也许我的姓名和我的人生故事,已被刻上一堆磁带,嘀嘀哒哒地打进了华盛顿特区一台油灰色、大若冰箱的电脑前端。"呜"地往前一转,咔哒一响,再"呜"地往后一转,停,好,找到了:安全危险人士休斯。美国来的这个神秘电话一定与此有关。

60年代那种多少有点激进,想成为心目中的偶像,却又成不了的人,一旦自高自大起来,是没有底的,特别是吸毒之后,就更其如此了。

电话响了。

赫辛接了电话。"是你的。"他说。

电话另一头的男子美国口音很浓。他没作自我介绍,也没道明自己身份。他说话声音听起来怪怪的。(我是后来才发现,他叫A.T.贝克,是世界上最好、考虑问题也最周到的编辑之一,但他喜欢在午饭时喝得烂醉如泥:因为直到这时,中午还能大吃大喝一顿,喝上三杯马丁尼酒,费用可以全部报税。博比,凡是认识他的人都这么叫他,就觉得,如果不喝上两杯,那这一天就等于白过。)"老天,你真难找,"他开门见山地说,"我就要你到这边来,看看我们多喜欢你,看看你是否喜欢给我们干活,明白我的意思吧。"②

我当然明白他的意思。我绝对明白。干活?给"我们"?我糊里糊涂的大脑一下子清楚起来,能看清大麻引发的清晰幻象。大西洋电缆线那一头的这个无名之人:他不是中情局的还是什么?原来这

---

① "不受欢迎的人",原文为拉丁语:persona non grata。——译注
② 这段文字因有口音,把Jesus(老天),发成了Jesush,把see(看看),发成了shee,但难以传神地用中文来表达,故不译。——译注

么回事啊。中情局从弗吉尼亚的兰利，把巨大无边的魔爪伸来，一路伸到像模像样的激进分子大脑里来，向他们招兵买马，把他们变成翘曲变形的工具，为美国的国际阴谋服务。我真不敢相信我有这种运气。现在，我能阐明我的立场了——就算我没有上帝，但我有勒尼·赫辛为我作证。

我以颇有分寸、很有尊严的方式，跟这个幽灵说出了我认为他是美帝国主义的工具，以及我对美国的越南政策，我对美国背信弃义的确切看法。我表演得还真像那么回事。说着，我就把电话挂了，心里非常清楚，我把美好一天的工作，压缩进了两分钟里。

极为幸运的是，A.T.贝克隔了几分钟后又打电话回来了。直到现在，只要想到假如当时他不来电话，我的生活可能会出现怎样的变化，我有时就会打一个哆嗦。回到澳大利亚吗？作为新南威尔士奥尔伯里一家地方报纸的艺术批评家，这可是一个很不光彩的结局，在那儿工作，有时会拿到一张二等舱来回机票，飞去悉尼，在国王十字街的雷克斯酒店住两夜，以便就当年的阿奇博尔德肖像奖写篇文章。不过，我们还是把事情弄清楚了。他要我去见《时代》周刊报道英格兰和欧洲文化新闻的主要记者，看我们是否相互喜欢。

结果发现，此人是个纽约人，名叫克里斯托弗·波特菲尔德，样子看上去像个男孩，身材苗条，说话声音很柔和。我们彼此都很喜欢对方。事实上，我们太喜欢对方了，以致从职业上来讲，我们就像马特和杰夫，艾伯特和科斯特罗，世纪末的配对丑角卓克拉和富迪特：在接下去的几十年中，尽管在他外出或生病期间，还有别的人替代克里斯托弗，当我的高级编辑，但我为《时代》周刊所写的几百篇稿子，几乎篇篇都是他编辑的，而且，他编得如此优雅，如此轻描淡写，对我想说，却说得不怎么到位的东西，他能完美无缺地凭本能感觉出意思来，等编过的版本回到我这儿时，我都不知道他在什么地方删削了什么,只知道编辑过的稿子远比我交的稿子好。我们从来没为任何事争吵。在我们工作关系将要持续的三十多年中,我们之间没有说过一句硬话。第一次午餐是在西点一家名叫盖伊·胡萨尔的餐馆,午餐时,克里斯托弗打消了我的一切疑虑。事实是,我对《时代》周刊和美国新闻报道总体方面的情况极为无知,因此根本就没有任何疑虑。要谈工资或条件,似乎尚嫌过早。反正我以前也从来没有拿过工资,因此不知道该提什么要求。克里斯托弗建议说,我应该先去纽约,试它几个星期。我迫不及待就同意了。他还几乎带着歉意地问,我是否反对坐经济舱,因为这是招待外单位人的标准,也是本单位大多数人的标准。反对?就是要我游过大海去,我都愿意游。我怯生生地问了几个问题。《时代》周刊的执行官会不会命令我卖掉我的摩托车,去买一辆福特轿车呢?绝对不会,克里斯托弗说。他一下子想不起来,该刊是否雇用过可以称作摩托车手的那种人,更不要说拥有缀着流苏和钉扣的黑皮夹克的那种人了,但就他所知,在第六大道的1271号,是没有着装要求的,因此我不必担忧。不过,如果我有一套西装和领带,那就可以把它带来。如果他们跟我签约,还可把其他东西带来:衣物、家具、随身行李,以及我的全部家人。《时代》周刊可以支付我搬家的一切费用。在从前的好时光里,据说该刊为了一个在香港长期工作之后,回到家里的行政官,把东西装了满满一艘中国帆船,运回了康涅狄格州。据说这是因为犯了一个错误才发生的,因为该执行官问杂志是否能"把我的 junk① 带回家来",意思是说他的家具和随身物品等。不过,现在是不可能自动指望公司来这种大手笔了。最好还是不要提出太高要求,尽管要求很有弹性。

---

① junk一词一语双关,既指中国帆船,又指杂七乱八的东西。——译注

当我欢天喜地，把这个消息告诉了BBC和其他地方的朋友时，他们都大吃一惊。他们并不和我一样感到欢喜，而是互相同意对方的意见，都很明智地一致点头。毫无疑问，如果我被雇用，这个工作就会结束我作为严肃作家的生命。为卢斯媒体写作，要求严格不说，而且很特别，废话特多，有谁听说有人按照这种做法还能幸存下来的？他们会把我的独立精神剥夺得精光。我的政治观点跟他们一样，属于温和的左派型，到时就会完全不适应：人人都知道，《时代》周刊是美国资本主义以最为张牙舞爪的方式主办的官方刊物。它是共和党为盈利而办的内部刊物，是撺掇并支持美国在越南大搞战争冒险活动的。它是在最高层制作的，制作人就是该刊共同奠基人亨利·卢斯。近年来，他的右翼倾向被一个主编增强扩大，该主编的保守主义如此可怕，就连一些平常不大了解美国杂志，以及杂志老板是谁的英国记者，提到他时都十分敬畏。此人就是奥托·富尔布林杰，在那个行业有个诨名，叫"Otto Finger-banger"①（水獭·敲手指头者），而在《时代》周刊和《生活》周刊大楼，他的诨名是"铁血宰相"，因为他的政治观有点属于路易十四的右翼。他因对付新雇员的方式而闻名遐迩：据说有一次，在采访某个想在《时代》周刊找工作、思想开明的常春藤联盟新手过程中，他怒目盯视了一会这个初生牛犊，咆哮道："为了你着想，但愿你不要把这个工作想象成《新共和国》杂志位于市中心的分部吧。"

最糟糕的是，还有一种"《时代》周刊的文风"，那种奇怪、生动，但又特别风格化的散文——"Said balding, hen-shaped power-broker Fiorello La Guardia, 62"（头上已经谢顶，母鸡模样的权力掮客菲奥

---

① 其英文姓名是Otto Fuerbringer。——译注

雷洛·亨利·拉瓜迪亚,62岁,说)——据说,《时代》周刊的所有作者都得掌握并运用这种风格。我愿意看到我那种具有宣言风格的文句,扭曲成这样一种制度性的"吝狗"①吗?不行,不行,我的朋友都说。如果我加入《时代》周刊,我的职业生涯就会彻底完蛋。洛克菲勒中心某列内部齿轮和滚轴就会啮合,吱吱嘎嘎地响一小会儿,就把我一口吐出,扔下溜槽,像一堆无可辨认、无名无姓的纸浆。

幸运的是,我对这些英国人的一派胡言置之不理。

两天后,丹从巴黎回来,重新露面,一旦有啥事要发生,她就会显身,好像有种绝对错不了的本能。我跟她讲了《时代》周刊的事。她压根不感到吃惊,而是兴奋不已。这个时候的伦敦已经没有了势头,不再是世界的中心。至于巴黎,那已经是彻底完蛋。(丹喜欢吹嘘,法语是她的"第二语言"。是呀,法语跟英语相比,的确是很遥远的一个老二,但她用该语表达很多事情时只能靠耸肩。)纽约这个地方才有活力。我们必须马上就去那儿。她爱我。她在巴黎太想我了。我千万别想不开,老是和她那些情人过不去,因为他们都已成为过去。(是啊,千真万确,我想,不久,在将来,很快就会被其他人取代。)我们在曼哈顿会有更多关于我们自己的新发现,以及更多关于彼此之间的新发现。当然,我对她半信半疑。如果丹跟我讲什么时,带着足够多的许诺和足够多的信念,那我几乎没有什么是不相信的。

还没有呢,我说。交易还没做成呢,但是,我要到纽约去一个月,单独一个人去,看情况如何。如果情况不错,那就着手把她和丹东一起搬到纽约去。这么说着,我就上了英国航空公司的747飞机,如规

---

① "吝狗",英文原文为 lingo,指黑话、行话等,带有强烈的贬义,故音译之。——译注

定的那样,进了经济舱,去了曼哈顿,在那儿,情况的确不错。在伦敦我投稿时,编辑回复一般都有点儿懒洋洋的:很感兴趣,甚至很鼓励,但总是懒洋洋的。纽约和《时代》周刊却不这样。他们立刻就指派前述 A. T. 贝克为我的高级编辑,他曾在电话上跟我通过话。事实证明,他喜欢虚张声势,是一粒久经风霜的老盐①,腰带里掖着在《时代》周刊和《生活》周刊大楼工作了四分之一世纪的经验。他的办公室在二十四楼,其多孔隔音板的天花板,就像野猪鬃一样,竖插着红红绿绿的铅笔。他有个习惯,喜欢把铅笔往上扔,看是不是能够戳在上面,一般都还能戳住。这些铅笔看上去就像来自上次举办的威尼斯双年展的某种东西。他让我坐下,解释说,他不打算派我出去,找一家画展写评论。他有一沓彩色正片原稿,其作者的名字我从未听说过,是个名叫菲利克斯·克利的艺术家。他非常强调并很遗憾地指出,此人作品特受该刊奠基人的遗孀克莱尔·布斯·卢斯的青睐,她目前正很风光地住在火奴鲁鲁一座海滨别墅里,餐厅四壁毫不夸张地挂满这个人的作品。他正在旧金山举办一次画展。贝克补充说,他们不期望我坐飞机去看画展。我可以凭借彩色正片原稿来写稿,这些正片质量甚好。卢斯女士会仔仔细细并兴趣盎然地看我的稿子,因为克利是她特别好的一个朋友。我想他用的不是"friend"(朋友)一词,而是"walker"(步行者或遛狗为业者)一词,我从未听说过这种用法。结果发现,菲利克斯·克利是搞舞台设计的,他最内行的就是搞那种美得像画片的后期超现实主义的视觉——达利后期和科隆香水——星星点点的这儿几只搁浅小船,那儿几座罗马废墟,以及几幢摇摇欲坠、风景如画的新奥尔良式租屋,再饰以大量熟铁花边

---

① "老盐",英文原文为 salt,指老练的水手,此处直译。——译注

栏杆。我一看照片就坚信,他一定是澳大利亚艺术家,好像是从娄敦·圣希尔那儿克隆出来的,带点罗素·德雷斯戴尔的味道。我不知道我是否对,但我交的稿子共有120行,都是假装出来很热心,当然也没有署名。当年就是那样。卢斯女士心满意足,写了一张便条给亨利·格伦瓦尔德,敦促他从此雇用这个新人。于是就把我雇用了,工资很慷慨,一年两万美金,费用另付。

费用另付,这很重要,因为几乎可以靠花掉的费用过日子。正如博比·贝克跟我解释的那样,这个生意完全是现金交易。比如说,你填一张棕色的小表,要求两百美元,让你的高级编辑在上面小签一下(这几乎可以自动完成),然后在现金部的"龙女"那儿过一下,那是一个名叫哈利耶特·瓦特,眼睛尖利的中国人,她(如果情绪好的话,她情绪并非总是很好,但一般都还好)就在上面反签一下。你拿着这张单子,到二十七层楼走廊用杠子拦住的一个小门那儿,把它往收银员面前一推,就可领到你的钱了。你能预支多少现金,理论上说是没有限制的,但你要是每个月底不把费用报表填写之后交上来,那就连上帝也帮不了你的忙。当年,填写月度费用报表并不是件要求很高的事。凡是超过二十五块以上的费用,你都得拿出收据,最好是美国运通卡的存根,因此,《时代》周刊的写手(其中也包括我)吃午饭就只吃24.50元,数量也不惊人,其实这笔钱在当时,可供两人吃顿比较好的法国餐或意大利餐。你要想买的话,什么样的书和目录都可以买,只要写上"调研",就可一笔勾销。你可以坐出租车到任何地方去,不过,要想坐上豪华礼宾车,那只有处于图腾柱上地位更高的人才有特权享受。

如果你没有及时把费用报表交上去,那就会有你好果子吃。这时,哈利耶特·瓦特就会射出一道钢铁样的冷光,盯着你看,拒绝接受你交上来的不合时宜的现金预付表,眼睛一翻,就像处于焦急状态的蒋夫人宋美龄那样,总的来说,就好像要请上天把朱红色的火焰,朝你自以为是、长得像条蚯蚓的脑袋上掼去。只有纸面上说得过去,她才肯善罢甘休。不过,这当然要比BBC好,要从那儿的财务部门挤出少得可怜的五个英镑,得费好大劲。反正,我很喜欢哈利耶特和她末代皇后的一贯风格。

每个星期的格式大致一样。星期一,杂志的后半部分无事可干(一般来说都跟文化有关:图书、音乐、戏剧、电影、艺术,等等)。星期二开编务会,话题是你这个星期写什么文章,简短地讨论一下,就做出决定。你然后走掉,在打字机上写文章,或者在家里写(用32型好利获得牌便携式打字机),或者在办公室写,这更好,因为可以用皇家立式打字机(当时,《时代》周刊尚未受到后来讲求效率的专家,对牛栏式工作方式风靡的影响,办公室是货真价实的,窗户可以俯瞰纽约,门可以关上,甚至能从里面锁起来,这样你就能安安静静地工作,在小得不能再小的沙发上睡个午觉,甚至视具体情况而定,一边泡妞一边干活)。稿子写完后,就交给博比·贝克,经他稍事修改,就把稿子扔进传递邮件的气动管里。稿子通过该管,来到打字员那儿,打印成文件形式,用的是比较粗糙的黄纸,每行文字都编了序号,再转到让人畏惧三分的亨利·格伦瓦尔德本人。亨利鄙视分行编辑——他一路上行,坐到主编的位置,这种活儿干得够多了——他在天头地脚,泛泛地写上几句字迹难以辨认的评语,就把那篇仿佛把原文擦去的古代羊皮纸的文章打回去,发给高级编辑和作者,他们不得不仔细分辨上面说的是啥,对其进行一番解码工作。一旦这些问题都解决了,就把最后一稿打印出来,然后"卡啦"一声,飞快地穿过气动管而抵达。文章顶部写上总行数的计数,这样才能使其在《时代》周刊的页面上正好安放到位。然后再做微调,这里减掉一行,那里加上一行,去掉"遗孀"之类的字眼,或一句最后只有一到两个字的短行。到这时,就已经是星期四晚上了。等最后编辑的稿样,可能要花几个小时,也常会花去几个小时,又会因校样过程而延长:刊物有很大一支研究人员组成的队伍,所有的人都是女的,所有的人都像斗牛犬一样固执,她们之中的一个人,对每个人的姓名,每种形式的拼写,关于每个事实的断言,以及当然每一句引语等,都要进行核对。每一个检查点都要用一个小点标示出来,不能有任何例外。如果这个工作令人厌倦——对一个草率粗心的作者来说,有时极具挑战——那对这些搞研究的来说,就一定是让人殚精竭虑了。这一切对我来说都很新鲜,我在英格兰从来没有遇到过这么细致入微的制度,在澳大利亚就更不用说了。一旦这项工作做完,一切就都做完了。你就自由了。在任何时候都没人向我建议说,我写出的东西要像那种神秘的《时代》周刊风格。

早先,《时代》周刊的风格并不神秘,它只是一种很特别的措词,主要是由该刊共同创始人布里顿·哈登形成的。他在耶鲁大学读过古典文学。那是一种伪英雄主义的元语言,奇怪的是,它的根基却是荷马史诗的希腊语,及其所使用的敬语、同义反复词、倒置词、倒装句,等等。"Thus spake golden-haired Achilles of the shining greaves."(胫甲闪光的金发阿基里斯如是说。)这句话的《时代》周刊版被沃尔科特·吉布斯戏仿了一把,很值得记忆:"Backward ran sentences until reeled the mind."(直译便是:后跑句子直到旋转脑子。意译则是:句子都往后跑,直到脑子天旋地转。)《时代》周刊特别喜欢生造新词,常常是把复合词拴在一起:"cinemactor"(电影男演员,第一次是用在隆·查尼身上),以及该词的同源词"cinemactress"(电影女演员,第一次是用在格罗莉雅·斯万森身上)。《时代》周刊拯救了一些早已不用的古字,如"tosspot"(醉汉)和"moppet"(小孩)。其中有些字以后一直在用:"socialite"(社会名流)就是一例。他如形容电影恶棍的"cimemalefactor"(电影坏蛋)等,则不可避免地销声匿迹。还有一些词,如"neophyte"(新手),并不完全是《时代》周刊发明的,但却很流行。反正这种很奇怪的扭曲方式已有很长一段时间在慢慢退出历史舞台,在亨利·格伦瓦尔德的治下明显没有前途。不过,我就像莫里哀笔下那个角色,很高兴地意识到,一生都在用散文说话,我很可能一直在沿用《时代》周刊的风格,却并不知道自己在这么做。不过,无论我用了还是没用,我都看不出这有什么问题。

我觉得这种常规很容易适应,而且绝对令人振奋。多年来,我一直自由写作,从来都没有这种参与团队合作的感觉。可我现在则是团队一员,至少作为申请人算是如此,而且,这个团队独一无二,技术娴熟,效率很高。我能认识其成员,感到十分荣幸,我也很想在这个团队工作。我本来还有一些疑虑,但一跟美国人讲,就被他们打消了。一天晚上,我跟《纽约客》妙趣横生、老于世故的戏剧评论家布伦丹·吉尔共进晚餐,他鼻子一哼,说:"讲老实话,你要是不试一下,这么做的话,你想你会原谅你自己吗?你一生都会责怪你自己的。"至于说到我的种种忧虑,怕自己在纽约干活不够格,他说:"这是你得慢慢长大成人的一种工作。刚开始,谁都会觉得难以胜任。当然,纽约令人害怕。如果不可怕,谁又想到这儿来呢?但是,纽约文化的根本要点就在于,"他深深地吸了一口气,"这儿所有的人都来自别的地方。"他明白无误的确信态度令我感到信服。

我的试工持续了五周,之后,我接受了《时代》周刊,《时代》周刊也接受了我。于是,我兴高采烈地回到伦敦。要在伦敦那头把我们自己的事儿——这是一个委婉语,也就是我那些长期拖欠未付的账单——了结,还要一小段时间。我告诉丹,总的来说,她和丹东按计划还要六个月才能跟我团聚。(丹东没有马上就要实施的计划,他才两岁。)同时,我会住在一家饭店,或某个有家具的住处,在《时代》周刊安定下来,给他们汇钱,就像美国成百万幸运的移民以前所做的那样。至于说到目前,九月才开了个头,意大利的夏季即将结束。所以说,干吗不想一想,出去旅行一趟,到南方去,暂时向欧洲告别呢?

我们没怎么想就这么做了。我已经有好久没去那不勒斯南部了。在1970年夏末能把一切烤焦的酷热中,我们前去波西塔诺,开着一辆租来的菲亚特车,在阿尔菲半岛发夹一样的急弯道上爬行,在一座几乎壁立的悬崖峭壁旁,找了一座廉价的小旅馆。该处植被多刺,弄得人生疼,有多刺高灌丛和仙人掌果,像镜框一样框住了风景。在很远的下面,地中海就像切下的一块蓝色馅饼,在那儿闪闪发光,风把海面吹皱,上有渔船的点点红色斜帆。这令我俩都感到恐惧不安,害怕丹东从阳台掉下去,也害怕自己会掉下去。我俩当时心境都不好。我俩都怀疑(结果证明这种怀疑是错误的),我们之间不可能再结伴同行了。我在纽约邂逅了另一个女人,这是一位博学多才、要求很高的犹太姑娘,她本人也是一个有一定地位、撰写艺术的作家。我跟丹讲过她的事——没有说出全部真相,只讲了其中一点——我根本不知道以后情况会怎样。

一天早上,我把早餐盘拿起来,像飞盘一样,扔了出去,扔进了下面的蓝色港湾中。片刻之间,我想,那东西可能就是我,打着旋往下飞去,飞进了摩天大楼之间肉眼看不见的地方,仿佛一只脆弱的蜉蝣,坠入有鳟鱼的水中。一天,我们开车去帕埃斯图姆,去看那些建筑学上的奇迹,即那些海边的希腊寺庙,看它们的陶立克石柱,看那些胖墩墩的、几欲崩塌的石制圆柱。这可能是我最后一次瞥一眼这个古代的世界了,要过一段时间才能再次看到。这种顽固的韧性,这种阴郁的分量:我在美国会产生这种感觉吗?我不知道。更为奇怪的是,我也不想知道。我产生了一种很特别的冷漠情绪,我对丹以前从未有过这种感觉。我开始在考虑过一种完全没有她的生活的可能性。这好像很有可能。这种想法好像也不太糟糕。当然,这种生活是否能够处于掌控之中,那则完全是另一回事。但是,我已不再像从前那样,感情用事得一塌糊涂。至少我想象我不会那样了。

不久,就到了要开车回罗马的时候了。我要从那儿飞往纽约。我在全国酒店①门口,向丹东告别,感到很伤心,我向丹告别时,却感到松了一口气,随后就坐出租车去机场了。

我在路上叫司机在水果蔬菜摊子旁边停下来,买了一只熟桃子:夏末那种光亮亮、圆滚滚、毛茸茸的水果。我相信,这种水果的味道绝不可能在美国复制。桃子装在棕色纸袋里,跟我一起上了飞机。很快,我就跟桃子一起上了天,我看着窗外,看着下面经过的阿根塔里奥半岛,一个暗黑的形状,仿佛一只食果蝙蝠,紧抓住近海沼泽地的侧翼不放。我看见波尔图埃尔科莱、加努特里、奥博特罗,所有这些地方我从前都经常去的。我把桃子拿出来,咬了一口。我感觉并品尝到旧世界流下我喉管的最后的滴沥,与此同时,阿根塔里奥半岛从视线中干净地滑脱,被机翼甩入了过去。

---

① "全国酒店",原文为意大利语:Albergo Nazionale。——译注